社会主義
経済計算
起業家精神

SOCIALISM, ECONOMIC CALCULATION
AND ENTREPRENEURSHIP

ヘスース・ウエルタ・デ・ソト
Jesús Huerta de Soto

蔵 研也 [訳]
Kenya Kura

春 秋 社

日本語版への序

　『社会主義・経済計算・起業家精神』の日本の読者に向けて、この文章を書くことは大きな喜びである。私にとって重要な二つの著作『通貨・銀行信用・経済循環』（日本語版出版、2015年）と『オーストリア学派：市場の秩序と起業家精神』（同、2017年）の刊行後、経済科学が人類に与えた「偉大な発見」について、私の思索の本質的な内容を日本の読者に伝える書籍を提供することは、とても重要なことだった。それは、政府に干渉されない人間の自由な相互作用こそが、人類の文明を実現・発展させる協調活動と自生的秩序を生み出すということである。その結論は、とても単純なものだ。システマティックで組織的な強制の独占組織としての国家と政府は必要ないだけでなく、理論的にも不可能ということだ。それは、政府は協調的な命令に必要な起業家的知識を持っていないため、そうした命令を出すことができないという意味である。こうして国家の独占的政府こそが、私たちの日常的な協調の失敗、軋轢、暴力の主な源なのだ。
　これは、疑いなく、経済科学が与えてくれる主要な、そしてもっとも重要なメッセージであり、同時に、多くの疑似科学的な反動的潮流を説明している。伝統的に人々に押し付けられてきた社会工学と国家介入を、見せかけの科学的な装いを持って、経済学に持ち込み、それを絶対的に支配的なものにすることを正当化し続けるためだ。こうして、私たちにはある種の「文化的戦争」が起こっていることがわかる。それは経済学と経済学者間に存在する、自由市場資本主義の擁護者と、国家と政治権力を肯定し続ける知的先導者たちの軍団との戦いだ。彼ら非強制的な人間作用の敵たちには、多くの反動的な疑似科学の学派がある。なかでも人類にとってもっとも危険なのは、実証主義、科学主義、マクロ経済学、マルクス主義、特に還元主義的な均衡原理、恒常性原理、最大化原理に基づくいわゆる新古典派のアプローチだ。
　今回、蔵博士のすばらしい翻訳と春秋社の編集努力のおかげで、日本の読者に本書がもたらされた。これらのすべての重要な思想が紹介・展開さ

i

れて、これら反動的で疑似科学的な運動としての「文化的国家主義」が、なぜ自由に基づく人間性の本質と相容れないのか、そして、なぜ社会主義（私は現在「国家主義」と呼ぶことを好んでいる）が人類に果てしない軋轢と苦痛をもたらす失敗だと非難されるのかが、容易に理解できる。こうした理由から、人類の未来は、真の経済科学がもたらす自由思想の適切な理解と受容、そして真の経済学の成功と、疑似科学的な学説に対する完全な知的勝利にかかっている。彼らは、現在の国家の独占的政府の存続を絶対的に望んでおり、他の人間たちを「自発的」、あるいは義務的な隷属状態へ追いやり続けながらその政治権力を維持するための、組織化された職業的な政治家と官僚の軍団を擁している。

　本書は、これまで14の異なる言語に翻訳され、喜ばしいことに、ついに日本の読者にも届けられた。本書が、世界中に広がりつつある現在の介入主義的潮流を引き戻すことを期待しよう。

　　2024年10月2日　守護天使の日　マドリッドにて
　　ヘスース・ウエルタ・デ・ソト

初版への序

　本書は、およそ20年前の1973年秋から始まった、長期的な個人的プロセスとしての知的発展の産物である。その時、私は父であるヘスース・ウエルタ・バジェステルの指導の下、ホセ・ラモン・カノサ・ペナバの研究室を通して、オーストリア経済学の週ごとのセミナーに参加するようになった。それはマドリッドで、ホアキンとルイス・レイグ・アルビオル兄弟の主宰で、毎週木曜日にルイス・レイグの家で開かれていた。ルイス・レイグからは熱意と疲れ知らずのサポートを常に受けたし、同時に1970年代を通してこのセミナーに参加、出席、準備するための訓練なども与えられ、私の経済学者としての形成期を通じて、抜きん出て計り知れない知的体験を与えてくれた。それだけではなく、私が初期に騙されて魅力を感じたケインズ経済学やシカゴ学派のような、オーストリア学派以外のパラダイムが抱える問題に答え、弱点を直す機会を与えられるのは、オーストリア学派のパラダイムだけだと確信させてくれた。

　後に1980年代にノーベル経済学者であるフリードリヒ・A・ハイエクからの推薦状と、スタンフォード大学での経済学の高等研究修了のためのスペイン銀行からの奨学金のおかげで、私は2年間、オーストリア学派全般、特に資本と市場プロセスについての知識を深めることに全力を傾けることができた。この時期、大学近くにあった人文研究所（the Institute for Humane Studies）のレオナルド・リッジオとウォルター・グラインダーが与えてくれた惜しみない金銭的援助には感謝したい。特に、彼らには、私にとって大きな知的体験へと導いてくれたことに対して大きな恩義を受けている。なかでもルートヴィヒ・フォン・ミーゼスのもっとも優れた学生の一人であり、現代オーストリア学派の巨匠であるマレー・N・ロスバードと会って、経済学上のもっとも論争的で興味深い話題について議論できたことである。

　1983年、スペインに戻り、フアン・カルロス王国際経済賞を陛下から直々に授けられた。これは私の、私的年金プランとスペインの社会保障制

度の民営化についての研究に与えられたものであった。その後、現在マドリッドのコンプルテンセ大学の聖職者であるグスタボ・ビラパロス・サラスが彼の大学の教員に誘ってくれたので、現在私は終身教授として政治経済学を教えている。政治経済学の講義に参加してくれた学部生、大学院生たちには心から感謝している。彼らは経済学全般、特にオーストリア学派の本質的な原理を深く学ぶために、努力、情熱、献身を惜しまなかった。

　これまで多くの学生を教えてきた。平均年間300人を学士と博士課程で教え、7年間で2000人以上になった。だから能力ではなく、明確な紙幅という理由から、ここにもっとも優秀な学生たちをすべて記すことはできない。とはいえ、知的能力、協力と支持については、エステバン・ガンダラ・トゥルエバ、エウゲニオ・イリャーナ・ロドリゲス、ミゲル・アンゲル・フェレーロ・アンドレス、サラ・ゴンザレス・ペレス、カルロス・デ・ミゲルの名を挙げなければならない。

　ここ数年、経済学を教えることを通じて、私は次第に、オーストリア学派の主観理論を基礎として社会主義を定式化する必要があると確信するようになった。それはルートヴィヒ・フォン・ミーゼスと、後には特にイズラエル・カーズナーが発展させた人間行為と起業家精神の理論に基づくものである。私はまた、社会主義の新しい定義が必要であると結論した。それは現実の問題を説明するためにより実りが多く、有用なもの、そして現存する、あるいは歴史的に存在した異なった形態の社会主義を統一的に取り扱うことを可能にするもの、さらには、未来の経済科学の発展を促進し、そのアプローチに基づいて、制度的強制の効果についての包括的な理論となり得る、そうならねばならないものである。

　私の新しい社会主義の概念を初めて披露する機会となったのは、リバティ・ファンド学術講演での公開討論の場であった。それは私が「経済計算、経済計画、経済的自由」について主催したもので、1988年10月30日から11月1日にかけて、サン・ロレンツォ・デ・エル・エスコリアルのマリア・クリスティーナ王立大学で開かれた。会議ではジェラルド・P・オドリスコルとドン・A・ラヴォワその他の人たちが[1]、素晴らしい講演をしてくれた。ドン・ラヴォワは、社会主義での経済計算不可能性についてのもっとも著名な専門家だが、この論争をより深く探求し、私が提案していた新

しい社会主義概念の視点からそれを完全に検討・再評価することが重要であると説得してくれた。

この機会が端緒となって、私は『社会主義の批判的分析：理論的、歴史的、倫理的』と題した草稿を書き始めた。それは十分な長さと深さをもって、社会主義現象のもっとも重要な側面を包括的に分析することを目指したものである。また、この分野で他の理論家たちが作り上げてきた研究を系統立て、それらに基づいて、社会主義を理解・説明・予防するための重要な一歩となるべき著作である。こうした野心的な取り組みの長さを前提にすれば避けられないであろうが、個別部分の出版を不必要に遅らせないため、また学生たちに新しくアップデートされた教材を提供する必要もあったため、現時点でこのプロジェクトの最初の部分を出版するのが賢明だろうと考えた。それは基本的に、理論的な観点から社会主義を批判的に分析する部分に相当し、「社会主義・経済計算・起業家精神」と題された。よって本書の理論的分析の歴史的解釈への適用は、その社会主義の倫理的許容性の研究や、社会主義の予防・解体の理論の発展とともに、後に出版する予定である。

以下の教授たちからは本書の草稿に対して貴重な批判的コメントや示唆をいただいた。ニューヨーク大学のイズラエル・M・カーズナー、マドリッドのコンプルテンセ大学ルーカス・ベルトラン・フローレス、ホセ・ルイス・ペレス・デ・アヤラ、ホセ・T・ラガ・ギル、フランシスコ・カブリロ・ロドリゲス、カルロス・ロドリゲス・ブラウン、マドリッドの自治大学のペドロ・シュワルツ・ギロン、マドリッドのカルロス3世大学のサントス・パストル・プリエト、バルセロナの中央大学のホアキン・トリゴ・ポルテラ、アルカラ・デ・ハナレス大学のハビエル・パレデス・アロ

---

1) 本文に記した教授たちの他にもリバティ・ファンドの学術講演に参加してくれたのは、キール経済研究所のカール・H・パクエ、リバティ・ファンドのチャールズ・キング、バッキンガム大学のノーマン・P・バリー、当時マドリッドのコンプルテンセ大学にいたカルロス・ロドリゲス・ブラウン、ホセ・T・ラガ・ギル、フランシスコ・カブリロ・ロドリゲス、サントス・パストル・プリエト、ペドロ・シュワルツ・ギロン、バルセロナ中央大学のアントニオ・アルガンドーニャ、パリの企業研究所（Institut de l'Entreprise）のアンリ・レパージェ、マドリッドのルイス・レイグ・アルビオルたちであった。

ンソ。彼ら全員に深く感謝すると同時に、当然ながら、本書の内容の最終
責任はすべて私にある。英語版の第3章は、1991年11月にプラハで開かれ
たモンペルラン・ソサイエティの地域会合で概略を示したが、後にオース
トリア経済学の最初のヨーロッパ会合で、はるかに詳細に提示・議論した。
それはイズラエル・M・カーズナーによって、1992年4月9日から11日に
かけてマーストリヒトで開催された[2]。

　私の助手であるカルメン・ガリアナ、サンドラ・モヤノ、アン・ルイス
の作業にも感謝したい。彼らは複数の草稿をタイプし、校正してくれた。
妻であり、助手であり、学生であるソンソレス・フアルテ・ギメネスには、
長時間にわたって研究と作業に没頭することに耐え、献身してくれたこと
に対して、特別な借りを負っている。それは通常、家族と過ごすべき時間
だったはずである。彼らのすべてに深く謝意を捧げたい。

　　セニョーリオ・デ・サリアにて　1992年7月7日
　　J・H・S

---

2)「社会主義の経済分析」として、*New Perspectives on Austrian Economics*（Gerrit Meijer編, 1995）の第14章で出版された。

第2版への序

　スペイン語読者諸兄に、本書『社会主義・経済計算・起業家精神』の第
2版を出版できたことは喜ばしい限りである。

　第一に、この新版では初版の内容、構成、ページ番号などをそのまま踏
襲した。すでに専門分野において数多くなされている、初版からの引用や
参照を取り扱う学者・研究者たちの混乱を避け、さらに研究を促進するた
めである。ともかく、この新板は全体を再検討し、誤植などは訂正した。
また脚注や文献に引用した論文や書籍の情報はアップデートされ、いくつ
かの書式を変更した。こうした小さな変更だけがなされた。

　第二に、前記の理由によって、初版が出てから後の社会主義についての
重要な書籍や論文を引用し、コメントを加えることは差し控えた。それら
はあまり多くはなく、既存の研究に対して新しいものをほとんど含んでい
ない。それらに対する詳細な議論は、私が変えたくないと考えている本書
の内容を変えてしまうだろう[3]。とはいえ、社会主義経済計算論争につい
てのハイエクの論文の、スペインにおける初めての出版という記念碑につ
いては特筆すべきだろう。それらの論文は、私が監訳したハイエクのスペ
イン語版『全集 *Obras Completas*』の第10巻『社会主義と戦争 *Socialismo
y Guerra*』である[4]。この書籍はその重要性に鑑みれば、本書と並行して

---

3) デイヴィッド・ラムジー・スティールの著作『マルクスからミーゼスへ：ポス
ト資本主義社会と経済計算という挑戦 *From Marx to Mises: Post-Capitalist Society
and the Challenge of Economic Calculation*』（La Salle, Illinois: Open Court Publish-
ing, 1992）は、少なくともその企図する広さにおいては特記に値する。それはまた
ジョセフ・サレルノ、ジョルグ・グイド・ヒュルスマン、ハンス＝ヘルマン・ホッ
ペ、リーランド・イェーガーたちが1992年から1995年に *Review of Austrian Eco-
nomics* 誌上において行った論争を概観するのに役立つだろう。彼らの論争点はミ
ーゼスとハイエクの社会主義批判のアプローチの違いについてのもので、第4章脚
注16、30で記した理由から、私はリーランド・イェーガーに同意しており、それら
は現実というよりも虚構的なものだと考えている。
4) Hayek, *Socialismo y guerra*, vol. 10 of the *Obras Completas* de F. A. Hayek, スペ
イン語監訳 Jesús Huerta de Soto（1998）.

読むべきものだが、1992年の初版出版時にはスペイン語読者には入手できなかった。

　第三に、初版の出版から9年が過ぎ、社会主義の経済計算の不可能性議論の伝統的解釈が次第に崩壊し、この変化が経済学者の間に新しいコンセンサスを生み出しつつあることは、私にとって大きな満足である。いまや経済学者のマジョリティは、オーストリア経済学者であるミーゼスとハイエクが論争に勝利したことを認めている。このことを説得的に証明しているのは、経済思想史の分野でもっとも著名な学者の一人であるマーク・ブローグが「私はゆっくりと、きわめて不承不承にも彼ら（オーストリア学派）が正しく、私たち全員が間違っていたと考えるようになった」と書いたことだ。ブローグはまた、社会主義経済計算の可能性を正当化するために新古典派パラダイムを適用することは、「管理可能性においてあまりに世間知らずであり、笑い者になるほどである。完全競争の静的均衡理論に酔いしれた者だけが、そうしたナンセンスに納得するだろう。私は1950年代に学生として納得した一人だが、今では自分の暗愚さに驚きを禁じ得ない[5]」。こうした状況の承認は重要である。なぜなら、市場と起業家的プロセスの動的オーストリア的概念を受け入れなければ、社会主義の誤りは認識できないからだ。さらに、経済学の明らかなパラダイム・シフト、変革が起こっている。この変化が続くなら、始まったばかりの新世紀を通じて、もちろん経済学の基礎は革命的に新しくなり、経済学はずっと豊かで実り多く、人道的なものになるだろう[6]。

　　フォルメントールにて　2001年8月28日
　　ヘスース・ウエルタ・デ・ソト

---

5) Mark Blaug & Neil de Marchi 編 *Appraising Economic Theories* (1991), p. 508 and *The Economic Journal* 103, no. 421 (1993), p. 1571.

6) Jesús Huerta de Soto, 『オーストリア学派：市場と起業家的創造性 *La Escuela Austriaca: mercado y creatividad empresarial*』 (2000)。著者は第2版読者からのコメントを期待している。コメントは huertadesoto@dimasoft.es まで送ってもらいたい。

第3版への序

　スペイン語圏の読者と学生に本書の第3版を出版できるのは大きな喜びである。4年前、第2版の序文では三つのことを指摘したが、ここでもそれらは同じように当てはまる。そのまま考慮してもらいたい。

　またこれまでに、二つの重要な出来事が起こった。一つは本書の英語版『社会主義・経済計算・起業家精神』が完成し、うまく行けば権威ある出版社から英米で出版されるだろうことだ。もう一つは、スペインだけでなく世界中で、ますます多くの研究者・学生・教授たちが競争と市場プロセスの動的概念を研究し、それを社会主義と経済介入の不可能性の理論に応用することに興味を示し始めたことである。こうした興味の高まりのために学術雑誌が必要になり、*Market Processes: European Journal of Political Economy*[7] と題された雑誌が創刊された。これは特に現在巻き起こりつつある、大いに生産的なオーストリア学派経済学を形成する新世代の学者による研究発表の媒体となる。彼らは、すでに深刻な批判を受けて衰退、崩壊段階にあるこれまでの支配的パラダイムに取って代わる、新しいパラダイムを発展させつつある。

　最後に、学部の授業において本書を教科書として活用してきた学生たちが毎年示してきた、大きな情熱と学生精神に感謝しなければならない。マドリッドにあるレイ・フアン・カルロス王大学の経済学部長としての私の助手や博士課程の学生と同じように、彼らはスペインにおいてオーストリア学派経済学の尊い研究プログラムを推進するためのもっとも大きなインセンティブであり、助けとなってくれている。

　　フォルメントールにて　2005年8月22日
　　ヘスース・ウエルタ・デ・ソト

7）この *Procesos de Mercado: Revista Europea de Economía Política* について興味のある読者は、www.jesushuertadesoto.com を参照し、各巻ごとに ommcamp@teleline.es まで連絡をいただきたい。

凡例

・本書の翻訳にあたっては英語版（初版）を使用した。

Jésus Huerta de Soto, *Socialism, Economic Calculation and Entrepreneurship*, First Edition, 2010, Edward Elgar Publishing Limited, United Kingdom. (Translated from Spanish by Melinda A. Stroup)

First Spanish edition, 1992, *Socialismo, Calculo Economico y Funcion Emoresarial*, Union Editorial, Madrid.

・脚注での文献表記は、適宜、簡略化して示した。当該文献の詳細な書誌情報は巻末の「文献」を参照のこと。

目　　次

社会主義・経済計算・起業家精神

日本語版への序　i

初版への序　iii

第 2 版への序　vii

第 3 版への序　ix

第1章　序　論

1．社会主義と経済分析 ……………………………………………………… 5

　社会主義の歴史的な失敗　5

　社会主義の経済分析における主観的視点　7

　本書での社会主義の定義　8

　起業家精神と社会主義　9

　知的誤謬としての社会主義　9

2．社会主義の経済計算の不可能性についての論争 ……………………… 10

　ルートヴィヒ・フォン・ミーゼスと社会主義論争の始まり　11

　静学へと向かった不当な変化　12

　オスカー・ランゲと「競争的解決」　12

　不可能な円積問題としての「市場社会主義」　13

3．その他の考えられる研究方向 …………………………………………… 13

　　1）いわゆる「自主管理社会主義」の分析　14

　　2）「指示的な計画経済」　14

　　3）「科学的な説明」に対する正しい認識　15

　　4）経済学の将来的な発展についての論争の帰結　15

　　5）過去の異なった社会主義タイプの再解釈と歴史的分析　19

　　6）社会主義が倫理的に許されないことについての理論の定式化　19

　　7）社会主義の解体とその予防についての理論の発展　20

4．結　論 ……………………………………………………………………… 20

第2章　起業家精神

1. 起業家精神の定義 ……………………………………………………………… **23**

ヒューマン・アクション（人間行為）　目的・価値・手段・効用　25
希少性、行動の計画、行動への意志　26
時間の主観的認知　過去・現在・未来　26
創造性・驚き・不確実性　27
主観的な概念としてのコスト、起業家の利益　28
合理性と非合理性、起業家の失敗と損失　30
限界効用と時間選好　31

2. 起業家精神の特徴 ……………………………………………………………… **32**

起業家精神と機敏さ　32
情報・知識・起業家精神　33
科学的というより主観的・実用的な知識　33
排他的で分散的な知識　35
明示できない暗黙知　37
起業家精神の根本的に創造的な性質　40
情報の生成　43
情報の伝達　44
学習効果　協調と調整　44
裁定取引（アービトラージ）と投機　46
法・通貨・経済計算　47
起業家精神の遍在性　50
本質的原理　52
競争と起業家精神　55
知識の分業と社会的協調の「拡張された」秩序　56
創造性 vs 最大化　59
結論　本書における社会概念　61

3. 起業家精神と社会主義概念 …………………………………………………… **62**

第3章　社会主義

1．社会主義の定義 …………………………………………………………… **67**

2．知的誤謬としての社会主義 ……………………………………………… **71**

3．社会的立場から見た社会主義の不可能性 …………………………… **74**
　　「静学」的な議論　74
　　「動学」的な議論　75

4．管理機関の立場から見た社会主義の不可能性 …………………… **77**

5．なぜコンピュータの発達は社会主義の不可能性をいっそう確実にするのか …… **81**

6．その他の社会主義の理論的な帰結 ………………………………… **85**
　　協調の失敗と社会的無秩序　86
　　誤った情報と無責任な行動　91
　　堕落と腐敗　93
　　「地下」経済　97
　　社会的（経済的・技術的・文化的）な発展の遅滞　99
　　法と正義の伝統的概念の堕落、社会主義の生み出す道徳的な異常　101
　　「大衆のアヘン」としての社会主義　106
　　結論　社会主義の本質的に反社会的な性質　107

7．社会主義の諸類型 ……………………………………………………… **108**
　　本当の社会主義、あるいはソヴィエト型経済　108
　　民主社会主義、あるいは社会民主主義　109
　　保守的、あるいは「右翼的」社会主義　111
　　社会工学、あるいは科学的社会主義　113
　　その他のタイプの社会主義（キリスト教型、あるいは集団主義型、労働組合型など）　117

8．社会主義のその他の概念に対する批判 ……………………………………… **118**
　　伝統的な概念と新しい概念が発展した過程　118
　　社会主義と介入主義　120
　　「牧歌的」社会主義概念の愚かさ　121
　　「社会主義」という言葉はいつか復活するのか？　123

第4章　ルートヴィヒ・フォン・ミーゼスと
　　　　経済計算論争の始まり

1．背景 ………………………………………………………………………………… **127**

2．ミーゼスの本質的な研究 ………………………………………………………… **137**
　　ミーゼスの研究の本質と基本的内容　139

3．マルクスによる社会主義の機能の仕方 ……………………………………… **145**

4．ミーゼスの研究のさらなる考察 ……………………………………………… **151**
　　マルクスの分析に対するミーゼスの論駁　151
　　損益の金銭的計算　154
　　経済計算の現実的な十分性　155
　　根本的に（技術的ではなく）経済的問題としての計算　156
　　企業合併と経済計算　157

5．経済計算問題に対する最初の社会主義的解法の提案 ……………………… **161**
　　種類財による経済計算　161
　　労働時間による経済計算　163
　　効用の単位による経済計算　166

第5章　静学化への不当な移行
形式的類似性といわゆる「数学的解法」の議論

1. 形式的類似性の議論 ……………………………………………………… **171**
　　ベーム＝バヴェルクとヴィーザーが提案した形式的類似性　172
　　エンリコ・バローネの形式的類似性の論文　175
　　形式的類似性を論じたその他の理論家　カッセルとリンダール　177

2. 「数学的」解法の分析 …………………………………………………… **178**
　　フレッド・M・テイラーの論文　180
　　H・D・ディッキンソンの論文　181
　　ドイツ語圏における数学的解法　185

3. 「数学的解法」と論争への悪影響 …………………………………… **186**

4. 「試行錯誤」方式 ………………………………………………………… **191**
　　試行錯誤方式への批判　193
　　計量的計画経済への理論的な不可能性　201

第6章　オスカー・ランゲと「競争的解法」

1. 導入的考察 ………………………………………………………………… **221**

2. 「競争的解法」の歴史的な先例 ……………………………………… **224**
　　エドゥアルト・ハイマンとカール・ポランニーの研究　226
　　「競争的解法」に対するミーゼス、ハイエク、ロビンズによる初期の批判　229

3．オスカー・ランゲの研究　導入的考察 ……………………………………… **237**
　　ランゲ＝ブレイトのモデル　238

4．オスカー・ランゲとその「市場社会主義」の古典モデル ………………… **240**
　　市場価格 vs「パラメータ価格」　241
　　ランゲの最初の段落　243
　　ランゲの第二の段落　246
　　ランゲの第三の段落　248
　　ランゲの第四の段落　254

5．ランゲの古典モデルに対する批判的分析 ……………………………………… **256**
　　用語についての予備的な説明　256
　　モデルの記述　259
　　ランゲ・モデルの二つの解釈　261
　　ランゲ・モデルの最広義の解釈に対する批判的分析　262
　　　1）資本財リストの作成不可能性　262
　　　2）パラメータ価格の固定期間の完全な恣意性　263
　　　3）真の労働市場、消費財・サービス市場の不存在　264
　　　4）ランゲが提案した「ルール」の無意味さ　265
　　　5）「試行錯誤方式」の理論的な不可能性　271
　　　6）利子率の恣意的な固定化　274
　　　7）官僚機構の典型的な行動に対する無知　275
　　ランゲの古典モデルに対するその他の評価　280

6．ランゲの学術的人生の第3、第4のステージ ……………………………… **282**
　　第3のステージ　1940年代　282
　　第4のステージ　第二次世界大戦から彼の死まで──
　　　市場の放棄とスターリン型経済の称賛と正当化　286
　　ランゲのエピローグ　290

第7章 最終的考察

1. その他の「市場社会主義」理論家たち ………………………………………… **295**

   エヴァン・フランク・モットラム・ダービン 296
   ヘンリー・ダグラス・ディッキンソンの『社会主義の経済学』 301
   アバ・プタッチャ・ラーナーの研究 310

2. 「市場社会主義」 不可能な円積問題 ………………………………………… **318**

3. モーリス・H・ドッブと個人的自由の完全抑圧 ……………………………… **323**

4. どういう意味において社会主義は不可能なのか？ ………………………… **332**

5. 最終的結論 ……………………………………………………………………… **343**

   文献 ………………………………………………………………………………… **345**

   索引〔人名・事項〕 …………………………………………………………… **367**

   訳者あとがき …………………………………………………………………… **381**

社会主義・経済計算・起業家精神

第 1 章

序　論

1．社会主義と経済分析
社会主義の歴史的な失敗
社会主義の経済分析における主観的視点
本書での社会主義の定義
起業家精神と社会主義
知的誤謬としての社会主義

2．社会主義の経済計算の不可能性についての論争
ルートヴィヒ・フォン・ミーゼスと社会主義論争の始まり
静学へと向かった不当な変化
オスカー・ランゲと「競争的解決」
不可能な円積問題としての「市場社会主義」

3．その他の考えられる研究方向
1) いわゆる「自主管理社会主義」の分析
2) 「指示的な計画経済」
3) 「科学的な説明」に対する正しい認識
4) 経済学の将来的な発展についての論争の帰結
5) 過去の異なった社会主義タイプの再解釈と歴史的分析
6) 社会主義が倫理的に許されないことについての理論の定式化
7) 社会主義の解体とその予防についての理論の発展

4．結論

この章では、社会主義分析の主な特徴と新しい考察を概観する。本書の内容、構造、結論を簡潔に要約・評価する。章の終わりでは、適切な分析を基礎としたひじょうに興味深く重要な、他の学者たちに対する研究発展の方向を示唆する。

1. 社会主義と経済分析

社会主義の歴史的な失敗

東欧諸国の社会主義の崩壊は、第一級の重要性をもった歴史的な出来事であるが、ほとんどの経済の専門家にとって不意打ちであったことは疑いない。問題は、経済学者が予測できなかった重大な歴史的状況に直面していながら、経済学がそうした状況に適切に対処できなかっただけではない。さらに深刻なのは、犯された重大な誤りを防ぐために必要な分析手段を、経済学が人類に提供できなかったことだ[1]。それどころか、経済学者は正反対のことを行ってきた。彼らは科学的なオーラと権威を傘に着て経済政策と社会制度を推し進めてきたが、明らかに失敗しており、余計に人々を苦しめるだけだった。

こうした状況に直面しても、西側の経済学者たちに深刻な不安や困惑の様子はない。むしろ、あたかも何も起こらなかったかのように自分たちの研究を続けた[2]。まれにある卓越した経済学者が、なぜ専門家たちがそうした経済事象を適切に評価・予測できなかったのかという不都合な疑問に

---

1) 今では、経済学者がこの分野での研究をほとんど、あるいはまったく行ってこなかったことは明らかである。そのため、最近崩壊したシステムを市場経済へ移行するための助けが求められたとき、またしても経済学は不十分なものであることがわかったことも、それほど重要ではないようだ。

ついて問題提起してきたが、その答えは稚拙で表層的であり、満足のいく
ものではなかった。例えば、経済学者は、かつての東側世界から提出され
た統計データを解釈する際、データの「誤差」を指摘していたが、そもそ
もそのデータは十分な「批判的」検討がないままに受け入れられたものか
もしれない。彼らはまた、経済における「インセンティブ」の果たす役割
に対する考慮が足りないとも述べてきた[3]。しかし、経済学会においても
っとも著名な学者も、あるいは学会全体も、そうした責任を取ろうとはし
なかった。そして誰も、いや正確にはほとんど誰もだが、社会主義が続い
た20世紀に使われていた方法に問題の根本があるかもしれないという可能
性について考えなかった。

　さらに、社会主義の不可能性を取り巻く論争に光を当てて、それを再評
価するという不可避・不可欠な作業に着手した学者の数は、片手の指の数
にも満たない。ルートヴィヒ・フォン・ミーゼスは1920年にこの論争を開
始し、その後数十年続いた[4]。こうした素晴らしい例外を除けば、ほとん
どの経済学者は、あたかも自分や先達が社会主義についてこれまで書いて
きたことをわざと無視して、異なった方向の研究を選んできたかのようだ。

　しかし、社会主義の失敗が人間の科学的な知識には何の影響も与えなか
ったかのように、社会主義の時代を歴史の彼方に忘却することはできない。
事実、もし学者が常に喫緊の課題にだけ努力を傾け、これまでの社会主義
分析を完全・批判的に再評価・研究することの根本的な必要性、特にその
社会システムへの決定的・理論的な論駁の必要性を忘れたなら、経済思想

2）東欧の指導的な経済学者たちは、この考えには従わなかった。彼らの反応につ
いては、次章以降で詳細に検討する。さらに、彼らは西側の経済学の弱点について
もっともよく理解していた。そのため彼らの理論的な理解や混乱は、西側の経済学
者には理解できないものだった。

3）この説明は、ゲーリー・ベッカーがモンペルラン協会の会長就任時に、「自由社
会への移行を求めて」と題した講演で提出されたものだ。これだけが西側の経済学
者から提出された説明だった。この地方大会はチェコスロヴァキアのプラハで1991
年の11月3日から6日にかけて行われた。

4）これらの学者のなかで特記すべきなのは、ドン・A・ラヴォワの『競争と中央
計画　*Rivalry and Central Planning*』（Lavoie, 1985）であり、この分野の専門家に
とっての必読書である。

史は大きな問題を抱えることになるだろう。ともかく、経済学はまたしても人類が経済学に寄せた大きな期待を裏切ったという事実に向き合わなければならない。実際に社会主義は、人類の内的・合理的な傲慢、あるいは欺瞞に強固に基礎づけられた思想の抽象的システムなので[5]、もし阻止されないままなら、何度でも生まれてくるだろう。社会主義を復活させないためには、我々の前に存在する唯一で、おそらくは繰り返すことのできない歴史的な機会を利用する必要がある。その理論を詳細に検討し、使われた分析手段を完全に再評価して、どの歴史的な期間についても、できる限り決定的な結論に至るまで検討の俎上にのせ続けるのだ。

社会主義の経済分析における主観的視点

　本書で提起・発展させる基本的なテーマは、社会主義は、人間行為とその社会的相互作用の動的なプロセスについての深く明確な理解という視点からのみ分析可能であり、またそうすべきであるということだ。ほとんどの場合、これまでの社会主義の経済分析では、方法論的個人主義と、ハイエクが経済学の進歩に不可欠だと考えた主観主義的な視点を満足に組み入れられていなかった。事実、ハイエクは「過去百年の経済理論の重要な進歩は、主観主義を徹底的に推し進めてきたことだと言っても、おそらく誇張ではないだろう」という[6]。本書でもこれを社会主義の研究に適用する。つまり、根本的で一貫した「主観主義」を、人間にとってもっとも内的で

---

5) これはハイエクが提示した『致命的な思い上がり：社会主義の誤謬　*The Fatal Conceit: The Errors of Socialism*』（1989）のテーマである。

6) ハイエク『科学の反革命　*The Counter-Revolution of Science*』（1952, p. 31）。主観主義は「おそらくミーゼスによってもっとも徹底的に推し進められたのであり、一見して多くの読者が奇妙で認められないと感じる彼の特異な見方のほとんどは、彼が主観主義的アプローチを高度に発展させたために、他の学者たちを長期間にわたって大きく先んじていたからだと思う。おそらく、通貨理論から、彼の言う先験主義、一般的な数理経済学に対する見方、さらに経済現象の計測、計画への批判に至るまで、すべての彼の理論の特徴は一つの態度から直接的に生じていた」という（Hayek, 1952/1979, pp. 209-210, footnote 24）。（本書の脚注では、ことわりがない限り、傍点は著者による。）

第1章　序　論

本質的な特徴である起業家的・創造的に行動するという能力に基づいて分析するのだ。

　この点では、本書は、例外なくすべての状況において「客観主義」の残滓から逃れるよう一貫して努力してきた。客観主義は、陰に陽に、意識下のレベルにおいて経済学に広がっており、それが学問の生産性を損ね、未来の発展を阻害している。経済学に広がる空疎な客観主義が、本書の分析から完全に一掃されていることは完全に確実とはいえないまでも、この抑圧的で広く共有されたパラダイムを払拭するために全力を尽くした（特に、大学での研究を終えるまで、すべての経済学徒は長年にわたってこうした誤った教育に慣れてきた）。よって本書では、経済現象が、人間が活動する際に生み出す知識や主観的な解釈を越えて、事実として「客観的な」実在であるという誤った見方を持たぬよう特に注意した。こうして経済学を「精神的な」事実だけに関係するものとして扱った。それはつまり、社会的な相互作用のプロセスで人々が生み出す主観的な知識、あるいは情報のことである。

本書での社会主義の定義

　本書の狙いである、社会主義の分析に主観主義をできるだけ厳密に一貫して適用することは、なによりも、社会主義に対する本書の定義に表れている。実際、先に述べたように、本書の視点は、人間性の革新、あるいはもっとも特徴的な性質は、すべての人々が自由に、創造的に活動することができるという点にある。この立場から本書では、社会主義とは人間行為、あるいは起業家精神の自由な実践を制度的に攻撃するすべてのシステムだと定義される。後に第3章において、この定義のすべての要素と意義をさらに詳細に検討するが、この定義はこれまでに使われてきた他のものに対して、決定的な優位性を持っている。現時点では、社会主義の概念とは行動への制度的な攻撃、つまり強制であり、本書の社会主義の分析が、不可避的・必然的に、制度的な強制の経済理論のすべてに関連しているということを強調すれば十分だろう。さらに、人間行為と相互作用への制度的な攻撃の理論的な影響を吟味するためには、まず人間行為の基礎理論的分析

についての深い知識と理解が必要なことは明らかだ。第2章は「起業家精神」と題されているが、そうした基礎づけを提供することに焦点を合わせる。

起業家精神と社会主義

　本書における起業家精神の概念は、ひじょうに広いものだが、同時にとても正確でもある。一般的な意味では、人間行為と起業家精神は同義語であると考えられる。より厳密な意味では、起業家精神とは、典型的には、周囲に存在する利得（利殖）機会を認識する人間の能力のことだ。行為とは、起業家的な現象であり、第2章でその主な要素と特徴を深く考察する。その特徴のうち、もっとも顕著なものは起業家精神のもつ創造的で協調的な力である。事実、各起業家は、暗黙的・分散的・実際的・主観的な性質をもつ新しい情報を生み出す。そして、他の人の必要や環境に合わせて、関係する各人の行動を変化、あるいは規律する。こうした自発的で無意識的なやり方で、生きることを可能にするような社会的な絆が形成される。また起業家精神だけが、経済計算に必要な情報を生み出すことができる。それは、異なった行為がもたらす結果を推定することである。
　起業家精神によってのみ開始される社会的な協調と経済計算という、注目すべきプロセスの本質を正しく認識し、はっきりと理解できる。そうすれば、比較と対照によって、起業家の自由を制度的に抑圧することから生じる深刻な社会的不調和と、経済計算の欠如が理解できる。つまり、市場プロセスと社会の性質を正しく理解することによってのみ、社会主義の第一次的、さらに二次的な意義を理解できる。第3章では、こうした視点から分析を行い、それらの関係を考察する。

知的誤謬としての社会主義

　社会主義が科学的、政治的、哲学的な集団によって擁護されたのは、制度的な強制の使用が社会的協調をずっと効率的にしうると考えられたからだ。本書の第3章の前半ではこの考えを論駁するが、そこでは「静学的」[7]

第 1 章　序　論

と「動学的」という二つの異なった、しかし相補的な視点から議論を進めていく。この意味において、社会主義は単なる知的な誤謬である。強制的な手段によって社会を協調させることは、端的に言って理論的に不可能だからだ。

　第 3 章の後半の一部は、基本的議論から生じる副次的な意義に関するもので、相互に関連した多元的な視点からなる。そして、社会主義を説明・擁護するために、過去に広がっていた異なる定義、歴史的に異なる考えを考察して、第 3 章を終える。それらの動機や政府介入の程度、その他の特徴については異なっていても、すべての社会主義には共通項がある。それはすべて、多かれ少なかれ、起業家精神の自由な行使に対して制度的な攻撃を加えていることだ。

2．社会主義の経済計算の不可能性についての論争

　こうした社会主義の分析には、1920〜30年代に社会主義経済計算の不可能性について生じたミーゼスおよびハイエクと、多くの社会主義理論家との論争を再評価する必要がある。まず思い出すべきなのは、次のことだ。前述したように、最近の東欧諸国における社会主義の歴史的な崩壊によって、真摯で著名な研究者たちはみな、社会主義の理論的な考察を再考し、再評価することを迫られた。それは、その問題をもっとも熱心かつ詳細に研究した学者によって、以前から提出されていたものだった。本書の起業

---

7)「静学的」な議論は、均衡分析や、一般的に本書全体、あるいは第 4 章で糾弾する静学概念とは関係がない。しかし、「静学的」・「静学」という言葉に代わる、もっと適した言葉がないため、ここではこの言葉を使う。なぜなら、その議論は仮想的にすでに生み出された情報の分散的な性質と関係しており、それは新しい情報が生み出されるプロセスを意味する「動学的」・「動的」な議論とは反対だからだ。後に本書の視点から、これら両方の議論は同じように動学的であり、よって同じように均衡理論とは矛盾することを示す。実際には、これらの議論は同時的で、区別できない一つの社会プロセスを記述しているのだが、ここでは教授法的な理由から、別々に議論する。

10

家精神と社会主義の概念は、論争の最初期から次第に成長してきた理論的な統合の成果であり、それはゆっくりと発展し、次第に完成してきた。よって、ここでの社会主義分析の意義を完全・明快に理解するためには、論争を分析・再評価することが不可欠だ。

最後に、論争を研究していくと、均衡分析の主流パラダイムでは、社会主義に内包される理論的な課題を説明できないことに気づく読者もいるだろう。実際、そのパラダイムはニュートン力学と均衡の観念、つまり「何も起こらないこと」に基づいているために、制度的な強制が引き起こす理論的な問題を認識することができない。さらには、そうした論争を扱った論文を発表している学者たちや、それらの論文について批評を加えた専門家たちのほとんどは、均衡分析パラダイムの教育を受けていた。それ故に、彼らはミーゼスとハイエクの反論の本質を理解できなかったのである。それはまた、社会主義陣営がこれほど長期間生き延びてきたという「神話」の理由でもある。

ルートヴィヒ・フォン・ミーゼスと社会主義論争の始まり

第一次世界大戦のすぐ後のミーゼスの研究によって、論争が起こったことは偶然ではない。実際、ミーゼスのような人物だけが、人間行為によって進展する市場プロセスの本質と意義についての深い知識を得た。彼らは社会主義にまつわる経済計算問題の不可避性を直感的に理解することができたのだ。第4章では、ミーゼスの特に重大な研究とその背景を検討する。それはマルクス的な社会主義が支配的な時代に行なわれた。本書ではまた、ミーゼスの社会主義分析は、厳密なオーストリア学派の伝統である動学理論であったこと、よって静学的な分析にも、それに基づく「純粋な選択論理」にもまったく関係がないことを示す。第4章は、社会主義者が初期に提案した経済計算問題への「解法」に対する批判的な考察で終わる。これは特定の財、労働時間、あるいはいわゆる「効用単位」による計算を含んでいるが、ミーゼスが提起した必然的な理論的問題をまったく解決しなかった。

第1章　序　論

静学へと向かった不当な変化

　主流派が広く依拠する均衡分析だけが「経済理論」を構成するという愚かな考えは、論争を静学的な問題へと向かわせた。第5章で見るように、経済学者たちはミーゼスの問題提起を理解できなかったか、あるいは彼の分析が均衡分析ではなかったために、「理論的」というよりも「実際的」なものだと考えるか、あるいはほとんどの学者は、問題を狭義の均衡概念や単なる「純粋な選択の論理」だと解釈した。後者の場合、ミーゼス自身が最初から、社会主義は静学的な意味ではまったく問題がないことを明らかにしていたこと、またミーゼスの社会主義に対する理論的な批判は本質的に動学であり、市場における人々の相互作用のプロセスに基づいたものであることを、学者たちは理解していなかった。論争を静学へと変化させたことは無意味である。なぜなら静学はもともとの理論的な挑戦とは無関係であり、また不当だからだ。そうした偏向は、理論的な論争を完全に無益なものに変えてしまう（経済学者は、静学的な視点によって、問題がどこにあるかを見出すこと、そして、それが本質的に解決不能だと理解することを妨げられてきた）。第5章では、社会主義の経済学者が、いくつかの「数学的解決」を試みたことを概観する。それは静学的な用語では、市場と社会主義の「形式的な類似性」の議論から始まり、最終的にはテイラーとディッキンソンによるもっと重要な研究に至る。最後は、関係する方程式体系を実際的に解くと考えられた試行錯誤方式について詳細に検討する。第5章は、これらの社会主義理論家の研究に基づく「計量計画」モデルを批判的に分析して終わる。それは現在に至るまで、経済学者たちが頑固に発展させようとしてきたモデルである。

オスカー・ランゲと「競争的解決」

　理論においては、オスカー・ランゲがミーゼスの反社会主義の議論を論駁したという考えは、おそらく経済思想史における最大の神話の一つだろう。事実、この論争についての指導的な教科書や解説書、ほとんどすべての二次的な情報源が、その神話的で浅薄な記述を載せている。同様に、正

当化も批判的な分析もないままに、二世代の経済学者たちにわたってこうした印象は受け継がれてきた。このため、本書ではオスカー・ランゲが提案した「競争的解決」について精緻な批判的検討を行う必要がある。これについては第6章で扱うが、その内容と量、深さは、本書における社会主義分析への主観主義の適用という目標のなかでも、もっとも独創的で明快なものだ。もし本書の研究が、同時に引用している最近の関連した論文とともに、ランゲがミーゼスの議論を論駁したという神話を完全に打ち壊せる一助となるなら、それで十分に満足である。

不可能な円積問題としての「市場社会主義」

最後の第7章では、ランゲの提案以降、ディッキンソン、ダービン、ラーナーによってなされた研究を検討しつつ、「競争的解決」の分析を完了する。この章の結論では、競争と社会主義は創造的行為と強制と同じように、本質的・根本的に矛盾する概念である。興味深いことに、後に明らかになるが、ドッブの学派の社会主義理論家たちの全員がこの立場に立った市場社会主義を好んでおり、必然的に偽善的夢想家であった。社会主義の不可能性の本当の意味について考察した後、もっとも重要な結論を要約して章を終える。

3. その他の考えられる研究方向

論理的には、本書の社会主義の理論的分析には、未来の研究への多くの余地が残されている。事実、ここでの方法論的な視点から本書を敷衍・再検討することは、ひじょうに有望な結論に至る多くの研究方向に向けての第一歩となるだろう。こうした方向性のなかでは、以下のものが特に重要だと思われる[8]。

第1章　序　論

1) いわゆる「自主管理社会主義」の分析

「自主管理」、あるいは「サンディカリスム」社会主義は、ユーゴスラヴィアの経済的、社会的、政治的崩壊を経て信用を失ったが、本書のアプローチによってこの種の社会主義を研究することには大きな理論的な意味がある。特に、この種のモデルがすべてのレベルで要求する協調問題に関しての意義、同時にまた、サンディカリスムが伝統的な資本主義と社会主義に伴う障害を克服するための中道的なやり方として主張されるという事実に関しての意義が考えられる。

2)「指示的な計画経済」

同じように現在では事実上忘れられてしまったが、指示的な計画経済もまたいくつかの理由から検討されねばならない。第一に、このモデルには多くの支持者がいたが、特に1960年代に彼らは、本質的に「市場社会主義」の基礎づけによく似た、一連の理論的な議論によって自分たちを正当化した。そして、これらの議論は、当時ほとんど答えがないままに終わった。よって、「指示的な計画経済」がこれまでにまったく使われなくなったからといっても、その理論を永遠に葬るためには、それをもう一度適切に分析し直す必要がある。第二に、前述した興味深い現象（多くの理論的な立場が、それに先立って必要とされる科学的な研究も、それらに対する評価もなされかったこと）の結果、多くの東欧の経済学者が「指示的な計画経済」を、彼らの経済に対する万能薬として復活させようとした。最後、第三には、本書の社会主義分析は、「指示的な計画経済」に対しても完全に適用可能なことを指摘しなければならない。なぜなら、本書における社会主義の不可能性を説明する議論は、指示的な計画経済は目指す目標が達成できないことを意味するからだ。同じことは、投入産出表のような、多くの学術経済学者たちが（指示的なものであれ、そうでないものであれ）、計画策定を可能にするために執拗にこだわった、すべての方法に当てはまる[9]。

---

8) このリストは網羅的なものではないが、本書に続く社会主義に対する次の著作の概略にあたることは言うまでもない。この新しいプロジェクトの内容は、すでに部分的には仕上がっている。

3. その他の考えられる研究方向

3)「科学的な説明」に対する正しい認識

　経済計算の不可能性についての論争に社会主義理論が「勝った」のだから、社会主義モデルには理論的な問題はまったくないという神話は、ほとんど40年にわたって確立して広がってきたが、これは論争のもっとも不思議な側面の一つにすぎない。この神話ができあがった特段の責任は、論争の二次的な情報源となった経済学者たちにある。また当時、自分自身で深く研究する苦労を避けてもっとも一般的なモデルを受容した、あるいは社会主義に理論的な問題がないことは自明であると考えて、単に論争のすべてを無視した多くの経済学者も同じだ。

　社会主義が提起する困難については、ほとんどの社会科学者は人類の期待に応えることはできなかったし、少なくとも社会主義思想のもつ深刻な危険を人々に知らせ、警告するという重要な義務を果たせなかったと、たしかに断言できる。しかし、経済学者各人に帰されるべき誤った信仰、無視や無知についてはかなりの相違がある。よって、各経済学者の責任については、健全で有用なやり方で認識することが不可欠である。普通の人々や将来の経済思想にとっては、そうした分析は、各経済学者の現在あるいは一時的な名声、評判や人気とは無関係に、その適切な業績の記述となるだろう[10]。

4) 経済学の将来的な発展についての論争の帰結

　おそらく本書のもっとも大胆な主張は、社会主義の崩壊は必然的に一般に広がるパラダイムと経済学の未来に大きな衝撃を与えるというものだ。極端に稀な例外を除いて、経済学者はそれらの決定的な出来事を予測する

---

9) これは経済学者ワシリー・レオンチェフの場合であり、彼は自分の「知的産物」（投入産出表）の新しい「適用」法を探していた。そして恒常的な介入計画と社会への攻撃を提案することに積極的だった。ドン・A・ラヴォワの論文「レオンチェフと集計的計画への批判　Leontief and the Critique of Aggregate Planning」を見よ（Lavoie, 1985, pp. 93-124）。

10) こうした方向の研究例には、ドン・A・ラヴォワによるすばらしい論文「社会主義計算論争の一般的な説明についての批判　A Critique of the Standard Account of the Socialist Calculation Debate」（Lavoie, 1981, pp. 41-87）がある。

第1章　序　論

ことに失敗してきたから、経済学の決定的な要素が失敗しているのである。幸運なことに現在では、この大きな衝撃によって、主流派パラダイムがもつ理論的な近視眼的性質やその程度を正しく評価するという状況が生まれた。このパラダイムのために、これまで経済学者は社会の重要な出来事のほとんどを十分明快に評価・解釈することができなかった。さらに、我々はゼロから始める必要もない。なぜなら、社会主義の経済計算不可能性についての論争を通じて、多くの新しい分析ツールが開発されており、それらはオーストリア学派が自分たちの立場を説明、擁護、微調整する努力によって洗練されてきたからだ[11]。

　ここで影響を受けた分野をすべて列挙することはできないし、その内容を慎重に手直しすることもできないが、いくつかの例をあげることは可能だ。おそらく、経済学にとって適切な方法から始めるべきだろう。社会主義が不可能である要因（つまり、社会が利用する情報の主観的・創造的・分散的・暗黙的な性質）は、正確な計測と数字上の比較という経済学者がこれまで熱心かつ素朴に擁護してきた理想を、まさに達成不可能にする。そして、我々はまだ数学的な形式主義と、完全情報と均衡に基づく分析への致命的な固執が、経済学の発展に与えてきた悪影響について触れていない。また価格決定の関数理論を捨てて、起業家精神によって連続的に発展するプロセスによって、どのように価格が形成されるのかについての価格理論を採用する必要がある。つまり、実体のない謎に満ちた曲線や関数の交点としてではなく、経済主体による人間行為によって価格は決定される。なぜなら、価格決定のために必要な情報は、関係する経済主体の内心にさえ存在しないからだ。さらに「完全」競争と独占の静学理論を捨てて、経済学を再構築しなければならない。主流派の静学理論を、動的で純粋に起業家的な競争プロセスの理論で置き換える。そこでは伝統的な意味での独占

11）イズラエル・カーズナーはこの論争がもつ重要性、つまり全般的なオーストリア学派の発展と洗練、適切な明確化に対する触媒となったことを明らかにした。それは特に、起業家精神の理論と創造性と発見についての動的な市場プロセスの完全な分析と理解に対してである。イズラエル・カーズナー「経済計算論争：オーストリア学派への教訓　The Economic Calculation Debate: Lessons for the Austrians」（Kirzner, 1988）を見よ。

の問題は無意味になって存在せず、すべての市場領域における起業家精神の自由な実践に対する制度的な規制に焦点が当てられる。

資本と利子の理論もまた主観主義的な概念から根本的な影響を受ける。そこでは各中間段階における資本財は、経済主体が体験している特定の行為の文脈において、当事者が主観的に捉えるままに描かれる。主体の経験の連続は、時間経過という主観的な観念を生み出す。資本とは、各段階での金銭的な市場価格に対する主体による経済計算、あるいは主観的な推定となる。こうした考えは、時間選好が利子率の決定において果たす主導的な役割を説明する。また、利子率と資本の効率性がまったく無関係であることも説明する。

利子率と資本の効率性が関係しているという考えは異なってはいるが、緊密に関連した三つの誤謬から生じている。それらは、完璧な調整後の均衡状態の分析だけをすること、生産とは時間がかからない即時的な「プロセス」であるという考え、そして資本とは現実の「資金」であり、それは人間の心とは独立したものであり、それ自体で再生産するという考えである。

通貨・銀行信用・金融市場の理論は、21世紀におけるおそらく経済学最大の理論的な挑戦課題である。事実、今では社会主義の適切な分析がないことから生じた「理論的なギャップ」は埋められたため、もっとも理解されてこなかった重要な分野は、この通貨理論だと断言することさえできるだろう。通貨理論のすべての領域で制度的な強制、方法論的な誤り、理論的な無知が広がってきた。なぜなら通貨が関係する社会関係は、ずば抜けてもっとも抽象的で理解が困難だからだ[12]。したがって、理論が生み出し、関連する知識はもっとも広範、複雑、曖昧なものになり、この分野での制度的な強制がもっとも破滅的なものになる。介入主義と経済循環の理論は

12）「通貨と信用構造の運用は、言語や道徳と同じように、理論的に適切な説明がもっとも難しかった種類の自生的秩序であり、専門家の間でも大きく意見が分かれる対象である…他のどの分野よりも選択プロセスが干渉されている。進化による選択は、政府の独占によって競争的な実験が不可能になっていることで阻止されている」（ハイエク『致命的な思い上がり *The Fatal Conceit: The Errors of Socialism*』1988, pp. 102-103）。

第1章　序　論

一般に、本書がここで提示する社会主義の定義と分析に完全に適合する。それは、制度的な強制が市場の同時的、あるいは異時点間の調整にもたらす混乱要因を明快に説明する。これはすべての分野、特に通貨、財政領域に当てはまるのである。

　経済学者は、マクロ経済学の集計量と均衡概念に基づいて経済成長と発展の理論を構築してきたが、その結果、それらのプロセスの真の主人公を見逃してきた。それは人間とその機敏さ、創造的・起業家的な能力である。これまで経済学は、制度的強制によって破壊的で無益なものになってきた。それを正当化してきた要因を消し去るためには、成長と発展途上の理論のすべてを再構築する必要がある。経済学は、発見プロセスの理論的な研究に再び焦点を合わせるべきである。この発見プロセスとは、経済に必要不可欠な起業家的要因が存在しないために、未だに利用されていない発展機会を見出すプロセスのことである。

　似たような状況は、いわゆる厚生経済学のすべてにも当てはまる。それらは想像上のパレート的な効率性概念に基づいており、その実行と管理には、現実には決して存在しない完全情報の環境が必要なために、無意味で無益なものになっている。よって効率性はこれまでのようなパレート基準ではなく、不均衡状態の調整の失敗を自発的に協調させる起業家精神の量によって、再定義されなければならない。「公共」財の理論は常に完全に静学的な用語によって均衡に基づいて構築されてきた。学者たちは複数財の「同時的な供給」や「消費の非競合性」を生み出す状況を当然視し、その状況は常に変わらないと仮定してきた。起業家精神の動的理論の視点からは、「公共」財が存在するような状況とは、誰かの起業家的創造性によって、それを発見・消滅させる明らかな機会である。したがって自由な起業プロセスの動的な観点からは、「公共」財は、だんだんとゼロに近づいていく。こうして社会の多くの分野においてかなり古くから存在した、起業家精神の自由な実践に対する制度的・組織的強制の必要性が失われる。

　最後に、公共選択学派と法と制度の経済分析の理論について述べよう。これらの分野では、完全情報に基づいた静的なモデルの不健全な影響を払拭するため、エコノミストたちによる奮闘が続いている。このモデルは多くの政策の疑似科学的な分析、かつて社会主義を正当化しようとしたのと

同じ方法論的な仮定に基づく分析を生み出してきた。そうした仮定は、起業家精神が惹起・推進する自発的な社会プロセスの動的・進化的な分析を完全に無意味にする。政策や規則を、そこから生じる損益についての完全情報の存在を前提にしたパラダイムで分析しようとするのは、明らかに矛盾している。なぜなら、そうした情報がもし存在するとすれば、それらの政策や規則は不必要だろう（そして、それに代えて単純な命令にしたほうがはるかに効率的になるだろう）からだ。もし法の進化的な発生についての説明があるなら、それはまさに人間を常に取り囲んでいる、決して消滅させることのできない無知なのである。

　他にも多くの分野の研究（人口の理論、税収と再分配の経済分析、市場の生態学など）を採り上げることはできるが、これまでの概略によって、社会主義の崩壊によって明らかになった方法論的・理論的な欠点が取り除かれた未来に、経済学が進むべき方向性を十分に示せたと思う。結果的に、人類に貢献できる本当の社会科学、はるかに広い射程を持ち、より生産的で、ためになる経済学が生まれると期待される。

5）過去の異なった社会主義タイプの再解釈と歴史的分析

　この研究方向は、本書の社会主義分析を、これまで分析的なツールがないために深刻な欠点を抱えてきた「比較経済システム論」の分野へと適用することである。よってその目的は、かつて現実に存在した、あるいは現在も存続している各種の異なるタイプの社会主義の歴史的な再解釈による、詳細な研究を行うことにある。そうした研究の目的は、理論を提示するだけではなく、歴史的に起こった出来事によって、理論が支持される程度を明らかにすることでもある。

6）社会主義が倫理的に許されないことについての理論の定式化

　正義の観念の理論的な基礎づけを探す努力が、本書が批判するような方法論的・分析的な誤りによって汚されているかどうかについて考察することが必要である。言い換えれば、我々は完全情報の静学的なパラダイムを捨てて人間行為の創造的・不確実な現実に焦点をおいて、正義の理論を再構築すべく努力しなければならない。それは、社会主義が知的な誤謬であ

第1章 序 論

り歴史的な失敗であったとともに、どれほど倫理的に受け入れられないものであったかを研究するためである。

7) 社会主義の解体とその予防についての理論の発展

　もし社会主義は歴史的な失敗、知的な誤謬であると同時に、倫理的に許されないものであることが結論づけられれば、最終的には、それを解体し予防するための全体的な戦略・戦術を発展させることが必要になるだろう。それは、歴史的に生まれた社会主義の各タイプ（「本当の」、社会民主主義的、自主管理的など）の解体に伴う具体的な問題を検証することを含む。そしてまた、各例の特定の状況下における異なる選択肢・行動方針の利点・欠点、特に「漸進主義 vs 革命主義」を評価することである。最後に、予防はカギとなる重要性を持っている。社会主義を再生しようとする試みは、何度も繰り返される詐欺的なものであり、本質的に堕落的な性質を持っている。学問的な領域だけではなく、制度的な強制のない健全な社会の枠組みに必要な制度や習慣、原則や行動パターンなどの発展と防御においても、絶え間ない警戒が不可欠だからである。

4. 結 論

　本書の社会主義と制度的強制の研究を適切な文脈に配置するためには、これまでの考察の概略を示すことが必要であった。人間行為の一般理論を適切に理解することによってのみ、起業家精神の自由な発揮を無理やり阻止しようとする試みから、必然的に生じる結果を説明できるからだ。よって、本書の分析は創造的で、主体性をもつ人間が中心である。彼らは歴史を通じて、さまざまな不当な口実をもって制度的に押し付けられてきた足枷と強制から逃れて、もっとも自分らしい性質に従って表現し、行動するために苦闘し続けてきたのである。

第2章

起業家精神

1．起業家精神の定義

ヒューマン・アクション（人間行為）
   目的・価値・手段・効用
希少性、行動の計画、行動への意志
時間の主観的認知　過去・現在・未来
創造性・驚き・不確実性
主観的な概念としてのコスト、起業家の利益
合理性と非合理性、起業家の失敗と損失
限界効用と時間選好

2．起業家精神の特徴

起業家精神と機敏さ
情報・知識・起業家精神
科学的というより主観的・実用的な知識
排他的で分散的な知識
明示できない暗黙知
起業家精神の根本的に創造的な性質
情報の生成
情報の伝達
学習効果　協調と調整
裁定取引（アービトラージ）と投機
法・通貨・経済計算
起業家精神の遍在性
本質的原理
競争と起業家精神
知識の分業と社会的協調の「拡張された」秩序
創造性 vs 最大化
結論　本書における社会概念

3．起業家精神と社会主義概念

社会主義の概念は、起業家精神の本質的理解なしには把握不可能であるため、この章では起業家精神の概念、特徴、基本的要素を研究する。本書における起業家精神の概念は、とても広範でありながら的確でもある。それは、人間のもつ本質的・根本的な創造的性質であり、また自然に文明の発達を生み出し、存続させる協調的な能力としての、人間行為の概念と関係している。最終的に、本書の起業家精神の分析によって、「社会病理」として社会主義を新しく定義することが可能になる。そのもっとも特徴的な症状は、個人行動と生活を構成する社会プロセスの間に生じる、極端な協調不全と広範な調整の失敗なのである。

1．起業家精神の定義

　広義の、あるいは一般的な意味では、起業家精神は実際には人間行為と同じものだ。この意味では、現実を変更し、自分の未来の目的を叶える行為を行う人は誰でも、起業家精神を実践していると言えるだろう。一見して、この定義はあまりに広すぎて、現在の言葉の使い方と異なるように感じるかもしれないが、それは経済学者たちがだんだんと研究・発達させてきた起業家精神の概念と一致することを心に留めるべきである[1]。さらには、この概念は、もともとの「企て、進取の気性　enterprise」（スペイン語の empresa）という単語の語源的な意味と完全に一致している。実際、スペイン語の「empresa」とフランス語・英語表現のアントレプレナー（entrepreneur）[2] は語源としてラテン語の動詞「in prehendo-endi-ensum」、つまり「見つける、認識する、理解する、実現する」から生まれた。ラテン語の「in prehensa」は明らかに「行為、取る、受け取る、つかむ」を意味している。つまり「empresa」は行為と同義語なのだ。フランスでは長期間使われてきたし、中世最盛期を通じて、重要で、一般に戦争に関係

第2章　起業家精神

した活動を担当する[3]、あるいは大聖堂の建設計画を託されて実行した人々を指していた。スペイン王立アカデミー辞書には、「empresa」は「勇敢に行われる苦しく困難な行為」とある[4]。「empresa」はまた中世には、ある種の重要な行為をすることを騎士階級が宣誓したことを示すための、記章のことも意味するようになった[5]。行為としての企ての概念は必然的、決定的に企てるという態度、つまり見つけ出し、発見し、想像する

1）本書の起業家精神の考えは、主に前ニューヨーク大学教授イズラエル・M・カーズナーのものである。カーズナーは三部作、『競争と起業家精神　*Competition and Entrepreneurship*』、『認識・機会・利益　*Perception, opportunity, and Profit*』、『発見と資本主義プロセス　*Discovery and Capitalist Process*』を著した。最初の著作では、師であるミーゼスとハイエクが生み出した起業家精神の各種の概念を深く考察し、発展させるという非の打ち所のない仕事を成し遂げた。さらにカーズナーは第4の著作、『発見・資本主義・分配的正義　*Discovery, Capitalism, and Distributive Justice*』のすべてを使って、起業家精神の考えが社会倫理の分野に果たす意味について研究した。本章が書かれた後、カーズナーが出版した重要な著作『市場プロセスの意味：現代オーストリア経済学発展に伴うエッセイ　*The Meaning of Market Process: Essays in the Development of Modern Austrian Economics*』には、最近の研究と本書で取り扱った以前の論文が含まれている。スペインでも私の著書の他にも、起業家精神に基づく経済分析は、ホセ・T・ラガ『経済プロセスと起業家行為　*Proceso Económico y Acción Empresarial*』、ペドロ・シュワルツ『起業と自由　*Empresa y Libertad*』、フアン・マルコス・デ・ラ・フエンテ『起業家とその社会的機能　*El empresario y su función social*』などがある。

2）興味深いことに、英語はフランス語の「アントレプレナー　entrepreneur」をそのままの意味で受け入れた。しかし、それはかなり遅くになってからのことである。1821年のジャン＝バティスタ・セイ（Jean-Batista Say）の『政治経済学』のプリンセプ（C. R. Princep）による英訳では、フランス語のアントレプレナーを「冒険家 adventurer」という言葉に翻訳している。このトピックについては、例えば、上記の英語訳の1971年のA・M・ケリーによる再版の329-330ページを見てもらいたい。ジョン・ステュアート・ミルは英語にはフランス語のアントレプレナーに当たる言葉がないことを嘆いて、1871年に「この言葉『起業者　undertaker』という言葉が英語話者には聞き慣れないことは残念だ。フランスの経済学者は、『起業家の利益』について語ることができる有利さを享受している」と書いている（『政治経済学原理』脚注406）。ここでミルは、セイの『政治経済学』第16版の第2巻第7章3節のタイトルの言葉使いに対して言及している。

3）バート・F・ホゼリッツ「起業家理論の初期の歴史　The Early History of Entrepreneurial Theory」（Bert F. Hoselitz, 1956, pp. 193-220）

4）"Acción ardua y dificultosa que valerosamente se comienza."

こと、あるいは新しい目的と手段を見出すこと（これらのすべては前述の「in prehendo」の語源的意味と同じである）を意味している。

ヒューマン・アクション（人間行為）　目的・価値・手段・効用

　これまでに起業家精神を人間行為という言葉で定義したので、この言葉が何を意味するのかを説明しなければならない。「人間行為」は、すべての思慮に富んだ行動、あるいは活動である[6]。活動において、すべての人間は自分にとって重要なある種の「目的」を達成しようとする。本書では、「価値」とは主観的なものであり、行為者がその目的に対して多かれ少なかれ精神的に高評価を与えるものだと考える。「手段」とは、行為者が主観的に、その目的を達成するために適したものだと考える方法のことである。「効用」とは、行為者が手段に与える主観的な評価のことであり、目的の価値に応じて、この手段は目的の達成に有用だと考えられる。この意味で、価値と効用は同じコインの両面である。行為者は目的の主観的な価値を、その達成に有用な手段に投影し、それはまさに効用の概念を通じたものだからである。

---

5) 例えば、セルバンテスの不朽の名作『ドン・キホーテ』の第1部第2章の最初には、「開けた平原に出るやいなや、ひどい考えが彼に襲いかかり、それは当初からの「企て」を捨てるに十分なものであった。彼は騎士の称号を持っていないこと、騎士道によれば彼は騎士に対して武器を取ることはできず、また取るべきではないこと、そしてもし騎士であったとしても新米である以上は、武勇を得るまでは甲冑には記章（Empresa）なしの白い鎧を着装すべきであることに思い至った」と書かれている。

6) 人間行為の概念とその主な要素については、特にミーゼスの『ヒューマン・アクション』を参照のこと。ミーゼスは的確に「すべての行為者は常に起業家であり、投機家である」、「起業家とは、市場に生じた変化に対して行動する人間のことである」と述べている（pp. 11-29, 251-259）。またリチャード・テイラーによる『行為と目的　*Action and Purpose*』を読むのも有用かもしれない。しかし本書の視点では、テイラーは、人間行為は既存の目的のために手段を効率的に配分するというより、本質的に新しい目的と手段を発見・理解するものだということを強調できていない。同じようにタデウシュ・コタルビンスキもさらに大きな過ちを『プラクシオロジー：効率的な行為科学の入門　*Praxiology: An Introduction to the Sciences of Efficient Action*』で犯している。

第2章　起業家精神

希少性、行動の計画、行動への意志

　定義からして、「手段」は希少でなくてはならない。なぜなら、もし希少でないとするなら、行為者はそれを考慮に入れることはないだろうからだ。言い換えれば、希少性がないところでは人間行為もない[7]。目的と手段が先に与えられることはない。反対に、それらはまさに、行為者それぞれが、自分の生活環境に関係した目的・手段を創造・発見し、あるいは単に認識するという本質的な企業活動から生じる。行為者がどの目的に価値があり、その目的の実現を可能にする利用可能な手段はどれなのかを見出せば、彼はほとんど常に暗黙のうちに[8]、その両方を行為の計画に取り込み[9]、意志に基づく個人行為を実行する[10]。

時間の主観的認知　過去・現在・未来

　すべての人間行為には時間がかかるが、それは決定論的、ニュートン力学的、物理的、あるいはアナロジー的な意味ではなくて、主観的な意味においてである。つまり「時間」は行為者が各行為に関して主観的に感じ、体験するものである[11]。

　この主観的な時間概念によれば、行為者は行為をする際に、つまりこれまで説明してきた起業家精神に従って想像し、発見し、あるいは単に新しい目的と手段に気づくにつれて時間を感じ、体験する。こうして行為者の記憶には過去の体験が蓄えられ、その内心において、未来の同時的・創造的な景色と心的なイメージや期待とが一体化する。この未来は決定的なも

---

7) この意味では、経済学を「希少性の影響下にある人間行為の科学的研究」と定義するのは、明らかに冗長だ（アビリノ・グラシア・ビジャレホとハビエル・サリナス・サンチェス『財政マニュアル　*Manual de Hacienda Pública*』（Avelino García Villarejo and Javier Salinas Sánchez, 1985, p. 25）。なぜなら、すべての人間行為は希少性が前提となっているからだ。ミーゼスが雄弁に語っているように、「人間が利用可能な財の不足に制約されていないところでは、行為の必要は何もない」（『ヒューマン・アクション』p. 93）。
8) 後に、人間行為にもっとも関係している情報や知識ははっきりと名状しがたいこと、そしてその性質が一般的に明示的というより暗黙的であることを検討する。

のではなく、行為者が一歩ずつ想像・創造するものだ。

創造性・驚き・不確実性

　よって、未来はこれから作られるという意味で常に不確実である。それに関連して、行為者は、自分の行為と他人との相互活動によって実現したいと望む、ある種の考え、心的イメージ、あるいは期待をもつ。さらに未来は、すべての人間の創造的な可能性に対して開かれている。そのため各行為者は永久的な不確実性に直面しており、それは自分自身と他の組織の

9）計画とは、行為者がその行為に関係があると予想する異なった段階・要素・状況についての、内心の未来予想図である。よって計画は行為者がもっていた、そして行為に伴って次第に発見してゆく実際的な情報の個人的な組み合わせである。この意味で、行為者が新しい情報を生み出すにつれて、各行為は個人的・個別的な計画の継続的なプロセスとなる。後述するように、中央計画はこれとは異なり、社会主義制度における管理組織の必要に応じている。それは、できるかぎり政治的に協調させる方法で、目的達成のために強制的な手段を使用することである。中央計画が失敗するのは、当局は必要な実際的な情報を得ることができないからだ。よって、問題は計画するかどうかではない。その反対に、計画はすべての人間行為に必要だが、問題は誰が計画するのか、必要な現実的情報を唯一持っている行為者個人なのか、それともそうした情報をもたない無関係で強制的な組織なのかということである。ハイエクの論文「計画についての新しい混乱　The New Confusion about Planning」（*New Studies in Philosophy, Politics, Economics and the History of Ideas*, 1978）を見よ。異なったタイプの計画は、統合的・部分的・指示的、あるいは個人的なものに分類できるが、個人的な計画以外のすべてが、消滅させることのできない認識論的な矛盾を抱えており、本書ではこれを「計画のパラドックス」と呼ぶ（第3章脚注11および第6節cを見よ）。

10）トマス・アクィナスによれば、「目的は、意志の原因であり、対象である voluntatis autem motivum et obiectum est finis」（『神学大全』第4巻第4章　問題7、1-2節）。

11）主観的・実際的・動的な時間概念だけが人間行為の分野と経済学に適用可能であるという考えについては、オドリスコルとリッツォによる『時間と無知の経済学 *The Economics of Time and Ignorance*』（1985）第4章を見よ。この時間の概念は、ベルクソンによって提示された。彼によれば「純粋な持続時間とは、私たちの自我が自らを生かし、現在の状態と過去の状態との分離を確立することをさし控えるときに、私たちの意識状態の連続がとる形のことである」『意識に直接与えられたものについての試論』（Henry Bergson, Oeuvres, 1959）。

第2章　起業家精神

行動パターン、起業家的な精神活動の機敏な実践によってのみ減少できる。しかし、この不確実さを完全に消し去ることはできない。不確実性の開かれた、また無限の性質により、伝統的な客観的・主観的な確率概念、そしてベイズ的な考えさえ、人間行為の分野には適応不可能だからだ。

　これには二つの理由がある。第一に、行為者はすべての可能性、あるいは展開についてわからないことだ。第二には、行為者はある種の主観的な信念、あるいは確信——これらはミーゼスによって「（特定の出来事の）可能性」と呼ばれた[12]——をもっているだけであり、それらは変化し、広がり、あるいは驚き、つまり根本的・多様な方式で、行為者の信念と知識の「地図」を変化させる。こうして行為者は、以前には考えることもできなかった、まったく新しい状況を常に見出す[13]。

主観的な概念としてのコスト、起業家の利益

　行為者が特定の目的を望み、手段を見出して選ぶとき、同時にその他の異なる目的の実現機会をあきらめる。それは彼にとって、違ったやり方で

---

12)『ヒューマン・アクション』（pp. 110-118）。次の表は、自然科学分野に適用可能な確率概念と、人間行為の分野に適応可能なものの、ミーゼスによる主な違いを示している。

自然科学分野	人間行為分野
1．集合確率：集合の振る舞いは既知、あるいは知ることができるが、個別的要素は知ることができない。	1．個別の出来事の「確率」。集合の全体は存在しない。個別の出来事の要因は知られているものもあるが、わからないものもある。行為そのものが出来事を創造し、もたらす。
2．集合に対して保険可能なリスクが存在する。	2．人間行為の創造的な性質のために、不確実性が永遠に存在する。
3．確率は数学的に表すことができる。	3．確率は数学的に表すことができない。
4．確率は論理と経験的研究によって測ることができる。新しい情報が明らかになると、全体確率はベイズ定理によって推定することができる。	4．確率は洞察と起業家的な推定によって見出される。新しい情報は信念と期待の全体像を書き換える（驚きという概念）。
5．自然科学者の研究対象。	5．典型的に行為者＝起業家と歴史家によって使われる概念。

利用可能な手段を使って達成可能ではあるが、その価値が比較的に低いからだ。本書では「コスト＝費用」という言葉によって、行為者が特定の目的遂行のためにあきらめた、別の目的のもつ主観的な価値を表すことにする。言い換えれば、行為は常に犠牲をともなう。放棄した目的に対して行為者が感じた価値がコストであり、本質的に、それは純粋に主観的な評価・推定、あるいは判断である[14]。

　普通、人が行為をする理由は、追求する目的の価値が、それにかかるだろうコストよりも大きいと主観的に推定するからだ。言い換えれば、起業家的な利益を得ようとしているのである[15]。よって、利益は人間行為を通じて得られた便益であり、それは人々を動機づけるインセンティブになる。コストを伴わない行為では、目的の主観的価値は利益に一致する。すべての人間行為は、すべて必ずコストを伴わない純粋・根本的に創造的な起業家的な要素を含んでいること、そしてこの要素はまさに、広い意味での人間行為と起業家精神の概念を規定するものであることは、後述しよう。さ

13）「驚きとは、それまでの思考の配置換え、あるいは転覆である。それはありそうもないと思われたこと、あるいは想像もできなかったために、可能だとも不可能だとも評価されていなかったことを体験することから生まれる。予測に沿っていない、あるいは予測されなかった出来事である」。シャックル『認識と経済 *Epistemics and Economics*』（Shackle, 1972, p. 422）。アングロ・サクソン人は、意識的に探していたわけではなく、驚きによって生じる機会を認識するという典型的に起業家的な能力を記述するために、「セレンディピティ　serendipity」という言葉を使う。この言葉の語源は、アラビア語でスリランカ（かつてのセイロン）を意味する「sarandib」であり、ホラス・ウォルポールが現在のような意味を与えた。ウォルポールは18世紀にこの言葉を初めて使ったが、それはペルシア起源の話である「セレンディップの３人の皇子たち」による偶然の発見に触発されたものであった。ウォルポールがこの話の主人公たちは「常に偶然の認識によって、探していなかったものを発見する」と指摘している、1754年１月28日のウォルポールからマンへの手紙を見よ。彼は、「事実、この発見のほとんどは私がセレンディピティと呼ぶ種類のものだ」と結論している。オックスフォード英語辞典を第２版を見よ。グレゴリオ・マラニョンは同じ考えを、「天才による創造というのは、予想もできない驚きであるという意味で、普通の人間のものとは異なる」と記している（『エル・グレコとトレド、全集』（Gregorio Marañón, *El Greco y Toledo, Obras Completas*, 1971, p. 421）。
14）J・M・ブキャナン、G・F・サールビィ編『LSE　コストについての論文集 *L. S. E. Essays on Cost*』（1981）、特に第14、15章を見よ。

29

第2章　起業家精神

らに、目的の価値は常に利益を取り込んだものであるから、これから本書では、多くの場合「目的」を「利益」と同義として扱い、これらの相違を逐次的に明確化することはやめることにする。

合理性と非合理性、起業家の失敗と損失

　人間行為は、当然のことながら「合理的」である[16]。それは、事前には、行為者は必ず、価値ある自分の目的にもっとも適していると信じる手段を探し、選ぶという意味においてだ。このことは、事後的に行為者が起業家的な誤りを犯したことを発見することと、疑いなく両立できる。言い換えれば、彼はもっと価値の高いものに気づかずに、特定の目的と手段を選んだことで起業家的な損失を生じさせたのである。しかしながら、目的・コスト・手段の本質的に主観的な性質によって、外部からの観察者が客観的に、ある行為が非合理的だと分類することはできない。よって、経済学では、人間行為はそれ以外のさらなる説明を必要としない「公理」的な概念

15）「広い意味では、利益とは行為から生じる便益である。それは得られる満足によって増える（不安によって減る）。それは達成される結果に与えられた高い価値と、そのための犠牲に与えられた低い価値の差である。言い換えれば、産出から費用を引いたものである。利益を得ることは、必ずすべての行為の目的である」（ミーゼス『ヒューマン・アクション』p. 289）。ミーゼスの見解では、会社が損失を出すことは、他の生産活動にもっと必要とされている希少な資源を不適切に使用していることである。ヨハネ・パウロ2世は、ついにこの考えを完全に理解したようだ。彼は「会社が利益を出すとき、それは生産要素が適正に使用され、それに対応する人間の必要性が正しく満たされたことを意味する」と述べている。ヨハネ・パウロ2世の「回勅」第4章35節（1991）を見よ。
16）したがって、経済学は（事前に常に合理的である）選択、あるいは意思決定についてではなくて、すべての選択が合理的であったとしても、うまく、あるいはまったく調整されないことが起こり得る社会的な協調プロセスについての理論である。その協調の程度は、起業家精神の実践における各行為者の意識に依存する。カーズナーの『市場プロセスの意味』（1992, pp. 201-208）を見よ。さらに、人間行為を構成する本質的に主観的な特徴（目的・手段・コスト）は、（明らかに矛盾しているが）まさに経済学を客観的にしていることを強調しなければならない。なぜなら、経済学はすべての行為に適用可能な結論をもつ理論科学（プラクシオロジー）だからである。

であるという意味で、人間行為は「究極的には所与とされる」ものだと断言できる。人間行為の公理的な性質はまた自明でもある。なぜなら、批判が人間行為を通じてなされるものである以上、それを批判し疑うことは解決不可能な論理的な矛盾を含むからだ[17]。

限界効用と時間選好

　最後に、当然だが手段は希少であることから、行為者はまず価値の高い目的から始め、続いて比較的価値の低いものへ移る傾向がある。その結果、行為者に利用可能であり、彼の行為に関連して交換可能である手段の各単位については、彼はそれらによって達成できると考えられる、もっとも重要性の低い目的によって価値を置く（限界効用逓減の法則）。さらに、行為は目的達成のために行われ、行為には時間がかかるゆえ、他の条件が同じなら、行為者はできるだけ早く目的を達成しようとするはずである。別の言い方をするなら行為者は時間的に近いほどに高い価値を置き、はるかに高い価値をもたらす目的を達成できると思わなければ、もっと長い時間がかかる行為をしようとしない（時間選好の原則）[18]。

17）ミーゼス『ヒューマン・アクション』（pp. 19-22）。ミーゼスが、「外部の自然がどのように人間の思考を決定するのかが解明されるまでは、人間行為は究極的に所与である」と言ったのは、彼にしては珍しい不必要な譲歩であった。本書はハイエクと同じように、人間の心がそれ自体を説明することはできないと考える（『感覚秩序』）。それだけでなく、本書は、決定論者は解決不可能な論理矛盾に陥ると主張する。つまり、彼らが得ようと望んでいる、外界がどのように思考を決定するのかという知識それ自体が決定されたものであり、そして彼らの基準によれば、それは信頼できるものではあり得ない。マレー・N・ロスバード『個人主義と社会科学哲学　*Individualism and the Philosophy of Social Sciences*』（1980）を見よ。
18）つまり、限界効用逓減の法則も時間選好の原則も経験的・心理的なものではなく、人間行為の基本概念の論理的な帰結である。ミーゼスによれば、「行為というカテゴリーは、限界効用逓減の法則をすでに意味して」おり、「時間選好は人間行為の前提である」（『ヒューマン・アクション』p. 124, 484）。

第2章　起業家精神

2．起業家精神の特徴

起業家精神と機敏さ

　起業家精神は、厳密な意味では、基本的に、周囲に発生する目的達成、あるいは利益を得る機会を発見・認識（prehendo）すること、そして機会を適切に利用することである。カーズナーは、起業家精神の実践には特別な機敏さ（alertness）、つまり周囲に起こっていることを見出し、理解するという恒なる用心が必要だと考えた[19]。おそらくカーズナーが「機敏さ」という英語を使ったのは、起業家精神（アントレプレナーシップ）がフランス語源であり、大陸のロマンス言語とは異なり、英語には「つかむ（prehendo）」という意味がなかったからだ。ともかく、スペイン語の形容詞 perspicaz（慧眼な、炯眼な）は『王立アカデミー・スペイン語辞典』に書いてあるように、「遠くのものをきわめてくっきりと見通す、見抜く」[20]ことであり、起業家精神についてきわめて適切なものである。この考えは起業家精神が従事する、行為に伴ってその未来の効果を予測することと完全に適合している。

　「用心していること　el estar alerta」というスペイン語も起業家精神を表現していると言えるのは、それが注意や警戒の概念を含んでいるからだが、それにしても「perspicaz」のほうがより適切だろう。おそらくそれは、前者の言葉がむしろ静的な状態を示唆しているからである。ここでは、歴史家が興味深いと感じる重要な出来事の選択・解釈に必要な機敏さは、起業家が未来に起こると信じる出来事に関係した機敏さと、きわめて類似していることに注意しなければならない。これこそミーゼスが歴史家と起業家はとても似たアプローチをしていると述べる理由であり、彼は「起業家」を、歴史家の目を持って未来を見る人だと定義するほどだった[21]。

19）カーズナー『競争と起業家精神』（p. 65, 69）。
20）"La vista o mirada muy aguda y que alcanza mucho."
21）「行為者は、あたかも歴史家の目をもって未来を見通す」（『ヒューマン・アクション』p. 58）。

情報・知識・起業家精神

こうして起業家精神の性質を完全に理解するためには、まずそれが行為者のもつ情報、あるいは知識を変化・変更していくことを理解しなければならない。新しい目的と手段の認識・認知は、新しい情報を発見したという意味で行為者の知識の変化を意味する。さらには、この発見は彼の持つ情報と知識の見取り図全体を変更する。起業家精神の実践に関連した情報・知識の特徴とは何だろうか？　この種の知識の持つ、六つの基本的性質を研究しよう。1．それは科学的というより主観的・実用的な知識である。2．それは排他的な知識である。3．それはすべての人間の心に分散している。4．主に暗黙的な知識であり、言葉によって表現できない。5．起業家精神の実践によって、無から生まれる知識である。6．ほとんどの場合、とても複雑な社会プロセスを通じて伝達可能な知識である。これが経済学の研究対象である。

科学的というより主観的・実用的な知識

ここで分析している知識は人間行為にとってもっとも重要なものだが、それはまず科学的なものではなく、主観的・実用的なものである。実用的な知識は形式張った表現ができず、主体によってだんだんと蓄えられる、つまりいくつもの場面における人間行為を通じて得られるものだ。ハイエクが主張したように、それはすべての種類の特定の状況、あるいは特定の時間と空間の主観的な座標において重要となる知識である[22]。つまり、行為者の目的や他の行為者の目的に関連した情報と、具体的に人間が称賛するような知識のことだ。この知識はまた、目的達成に利用可能だと行為者が信じる手段についての実用的な情報であり、特に、個人的であるなしにかかわらず、行為者が具体的な行為のために重要だと感じるすべての状況についての情報である[23]。

第 2 章　起業家精神

22）トマス・アクィナスは特定の状況のことを「accidentia individualia humano-
rum actuum」（つまり、人間行為の個別の出来事）と定義し、時間と空間の他には、
もっとも重要なこうした特定状況とは、行為者が成し遂げようとする目的であると
言った（"principalissima est omnium circumstantiarum illa quae attingit actum ex
parte finis"）。『神学大全』第 4 巻（1 と 2 の論文、問題 7 の 1-2 節）を見よ。「実
用的な知識」と「科学的な知識」の区別については、マイケル・オークショットの
研究もまた指摘しなければならない（『政治における合理主義』を見よ）。この本は
『政治における合理主義とその他のエッセイ』と題して増補再刊された。オークシ
ョットの『人間行為について　*On Human Conduct*』もまた重要である。オークシ
ョットの区分は、ハイエクが「分散的な知識」と「集中された知識」と記したもの、
マイケル・ポランニーが「暗黙的な知識」と「明示的な知識」として強調したもの、
また前述のようにミーゼスが「特定の出来事」の知識と「現象全体」のふるまいに
ついての知識と分けたものに対応している。次の表は、これら 4 人による二つの異
なる種類の知識についての各種のアプローチをまとめたものだ。

二つの異なる知識タイプ

	A タイプ	B タイプ
オークショット	実践的・実用的（伝統的）	科学的（技術的）
ハイエク	分散的	集権的
ポランニー	暗黙的	明示的
ミーゼス	「個別の出来事」について	「集合」について

　これら 2 種類の知識の関係は複雑であり、ほとんど研究されていない。すべての
科学的知識（B タイプ）は、言葉では表現できない暗黙的な知識（A タイプ）の基
礎の上に成り立っている。さらには、科学的・技術的進歩（B タイプ）は、すぐに
新しくもっと生産的で力の大きい実用的な知識（A タイプ）につながる。同じよう
に、経済学は実用的な知識（A タイプ）の創造と伝達のプロセスについての B タ
イプ（科学的）の知識である。こうしてハイエクが次のように主張した理由が明ら
かになる。つまり、科学としての経済学の主なリスクは、それが A タイプ知識の
理論化であるため、人々はそうした実践を行う人（経済学者）が、ともかくも A
タイプの実用的な知識の内容について知ることができると思い込むのである。科学
者は実用的な知識の特殊な内容を完全に無視することさえある。オークショットが
正しく批判したように、もっとも危険、大げさで、過大な合理主義においては、
「私が実用的知識と呼んでいるものは知識などではなく、正しく述べるなら、技術
的ではない知識など存在しないという表現」にいたる。『政治における合理主義と
その他のエッセイ』（Oakeshott, 1991, p. 15）。
23）特にハイエクの『個人主義と経済秩序』にある一連の論文「経済学と知識」
（1937）、「社会における知識の利用」（1945）を見よ。ハイエクのこれら二つの論文
は、経済学においてもっとも重要なものだと指摘することは重要である。しかしな
がら、特に最初のものは、それが書かれた時点のハイエクの心には、科学としての

2. 起業家精神の特徴

排他的で分散的な知識

実用的な知識は排他的で、分散的なものである。これは、各行為者は、社会で生成され、伝達されるすべての情報のうち、ほんのわずかな「原子」、あるいは「かけら」しか持っていない[24]、そしてパラドキシカルなことに、当事者の彼だけがそうしたかけらを持っていることを意味する。言い換えるなら、彼だけがそうした情報を意識的に思い出し、解釈するということだ。よって、起業家精神の行為・実践は、厳密に個人的で、再現不可能なものである。なぜなら、彼はまず、その世界観とそれについての知識体系に対応するある目的、あるいは目標の実現するための努力から始めるからだ。この両方に関して、彼だけがその全体像と多様なニュアンスの相違を理解しており、それらは他の誰にもまったく同じ形では共有されない。よって、ここでの知識は所与なもの、物質的な情報伝達手段（新聞、雑誌、書籍、コンピュータなど）を通じて、誰にでもアクセスできるものではない。反対に、人間行為に関連した知識は根本的に実用的で、厳密に排

経済学の性質に関して、まだいくぶん混乱があったことが表れている。実際、基本的に経済学は実用的知識の伝達プロセスの研究であり、その具体的な内容は各時間と場所の状況に依存する。とはいえ、そう主張することと、よって経済学は特定の経験的な内容を持った科学であると主張することは、まったく異なる。この間違いはハイエクがときおり誤って主張していたようだが、その正反対こそが正しい。つまり、経済学者がこれらの観察されたプロセスのもつ分散的な実用情報を知ることができないという事実こそが、経済学を経験科学ではなく、本質的・不可避的に理論的な学問にしているのだ。それは「形」を研究するものではあるが、実用的な情報が作り出され、伝達される起業家プロセスの特定の内容ではない（これらのプロセスを予測や研究の対象とするのは、過去については歴史家、未来については起業家である）。カーズナーはそのすばらしい論文「ハイエク、知識、市場プロセス」（『認識、機会、利益』、1979, pp. 13-33）において、若干異なった視点から同じ批判的な観察を記している。

24) トーマス・ソーウェル『知識と決断 *Knowledge and Decisions*』（1980, pp. 3-44）。しかしながら本書の視点からは、ソーウェルはまだ新古典派の均衡概念から大きな影響を受けており、起業家精神の役割を適切に理解していない。このトピックについては、カーズナー「価格、知識のコミュニケーション、発見プロセス」（1984）を見よ（『自由の経済学：F・A・ハイエクを称賛してのエッセイ *The Political Economy of Freedom: Essays in Honor of F. A. Hayek*』所収）。

第 2 章　起業家精神

他的なものであり、それは社会を構成するすべての男女の内心に「拡散」している。図Ⅱ－1で導入される線で描かれたキャラクターは、本書を通じて分析を説明するために使われる[25]。

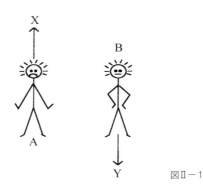

図Ⅱ－1

　図のキャラクターは二人の実体をもつ本当の人間を表しているが、彼らをAとBと呼ぶことにする。AとBはそれぞれ個人的で排他的な知識、つまり相手の知らない知識を持っている。事実、外部の観察者の視点からは、観察者の持っていない知識が「存在」しており、AとBに分散している。つまり、その一部はAが持ち、別の部分はBが持っている。例え

---

25) 疑いなく、アダム・スミスが次のように書いたとき、スミスは実用的な知識は拡散、分散化した知識であることを知っていた。「資本が利用できる国内産業とはどのような種類のものか、そしてどの生産物がもっとも価値が高いか、各個人は自分の状況に応じて、どんな政治家や法律家よりもはるかに良い判断ができることは明らかである」。しかし、スミスはこの考えを完全には明らかにしていない（各人は「はるかに良く」知っているだけでなく、本人だけが自分の特定状況を完全に知っている）。さらには、スミスはこの考えを論理的に突き詰めた結論を得ることはできなかった。それは、すべての人間活動に関して、中央当局は安全なものとして信頼できない、ということである。スミスは、そうした責任を負おうとする政治家は論理的には不可能ではないものの、「政治にとってはまったく不要な種類の注意をはらう必要が生じる」と考えた（『諸国民の富』第4巻第2章10段落）。実用的・分散化された情報が伝達するプロセスを図示するのは難しいので、そうしたプロセスをキャラクターによって示すことにした。将来の経済学において、こうした図示が広く受け入れられることを願う。

ば、Aの持つ情報が、目的Xを達成しようと計画していること（頭上にあるXに向かう矢印で表される）だとしよう。そしてその目的達成のために、彼の行為に関する何らかの実用的な知識を持っている（実用的な知識あるいは知識の集合であり、Aの頭を取り巻く光によって表される）。行為者Bに関する実用的情報は、目的Y達成のための行為であり、彼の頭の周りの光で表される。

　単純な行為の場合、行為者はそれぞれに目的達成に必要な知識を持っており、相手をまったく必要としない。そうした状況では、行為が実行されるかどうかは、目的の主観的な価値とコストの重さを直截に比較した経済計算、あるいは評価による。つまり、そうした機会費用を上回るなら、目的を追求することになる。行為者はこうしたタイプの決定を、わずかばかりの単純な行為に関して行うことができる。我々が関係しているほとんどの行為がはるかに複雑であることを、次に示そう。

　図Ⅱ－1に示したように、Aは目的Xの達成を切望しているが、そのためには彼には利用不可能であり、どこで入手すべきか分からない手段Rが必要だとしよう。さらにまた、Bが別の場所にいて、異なった目標（目的Y）に全力をあげているとする。そして、彼は自分には大量の資源Rが利用でき、自分の目的達成には役に立たないが、Aが目的Xを達成するためには必要とするものであることを知っているとしよう。事実、ほとんどの現実的な場合には、XとYは矛盾することを指摘しなければならない。つまり、行為者たちは異なる目的を異なる熱意をもって追求しており、そうした目的と利用可能な手段についての調整不足の相対的な知識を持っている（それはキャラクターたちの顔面にしょげた表情として現れている）。後に、こうした行動の協調の失敗、あるいは矛盾を起業家精神の実践によって、どうやって克服できるかを見よう。

明示できない暗黙知

　実用的な知識は、えてして明示できない暗黙的な知識である。これは、行為者はどうやってするか（やり方）わかっているが、その行為の要素や、その真偽について同定すること（理解すること）はできないことを意味す

第2章　起業家精神

る[26]。例えば、ゴルフを習ったとしても、それは物理学の公式を適用して
必要な動きを可能にするような客観的・科学的な規則を学ぶことではない。
そうではなくて、学習プロセスとは多数の実践的な行動パターンに習熟す
ることである。ポランニーに倣って、自転車に乗ることを学ぶ例を挙げて
みてもよいだろう。自転車が傾いた方向へとハンドルを動かして、その反
対方向への力を生み出してバランスをとるのだが、こうした物理原則を意
識している人はほとんどいない。反対に、自転車乗りが使うのは、どうい
ったときに倒れないようにするかを教えてくれる「バランス感覚」なので
ある。ポランニーは、こうした暗黙知は実際には全知識のうち圧倒的な部
分を占めるとまで断言している[27]。もっとも高度に形式化された科学的知
識でさえも、必ず暗黙知の表れである直感、あるいは創造的活動から生ま
れる。

　さらには、我々が数式、著作、図、地図などから得られる新しい知識が
重要なのは、主にそれらがもっと価値の高い、より豊かな異なる視点から
の情報体系を認識するのを助けてくれるからだ。それがさらに創造的直感
の実践の、新しい可能性を広げてくれる。よって、実用的知識を明示でき
ないことは、明示された命題が言葉では表せない信念と知識によって解釈
されているという意味において、「静的」なだけではない。それはまた、
明示化しようとする際に使われる心理プロセスが、それ自体本質的に暗黙
知であり、明示化できないという意味において、「動的」でもある[28]。

　暗黙知は、その本質によって、明示することが難しいことは強調しなけ
ればならない。もし、ある色のスカートを買った若い女性にその色を選ん
だ理由を聞けば、おそらくは詳細で形式張った説明はできず、「なんとな
く」、あるいは「好きだったから」と答えるだろう。また別のタイプの、
明示できないが社会機能に不可欠な役割を果たしている知識は、習慣、伝
統、制度、法律規則などで表される。それらは社会を可能にし、それらに
従うことを人は学ぶものだが、人々はそれらを理論化できないし、彼らが
関係する多様な状況や社会プロセスでそれらの規則や制度が果たしている

26）この区別は、ギルバート・ライルによる1949年の広く知られた論文「やり方を
知っていることとそれがわかること　Knowing How and Knowing That」（『心の概
念　The Concept of Mind』所収）によって一般的になった。

機能の詳細を語ることもできない。同じことは言語、あるいはまた起業家が活動のガイドとして用いる金融会計にも当てはまる。後者は、実用的な知識・技術であり、特定の市場経済の状況下で、起業家に対して目的の達成に向けての一般的なガイドラインを与えてくれる。しかし、ほとんどの起業家は会計の科学的理論を定式化できないし、もちろん、それが社会生活を可能にする調整の複雑なプロセスを助けていることは説明できない[29]。

---

27) マイケル・ポランニー『人間の研究 *The Study of Man*』(1959, pp. 24-25)。いやしくも経済学者であれば、この社会科学の宝である小著を読むべきである。ポランニーのその他重要な著作は、すべてシカゴ大学出版から出ており、『自由の論理 *The Logic of Liberty*』、『個人的知識 *Personal Knowledge*』、『知っていることと存在 *Knowing and Being*』が挙げられる。マイケル・ポランニー (1891-1976) はカール・ポランニー (1886-1964) の弟であり、多彩な才能をもって化学、哲学、政治学、経済学の領域で研究を行った。自転車の話は、『知っていることと存在』の144ページに登場するものである。人間が思考を明示する能力には限界があるというポランニーの考えは、数学上の研究、特にクルト・ゲーデルの業績からヒントを得ている（『個人的知識』を見よ）。これについてハイエクは、「ゲーデルの定理は、すべての意識的、特にすべての合理的なプロセスに当てはまる一般的な原則の特殊ケースにすぎない。つまり、それらの決定要因の中には、表現化できない、あるいは意識的でさえない原則が常に存在するということだ」と言う（『哲学、政治学、経済学研究 *Studies in Philosophy, Politics and Economics*』）。ゲーデルの定理は「プリンキピア・マテマティカとその関連系の形式的に決定不可能な定理について I Über formal unentscheidbare Sätze der Principia Mathematica und verwandter Systeme I」(Gödel, 1986) に示されている。

28) 同じ方向での思索については、ロジャー・ペンローズの大著『皇帝の新しい心：コンピュータ・心・物理法則 *The Emperor's New Mind: Concerning Computers, Minds and the Laws of Physics*』(1989) を読むことで大きな満足が得られた。彼が詳細に例示しているのは、もっとも明解な科学者の心においてさえ、言葉では表現できない重要な思考が存在することだ（例えば pp. 423-5)。何年も前にスペインの怜悧な医師・著述家であったグレゴリオ・マラニョンは、死の直前のフランス人思想家ベルクソンとの私的な会話において、ベルクソンが「私はカハールの大発見が、彼の頭脳が真実だと『予見していた』事実の客観的な証明でしかなかったと確信している」と言ったと著している（『カハールと彼の時代』「カハール全集」(*Cajal y su Tiempo," in Obras Completas*, 1971a, 7: pp. 331)。コンラート・ローレンツは、「すべての重要な科学的事実は、直感的なゲシュタルト知覚によって事前に単純に、直截的に予見されている」と述べている。「動物と人間の行動におけるゲシュタルト知覚の役割 The Role of Gestalt Perception in Animal and Human Behaviours」を見よ (*Aspects of Form*, 1951, p. 176)。

第 2 章　起業家精神

よって、ここで定義した起業家精神の実践（利益機会を発見・認識し、それを利用すべく意識的に活動する能力）は、本質的に明示できない暗黙知であると結論づけられるだろう。

起業家精神の根本的に創造的な性質

　起業家精神の実践には、手段は必要ない。それはつまり、起業家精神には特段のコストがかからず、本質的に創造的なものだということだ[30]。この起業家精神の創造的な側面は、ある意味で、無から利益が生まれていることに現れている。本書ではこれを、純粋な起業家利益と呼ぶことにする。起業家利益を生み出すために手段は必要なく、起業家精神をうまく発揮するだけで良い。この点を示すために、図Ⅱ－1の状況に戻ろう。即座に純粋な起業家利益の機会に気づくには単にAとBの間に調整不足、あるいは協調の失敗が存在していると認識することだけで十分である[31]。図Ⅱ－2では、第三者、この場合はCが図Ⅱ－1の調整と協力の失敗に内在する利益機会を発見して、起業家精神を発揮すると考えよう（電球は、Cがこの機会を思いついたことを表す。実際に論理的には、起業家精神はAまたはB、あるいは両者によって同程度、あるいは異なる程度で、同時に実践される

29）　ドン・ラヴォワ『競争と中央計画』。ラヴォワは、もしコストが客観的・科学的・普遍的に見積もれるなら、経済生活における意思決定はすべて明示的な特定の規則に従うだけになるだろうと付け加えている。しかし、コストは主観的であり、特定の行為について行為者だけが知ることができるので、起業家精神の実践は詳細に明示することはできないし、客観的・科学的な基準で置き換えることはできない。
30）　トマス・アクィナスによれば、「創造することは、無から何かを作り出すことである　creare est aliquid ex nihilo facere」（『神学大全』第2巻論文1問題45第1文）。起業家精神の発揮によって人間も常に創造しているのだから、神だけが創造することができるというトマス主義者の主張には同意できない。アクィナスは「無から」という言葉を過度に物質的な意味で使っているが、本書では、誰かが以前には認識されていなかったものを認識、あるいは理解するとき無からの創造がなされると考える。アクィナスはときに人間行為の概念と「労働」概念を混同している（脚注31も見よ）が、ヨハネ・パウロ2世は回勅『人間の労働について』（*Laborem Exercens*, 1981, nos 4, 25）で、人間は「世界の創造主の行為を反映している」と述べており、本書の解釈に近いようである。

こともあるが、本書の目的においては、この場合には第三者Cが実践すると考えるのが分かりやすい）。

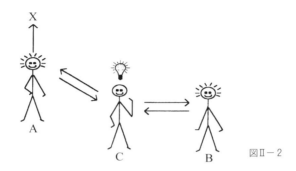

図Ⅱ-2

　事実、CはBに対して一定量、例えば、それが3通貨単位のBの資源を買い入れることを提案するだけでよい。Bの資源は豊富であり、彼にとっては何の実用的な価値もない。その資源からそれほどの価値が受け取れるとは考えていなかったBは、とても喜ぶだろう。この交換の後、CはAに対してこの資源を売ることができる。Aは自分の目的達成のために、この資源を熱望している。CはAにこの資源を、例えば9通貨単位で売るだろう（もしCに金がないのであれば、それを得るために、誰かに一時的に自分にそれを貸すよう説得するのもひとつの手である）。こうして起業家精神の実践によって、Cは無から6通貨単位の純粋な起業家利益を生み出した[32]。

　現時点で強調すべき特に重要な点は、上述の起業家精神の活動は、次の三つの並外れて重要な効果を生み出すことである。第一に、起業家精神は、

31）すべての人間行為は本質的に創造的な要素を含んでおり、経済領域における起業家的な創造性とその他の分野のもの（芸術、社会活動など）に差はないと考えられる。ノージックは創造性の本質はすべての分野で同じであること、そして本書で分析している起業家精神の概念と特徴の両方が、すべての人間行為の類型に当てはまることを理解しそこなった。そのため、彼は誤ってそれらを区別をしている。ロバート・ノージック『生の中の螺旋　The Examined Life』（Nozick, 1989, p. 40）を見よ。

第2章　起業家精神

以前に存在しなかった新しい情報を生み出す。第二に、この情報は市場を通じて伝達される。第三に、この起業家的活動は、関係する経済主体に、彼らの行動を他人と協調する方法を教える。起業家精神のもたらすこれらの結果は重要なので、一つ一つ考察に値する。

32）起業家精神が明らかに創造的であり、よって純粋な起業家利益が無から生じることは、次のような神学的な余話へとつながる。もし議論のために、すべてを無から生み出す至高の存在が実在するとすれば、起業家精神は無から純粋起業家利益を生み出すのであるから、人間が起業家精神を実践するのはまさに神に似ていることは明らかである！　このことは、人間がホモ・サピエンス（賢い人）というよりもホモ・アジェンス（行動する人）、あるいはホモ・エンプレサリオ（起業家的な人）であること、人間は考えるときよりも行動するとき、つまり新しい目的と手段を発見・認識するときのほうが、より神に似ていることを意味している。これに基づいて幸福の理論、つまり人間は創造主に似ているときにもっとも幸福であるという理論を打ち立てることさえできるかもしれない。つまり、人間の最大の幸福の原因は、その目標を認識し、達成する（それは起業家精神の実践と活動を意味する）ことだろう。しかしながら、疑いなく、ときに我々は追求すべき目標の選択に関して多くの起業家的誤りを犯す（幸運なことに、こうした領域では人は迷うことなく倫理や宗教が与えてくれる方針に従うことができる）。私はこの余談が、ひじょうに信仰心に篤いカーズナー教授にとって、「神学的メタファーの冒瀆的な使用」であるとは思われないことを願う（Kirzner, 1989, p. 40）。脚注30で見たように、ヨハネ・パウロ2世は、回勅『人間の労働について』で本書の解釈に近いようであり、人間は「世界の創造主の行為を反映して」似通っている、そして人間は神聖な計画と創造主の働きに真に参画している、と述べている。しかしながら、ヨハネ・パウロ2世は時に「人間行為」の概念と「労働」とを混同しているため、実在しない人間行為の二元論（厳密に「労働」に関するものと「資本」に関するもの）を採用している。本当の社会問題は「労働」と「資本」の矛盾ではなく、創造的能力の行使に対して制度的な攻撃・暴力を振るうことが許されるかどうかの問題であり、どういったタイプの規則や法がすべての行為を支配すべきなのかということだ。さらには、ヨハネ・パウロ2世が認識しそこねているのは、もし彼が一般的な人間行為について語っているとするなら、（19番において触れられているような）「正当な報酬」を受ける権利について話すことはできないということである。なぜなら、全行為者は（損得にかかわらず）自らの起業家的創造性や行為のすべての結果に対しての権利を有しているからだ。そしてもしヨハネ・パウロ2世が厳密に生産要素としての労働について語っているなら、その創造的な可能性は理論的に消滅してしまう。この考察に際しては、フェルナンド・モレノの「ヨハネ＝パウロ2世の仕事　El Trabajo según Juan Pablo II」（Moreno, 1988）が大いに役立った。ヨハネ・パウロ2世による、社会生活の決定的な要素としての起業家的な能力、または創造的人間行為という考えは、少なくともこのトピックの言葉遣いと表現については、のちの回勅

情報の生成

　起業家の各行為は、無から新しい情報をつくり出す。その生成は、図では起業家精神を最初に実践した C 個人の内心で生じる。実際、C が A と B についての状況を認識した時点で、以前の彼が持っていなかった新しい情報が生まれた。さらに、C が A と B に接触したとき、A と B の心にも新しい情報が生じた。こうして A は、目的達成のために持っていなかった必要資源が、自分が思っていたよりもずっと大量に市場で得られることを知った。彼は、この資源がなかったためにできなかった活動を始めることができる。B にとっては、自分が大量に持っていたが、価値を見出していなかった資源を他人が必要としており、高い値段で売れることがわかった。さらに、起業家精神の実践によって C の心に生じ、後に A と B の内心に生まれた新しい実用情報の一部は、高度に要約され、圧縮された形で集められる。それは一連の価格、あるいは歴史的な交換比率である（つまり B は 3 通貨単位で売り、A は 9 単位で買った）。

『新しい課題：教会と社会の百年をふりかえって』ではるかに改善された。そこでは端的に、決定的要素は「人間そのもの」つまり「その知識」であると述べている。それは（「他人の需要を認識し、それを満たす」ために必要な）科学的・実用的の両方の知識である。これらのタイプの知識によって、人間は「その創造性を発揮し、潜在力を発達させる」こと、同時に、市場と社会を構成する「知識と相互コミュニケーションのネットワーク」に加わることができる。ヨハネ・パウロ 2 世は、「陶冶された創造的な人間の働き（本書での「人間行為」）の役割と、その働きの本質的な一部として、自発的な起業家的能力はますます明白で決定的なものになる」と結論づけている（Centesimus Annus, 1991）。疑いなくこの回勅では、教皇が大幅に経済学の認識を現代化したことが表れており、科学的な見地から質的に大きな進歩を遂げたことによって、社会に対する古くからの教説の多くを時代遅れにした。彼の現代化された認識は、経済学の多くの分野さえも上回っている。経済学の大部分は機械論にとどまり、起業家精神の本質的に創造的・動的な性質をモデルに取り込めていないからだ。マイケル・ノヴァーク『カトリックの倫理と資本主義の精神 *The Catholic Ethic and the Spirit of Capitalism*』（Novak, 1993）を見よ。

第2章　起業家精神

情報の伝達

　情報の起業家的な創造は、それが市場で伝達されることを意味する。実際、誰かに何かを伝えることは、事前に生成された情報の一部を、その人の心に移すことである。厳密に言えば、先ほどの例では、Bに彼の資源は重要であり、ムダにすべきではないという考えを伝えており、Aには、これまでこの資源がなかったために始められなかった目的を追求することができるという考えを伝えているが、それ以上の情報も伝わっている。事実、それぞれの価格は大量の情報をわずかばかりの費用で伝えるため、情報伝達のとても有力な方法である。それぞれの価格は、市場・社会全体への一連の波となって、その資源が管理・節約されるべきことを伝える。なぜなら、そこには需要があり、同時に、この資源が存在しないと信じていたために特定の活動ができなかった人々は、その資源を得て計画を実行できるからだ。論理的に、重要な情報とは常に主観的であり、それを発見・解釈できる人間を超えては存在しないため、情報を生み出し、認識し、伝達するのは常に人間である。情報が客観的であるという誤った概念は、起業家精神を通じて生み出された主観的情報の一部が、記号（価格・制度・規則・「会社」など）によって「客観的」に表現されていることから生じる。これらの記号は、人々に自分の特定の行為状況に応じて主観的に発見・解釈され、それは新しく、より豊かで複雑な情報の生成を促進する。しかしながら、その外見にもかかわらず、社会情報の伝達は基本的に暗黙的・主観的であり、情報は明示されることなく、高度に要約された形で伝えられる（実際、社会プロセスの協調に不可欠な最低量は主観的に伝達され、受け取られる）。こうして、恒常的に新しい情報を生成・発見・伝達するために、人間の制限された知的能力を最大に活かすことが可能になる。

学習効果　協調と調整

　最後に、AとBが互いに協調して活動することを学習する様子に注目してみよう。Cが始めた起業家行為の結果、Bは自分の利益のために、もはや自分の資源を浪費することなく、それを節約する。Aはこの資源を利

2. 起業家精神の特徴

用できることが期待できるため、その目的をかなえることができ、以前にはできなかった行為を開始する。よって、両者は協調的に活動することを学習した、つまり相互のために自らの行動を変化させた。さらに、彼らは可能な限り最高のやり方で学んだ。つまり両者は自らの目的と利益を追求することで、自発的に学んでいることすら認識していない。これこそが、社会生活を可能にする単純で、効果的かつ驚くべきプロセスの核心だ[33]。

最後に、Cによる起業家精神の実践は、それ以前はAとBの間に存在しなかった協調行為を可能にしただけでなく、両者がそれぞれの行為について経済計算ができるようにもした。それは、以前には利用不可能だったデータ・情報を使って、それぞれの目標をより成功しやすいようなものにする。つまり起業家プロセスで生まれる情報は、まさに各行為者に経済計

---

33) 裁定取引と投機についての箇所で見るように、人間は起業家精神を通じて、また生まれていない未来の人々の状況やニーズに対してさえ行動を変える（異時点間の協調活動）。さらに、これが、慈悲深い独裁者の強制命令に人々が従ったもの、あるいは人類を救う自らの博愛的な欲求を通じたものだとしよう。すべての社会的な協調の失敗の状況を思慮深く調整しようとしたとしても、利益を追求せず、その機会を利用しないなら、こうした協調プロセスは再現できないかもしれない。事実、インセンティブとして働く利益が存在しなければ、社会的な協調が失敗している状況に対して、人々が活動を調整するために必要な実用情報は生まれない（このことは、いったんその利益が得られた後に、行為者がその起業家的利益を慈善目的に使うという可能性とは関係しない）。構成員が「思慮深く仲間を助ける」ために、そのほとんどの時間を使い、起業家精神を実践しないような社会は、部族主義的な前資本主義社会であり、現在の世界人口の一部分でさえも維持できないだろう。「団結」と利他主義の原則によって、人間の行為原則とすることは理論的に不可能である。それは、互いに知り合うことができず、価格、大量の規則、社会で使われる文字や記号、分散された情報を認識できるだけの抽象的な関係にある多数の個人に基づく秩序だからである。よって「団結」と利他主義の原則は、参加者が少なく、互いの個人的な状況を緊密に知り合っている親族間の小集団にのみ適用できる、部族主義的な先祖返りだ。たしかに、「仲間」に対して親密・利他的でありたいという、多かれ少なかれ先祖返り的な、あるいは本能的な欲求を満たすために、多くの人々が社会で各種の活動を行っている。それらが悪いとはいえないが、「団結」と利他性に基づいて強制的な社会を組織することは理論的に不可能であることは断言できる。そうした試みは、現在のような文明を破壊し、近縁であれ遠縁であれ、援助を受けることのできる「仲間」を、最終的には消滅させることになるだろう。ハイエク『致命的な思い上がり』を見よ。

45

第2章　起業家精神

算を可能にするのである。起業家精神の実践なしには、行為者が行う行為の価値を計算・評価するために必要な情報が生まれることはない。つまり、起業家精神がなければ、経済計算は不可能なのである[34]。

　これらのことは、社会科学におけるもっとも重要かつ根本的な教訓であり、起業家精神が疑いなく不可欠な社会機能を果たしていることを教えてくれる。それによって、構成員間の個人行動が調整・協調されて、社会生活が可能になっているのである。起業家精神なしには、どんな社会の存在も想定することはできない[35]。

裁定取引（アービトラージ）と投機

　時間的な観点からいうと、起業家精神には、共時的、あるいは通時的という二つの実践方法がある。前者は、裁定取引と呼ばれ、現時点（行為者の視点から見た時間的な現在）[36] において、二つの離れた場所、あるいは社

34）「計算　calculation」という言葉の語源はラテン語の calx-calcis に由来するが、その意味には、古代ギリシアやローマのそろばん（計算器具）で使われた石灰岩のチョークが含まれている。次の「法・通貨・経済計算」の項において、より正確に経済計算を定義する。
35）カーズナーは起業家精神が、社会で発生しているが、しかし気づかれてはいない「誤り」の発見と消去を可能にすると主張した。しかし、本書はこの「誤り」概念が完全には満足できないものだと考える。なぜならそれは、社会に起こる調整の失敗の状況に通暁した、仮想的な全知全能の存在による判断を意味しているからである。本書の視点からは、主観的な「誤り」について語ることしかできない。つまり、事後的に、行為者がその目的のために活動すべきではなかったこと、あるいは特定の手段を使うべきではなかったことを知ったときだけである。行為にはコストが伴うからだ。彼は、実際に実現したものよりも、もっと価値のある目的達成を見過ごしたのである（つまり、彼は起業家的な損失を被った）。さらに、カーズナーの客観主義的な意味からの「誤り」の消去は、一般論としては、行為者にとっては大きな起業家的利益につながる幸運で賢明な決定であることを忘れてはならない。カーズナー「経済学と誤り」、『認識・機会・利益』（1979, pp. 120-37）。
36）「現在という時間の持続は、行為のための状況と機会の継続のことである。すべての種類の行為には、その目的に応じた特別の状況が必要である。よって現在という概念は、各分野の行為に応じて異なる」（ミーゼス『ヒューマン・アクション』p. 101）。

会状況で発揮される。後者は投機と呼ばれ、異なる二つの時点のあいだの起業家精神の実践である。裁定取引の場合、起業家精神はすでに分散して存在する情報を発見・伝達することであり、投機の場合は、「新しい」情報が創造・伝達されることだと考えるかもしれない。しかし、この区別はまったく人工的なものである。なぜなら、誰も知らなかった「既存の」情報の発見は、創造と同義だからである。質的・理論的には、裁定取引と投機の間に差はない。両方の起業家精神が社会的な協調（裁定取引では同時点における、投機においては異時点間における）を促し、調整と協調への動きを生み出す。

法・通貨・経済計算

先ほどの図では、もし誰かが物理的な力を使ってその結果を横取りできるなら、あるいはもしAあるいはBがCを騙して、約束した金額で資源を渡さなかったなら、Cが創造的な起業家精神を発揮することは難しかっただろう。このことは、起業家精神の実践と一般的な人間行為においては、関係する人々が、常にある程度の基準、あるいは行為規範に従う必要があることを意味する。言い換えるなら、法を守らなければならないということである。法とは、慣習を通じてだんだんと進歩し、洗練されてきた一連の行動パターンである。こうしたパターンが財産権を定義し（最近のハイエクの用語では、「複数の財産」[37]）、次のような本質的な原則に還元される。生命の尊重、平和裏に獲得された所有権の安定、同意による移転、約束の履行、である[38]。ここで、法規範の基礎づけを検証するため、三つの異なる相補的な視点を採用することにしよう。それらは、功利主義、慣習と進

---

37) ハイエク『致命的な思い上がり』（p. 12）。

38) 「ここで我々は、三つの自然の基本法則を見直した。所有権の安定、同意による移転、約束の履行である。人間社会の平和と安全は、これら三つの法が完全に守られることに完全に依存している。そしてこれらが無視されるところでは、人間同士の良き交流が確立する可能性はない。人間の幸福な生活にとって社会は完全に不可欠であり、これらの原則は社会を維持するのに不可欠である」（デイヴィッド・ヒューム『人間本性論』第3巻第2章6節）。

第 2 章　起業家精神

化、財産権の社会倫理の理論である。しかしながら、こうした種類の分析は本書の範囲を大幅に上回るものであるため、次のような簡単な指摘にとどめておこう。法は人間行為の実践を可能にし、それによって社会と文明を発生・進歩させるが、同時に法は、起業家精神そのものの実践の進化的な産物であり、興味深いのは、誰によってデザインされたものでもないということだ。法律制度、さらに一般的にすべての社会制度（言語、通貨、市場など）は、歴史を通じて膨大な数の人々が、わずかずつの実用情報と起業家的創造性によって貢献するという進化的プロセスから発生する。よく知られたメンガーの理論によれば、疑いなく、それによって多くの人々の相互作用の産物として、自生的に制度が生まれる[39]。そして、それらの制度は誰かによって意識的にデザインされたものではない[40]。

---

39)　本書では制度というものを、言語・経済・法などの分野に限らず、繰り返される行動パターン、規範、行為モデルであると考える。

40)　カール・メンガーの『社会科学、とくに経済学の方法についての研究　*Untersuchungen über die Methode der Socialwissenschaften und der Politischen Ökonomie insbesondere*』（1883）。メンガーが使った「個人的行為の意図しない結果」という言葉は、Unbeabsichtigte Resultante である。特に、メンガーは、社会現象は次の事実によって特徴づけられると言う。「個人的な、すなわち国家の構成員の個人的な利益追求の願望の意図しない結果…個人の目的論的要因の意図しない社会的結果　die unbeabsichtigte Resultante individueller, d.i. individuellen Interessen verfolgender Bestrebungen der Volksglieder ... die unbeabsichtigte soziale Resultante individuell teleologischer Faktoren）。ローレンス・H・ホワイトによる、この書籍の英訳版への前書きを見よ。またハイエクの論文「人間のデザインではなく、人間行為の結果　The Results of Human Action but Not of Human Design」（1969）も見よ。この種の自発的な社会現象について明確に言及したのは、アダム・ファーガソンだと言われることがある。事実、彼の『市民社会の歴史についてのエッセイ *An Essay on the History of Civil Society*』187ページには、「国家は、現実に人間の行為の結果とはいえ、人間がデザインした結果ではない社会制度によって失敗することがある」とある。彼はさらに、フランスの司祭デリッツがクロムウェルによるものだとした、「人間はどこに向かっているのかわからないときほど、偉大な高みに至るものである　on ne montait jamais si haut que quand on ne sait pas où l'on va」という文言を加えている。しかしファーガソンは、はるか古くからの伝統に従っていたのである。それがモンテスキューやバーナード・デ・マンデヴィル、16世紀スペインの学者たちを通して、古代ギリシア・ローマ思想の全部の学派に遡るものであったことは、第 4 章の最初に説明する。

2．起業家精神の特徴

　それはどの人間、あるいは組織された人間集団の知的な能力でも、これらの制度が次第に形成・統一・発展するために必要な、膨大な実用情報を取り込み、理解することはできないからだ。よってパラドックス的な真実であるが、人間の社会生活でもっとも重要で不可欠なこれらの制度（言語・経済・法・道徳）は、人間によって意図的に創造することはできなかったのである。それらは人間の相互作用の起業家的プロセスから徐々に発生し、前述したような無意識の学習と模倣を通じて次第に広がってきた。さらに、制度の発生と洗練は、典型的なフィードバックの過程を経て、いっそう豊かで複雑な人間行為の起業家プロセスを通じてなされてきた。同じ理由から、人間はその制度を意図的につくり出すことができず[41]、また歴史上のある時点での制度の全体的な役割を完全に理解することもできない。

　社会制度と秩序は、その中で活動する人々の持つ特定の知識や個人的な目的の無限の多様性を発見・同定することができなくなるという意味で、ますます抽象的になる。制度は行動規範であり、人々の活動を統制するものであるため、ひじょうに強力な記号なのである。

　これらすべての制度のうち、おそらくもっとも抽象的で、そのためにもっとも理解し難いのは通貨制度であろう。実際、通貨、あるいは一般的に受容されている交換手段は、文明の存在・発展にとってもっとも不可欠な制度である。しかしながら、通貨が社会の相互作用と起業家的創造性の可

41）よってトマス・アクィナスの法律概念は否定されねばならない。彼は法を「共同体の管理する人によって公布された、共通の利益のための命令　rationis ordinatio ad bonum commune, ab eo qui curam communitatis habet promulgata」（『神学大全』第6巻第4章問題90、1-2部）と定義しており、人間理性の意図的な産物であると誤って考えている。この意味でアクィナスは、ハイエクが批判した「誤った理性主義」の先駆けである。アクィナスは、人間の理性を通して、実際には不可能なことを知ることができると考えた。この偽りの非科学的な理性主義は、フランス革命時に功利主義の大勝利として、また法律分野ではケルゼン的な実証主義やティボーの見解として頂点に達した。ハイエクの「各種の理性主義」（『哲学、政治学、経済学研究』第5章）。最近になってハイエクは、アリストテレスはプラトンほどの極端な社会主義にいたらなかったものの、自生的な社会秩序も進化の本質的な概念も十分に理解していなかったと批判している（『致命的な思い上がり』）。それによってアリストテレスは無邪気な科学への志向を生み出し、それが現在に至るまでほとんど社会科学を阻害し、無意味なものにしてきたのだと言う。

49

第2章　起業家精神

能性を級数的に増加させていること、そして社会が必要とするきわめて複雑で、ますます困難になる高度な経済計算を促進する役割を果たしていることを直感できる者はほとんどいない[42)43)]。

　先ほどの起業家精神実践の基本的なモデルでは、通貨が存在することを当然視したため、A、B、C は通貨量を媒体にして交換をした。通貨が重要なのは、ミーゼスが明らかにしたように、それが共通単位となって、人々の交換・貿易の対象となるすべての財とサービスについての経済計算が可能になるからである。ここでは「経済計算」という言葉で、通貨単位による、すべての異なった活動の結果についての簡単な計算を意味することにしよう。各行為者が起業家精神を実践する際にそうした経済計算が常になされるが、それには通貨の存在と、起業家精神の実践が常に生成・伝達する実用情報がなければならない[44)]。

起業家精神の遍在性

　行動するとき、すべての人は起業家精神を実践している。その程度はさまざまであり、成功の度合いも異なる。言い換えれば、起業家精神は、そ

---

42) 事実、その通貨（貨幣）発生の理論において、メンガーは通貨が、社会制度の発生・発展・自発的な進化のもっとも重要で典型的な例であると述べている。脚注40で引用した『研究 *Untersuchungen*』を見よ。

43) その他、経済学的に興味深い制度・組織の例は、言葉選びとして適当ではないが、スペイン語で「empresa」と呼ばれるものだ。人間行為や起業家精神の概念と会社概念との混乱を避けるために、アングロ・サクソンの表現にならって、それを単に「会社（firm）」と呼ぼう。これもまた、起業家にとっては利益を促進するためにある程度の組織が役立つために、市場に生まれるかなり重要な制度である。経済学においては、会社や事業体を研究対象として過大視する経済思想の学派が存在している。会社とは、人間の相互作用から生まれる多くの制度の一つでしかなく、その発生や進化は起業家精神の理論の立場からのみ理解できる。会社や事業体の研究者は、起業家精神の主観的な性質について偽り、混乱し、見逃しているだけではない。経済学の研究とは客観的であり、会社という存在を不適切に限定する傾向がある。例えば、R・H・コース「起業の本質」（Coase, 1988）を見よ。この論文は『会社・市場・法』の第2章として再録されている。またA・A・アルチャン「会社経営と所有権」（Alchian, 1969）も見よ。この学派の詳細な批判は、カーズナーの『競争と起業家精神』にある。本書第4章の脚注50もあわせて見よ。

のもっとも純粋な状態において遍在している。したがって例えば、労働者が職探しをしているとき、転職するか、あるオファーを受けて別のものを断るかを決めるのは、起業家精神の実践である。賢明な選択をすれば、より良い仕事を得ることができるだろう。失敗すれば、はるかに労働環境は悪いものになってしまうかもしれない。前者の場合、彼は起業家的な利益を得るが、後者の場合には、損失を被る。資本家は常に起業家精神を実践している。それは例えば、特定の管理責任者を雇うことを決めたり、会社を売却する可能性について調べてみたり、特定の事業領域に参入することを考えたり、その財産ポートフォリオに定額配当・変額配当の証券を組み込んだり、といったような場合である。

　最後に、消費者もまた常に起業家的に振る舞っている。どの消費財がもっとも良いかを決めたり、市場に新しい商品が出ていないかを調べたり、その反対に新しい機会を探すのに時間を割くのをやめたり、という場合で

44）ミーゼスによれば、「経済計算は、未来の行為の期待的な結果であるか、過去の行為の確定的な結果である」(『ヒューマン・アクション』pp. 10, 198-231)。ロスバードは、経済計算に際しては、不可欠な分散した排他的な情報の創造・伝達という問題があることを理解していなかったようである。最近の著作『ルートヴィヒ・フォン・ミーゼス：学者・芸術家・英雄 *Ludwig von Mises: Scholar, Creator and Hero*』(1988) 第5章 (pp. 35-46) に見られる経済計算論争の記述を見れば、このことは明らかだ。ロスバードの立場は、ミーゼスとハイエクの類似した部分に比べて、両者の違いを強調したいというほとんど強迫的な願望から生じているように思われる。ロスバードが指摘するように、ハイエクの見方はこれまで時にあまりにも厳格に解釈され、彼があたかも既存の知識の分散した性質から生じる問題についてだけ言及しているかのように、また、あたかもミーゼスが特に強調した不確実性と未来の知識の生成には何の問題もないと考えているかのように扱われてきた。しかし、これらの視点は、相互に密接に関係しており、容易に両立するものである。次章では、これら二つの視点を統合して、社会主義経済計算の可能性がないことの、それぞれ静的な、あるいは動的な議論として提示する。特にロスバード「社会主義の終焉と計算論争再訪 The End of Socialism and the Calculation Debate Revisited」(Rothbad, 1991, p. 66) を見よ。またジョセフ・T・サレルノ「社会的合理主義者としてのルートヴィヒ・フォン・ミーゼス Ludwig von Mises as Social Rationalist」(Salerno, 1990, pp. 36-48)、および「なぜ社会主義経済は不可能なのか：ミーゼスへの追伸 Why a Socialist Economy is Impossible: A Postscript to Mises」(『社会主義諸国連合における経済計算 *Economic Calculation in the Socialist Commonwealth*』所収)。さらに、本書第4章の脚注16の最後を参照のこと。

第2章　起業家精神

ある。こうして現実の生活では、毎日のすべての活動・行動において、起業家精神は多かれ少なかれ、異なったレベルの成功の度合いにおいて実践されている。市場で活動する者は、どんな活動であってもすべて起業家であり、その結果、現実に純粋な起業家的な損益が、（賃金、逸失利益など）他のカテゴリーの収入とともにほとんど必然的に生じる。詳細な歴史的研究だけでも、特定の活動によって損益が生じる場合に、誰がそれぞれの機会においてもっとも重要な起業家精神を実践したのかがわかるだろう。

本質的原理

　理論的な見地からして本当に重要なことは、特定の誰が起業家精神を実践したかではなくて（実際には、それはたしかにもっとも重要な問いではあるが）、起業家精神の自由な実践に対する制度的・法的な制約がなく、各人がその起業家的能力を自由に発揮できる状況にあるか、である。それはまた、各人が新しい情報を生み出し、特定の場面で見出した排他的・実用的な情報を利用できるかということだ。

　すべての分野において、人が起業家的に活動する動機づけの強さを決めるものをもっと深く研究するのは、経済学者ではなく、心理学者の仕事である。ここでは、次の本質的な原則だけを強調しておくことにしよう。人は、自分が関心を持つ情報を見出す。よって彼がその目的を達成し、利益を促進することが許されるなら、それらは起業家精神を実践するインセンティブとなり、その目的達成のために重要な実用情報を発見・認識することを可能にするだろう。その逆も、また真実である。もし何らかの理由で、社会の特定の分野において（強制的な法的・制度的な制約によって）、起業家精神の実践が制限され、あるいは許されなければ、人はその禁止・制限された分野での目的達成の可能性を考えることもない。よって、目的達成が不可能であるためインセンティブ[45]は存在せず、行為者は目的達成に関連した実用的な情報を発見・認識しないだろう。さらにそうした状況では、制度的な制約によって影響を受けた人々でさえも、達成不可能になった大量の目的やその膨大な価値に気づきさえもしない[46]。

　図II-1とII-2のモデルでは、もし人々に人間行為を実践する自由が

あれば、社会的な調整と協調の失敗が生じた場合には、必ず「起業家的電球」が自由に光ることがわかる。それは情報の生成と伝達のプロセスを生じさせ、協調の失敗の調整へと続き、そうした協調が社会生活を可能にする。しかしながら、特定の分野で起業家精神の実践が阻害されると、「起業家電球」は光ることができなくなる。言い換えれば、起業家は協調の失敗を見出すことができなくなり、その問題は永続するか、あるいは悪化さえするかもしれない。この視点からは、こうした状況に当てはまる古くからのスペイン語のことわざ「去るもの日々に疎し ojos que no ven, corazón que no siente」の背後にある、大いなる智慧が理解できる。ここには、「人は自由に行動し、起業家精神を実践することができない場合に失ったものを、感じることも認識することもできない」というパラドックスがある[47]。

　最後に、これまで見たように、各行為者は目的達成のために発見・使用する実用的情報をいくらか持っていることを思い出そう。その社会的な意

---

45)『メリアム＝ウェブスター大学辞典』第11版によると、インセンティブとは「駆り立てるもの、あるいは行動や決定へと駆り立てる傾向を持つもの」であり、これは本書でいう「利益」、「便益」と一致する。人間行為によって行為者が達成しようとする主観的な利益は、行為にいたるまさにインセンティブ、あるいは動機である。本書は起業家精神の心理的な本質を詳細に説明するのにふさわしい場所ではないことは認めるが、原理的には、行為者がその目的を明確に視覚化しているほどに、その追求の心理的な強度は大きくなり、目的達成に関係する創造的アイデアは多く発生し、注意をそらすような無関係な情報を判断・拒絶しやすくなる。第7章の「ヘンリー・ダグラス・ディッキンソンの『社会主義の経済学』」と題された節も見よ。この節では、「インセンティブ」という言葉の、静学と動学という二つの異なる意味を説明している。

46) 多年にわたって、東欧諸国、特にかつてのソヴィエト連邦では、学生たちは複写機によって作業がいらなくなることを知らないまま、図書館にある書物を手書きで引き写すために膨大な時間を費やしてきた。彼らが西側では複写機が広く使われていると知った後になって初めて複写機の必要性を感じ始め、その利用を要求するようになった。そうした状況は、西側諸国でよりも、コントロールされた社会ではるかに明らかだった。しかし、我々は自己満足に陥って、西側社会ではそうしたことが起きていないと考える誤りを犯してはならない。なぜなら、西側よりも制限されていない社会が比較の対象として存在しないことによって、西側での政府の干渉主義によって、社会からどれほどのものが失われているかが見えなくなっているからだ。

第2章　起業家精神

義にもかかわらず、行為者だけがこの情報を持っている。つまり、彼だけがその情報を持ち、意識的に解釈する。明らかに、専門雑誌、書籍、新聞、コンピュータなどで公にされた情報について語っているのではない。社会に関連した情報・知識というものは、ほとんどの場合、暗黙のうちに歴史の各時点において誰かが知っているようなものである。よって、人が行為し、起業家精神を実践するとき、それは特定の目標を達成するため、特定の世界を実現することから、個人的で、くり返し不可能な形で発揮される。それらは個人にとってのインセンティブであり、特定の状況と形において、彼だけがもっている。こうして各個人だけがその目的と状況に応じて、特定の知識・情報を獲得でき、同じ形で知識・情報を持つことは他の誰にもできない[48]。

　かくて、誰の起業家精神も無視しないということが、本質的に重要になる。もっとも社会的な地位の低い人々や学術的な知識のない人々さえ、歴史的な出来事の発生に対して決定的な価値を持つような、少なくともわずかばかりの知識・情報を持っているものだ[49]。この視点からは、起業家精

47）この節で分析している基本原則を最初に提唱したのは、すべての行為には「それを知ることに関心のある者だけが学ぶことのできる数千もの事柄についての詳細なる知識」が必要であると述べたサミュエル・ベイリーだった。『統合された株式方式の銀行の擁護と国家の問題　*A Defense of Joint-Stock Banks and Country Issues*』第3章「人々のアヘン」と題された節も見よ。

48）スペインの詩人であるレオン・フェリペは、もっとも感が極まった場面で言った。

Nadie fue ayer	昨日は誰も来なかった
ni va hoy	今日も誰も来なかった
ni irá mañana	明日も誰も来ないだろう
hacia Dios	神へと向かう道
por este mismo camino que yo voy.	私が歩んでいる同じ道には
Para cada hombre	誰にとっても
guarda un rayo nuevo de luz el sol	新しい陽の光がある
y un camino virgen Dios.	そして神への真新しい道も

レオン・フェリペ『全集』序章（León Felipe, prologue to *Obras Completas*）。

神の概念が本質的に人間主義的な性質のものであり、経済学を本質的に人間主義的な学問にする考えであることは明らかだ。

競争と起業家精神

その性質と定義によって、起業家精神は常に競争的である[50]。これは、行為者が特定の利益機会を見出し、それを活用するために行動すれば、その機会は消滅し、他の誰もそれを認識・活用することはできないことを意味している。同じように、もし行為者が利益機会を部分的に見出した場合、あるいは完全に見出して一部分だけが活用された場合、残りの部分は他の行為者が発見・活用するまで隠されたままに残る。よって、異なる行為者たちが意識的あるいは無意識的に、利益機会を認識・活用する最初の人間になろうと相互に競争しているこの社会プロセスは、きわめて競争的である[51]。先の図のモデルでは、単純化のために起業家精神は一つだけの「電球」で表されたが、実際には複数の「電球」が同時に次々と現れる。それらの一つ一つが多くの、異なった起業家的な活動としての判断、実験を表している。それらは、社会の不調和の問題に対する最新で多様な解決法であるが、それらは相互に競合しており、すべてが成功することはないし、圧倒的になることもない。

---

49)「生きている各人は、もっとも身分の低いものでさえ、存在しているだけで創造している」（グレゴリオ・マラニョン『エル・グレコとトレド』全集第7巻）。
50)「競争　competition」という言葉は、ラテン語の「competitio」（一人に与えられるべき同一物に対して、同時に複数の要求が生じること）に由来する。さらにそれは、「cum」（共に）と、「petere」（要求する、攻撃する、探す）という二つの部分からなる。『メリアム＝ウェブスター大学辞典』は、競争（competition）を「相互の競い合い」と定義している。よって、競争は競い合う動的なプロセスであり、複数の供給者が同じものを提供して同じ価格で売るという、いわゆる「完全競争モデル」の状況ではない。つまり、パラドックス的なことに、誰も競争してはいない。私の論文「ワルラス的パラダイムの危機　La crisis del Paradigma Walrasiano」を見よ。
51）カーズナー（1973, pp. 12-13, 1985, pp. 130-31）を見よ。カーズナーは、社会プロセスの競争性を保証するために必要なのは参入の自由だけであることを強調している。つまり、すべての社会領域において、起業家精神の自由な実践に対して法的・制度的な制約がないことだ。

第2章　起業家精神

　すべての起業家的な行為は、社会の調整の失敗を発見・協調・消滅させる。そして起業家精神の根本的に競争的な性質によって、そうした調整の失敗がいったん発見され、調整されてしまうと、もう誰にもそれらを認識・消滅することはできない。あるいは誤って、起業家精神の力によって既存のすべての社会調節の可能性が見出され解決されてしまうと、そうした社会プロセスもその慣性を失って止まってしまう、あるいは失われてしまうと考えるかもしれない。しかしながら、社会協調の起業家的プロセスは決して止まることはないし、尽き果てることもない。なぜなら、図Ⅱ－1とⅡ－2で説明した協調的な活動は新しい情報の創造・伝達であり、それは必然的に関係する行為者の目的・手段の一般的認識を変化させるからだ。

　次にこの変化は、無限に新しい調整の失敗が存在することを明らかにし、それは起業家的利益の新しい機会を提供する。この動的プロセスは決して止まることなく広がり続け、文明の恒常的な進歩を生み出す。言い換えれば、起業家精神は構成員の調整の失敗を協調させることで社会生活を可能にするだけでなく、社会全体へと広がる一連の波動となるような新しい目的と情報を常につくりだすことで、文明の発展をも可能にする。さらにそれは、この発展を人間にとってできる限り調和的・協調的なものにするという重要な機能を果たしている。なぜなら、今度は文明の発達と新たな情報の発生に伴って常に生じる調整の失敗が、人間行為という起業家精神の実践によって見出され、消滅させられるからだ[52]。つまり、起業家精神は社会を結合する力なのであり、その調和的な進歩を可能にしている。起業家精神は、進歩のプロセスによって生まれる必然的で不可避な調整の失敗を、再協調させるからである[53]。

知識の分業と社会的協調の「拡張された」秩序

　人間の知性が情報を吸収できる量には限界があり、起業家精神が生み出す社会プロセスによってますます多くの新しい情報が生み出されるため、明らかに、社会の発展には知識の分業が広がり深まる必要がある。この考えは「労働の分業」[54] として知られるものであり、当初は奇妙で客観主義

2．起業家精神の特徴

的なものとして定式化された。それによれば、発展プロセスは、垂直的な立場からはますます深く特殊化し、詳細なものになり、水平的には人口の恒常的な増加を必要とする。人口の増加は文明の進歩の必要条件でもあり、その結果でもある。なぜなら、人間の知性はかなり限られたものであり、

---

52) こうして起業家的プロセスは、知識の無限の成長を許すという、ある種の恒なる社会的「ビッグ・バン」を引き起こす。テューレーン大学の数学・物理学教授であるフランク・J・ティプラーによれば、地球上の知識拡大の上限は10の64乗ビットであり（よってこれまで考えられてきたより1000億倍大きい）、宇宙空間での人類文明は知識、富、人口において無限に広がることができることが数学的に証明できる。ティプラーは「経済学を知らない物理学者たちによって、経済成長の限界に関して多くのナンセンスが書かれてきた。成長の物理的限界の正しい分析は、経済システムが生み出すものは物質的なものではなく、不滅の知識なのだというハイエクの洞察を理解しなければ可能にはならない」。フランク・J・ティプラー「自由主義のユートピア　A Liberal Utopia」『ハイエクの「致命的な思い上がり」についての特別シンポジウム』(Tipler, 1988-89) を見よ。またジョン・D・バロウとフランク・J・ティプラーによる『人間的宇宙原理　The Anthropic Cosmological Principle』(1986) も見よ。

53) 図Ⅱ-3では、この文章の状況を描く。実際、Cが実践する起業家精神によって、Aは資源Rが十分に利用できることを知り、それによって自分の活動を起こすことができる。結果的に、Aの行為から見ると、第4の登場人物であるDは、今はどこにあるか知らないが、市場においてEに利用可能な資源Sがあれば、目標Zを追求できることがわかる。よって、最初の起業家的活動によって生じた情報の結果、DとEの間にあった新しい調整の失敗が生じ、誰かによって発見・活用されるべき新しい利益機会を生み出す。こうしてこのプロセスは繰り返される。

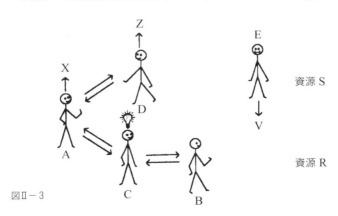

図Ⅱ-3

第2章 起業家精神

もし人々が起業家プロセスによって常に新しい情報を生み出すなら、同じ割合で人口と知性が増加しなければ膨大な量の実用的情報を再生産することはできないからだ。図Ⅱ-4は、実用的で分散された知識の分業が深化し、広がるプロセスを描いている。それは、起業家精神が生み出す社会の進歩である[55]。

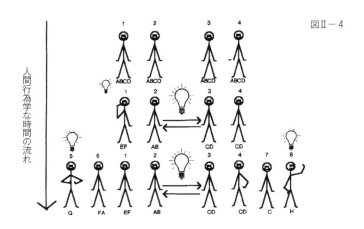

図Ⅱ-4

図の数字は、異なる人であることを識別するために割り振ったものであ

---

54)「労働の分業の法則」と、リカードによる一般的な「交際の法則 law of association」については、ミーゼスによる適切な評価を見よ(『ヒューマン・アクション』pp. 157-65)。またミーゼス『国民経済:行為と経済の理論 *Nationalökonomie: Theorie des Handelns und Wirtschaftens*』(Ludwig von Mises, 1940, pp. 126-33) も見よ(ここでミーゼスは「交際の法則」に対して「交友の法則 Vergesellschaftungsgesetz」という表現を使っている)。ロビンズが巧みに述べているように(『政治学と経済学 *Politics and Economics*』p. 141)、リカードの比較生産費の法則が、はるかに広い「交際の法則」の単なる特殊ケースであることを認識したのはミーゼスの貢献である。それは、もっとも優れた技術を持つ者と劣った技術を持つ者の協力が、その両者に利益があることである。これは、両者がより大きな「相対的な」比較優位を持つ活動に特化することを、起業家的に見出すことで実現する。しかし、ここでもミーゼスは、アダム・スミスが分業の理論を打ち立てた頃から続く客観主義的な残骸を捨て去ることができていない。『ヒューマン・アクション』の709ページまで、彼は本書が「知識の分業」あるいは「情報の分業」と呼ぶ「知的分業」について言及していない。

る。文字はそれぞれの目的に適用する各人の実用的な知識を意味している。キャラクター間の矢印の上の「光る電球」は、水平的な知識の分業の発見・利用という起業家活動を示す。実際、2番目の線では、知識ABCDはもはや全員に共有されておらず、2番がABに、3、4番がCDに「特化」して、自分の起業家活動の産物を交換している。横にある電球は、垂直的な知識の分業を引き起こす新しい情報の起業家的創造を表している。事実、新しい考えは、他の行為者がもつ分散された知識を各人が再生産する必要がなくなることから生まれる。さらに、知識の深化と複雑化は、人口の増加を必要とする。つまり、新しい人々（5から8番）が生まれてくることで新しい情報が生み出され、「親」を通じてコミュニケーションを学び、交換を通じてその情報を社会に広げる。つまり、もし人口が増えなければ、増大する特定領域においてますます増加する知識を保持することは不可能である。言い換えれば、文明の進歩の主要な限界は人口の停滞である。なぜなら、それは経済発展に必要な実用的な知識が深化し、特殊化するプロセスを阻害するからだ[56]。

創造性 vs 最大化

根本的に、起業家精神あるいは人間行為とは、与えられた目的に対する最適な手段のことではない。そうではなくて、前述したように、それは目的と手段を認知・認識・決定することだ。つまり、新しい目的と手段を積極的・創造的に探すことにほかならない。よって、ロビンズと彼のよく知られた経済学の定義に端を発する、偏狭で奇妙な経済学概念に対しては、特に批判的でなければならない。それは「経済学とは、人間の欲求をかな

---

55) 起業家精神に発する社会プロセスの目立った特徴を図示することは、ほとんど不可能であることは忘れないでもらいたい。ハイエクは、それは宇宙でもっとも複雑な構造かもしれないと考えた。「拡張された秩序は、おそらく宇宙でもっとも複雑な構造である」（『致命的な思い上がり』）。この「拡張された秩序」について本章で記述しているのだが、それは同時に自生的・進化的・抽象的で非計画的な秩序の本質である。ハイエクはこれを「コスモス」と呼び、意図的で構成主義的、あるいは組織的な秩序（タクシス）と対比した。ハイエク『法、立法、自由』第1巻第2章、35-55ページを見よ。

第2章　起業家精神

えるために異なった利用方法が考えられる希少資源について、その利用を
研究する科学分野」というものだ[57]。こうした見方は、目的と手段の知識
が所与であることを前提にしているため、経済問題を、単純な配分、最大
化、あるいは最適化という技術的な問題へと還元してしまう。ロビンズの
視点からは、人間は「機械」、あるいは出来事に消極的に反応するだけの
「人間もどき」（human caricature）である。この見方とは反対にミーゼス
によれば、人間は行動するのであるから、ホモ・サピエンス（知恵の人）
を越えて、ホモ・アジェンス、あるいはホモ・エンプレサリオ（行動する
人）である。所与の目的に所与の手段を配分するだけでなく、人間が本当
にしていることは、常に新しい目的と手段を探し、過去から学び、想像力
を働かせて未来を一歩一歩発見・創造することだ[58]。事実、カーズナーが
説得力をもって示したように、ただの最大化や最適化に見える行為でさえ

───────────

56）「文明が人口の増加を可能にしたのとまったく同じように、人口の増加によっ
て我々は文明化した。もし人口が1万年前と同数だけに縮んでしまえば、人類は文
明を維持できないだろう。実際、既存の知識が図書館に保存されたとしても、ひじ
ょうに特殊化された分業に必要な十分な数の構成員がいなければ、それを活用する
ことはできない。書物に書かれた知識だけでは、核戦争による大量死のあとに1万
人が残ったとしても、彼らは狩猟採集生活に戻らざるをえない」（ハイエク『致命
的な思い上がり』）。本書で驚くべき社会的ビッグ・バンであると記したプロセスは、
ひじょうに重要なフィードバック現象の上に成り立っている。それは人口の増加を
可能にしたが、それが経済発展に向けてのいっそう活発な刺激となり、さらにビッ
グ・バンを広め、とプロセスは続く。かくて何千年もたって、我々は次の「創世
記」（1：28）の命令を合理的・科学的に説明できるようになったのである──「生
めよ。増えよ。地に満ちよ。地を従えよ」。
57）ライオネル・ロビンズ『経済科学の性質と重要性についてのエッセイ　*An Es-
say on the Nature and Significance of Economic Science*』。ロビンズはこの著作の序
章でミーゼスへの謝意を表しているが、ミーゼスの教えについては混乱しており、
十分に理解していないことを露呈している。
58）結果的にミーゼスは、経済学をはるかに幅広く一般的な科学分野であると考え
た。それは人間行為、あるいは起業家精神の一般理論であり、彼はそれをプラクシ
オロジー（praxeology　人間行為学）と呼んだ。『ヒューマン・アクション』の第
1部11-200ページを見よ。ハイエクは、もし経済学の視点を広げた新しい科学に名
称が必要なら、ミーゼスによって明確に定義され、広範に使われている「プラクシ
オロジー」という言葉がもっとも適切であるように思われる」（『科学の反革命』
p. 209）と述べている。

2．起業家精神の特徴

も、必ず起業家的な要素を含んでいる。なぜなら、行為者はまず最初にその行為が自動的・機械的な反応であるほどに、その利益が大きいことを認識しなければならないからだ[59]。言い換えれば、ロビンズの定義はミーゼスのモデルの特殊であまり重要ではないケースにすぎない。そしてミーゼスのモデルはより豊かで一般的であり、社会の現実をはるかに満足させられるものとして説明する。

結論　本書における社会概念

　ここでの結論は、社会はプロセス（つまり動的構造）として定義され[60]、それは自生的で誰にも意図的にデザインされておらず、何億もの人々の無限の目的・嗜好・評価・実用的知識による相互作用からなる高度に複雑なものである（そうした相互作用は、基本的には金銭価格を伴うことの多い交換から成り立っており、それらは常にある種の規則、習慣や行為規範に従って行われる）。それら相互作用はみな、常に情報を創造・発見・伝達する起業家精神の力によって動機づけられている。起業家精神は、異なった個人の相互に矛盾する計画を、競争を通じて調整・協調させ、ますます豊かで複雑になる環境において共存することを可能にするからだ[61]。

59）カーズナー『発見・資本主義・配分的正義』。カーズナーはまた、起業家精神の概念を、均衡的方法論と新古典派パラダイムに閉じ込めようとする誤った試みを徹底的に批判している。

60）本書では、広い意味において「社会」と「市場」の概念は一致すると考える。それゆえ、「社会」の定義は市場にも完全に当てはまる。さらに、『王立アカデミー・スペイン語辞典』では、「市場」は「人々の集まり　concurrencia de gente」と定義されており、王立アカデミーは「社会」と「市場」を同義語であるとしている点で本書と見解を共にしている。

61）経済学は、まさにここでいう社会プロセスの研究を中心とする必要がある。ハイエクは経済学の本質的目的は、どのようにして自生的な社会秩序が膨大な量の実用的情報を活用するのかを分析することだと考えた。そうした情報は一箇所にまとまって利用可能なものではなく、何百万もの個人の内心に分散している。彼の主張では、経済学の対象は、情報が発見・伝達される動的プロセスの研究である。そのプロセスは起業家精神によって駆動され、個人の計画を調整・協調させ、社会生活

61

第2章　起業家精神

3．起業家精神と社会主義概念

　本書での社会主義の定義は、起業家精神の概念に基づいている。その結果、後述するように、こうした比較的に深く詳細な起業家精神の分析が重要になる。実際、本書を通じて、「社会主義」とは、「人間行為と起業家精神の自由な実践に対する、すべての制度的な制限や攻撃」と定義される。次章では、この定義とその意義のすべてを完全に徹底的に分析する。ここでは、単に制度的な制約や攻撃が、多くの場合、社会的な協調プロセスを改善したり、特定の目的や目標を達成しようとする「意図的な」欲望から生じることを指摘するにとどめよう。場合によっては、人間行為に対する社会主義の制度的攻撃は、例えばカースト制度のように、ある種の前資本主義的な社会が陥っている伝統や歴史に端を発していることもある。しかし、現代的な現象としての社会主義は、そのタイプを問わず、制度的な強制を通じて、次のような目標を達成するための意図的な試みから生じる。すなわち社会の「改善」、その発展や機能の効率化、「正義」と考えられる特定の目標の達成などである。

　こうして、これらの社会主義に次のような定義を下すことができるだろう。つまり社会主義とは、「社会の機能を改善する、また善だと考えられる特定の目的や目標を達成するという理由から市井の人々、政治家や科学者によって正当化される、人間行為と起業家精神に対する制度的な制約と攻撃のシステム」である。この定義による社会主義の詳細な研究には、その概念と意義の理論的分析が必要になる。それによって、常に社会主義に伴う制度的強制によって社会的協調が改善できるという信念に、知的な誤謬が含まれているかどうかを明確化できる。また、理論的な分析から得ら

を可能にする。このことだけが根本的な経済問題を構成しているのであり、それゆえハイエクは均衡分析にことさら批判的だった。彼は、そうした研究の焦点のあり方は科学的な興味を欠如させるものだと考えた。なぜなら均衡分析では、すべての情報が所与であり、根本的な経済問題はすでに解決済みだからである。ハイエク「経済学と知識」（1937, p. 51）、および「社会における知識の使用」（『個人主義と経済秩序』1945, p. 91）を見よ。

れた結論を完全なもの、より豊かなものにするためには、現実世界に存在
した異なった社会主義の経験的・歴史的な解釈の研究も必要だ。

　最後に、社会倫理の理論の分野における分析にも乗り出す必要がある。
その目的は、人間にとってもっとも内的に本質的な特徴である創造的な行
動能力というものを攻撃することが、倫理的に許されるかどうかを明らか
にすることである。序章で明示したように、次章以降では、これらの疑問
の最初の部分に対する詳細な分析がなされるが、歴史的・倫理的に必要な
分析は今後の研究の課題とする。

第 3 章

社 会 主 義

1．社会主義の定義

2．知的誤謬としての社会主義

3．社会的立場から見た社会主義の不可能性
「静学」的な議論
「動学」的な議論

4．管理機関の立場から見た社会主義の不可能性

5．なぜコンピュータの発達は
社会主義の不可能性をいっそう確実にするのか

6．その他の社会主義の理論的な帰結
協調の失敗と社会的無秩序
誤った情報と無責任な行動
堕落と腐敗
「地下」経済
社会的（経済的・技術的・文化的）な発展の遅滞
法と正義の伝統的概念の堕落、社会主義の生み出す道徳的な異常
「大衆のアヘン」としての社会主義
結論　社会主義の本質的に反社会的な性質

7．社会主義の諸類型
本当の社会主義、あるいはソヴィエト型経済
民主社会主義、あるいは社会民主主義
保守的、あるいは「右翼的」社会主義
社会工学、あるいは科学的社会主義
その他のタイプの社会主義
（キリスト教型、あるいは集団主義型、労働組合型など）

8．社会主義のその他の概念に対する批判
伝統的な概念と新しい概念が発展した過程
社会主義と介入主義
「牧歌的」社会主義概念の愚かさ
「社会主義」という言葉はいつか復活するのか？

1．社会主義の定義

　前章では起業家精神の概念を分析したが、本章では社会主義の性質と、それがいかにして社会生活に不可欠な協調活動の発生を排除するかについて詳述していく。特に、社会主義がインセンティブと情報の生成に与える影響について、そして起業家精神の実践にもたらす問題のあるバイアスについて探究する。それに加えて、社会主義は知的な誤謬であり、異なったタイプや形態で発生するにもかかわらず、常に同じ本質を持つことの意味を説明する。そして、その本質を特定することを試みる。本章は、伝統的に異なる社会主義概念を批判的に分析することで終える。

1．社会主義の定義

　本書では「社会主義」を、起業家精神の自由な実践に対するあらゆる制度的な攻撃システムだと定義する。「攻撃」あるいは「強制」とは、行為者に対して別人が加えるあらゆる物理的な暴力や脅しのことである。この強制の結果、本来なら自由に起業家精神を行使できたはずの行為者は、起こり得る害悪を避けるために、異なった活動を選択し、強制してくる人々の目的に沿うように行動を変えざるをえなくなる[1]。このように定義すると、攻撃は本質的に非人間的な行為だと考えられる。というのも、強制によって起業家精神の自由な実践が不可能になるからだ。言い換えれば、前章での定義に従えば、人が発見した目的の追求をあきらめさせ、彼の持つ情報や知識によって、目的達成のために自身がとりえた手段の利用を阻害するのである。よって、攻撃はある人にとって、いちばんその人らしくもっとも相応しい活動に従事することを妨げるゆえに悪なのである。
　攻撃には、二つの種類がある。システマティック・制度的なものと、システマティックではない・非制度的なものである。後者のタイプの強制は分散して存在しており、恣意的であり、それゆえ予測することがいっそう

第3章　社会主義

難しい。またこの強制によって、行為者は、起業家精神の実践において特定の活動をする際に、多かれ少なかれ第三者によって強制されそうだと考えるくらいには影響を受けることになる。加えて、こうした第三者は、行為者の起業家的精神によって創り出された生産物を力づくで奪い取ることさえあるだろう。非制度的な攻撃の発生によって生じる人間の相互作用の協調的実践への影響は、状況に応じてさまざまに深刻だ。しかし、本書で定義する社会主義の中核となる制度的・システマティックな攻撃が起こった場合の影響は、それよりもはるかに悪い[2]。実際、制度的強制は高い予測可能性・反復性・系統性・組織性によって特徴づけられる。起業家精神に対する制度的攻撃の主な結果は、そうした攻撃に対してもっとも脆弱な社会の全領域において起業家精神の実践を妨害し、歪めることだ。次の図は、強制の制度的な実践の典型的な結果を示す。

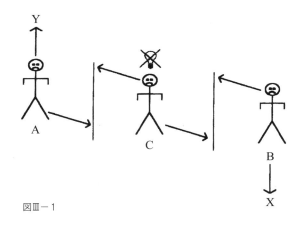

図Ⅲ－1

図では、特定の社会分野において、強制によってAとBから人間Cの自由が奪われている。この状況は、AとBからCを隔てる垂直の線によって表される。このシステマティックな強制は深刻な害悪の脅しであり、CはAとBと自由に活動できれば利用できたはずの利益機会を発見・活用することができない。こうした攻撃では、行為者は利益の機会を活用できないだけでなく、そうした機会を見出すことさえもできないことははっきりと理解する必要がある[3]。前章で説明したように、利益を得る可能性

は、行為者がそうした機会を見出すインセンティブとなる。よって、もしシステマティックな強制が社会生活の特定領域を制限すれば、行為者はその状況に適応して、それを当然視し、潜在的な利益機会を創造・発見・認識しなくなる。この状況は、図中では、起業家的な発見の創造的行為を表す電球につけられたバツ印で表される。

───────────

1)『王立アカデミー・スペイン語辞典』では、「強制」とは「誰かに何かを無理強いするための力、あるいは暴力 la fuerza o violencia que se hace a una persona para que ejecute alguna cosa」と定義している。この言葉はラテン語の cogere「無理強いする」と coactionis「税を集める」に由来している。強制の概念と行為者への影響については、ハイエクの著作『自由の条件』、特に20-21ページを見よ。ロスバードは「攻撃」を次のように定義している。「攻撃は、他人や他人の所有物に対する物理的暴力の行使、またはその脅しである」。ロスバード『新しい自由のために』（1973, p. 8）を見よ。強制と攻撃には、一人型、二者間、三者間の三つのタイプがある。一人型は、一人だけの行動を変える命令が出され、本人以外との相互作用には影響がない。二者間の攻撃では、政治当局が行為者本人の意志に反して何かを得るよう強要する。つまり、政府が強制された行為者に対して自己に有利な交換を押し付けるものだ。三者間の強制は、政府による命令と強制によって、異なる二人の行為者間に交換を押し付けるものである。この分類は、ロスバード『力と市場：政府と経済』第2版 9-10ページによっている。

2) もちろん、本書での制度的攻撃の概念には、非制度的、恣意的な攻撃の生み出す損害を防止し、矯正するために必要な、最低限の制度的強制は含まれない。非制度的な攻撃者でさえも、自分のシステマティックではない攻撃以外においては、平和に活動ができるような最低限の制度的強制を望むものだ。この問題はすべての社会が抱えている。システマティックではない、非制度的な攻撃からの影響を避け、それを矯正するための解決法は、所有権の倫理理論の確立にある。この理論は、誰に対する攻撃・強制でもない活動においては、すべての起業家的創造性の成果は、行為者が正当な所有者であるという考えに基づく。本書では、所有権を定義・実施するために必要な最小限の法的組織を超えて、制度的な強制を拡大することはすべて社会主義と見なす。国家は、もっとも典型的にシステマティック・制度的な強制を行う組織だが、この意味においては、それがシステマティックではない攻撃を防止・根絶するために必要な最低限の強制を超えた場合は、国家と社会主義は密接に関連した概念となる。本書はリバタリアニズム理論における各種の興味深い議論を扱うわけではないが、そこには厳格に制限された政府の擁護者と、無政府資本主義の支持者が存在している。とはいえ、ここで指摘しておくべきなのは、無政府資本主義者は、強制力を独占する組織が自らを効果的に制限すると期待するのはユートピア的であり、現実にも、国家権力の制約を最低限にしようとした歴史的な試みはどれもみな失敗してきていると主張していることだ（この理由から、無政府資本主

第 3 章　社会主義

　論理的には、もし攻撃が社会領域における制度的なもので、その結果、
起業家精神が発揮できなくなれば、前述したようなその他の起業家的活動
に付随した効果はすべて消滅する。まず、新しい情報が生まれなくなり、
伝達もされない。次に、社会的な協調の失敗があっても必要となる調整は
なされない（後者には、前者よりもはるかに大きな問題がある）。実際、行為
者は利益機会を自由に利用できないため、社会的な調整や協調の失敗が起
こっていることを知るインセンティブがない。つまり、情報が生まれず、

義の理論家たちは、自発的な参入による競争的な組織制度と、それによる犯罪の防
止・処罰と所有権の定義・擁護の問題への対応を提案している。）さらに、もし厳
格に制限された国家が強制的な税によって賄われるなら、それは所有権の定義・擁
護における市民とその自由に対する制度的な攻撃であり、そうした制約された国家
もまた厳密な意味では社会主義と呼べることになるだろう。これに対して制限され
た政府の擁護者は、様々な民間防衛会社は互いに組織のあり方と行動原則について
合意することになり、それは事実上、社会の発展に伴って、国家が不可避的に再発
生することになると主張する。この刺激的な論争の内容については、次の著作を見
よ。デイヴィッド・フリードマン『自由のためのメカニズム』（1973）、マレー・ロ
スバード『新しい自由のために』（1973）、『自由の倫理学』（1982、23章）、ロバー
ト・ノージック『アナーキー・国家・ユートピア』（1974）。ハイエクは、未来に無
政府資本主義の制度が発展する可能性について、明確な意見を表明していない。彼
はその可能性に対して、過去の社会の発展プロセスは、無政府社会を生み出したこ
とはないと述べている。その後、ともかく社会発展の進化的プロセスは未だに終了
しておらず、よって未来に国家が消滅して、悲しく暗い歴史的な遺物になるか、あ
るいはその反対に、厳格に制限された権力という最低限の形で生き残るかは、現時
点ではわからないという（彼は理論的な可能性から、干渉主義的、あるいは社会主
義の国家は長期的に生き残ることはないとした）。『致命的な思い上がり』（1989）
を見よ。ヨハネ・パウロ 2 世は、国家の第一の義務は、「働き、生産する人々が、
その労働の成果を受け取ることで、労働の効率と誠実さを高めるよう」、個人の自
由と財産を保障することであると指摘している（「回勅」第 5 章48節、1991）。さら
に加えて、国家は例外的な緊急的状況でのみ介入すべきであり、介入は一時的なも
のでなくてはならず、市民社会については「補完性原理」が尊重されねばならない
という。最後に、多くの社会では国家による制度的攻撃は国家による直接的なもの
だけでなく、無数の領域において、国家が同意し、共犯となっている。この種の攻
撃は、労働組合のような集団や組織に対して制度的な暴力を不可罰的に行使するこ
とが許される「特権」として与えられている。
3）「事実、私的な利益が完全に抑圧された場合、それは身動きのとれない官僚的な
コントロールによって置き換えられ、自発性と創造性の泉を枯らしてしまう」（ヨ
ハネ・パウロ 2 世「回勅」第 3 章25節　3 段落、1991）。

伝達されず、個人は他人に自分の活動を合わせることを学ばない。

図Ⅲ－1のように、Cが起業家精神を実践できないため、経済の協調の失敗は永続化する。AはBにとって使い道のない豊富な資源が利用できないため、目的Yを追求できない。Bはその資源を必要とするAが存在することを知らず、それを浪費する。こうしてこの分析では、本書で定義した社会主義の主たる影響は、社会生活を可能にする協調力を発揮する活動を抑止することだ。このことは、社会主義の支持者たちがカオス的、非協調的な社会を望んでいることを意味するのだろうか？　その反対である。稀な例外を除いて、社会主義の理想の擁護者たちが陰に陽に信じ、前提としているのは、制度的・システマティックな攻撃が社会協調を乱さないだけでなく、その反対にはるかに効果的だということである。なぜなら、システマティックな強制は政府によってなされるが、政府は強制を受ける行為者という個人レベルよりも、（目的と手段の両方に対して）はるかに優れた質的・量的な評価力と知識をもっているからだ。この視点から、本節の最初で示した社会主義の定義を完成することができる。社会主義とは、特定の社会領域において起業家精神の自由な実践を制限し、そこで必要な社会協調に責任を負う政府によって行われるシステマティック・制度的な強制・攻撃のすべてのことである。次節では、こうして定義された社会主義がどの程度に知的な誤りであるかを検討する。

2．知的誤謬としての社会主義

前節では、社会生活が可能なのは、個人がそうとは知らずに自発的に他人の要求に対して自分の行動を調整するからだということをみた。この無意識な学習プロセスは、人間が起業家精神を実践することから自然に生じる。つまり各人が他人と相互作用することは、新しい暗黙的・実際的・分散された情報を創造・発見・伝達するような協調や調整のプロセスを始めることである。社会主義とは主に起業家精神、人間行為の実践に対する制度的な攻撃であった。よって、社会主義が生み出す疑問とは、次のような

第3章　社会主義

ものになる。強制的なメカニズムによって、社会生活に不可欠な異なる
人々の行動の調整・協調が果たして可能なのだろうか？　それは、文明の
発展をもたらす新しい実用的情報の発見・創出ができる状況で可能なのだ
ろうか？　社会主義は、ひじょうに大胆で野心的な理想を掲げている[4]。
なぜならそれは、問題となっている社会領域における制度的強制を行う政
府が、社会的な調整・協調メカニズムを始めるだけでなく、強制的な手続
きがより適切な調整を生み出すと信じることだからだ。

　図Ⅲ－2では、ここで定義した社会主義の概念が表されている。図の
「下位」レベルは、実用的な知識・情報をもっており、特定の領域におい
ては相互作用を禁じる制度的な強制があってさえ、互いに自由に交わろう
とする人々が描かれている。ここでの強制は、人々を三つの集団に分ける
横の線である。「上位」レベルには、特定分野の社会生活における制度的
強制を行う「政府」が描かれている[5]。各グループの左右にある縦の矢印
は、個人的な計画が調和していないこと、典型的な社会的な協調の失敗を
表す。そうした不協調の存在は、制度的な強制によって遮られているため
に起業家精神によって発見され、解消されることがない。政府のキャラク
ターの頭から下のレベルの各人へ伸びる矢印は強制命令を表しているが、
これは社会主義に典型的な制度的な攻撃である。それは市民に協調的な行
動を強制することと、政府が「正義」だと考える目的Fを追求すること
を目的にしている。

　「命令」とは、その形式的な法的外見にかかわらず、特定の状況におい

4）ミーゼスは、「社会主義の考えは、かつて遠大で単純なものだった。事実、それ
は人間精神のもっとも野心的な創造物であったとさえ言え、その壮大さと大胆さに
おいてもっとも大きな称賛を引き起こしたことは当然である。もし世界を野蛮から
救おうとするなら社会主義を論駁しなければならないが、簡単に無視することはで
きない」という（『社会主義：経済学・社会学的分析』p. 41）。
5）ヨハネ・パウロ2世は「回勅」において同じ言葉を使っている。その「社会的
扶助」、あるいは福祉国家の批判の文脈において、彼は「より『上位の』コミュニ
ティは『下位の』コミュニティ内の生活に干渉し、その機能を奪ってはならない」
という（「回勅」第5章、48節、4段落、1991）。上位からの強制は一人の人物によ
るものもあるが、より普通なのは、必ずしも整合的ではなくとも、組織化された集
団によるものである。その両方において強制をなすのは、下位の社会集団である強
制を受ける側に比べてはるかに小さな集団である。

72

2. 知的誤謬としての社会主義

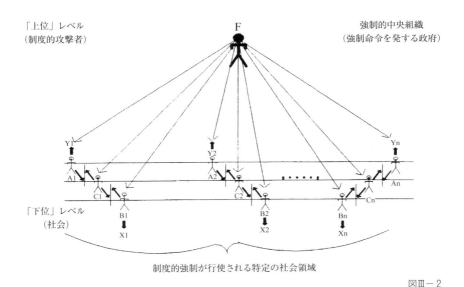

図Ⅲ-2

て人々にある行為を行うことを禁じる、命じる、無理強いするような、すべての明示的な特定の指示や規則である。命令の特徴は、特定の社会領域において自由な起業家精神を実践できないことにある。さらに命令は、制度的強制を行う政府によって意図的に発せられ、すべての行為者に自分自身ではなく権威者の目標を認識・追求するように仕向けることが企図されている[6]。

社会主義は知的誤謬である。なぜなら、社会を協調させる命令を可能にするための十分な情報を、制度的攻撃を行う組織が得ることは理論的に不可能だからだ。この単純な議論についてはこれから詳述するが、これは二つの異なった、しかし相補的な視点から生まれる。一つ目は、強制を受ける社会集団の視点であり、二つ目は制度的な攻撃を実行する強制組織の視点からである。次に、これらの視点から社会主義の抱える問題について分析しよう。

第3章　社会主義

3．社会的立場から見た社会主義の不可能性

「静学」的な議論

　社会を構成し、相互作用を成す各個人（図Ⅲ−2の「下位」レベル）は、自分だけの実用的・分散された情報をもっており、そのほとんどは暗黙的であるため明確には表現できない。よって、この情報が政府（図の「上位」レベル）に伝わることは論理的に不可能である。すべての人々が個人レベルで分散された形で認識・利用する実用情報の量は膨大であり、政府が明示的にそれらを得ることなど考えられない。さらにもっと重要なのは、この情報はすべての人の内心に明確化できない暗黙知として分散しているため、正式に表現することも明示的にいかなる統治機関に伝達することもできないことだ。

　前章では、社会の各人が、暗黙的・非中央集権的・分散されたやり方で、つまり無意識的に、意図せずに社会生活にとって重要な情報を創造・伝達することをみた。実際、異なった主体は他人の行動に対してその行動を合わせることを学ぶが、そうしていることも、その学習プロセスで重要な役割を果たしていることも明確に認識してはいない。彼らは単に自分が活動していること、つまり自らに利用可能だと信じる手段によって自分の特定

6）ハイエクは命令の概念を、「実体法」概念に当てはめることに反対した。実体法とは、一般的な内容をもち、状況にかかわらずすべての人に平等に適用される抽象的な規範だと定義できよう。本書で命令について記したこととは違って、法律は、各行為者が他人と協力しながら自分の特定目的を追うなかで、新しい知識を創造・発見することを可能にする枠組みを提供する。加えて、法は命令とは異なり、人間の精神による意図的な創造物ではなく、「習慣」にその起源をもっている。言い換えれば、それは長期間のうちに、多くの個人が参加することで発達してきた制度なのであり、それらの参加者は行動することで、自らの経験と情報の小さな蓄積をもって貢献してきた。こうした法と命令の明確な区別は、そのほとんどが命令でありながら、「法形式」をとって行使される国家法の変化の結果、あまり気付かれなくなっている。ハイエク『自由の条件』（第10章）を見よ。表Ⅲ−3では、社会主義が法と正義を恣意的な命令に置き換えることで、それらを堕落させてきたことを概観している。

3. 社会的立場から見た社会主義の不可能性

目的を達成しようしていることしか理解していない。よって、問題となっている知識は、社会で活動する人間だけに利用可能であり、本質的にそれを当局に明示的に伝えることはできない。社会を成り立たせる異なった個人の行動を協調させるために、こうした知識は不可欠である。そして、それは明確化できないため、政府に伝えることができない。よって社会主義制度がうまくいくという考えは、理屈からいって馬鹿げている[7]。

「動学」的な議論

社会主義が不可能な理由は、行為者のもつ情報が本質的に明示的には伝達できないだけではない。動的な視点からも、起業家精神の実践において、常に新しい情報が創造・発見されるからでもある。さらに、社会プロセスそのものが妨害されない結果として、次第に発生するだろう未だ生まれていない情報・知識を政府に伝えることはできない。

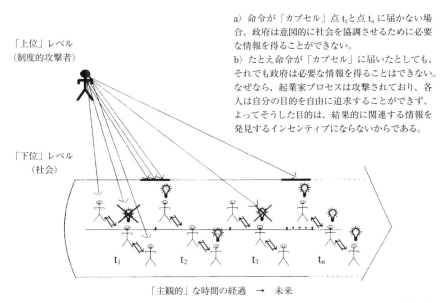

図Ⅲ－3

第 3 章　社会主義

　図Ⅲ−3では、社会プロセスにおいて新しい情報を創造・発見する行為者が描かれている。時間が経過するにつれて（前述したように、時間は主観的、あるいはベルクソン的な意味である）、他人と起業家的な交流を実践する人たちは、彼らが求めるようになる新たな利益機会を常に発見する。その結果、彼ら一人ひとりが持つ情報は常に変化する。このことは図中で、異なった電球が時間の経過に伴って光ることに表れている。管理機構が社会協調に必要な情報を命令によって入手することができないことは、はっきりしている。それは、それらの情報が分散して、排他的で、明確化できないだけでなく、常に変化して、時間が経過し行為者が起業家精神を自由に発揮するにつれて、自然と生み出されるものだからである。さらに、社会協調に常に必要とされる情報が起業家プロセスによって生成されていない段階で、それらを統治機関に伝えることは不可能だし、もし制度的強制がそのプロセスに適用されたなら情報は生まれもしない。

　例えば、天気が変わるような兆候とともに夜が明けるなら、農夫はその理由をはっきりとは言えなくても、その日になすべき作業についての計画を変えなければならないことを理解する。つまり農夫が、農場での何年もの経験によって得られたそうした情報を管理機関（例えば、首都にある農

7）ハイエク自身の言葉によれば、「それは、市場で活用される個人の知識と技能の組み合わせは常にある意味で独特であり、単純に、あるいは当局の命令があってさえ、列記・伝達できるような事実の知識ではないことを意味する。私が語っている知識とは、むしろ特定の状況を探し出す能力のことであり、それはもし知識の所有者が、市場ではどういった商品やサービスが、どの程度に必要とされているのかを知ることができた場合にのみ役立つものだ」。「発見の手続きとしての競争」（『哲学、政治学、経済学の思想史の新しい研究』182ページ）を見よ。また『法と立法と自由』第1巻の第2章「規範と秩序」、51ページには、次のようにある。「これは市場秩序への干渉・介入に対する反論の要点である。自生的秩序をつくりだすメンバーに特定の行為を要求する独立した命令は、そうした秩序を決して改善することはなく、それを破壊せざるをえない。その理由は、命令が、情報によって相互に依存し合い命令する当局ではなく、行為者たちだけが知っている目的に従う活動システムの一部にだけ働きかけるからだ。自生的秩序は、すべての多様な要因のバランスをとる各要素から生まれる。それは、すべての多様な活動を相互に調整することから生じるが、もしそれらの活動が異なった知識に基づいて、異なる目的のために別の組織によって決定されるなら、その秩序は破壊されてしまう」。

水省）に伝えて、その指図を待つことはできない。同じことは、特定の状況において起業家精神を発揮する全員について当てはまる。それはある会社や業界への投資、ある証券を買うか、職場である人を雇うかどうか、などの決定である。こうして実際的な知識は、いわば「隔離されて」おり、それらは制度的な攻撃にかかわる政府当局には利用できない。さらに、この情報は、経済主体が次第に現実をつくっていくにつれて、常に変化しつつ生じる。

最後に、社会主義の強制が恒常的・効果的であればあるほど、個人的な目標の自由な追求やそうした目標の持つインセンティブ効果を妨げる。また、社会の協調に必要な実際的な情報を、経済主体が起業家プロセスを通じて発見・創造することを難しくする。こうして当局がジレンマに直面することは不可避になる。もし当局が強制的にプロセスに介入すれば情報は作り出されないし、介入しなければ情報は得られない。

つまり社会プロセスの観点から、社会主義は知的な誤謬である。なぜなら命令によって介入するための当局は、社会協調に必要な情報を収集することができないからだ。その理由は、次のようなものだ。第一に、介入当局には、人類の精神全体に広がっている膨大な量の実践的情報を明確に理解することはできない。第二に、必要な情報は暗黙的な性質を持っており明示することはできないため、中央当局に伝達することはできない。第三に、行為者がまだ発見・創造しておらず、起業家プロセスを通じて生まれる情報は伝達できない。第四に、強制力の実行によって、起業家プロセスは社会協調に必要な情報を発見・創造することができなくなってしまう。

4．管理機関の立場から見た社会主義の不可能性

前述の図において我々が「上位」レベルと呼んだものは、つまり起業家精神の実践に対して、大なり小なりシステマティックで制度的な攻撃を加える集団のことである。彼らの観点からは、社会主義が単なる知的な誤謬であることをさらにはっきりと示す数多くの状況が指摘できる。

第3章　社会主義

　まずはミーゼスが行ったように[8]、議論のために「政府当局は最大限の技術的・知的な能力・経験・知恵と、もっとも人道的な意図を持っている」としよう（すぐ後に、これらの仮定は現実には正当化できないことと、その理由を説明する）。そうした機関は、独裁者や軍事的指導者でも、科学者や知識人の集団、内閣、「人民」によって民主的に選ばれた代表たちでも、つまりは、これらの人びとの構成の複雑さ、組み合わせはどうであってもかまわない。しかしながら、当局が人間を超越した能力、つまり全知であるとは、およそ前提にはできないだろう。全知であるとは、社会で活動するすべての人の心に排他的に散在するすべての情報を同時に収集して解釈する能力である。それらの情報は常に人びとによって新しく作り出される[9]。本当のところは、ときに中央の、あるいは特定の計画局と呼ばれる

8）ミーゼス、『ヒューマン・アクション』696ページ。

9）正当な、あるいは数学的な価格とは、どういったものなのか？　16, 17世紀のスペインの学者たちはこの問いをたて、「公正価格」は多くの「特定の状況」に依存するため、神だけが知ることができること、また人間にとっては、公正な価格は社会プロセスにおいて自然に生じる価格、つまり市場価格であると結論づけた。ヨハネ・パウロ2世は回勅『新しい課題：教会と社会の百年をふりかえって』（第4章32節、1991）において、公正な価格とは「自由な交渉を通じて相互に同意できる」ものとして、同じ考えを表明している。おそらく、社会主義の基盤には、神のようでありたい、もっと明確に言うなら、「自分自身が神」であると信じたい、したがって人間に可能であるよりもはるかに大きな知識と情報を利用できるという隠れた、先祖返り的な願望がある。よって、イエズス会士の枢機卿であったフアン・デ・ルーゴ（1583-1660）は「価格は数学的なものであるが、神にのみ知られているpretium iustum mathematicum, licet soli Deo notum」と記している（「公正と法についての議論　Disputationes de Iustitia et Iure」、Lyon、1643、第2巻論争26第4節40段）。フアン・デ・サラスもまたイエズス会士でありスペインとローマの多くの大学で教授していたが、彼はデ・ルーゴと同じように、公正価格を知る可能性については「完全に理解し、測ることができるのは人ではなく、神である」と記した（「トマス・アクィナスの契約、第2巻2節についてのコメント　Commentarii in Secundam Secundae D. Thomas de Contractibus」、Lyon、1617、第4巻6番9ページ）。その他のこの時期のスペインの学者たちの興味深い問いについては、ハイエクの著書『法と立法と自由』第2巻（178, 179ページ）にある。経済学に対する16、17世紀のスペイン人学者たちの重要な貢献についての素晴らしい要約は、ロスバードの論文「オーストリア経済学の先史についての新しい光　New Light on the Prehistory of the Austrian School」を見よ（Rothbard, 1976, pp. 52-74）。

ような政治当局は、潜在的にはその支配下にある行為者の内心に散在する知識をほとんど持っていないか、あるいはせいぜい曖昧に理解しているにすぎない。よって、社会プロセスにおいて生じる散在する情報を計画者が知る方法、それらを探す方途を知ることはほとんど、あるいはまったくできない。そして、それらの情報は、社会プロセスを調整・制御するためにはまったく不可欠である。

さらにまた、強制的な組織もやはり生身の人間によって構成されている。他の人々と同じように彼らには欠点と美徳とともに、自分自身の個人的な目的を持っている。そうした目的がインセンティブとなって、彼らは特定の利益に不可欠な情報を見出すことになる。よって、統治組織を構成する人々が起業家的直感を行使することに熟練すると、彼ら自身の目的と利益を追求し、必要な情報を生み出すことになる。例えば、永遠に権力の座に居座り続ける当人とその仲間の行動を正当化・合理化する、ますます巧妙・効果的なやり方で強制力を行使する、市民への攻撃をむしろ望ましいものだとする、などである。言い換えれば、前段落の初めでは当局は良い意図を持っていると仮定したが、結局は上記のようなインセンティブがもっとも一般的となり、その他のものを圧倒する。特に、その他の目的には、社会に常に分散された形で存在する、命令を通じて社会を調和的に機能させるために必要な重要で実際的な特定情報を見出すことが含まれる。こうした特定のインセンティブによって、当局は自分たちがどれほど無知に陥らざるを得ないかさえもわからなくなってしまう。そして、彼らが制御しようとする社会の現実からますます遠ざかって行く。

さらには、統治機関はいかなる経済計算もできない[10]。それは、組織の目的にかかわらず（そして彼らがもっとも「人間的」で「道徳的」であったと仮定しても）、彼らはその目的追求のコストが、その価値よりも高いかどうかを判断できないことを意味する。コストとは単に、主体が特定の目的に向かうために、ある行為をすることによって諦めねばならないことの持つ主観的な価値である。明白なことだが、統治機関は、自身の価値尺度に従って真のコストを認識するために必要な知識や情報を得ることができない。なぜなら、コストの推定に必要な特定の時空についての情報は、社会プロセスを構成する人々や行為者たちの内心に分散しており、彼らはまた、

第3章　社会主義

社会に対する制度的な攻撃を行っている統治機関（これは民主的に選ばれていようといまいと関係ない）によって脅かされているからだ。

　もし大まかな経済計算であれ、ある行為のコストを意識する者が、その行為に責任があると定義するなら、命令当局はその組織構造・選択方法・価値判断にかかわらずコストを知ることも決定することもできないため、無責任になるだろうと結論される。こうして解決不可能なパラドックスが生じる。統治機関が特定の社会生活部分の計画と制御をしようとすればするほど、その目的は達成できなくなる。社会協調と組織化に必要な情報が得られないからだ。実際、当局は人々の起業的な能力を無理やり制限することで、さらなる深刻な調整の失敗と歪みを引き起こす[11]。よって統治機関が起業家個人と同じように経済計算が可能だと信じることは、重大な誤りであると結論される。反対に、社会主義を実行するほどに、経済計算に不可欠な一次的・実践的な情報は失われ、最終的には経済計算がまったく不可能になる。制度的強制を加える組織は、まさに自由な人間行為に干渉するほど経済計算の邪魔をしてしまう。

10）1920年にミーゼスは、自由市場において生成される分散された実践的情報と知識なしに経済計算を行うことは不可能であることを指摘する独創的で輝かしい業績を残した。彼の論文「社会主義経済における経済計算　Die Wirtschaftsrechnung im sozialistischen Gemeinwesen」を見よ（*Archiv für Sozialwissenschaft und Sozialpolitik*, vol. 47, pp. 86-121）。この論文の英訳は「社会主義圏における経済計算 Economic Calculation in the Socialist Commonwealth」と題されれて、ハイエク編集の著作に収録されている（*Collectivist Economic Planning*, 1975, pp. 87-130）。ミーゼスの主な考えは102ページの「社会で財の生産活動を行い、興味を持つ多くの人々の分布は、ある種の知的な分業を実行しているのであり、それは生産の計算と経済なしには不可能である」（傍点筆者）。次章ではミーゼスの議論の意義と、今も続く論争の始まりを分析する。

11）「経済計画のパラドックスとは、経済計算ができなくなることで計画ができなくなることにある。計画経済と呼ばれるものは、まったく経済がなくなることである。それは暗闇の中で、何かを探そうとすることにすぎない。究極的な目的を達成するための最善の達成可能性を持つ手段を合理的に選択することはできない。意識的な計画と呼ばれるものは、まさに意識的・目的的な行為の消滅である」（ミーゼス『ヒューマン・アクション』pp. 700-701）。「計画のパラドックス」と責任の概念については、この章の第6節を見よ。

5. なぜコンピュータの発達は社会主義の不可能性をいっそう確実にするのか

　社会機能にとって重要な情報の特質について明確に理解していない多くの人々が、理論的にも実際的にも、コンピュータ科学の驚異的な発展によって社会主義が可能になると論じてきた。しかし、少しばかり理論的に議論すれば、コンピュータ・システムの発達と容量の増大は、社会主義に伴う無知を矯正することはできないことがわかる。

　ここでの議論では、コンピュータ科学の技術発展の成果は、統治機関と社会プロセスに参画する行為者の両方に利用可能であると考える。そうであるなら、行為者が起業家精神を発揮するすべての状況において、彼らが実践的・分散的・暗黙的な情報を生成・発見する能力はコンピュータの活用によって著しく増大する。起業家精神によって作り出される情報の質と量は劇的に増加し、その情報はますます深く詳細になり、現在の我々には想像できないほどになるだろう。さらに、論理的には、もしこうした分散化された情報がもっとも新しく高速にして画期的なコンピュータに利用可能であったとしても、それらを統治機関が得ることは不可能なままなのである。

　別の言い方をすれば、社会プロセスで生成される重要な起業家的知識は常に暗黙的・分散的であり、統治機関には伝達されない。コンピュータ・システムの助力によって生み出される実践的な知識はますます膨大・複雑・多様になるため、コンピュータの更なる進歩は命令当局の問題を複雑化する[12]。コンピュータ科学の発達によって社会主義の問題は解決されないどころか、はるかに困難なものになる。なぜなら、コンピュータは行為者が起業家的に生み出す実践的な情報を、統治機関がコンピュータを使って発見できるよりもずっと多様・複雑・詳細なものにするからからだ。図Ⅲ－4は、こうした議論を表している。

　さらに、人間によって作り出される機械やコンピュータ・プログラムは、起業家として活動することも起業家精神を発揮することもできない。そうした機械は、これまで気づかれなかった利殖機会を見出し、利用するための新たな実践的情報をゼロから作り出すことはできない[13]。

第3章　社会主義

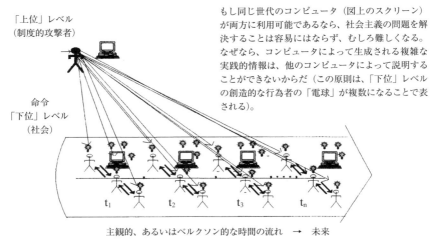

図Ⅲ-4

コンピュータに記録されている「情報」は「既知」ではない。つまり、人間の精神が意識的に収集し、解釈することによって、社会的観点から有用になる。コンピュータやその他の記録媒体に「記録された情報」は、書籍、図表、地図、新聞、雑誌などに含まれている「情報」と同じものであり、それらは行為者によって使用される、特定の状況でのその目的達成のための単なる道具でしかない。言い換えるなら、その言葉の意味において、「記録された情報」は情報ではない。それは、特定の行為者が知っており、

---

12) 統治機関が使うコンピュータ設備は、類似した（あるいは少なくとも同じ世代の）コンピュータを分散的・自発的に使う行為者のものに比べると、常に「遅れ」あるいは「質的な跳躍」が存在する。後者は、必ずはるかに複雑なものになるのだ。おそらくマイケル・ポランニーがこの議論についてもっとも雄弁に語っている。「人間のつくる設備は、我々の暗黙的な能力を展開するための、単なる道具箱にすぎない。暗黙知は明示的知識の領域よりもはるかに大きく、すべてのレベルにおいて知識を獲得・保持する人間の究極的な能力を表していると結論できる。…地図、グラフ、本、公式などは、新たな視点から我々の知識を再構成する素晴らしい機会となる。そして、この再構成そのものが、普通は暗黙的な活動なのである」。『人間の研究　*The Study of Man*』（M. Polanyi, 1959, p. 24, 25）を見よ。また第6章脚注84に記したロスバードの議論も見よ。

5．なぜコンピュータの発達は社会主義の不可能性をいっそう確実にするのか

解釈し、利用する重要な実践的情報ではないのである。

　さらに当然のことながらコンピュータには実践的な情報を処理することができない。なぜならそうした情報は、起業家的に生成・発見されておらず、存在しないからだ。よって、命令による社会的な協調プロセスにとって、コンピュータ・システムは有用ではない。人間行為の根本的な創造性だけが、そうした協調を開始し、促進する触媒となる。コンピュータはすでに生成され、明確化された情報だけを処理することができる。むろん、行為者にとってコンピュータはたいへん有益・強力なツールであるが、新しい利殖機会を生成・発見・認識することはできない。つまり、起業家的な活動はできないのである。

　コンピュータは行為者の道具となるが、それらは今も、そしてこれからも活動することはない。それは明確化・形式化された客観的な情報を取り扱うことができるが、社会的に重要な情報は本質的に明確化できず、また常に主観的なものである。よってコンピュータは新しい情報を作り出すことができないだけでなく、社会プロセスに見られるように情報が本質的に表示できないなら、すでに存在する情報を処理することもできない。第2章の図Ⅱ－2の例では、AとBがそれぞれの目標達成に必要な資源を明確・詳細に言語化できたとしても、そして彼らがそれらの情報を最新の大規模データベースに伝えることができたとしても、Bの目的達成のためにAの資源が利用可能なことを人間精神（つまりC）が考えつくという活動は、純粋に起業家的なものである。それは主観的なもので、機械に見られ

13）またハイエクが主張するように、人間の精神がいつの日かそれ自身を説明できる、さらに新しい情報を生成する能力を生み出せると考えるのは論理的な矛盾である。第2章注17で記したハイエクの議論は、特定の概念的なカテゴリー体系によって構成される秩序は、それよりも単純な秩序（もっと単純なカテゴリー体系で構成されるもの）については説明できるが、それ自体を説明したり、再構築したりすることは論理的に不可能だというものだ。ハイエクの『感覚秩序』185-188ページを見よ。また、同書最終章注28のロジャー・ペンローズによる、人工知能の将来的な発展可能性についての否定的な議論も見よ。最後に、仮に人工知能モデルの設計図が将来できあがったとしても（上記のようにそれは不可能であるが）、それは単に社会プロセスに統合されるべき新たな「人間」精神を作り出し、社会プロセスを複雑化して社会主義の理想からますます遠ざかることを意味している（この議論は友人であるルイス・レイグ・アルビオルに負っている）。

83

るような客観的で明確化されたものとは同列ではない。コンピュータを効果的に機能させるためには、まず明確化された情報が必要なだけでなく、だれかがそれをプログラムすること、言い換えるなら、行動ルールを完全に明確化しなければなければならない。例えば、ある個人が資源Rを持っているとき、それは目的Xを持っている人に使われるだろう。こうしたルールの存在の前提として、起業家的な視点からみて適切な活動、つまり資源RがXという目標達成に利用可能であることが事前に見出されていることが必要である。こうして、コンピュータは特定の状況において既知の知識についてのみ適用できることは明らかだ。これまでなかった状況での新しい情報、社会プロセスのほとんどを占める主観的・暗黙的・分散的な知識をゼロから作り出すことはできない。

　よって、社会主義を可能にするための道具としてコンピュータを信頼することは、はるかに遅れた社会において、印刷術その他の明確化された情報の収集・処理方法の発明によって社会に不可欠な主観的・実践的な知識が利用可能になると信じるのと同じほど馬鹿げたことである。書籍や印刷術の発明の結果はまさにその反対で、社会はますます多様で、制御できないものになった。新しい情報の生成が最低限に抑えられる社会において統治機関が現代的なコンピュータを利用できるなら、社会主義の問題は量的にはどれだけか軽減されたと考えられようが、まったく解決されることはない。こうした状況が実現されるのは、人々にいかなるコンピュータや機械・計算器具・書籍なども利用させないような、最大限に可能なほどに強制的に起業家精神の実践を抑圧する硬直的なシステムにおいてのみである。こうした奴隷化された野獣による仮想的な社会においてのみ、社会主義の経済計算の問題はより単純なものになる。しかしながら、そうした極端な環境においてさえ、理論的には問題は解決しない。なぜなら最悪の逆境においてさえ、人間は制御することのできない生来的・創造的な起業家的能力をもっているからだ[14]。

　最後に、これまで考察してきたことからすれば、もっとも有能なコンピュータ科学者やソフトウェア・プログラマーたちが、社会プロセスを制御・組織化するためのコンピュータ利用の可能性に対していちばん懐疑的であることは驚きではない。実際、彼らは、機械に不正確な情報を入れれ

ば誤りが増幅されること（「ゴミを入れたらゴミが出てくる garbage in, garbage out」）を明確に理解しているだけではない。彼らには日常的な経験から、大規模で複雑なプログラムをつくろうとすればするほど、その運用上において論理的欠陥を除去するのが難しくなることがわかっている。よって、人間のもっとも根本的な創造力を組み込むほど複雑に社会プロセスをプログラムすることなど、もってのほかだ。さらにコンピュータ科学は、「社会工学者」たちが望み期待するほどには介入主義者の手助けとならない。むしろコンピュータ科学の最新の進歩が起こったのは、自生的な社会プロセスに焦点を当てた経済理論家によって発展した直感や知識を受け入れたことによるものだ。特にハイエクの考えは、現在の新しいコンピュータ・プログラムやシステムのデザインと進歩に対して、大きな実用的な意義をもっていると考えられている[15]。

6. その他の社会主義の理論的な帰結

　前節では、社会主義は知的な誤謬であり、それは人間が社会生活を組織化できるほどに知的であるという「致命的な思い上がり」[16]から生じることを示した。本節では、社会主義の不可能性を無視して、多かれ少なかれ人間行為の自由な実践を抑圧するような制度的な強制システムを確立した

---

14) ここでの議論は、社会について「知識人」の持っている、あまり語られてはいない信念の馬鹿らしさを明らかにしている。それは、社会機能の働きが複雑になるにつれて、外生的・強制的・制度的な介入が必要になるのは「明らか」だというものだ。この考えはベニト・ムッソリーニの「文明によってより複雑な形態が要求されるにつれて、個人の自由はより制約的になると論じたのは、我々が最初である」という言葉に端を発している（ハイエク『隷属への道』に引用）。しかし、ここで示したように、論理的・理論的な現実はその正反対である。社会の豊かさと文明の発展が進むにつれて、社会主義はますます困難なものになる。社会が遅れたもの、原始的なものであるほど、命令当局が情報を処理するために取り得る手段は多くなるので、社会主義の問題はたいして複雑でないように思われる（しかし論理的・理論的な観点からは、生来的な創造力をもつ人間行為に適用することは常に不可能である）。

第3章　社会主義

際に不可避的に生じる結末を、簡潔かつ体系的に分析する。

協調の失敗と社会的無秩序

A

　起業家精神の実践がどれだけであれ阻止されれば、社会に生じる調整の失敗の状況はもはや見出すことができなくなる。強制力によって調整の失敗が生み出す利殖機会を活用することができなくなると、その機会は認識されなくなってしまう。さらに、もし偶然にその利殖の機会を行為者が認識しても、そこから利益を得ることができないために行為者の関心を引くことはない。

　さらに、制度的強制を行う統治機関は、命令・指令によって社会行動を調整することはできない。そうするためには、彼らがすべての行為者の内心に広がって存在する情報にアクセスする必要があるが、それらは行為者個人にしか利用できない。

15）ここでは、オーストリア経済学の研究をこの分野にもたらし、「アゴリック・システム」と呼ばれる研究プログラムを発展させた一群の「コンピュータ科学者」たちについて記さなければならない（アゴリックの語源はギリシャ語の「市場」）。それはコンピュータ科学の発展について、市場プロセスの理論の重要性を説いたものだ。特にスタンフォード大学のマーク・S・ミラーとK・エリック・ドレクスラーは特筆に値する論文「市場と計算：アゴリックなオープン・システム　Markets and Computation: Agoric Open Systems」（Miller and Drexler, 1988）を見よ。また、この研究プログラムを要約した論文「ハイテク・ハイエク主義：いくつかの経済計算の研究トピック　High-tech Hayekians: Some Possible Research Topics in the Economics of Computation」も参照（Don Lavoie, Howard Baetjer, and William Tulloh, 1990, pp. 120-146）。

16）これはまさにハイエクの最後の書籍のタイトルである（『致命的な思いあがり』）。ハイエク自身はマドリードでカルロス・ロドリゲス・ブラウンから受けたインタビューで、この本の本質は、「社会生活を組織化できるほどの知識を持っていると信じることは、尊大な自画自賛である。それは何百万人もの個人に分散した知識によって形成されるプロセスの結果なのだ。そうしたプロセスを計画できると考えるのは完全に馬鹿げたことである」と示すこと、と答えている（*Revista de Occidente*, No. 58, 1986, pp. 124-135）。

6. その他の社会主義の理論的な帰結

　こうして理論的に、社会主義システムを確立しようとする試みから生じる第一の帰結は、社会全体に広がる協調と調整の失敗である。その特質は、自らの行動を他人の活動に適合させようとせず、自分の行為が大規模な失敗を引き起こしていることを認識しない複数主体によるシステマティックな軋轢である。結果的に、調整の失敗によってひじょうに多くの人間行為が妨害される。こうした計画の挫折、あるいは調整の失敗は社会生活の重要部分を損ない、同時点においても、あるいは異時点間においても明白になる。それは、すべての社会プロセスにおいて現在の活動だけでなく、現在と未来の活動の調整にも影響する。

　ハイエクは「秩序」というものを、複数の多様な要素が、ある部分の知識が全体についての正しい予測を許すように相互作用するプロセスだと考えた[17]。この定義は、社会主義が無秩序を生み出すことをはっきりさせる。社会主義は個人行動の不協調に対して必要な調整と、抑圧されない他人の「行動」を前提にした潜在的な人間行為を抑圧・阻止するからだ。起業家精神の自由な実践が妨害された時に必ず生じる調整の失敗は、気づかれないままに継続する。したがって社会を強制的な命令によって「組織化」したいという自発的な願望は、本質的に無秩序を生み出し、ハイエク的な意味で社会秩序が複雑であるほどに、社会主義の理想は明白に実現不可能なものになる。なぜなら、複雑な秩序のためには、さらに多数の意思決定と活動を個人に任せることが必要であり、それらは社会を統制したいと考える人々が知ることはまったくできない状況に依存するからだ。

B

　矛盾したことだが、広く人口に膾炙する社会的協調の失敗は、社会主義の処方箋へとつながる口実になることがひじょうに多い。それはつまり、制度的攻撃が新たな社会生活の領域において導入されたり、それ以前よりもさらに厳格で包括的なものになることだ。これらが引き起こされるのは、命令機関が自らの介入の引き起こす特定の調整の失敗や軋轢の詳細を認識

17）ハイエク「ルールと秩序」『法と立法と自由』pp. 25-54。ホセ・オルテガ・イ・ガセット Ortega y Gasset『政治家ミラボー　*Mirabeau o el Político*』Obras Completas 第 3 巻（1947, p. 603）。

第3章　社会主義

できないにもかかわらず、遅かれ早かれ、一般的な社会システムがうまく機能していないことに気づくからである。命令機関の持つひじょうに限られた評価能力の観点からは、彼らはこうした状況を、その司令・命令に従わない市民の「協力の欠如」からの論理的結果だと解釈し、ますます広範で詳細な強制力を行使する。こうした社会主義の増大は社会プロセスにより大きな調整の失敗と不調和を吹き込み、それがさらなる社会主義その他の「処方箋」を正当化する。こうして、社会主義は一直線に全体主義へと向かう傾向を示していることがわかる。そこでは政府は、「すべての生活領域において強制的な介入」を行おうとする[18]。その他の場合においても、こうした強制力の増大という全体主義プロセスは、常に政策の大きな変動や突然の変化を伴う。それは命令内容や適用分野、またその両方への抜本的な変更であり、新しいタイプや程度の介入主義の場当たり的な「実験」が、そうした解決不可能な問題への解決法になるという誤った期待のもとに行われる[19]。

C

社会主義がもたらす強制的な介入手段は、一般的に統治組織の意図したものとは正反対の効果をもたらす。彼らはその目的達成のために、その目的にもっとも関連した社会領域に対して強制的な命令を発しようとするが、

---

18)『王立アカデミー・スペイン語辞典』における「全体主義　totalitarismo」の第2の意味。

19) ひじょうに聡明なマイケル・ポランニーでさえ、こうした経済計画の実験が実際的な結果を残すことができないことから、それらは比較的に無害だという、よくある誤解をしている。しかし彼は、ユートピア的社会工学プログラムの実行の試みがもたらす社会協調への深刻なダメージを見過ごしている。彼の『自由の論理 The Logic of Liberty』（1951）111ページを見よ。強制機関の担当者たちは、その努力にもかかわらず、社会工学が機能しない、あるいはますます機能不全に陥ることを見通せない。彼らは多くの場合、偽善または失望の深みへはまり、事態が思ったように行かないことについて、注50でみるガスパール・デ・グスマン（17世紀スペインの貴族・政治家）のように神の御業に帰したり、あるいは1991年12月1日のカルロス3世大学での憲法記念日講演におけるフェリペ・ゴンザレス・マルケス（元スペイン首相、スペイン社会労働党書記長）のように「市民社会そのものの協力の欠如や有害なる意図」へと帰したりする。

6．その他の社会主義の理論的な帰結

そのパラドキシカルな結果として、当該領域における人間行為の実践は、それらの命令によってひじょうに効果的に妨げられてしまう。言い換えるなら、統治機関は、まさにもっとも起業家精神の力を必要とするところでそうした力を無効化してしまうが、そうした力こそ社会協調と目標達成には不可欠なのだ。つまり、必要な調整プロセスは引き起こされず、むしろその実現から遠ざかり、社会プロセスはさらに目標を達成できなくなる。命令がより効果的に押し付けられるほど、起業家精神の実践は歪められる。命令は実践的な情報を取り込むことができないだけでなく、人々が情報を作り出すことを妨げ、経済主体は協調するための情報に頼ることができなくなる。経済学者は「経済計画、または経済介入のパラドックス」として知られるこの社会主義の自己破壊的な効果についてよく知っていたが、最近になって初めて、起業家精神の理論の術語によって正確に説明できるようになった[20]。

────────────

20) おそらく、制度的強制の自己破壊的な結果について最初に記したのは、オイゲン・フォン・ベーム＝バヴェルクの論文である（「権力か、経済法則か？ Macht oder ökonomisches Gesetz?」、*Zeitschrift für Volkswirtschaft, Sozialpolitik und Verwaltung*, 23, 1914, pp. 205-271）。J・R・メズは1931年にこの論文を「制御か、経済法則か？」と題して英訳した（*Shorter Classics of Eugen von Böhm-Bawerk*, 第 1 巻, 1962, pp. 139-199）。英訳の192ページでは、「権力の手段によってもたらされる状況は、自己利益という動機が介入することで継続が難しくなる」という。後にミーゼスはこの研究方向を、著書『介入主義批判：現代の経済政策と経済思想の研究 *Kritik des Interventionismus: Untersuchungen zur Wirtschaftspolitik und Wirtschafts-ideologie der Gegenwart*』（1929）で展開したが、それは『介入主義批判 *A Critique of Interventionism*』（1977）として英訳された。ミーゼスの結論は、「市場現象へのすべての経済的介入は、その提案者や支持者がねらう目的を達成することができないだけでなく、提案者や支持者たちの評価の観点からは、彼らが変えようとした元の状態よりも望ましくない状況をもたらす」。また特筆に値するのは、これに続くロスバードの著作『権力と市場：政府と経済 *Power and Market: Government and the Economy*』（1970）である。しかしながら、このトピックへのもっとも素晴らしいアプローチはカーズナーによる傑出した論文「経済規制の危険：市場プロセスからのアプローチ The Perils of Regulation: A Market Process Approach」である（『発見と資本主義的プロセス *Discovery and the Capitalist Process*』pp. 119-149）。

D

　社会主義が持っている実践的情報の生成の抑制効果はすべての社会分野にあらわれるが、おそらくそれは経済分野においてもっとも明らかだろう。第一に、例えば財やサービスの品質の低さは、社会主義の協調の失敗の典型的な表れである。それはまさに、社会プロセスの行為者と司令当局に、品質に対する人々の本当の欲求についての情報を生成・発見するインセンティブが欠如していることから生じる。

　第二に、社会主義システムでは大まかな経済計算のために必要となる情報すらも存在しないため、投資の意思決定は量的にも質的にも完全に場当たり主義的なものになる。実際、社会主義的な環境では投資の機会費用を知ること、推定することができない。こうした困難は、統治機関がその時間選好を社会全体に押しつけた場合にも発生する。さらに、統治機関の情報の欠如は、設備資本の減価償却については最低限の信頼性での計算さえも不可能にする。こうして、社会主義は生産要素と資源の投資の広範な失敗を引き起こし、永続させる。さらに悪いことには、こうした投資の失敗は、社会主義に典型的な突然の政策変更や前節の終わりで説明した要因のために不安定で周期的な性質を持っている。

　第三に、社会主義は、社会のすべてのレベルにおいて深刻で一般的な物資の不足を生み出す。それは主に、制度的な強制が欠乏状態をシステマティックに発見・解消するための新しく、より効果的な方法を探すという人間の起業家的才能の巨大な力を消滅させるからだ。加えて、これまで見たように、コストの経済計算ができないことは、生産資源の大部分を無意味な投資に無駄遣いすることにつながり、それは欠乏の問題をさらに悪化させる[21]。さらに、この欠乏は生産活動の誤りからだけでなく、経済主体がすべての財や資源を溜め込もうとすることから生じるある種の資源の非効率的な余剰という状況も伴うことになる。なぜなら、システマティックな欠乏状況によって、人々は財・サービス・生産要素の適切な供給を当てにできなくなるからである。

　最後に、労働資源については、資源配分の誤りは特に深刻なものになる。労働資源はシステマティックに誤った場所で使われて失業率が高まるが、

6．その他の社会主義の理論的な帰結

どういった社会主義のタイプであるかにもよるが、多かれ少なかれ、それは隠される。どうであれ高い失業率は、雇用分野に関連した社会プロセスにおける起業家精神の自由な実践に対して、制度的な強制がもたらす典型的な結果である。

誤った情報と無責任な行動

社会主義の特徴は、情報生成の阻害だけではない。システマティックに誤った情報を惹起・誘引するプロセスを引き起こし、無責任な行動を広範に引き起こすことにもある。

A

システマティックな強制を実行する統治機関が、社会プロセスで発生する特定の利益機会を認識できるという保証はない。強制を受ける個々人に関係した実践的な情報を当局が持っていないことからすれば、社会に存在する調整の失敗を当局が見出すことは、極端なケースを除けば、単なるまぐれや偶然にしか期待できない。実際、統治機関の一人が調整の失敗を偶

21）ヤーノシュ・コルナイは「柔軟な予算制約　soft budget constraint」という言葉によって、こうした社会主義の特質を記述しようとした。それは、すべてのレベルにおいてコストを考慮する制約によらない意思決定のことである。この言葉はある程度は広がったが、それはあまりにも産業組織の根本的な問題がもっとも端的に表れている部分（自由な起業家精神なしに、コスト計算に必要な情報を生成することの不可能性）に焦点を当てたために、多くの学者たちは問題を不適切にも見過ごしたり、適切に扱わなくなったと思われる。ヤーノシュ・コルナイの『不足の経済学　Economics of Shortage』（1980）を見よ。しかし後にコルナイはその理論を起業家精神の理論によって表すことができるようになったので、このことは彼が最終的に計画経済についてのオーストリア学派的な議論の本質を理解したことを示している。彼の論文「ハンガリーの改革プロセス：ヴィジョン・望み・現実　The Hungarian Reform Process: Visions, Hopes and Reality」（1986）を見よ（Visions and Reality: Market and State, 1990再掲）。このトピックについては、ヤン・ヴィニェツキの著作、特に『ソ連型経済はなぜ破綻したか　The Distorted World of Soviet-Type Economics』（1988/1991）、『西と東の経済見通し：東からの見方　Economic Prospects East and West: A View from the East』（1987）も見よ。

第3章　社会主義

然に見出しても、そうした「発見」は強制機関の惰性によって覆い隠されてしまう。強制機関は、その解決のために必ず「面倒」な変化や手段を必要とするような困難な問題を取り扱うことには、通常まったく興味がない。同時に、命令当局の構成員たちは自らの深刻で消し難い無知について気づくことさえもない。よって、命令によって生み出される情報は誤謬に満ち溢れ、無責任なものになる[22]。なぜなら統治機関の構成員がある活動に向けての意思決定をするとき、それ以外の活動についての実際的・分散的な情報を得ることはできず、それらの意思決定においてはこれらの活動の本当のコストや価値を考慮できないからだ。

B

統治機関は、社会プロセスから無知のヴェールによって大きく隔離される。そのため統治機関はもっとも明白で基礎的な特定の状況だけしか認識することができなくなり、その目標を達成するために必ず概括的で、主意的なやり方を採用せざるをえない。主意的というのは、統治機関が、命令という形式での強制的な意志を通じてのみ、目的を達成しようとすることである。概括的というのは、これらの目的達成を計測・判断するために、もっとも簡単に定義・明確化・伝達できる変数だけが使われるということだ。言い換えるなら、統治機関は統計的・量的な変数にだけ注目し、主観的・質的なニュアンスを十分に取り込むことができない。それはまさに、人々の内心に分散して存在する実践的情報の持つ、もっとも価値の高い重

---

22) ここで言う「責任」とは、活動の行為者が、それによって自分と周囲にもたらすコストを負うことである。コストとは主体が行為をすることで失う主観的な価値であり、それは自分の環境、そして関係する他の人々について必要な主観的・暗黙的・実践的な情報を持っているものだけが適切に計算できる。もし起業家精神の自由な実践が許されない（制度的強制）、または関連する財産権が適切に定義されていない（非制度的な強制）ために実践的な情報が生成・伝達されないなら、行為者はコストを認識することができず、無責任に活動するだろう。この「責任」の概念については、ギャレット・ハーディンの論文「責任の実践的な分析　An Operational Analysis of Responsibility」を見よ（G. Hardin, 1977, p. 67）。社会主義に典型的な無責任は「共有地の悲劇　tragedy of the commons」現象の社会主義体制のすべての領域での蔓延を引き起こす（M. Rothschild, *Bionomics*, 1990, ch.2）。

要部分にほかならない。

　よって、統計量の激増と過剰な使用は社会主義のまた別の特徴であり、「統計的」という言葉が、その語源的にはまさに本質的に制度的な強制組織から生まれたことは、なんら驚きではない。

C

　不正確な情報がシステマティックに生み出される場合、無責任な行動が広がる。そして強制的な統治機関はその目的を主意的・概括的に追求し、それに続く結果は環境にとって悲劇となる。一般的に、まさに社会主義がもっともはびこっている地理的な領域（つまり起業家精神の実践がもっとも制約された場所）で環境は悪化し、強制的な介入がより一般的かつ広範に及ぶことになって環境破壊は深刻なものになる[23]。

堕落と腐敗

　社会主義は、人間行為の表れである起業家精神の力を堕落、または歪曲させる効果を持つ。『王立アカデミー・スペイン語辞典』は「堕落・腐敗」を「だめにする、悪くする、ダメージを与える、腐らせる、邪道にする、破壊する、歪ませる」と定義しており[24]。こうした破壊は主に行動パターンとしての社会制度に当てはまる。社会主義は社会に生成・伝達される情報をシステマティックに歪めることから、堕落と腐敗はそのもっとも典型

23）狂信的なほどの統計への信頼は、レーニンによって始まった。彼は「人々に統計をもたらし普及させることで、活動的な人々は自らどういった種類の仕事がどれほどに必要であるかを学習・認識するようになる」という。『ソヴィエト権力の次の課題　*Die nächsten Aufgaben der Sowjetmacht*』（1918）の33ページがハイエクによって翻訳されている（Hayek, *Collectivist Economic Planning*, 1975, p. 128）。介入主義に伴う統計量の過剰と、その大きな社会的害悪、コスト、非効率についてはスティーヴン・ギレスピーの論文「経済統計は過剰生産されているか？」（Gillespie, *Public Choice* 67, no. 3, 1990, pp. 227-242）を見よ。社会主義とその環境については、アンダーソンとリールの『自由市場環境主義　*Free Market Environmentalism*』（Anderson and Leal, 1991）を見よ。

24）『王立アカデミー・スペイン語辞典』の「corromper」には "Echar a perder, depravar, dañar, pudrir, pervertir, estragar o viciar" とある。

第 3 章　社会主義

的な結果である。

A

　第一に、強制または管理された人間は、すぐに起業家的な発見をする。それは、社会の調整の失敗を見出して、その利殖機会を利用することで調整しようとするよりも、自らの時間やエネルギー、才能を統治機関の意思決定過程に影響を与えることに注力したほうが、その目的達成の可能性が上がることである。よって、社会主義が強烈になるほど、統治機関に効果的な影響を与える方法を考えるゆえに、人間の膨大な才能が費やされる。その実現性はともかく、自らの利益を得るためだ。社会主義は、社会の構成員が他の構成員の行動に調和した行動をとることを妨げて、統治機関に影響を与えようとする巨大なインセンティブを個人や集団に対して与える。政府の強制的な命令を使って、社会の他の人々の犠牲のもとで自らの個人的な利益と特権を得ようとするのである。自発的で協調的な社会プロセスは腐敗し、権力抗争プロセスに置き換わる。そこでは権力と影響力を求める個々の人間・集団間のシステマティックな暴力と軋轢が社会生活の主要な動機となる。そして社会主義システムでは、人々は道徳的に（つまり習慣や原則に従って）振る舞う習慣を失ってしまい、その人格も活動も非道徳的な（つまり原則に従わない）もの、攻撃的なものへと変化する[25]。

B

　第二に、社会主義の堕落のまた別の兆候は、権力を持つことのできなかった個人や集団が、その起業家的な才能や活動の大部分を、彼らの置かれた状況で、強制的命令の効力をそらし、それを避けることに費やさなければならないことである。それは命令の実行を監視・強制する人々に特権や利益、特定の財やサービスを与えることになり、人々にとってさらに損害が大きく苛烈なものになる。こうした堕落した活動は、それが「安全弁」として機能しており、社会主義が社会に与える害悪を減らすという防御的性質を持っている。それは、もっとも深刻な社会主義的な攻撃においてさえ人々が協調した社会的なつながりを最低限維持することを可能にするという、望ましい効果を持つ。ともかくも、起業家精神の堕落・歪曲した実

践は、カーズナーが明らかにしているように常に冗長なものだ[26]。

C

　第三に、制度的強制を行う集団は多かれ少なかれ組織化されており、その構成員は起業家的能力、その人間的な才能を歪んだやり方で行使する。彼らの活動の主な目的は権力の維持であり、人前でその強制力を正当化することにある。権力を持つ者の腐敗した活動の詳細と特徴は、問題となる社会主義のタイプ（全体主義、民主的、保守的、科学主義的など）によって

25）おそらく社会主義の堕落的な効果をもっともうまく記述したのはハンス゠ヘルマン・ホッペである。「稼得可能性を再配分することによって、より多くの人々が個人的な満足を得るために攻撃行動をとること、そしてより多くの人がもっと攻撃的になる。つまり、非攻撃的な役割を次第に攻撃的なものへと変化させ、その結果として彼らの人格も変化していく。そして次に、こうした人格的な変化が、社会の道徳的な構成において、人的資本への投資を引き下げることになる。『社会主義と資本主義の理論　*A Theory of Socialism and Capitalism*』（Hoppe, 1989, pp. 16-17）を見よ。また私の論文「社会国家の失敗　El Fracaso del Estado Social」（1991, pp. 102-103）も参照されたい。社会主義の堕落のまた別の兆候は、強制的な国家命令と規制の「社会的要求」が一般的に増加することである。それは次のような複合的な要因から生じる。１．それぞれの利益団体が社会を犠牲にして特権を得ようとすること。２．錯綜的・拡張的な矛盾立法から随所に見られる一般的な法的不確実性は、規制の策定によって減少するという不可能かつ無邪気な幻想をもつこと。３．個人的責任の習慣を捨て去ること、それは主観的・無意識的に国家のパターナリズムを容認し、権威への依存感覚を強化する。

26）カーズナーの「規制の危険　The Perils of Regulation」（*Discovery and the Capitalist Process*, 1989, p. 144, 145）を見よ。社会主義体制では、人々は少なくとも命令に従っているように見せかけながら強制組織に影響を与える必要があるため、また組織はひじょうに気まぐれ・恣意的であるから、学閥が決定的に重要になる。実際、体制がより介入的になるほど、こうしたつながりが重要になり、それが関連する領域（まさにもっとも介入的な領域）が広がる。個人的なつきあいでは、自由な世界で典型的に見られる交友とは異なり、抽象的で非人格的なものになる。市場と同じように、友情の問題は背景へと押しやられ、他人の利益をできるだけ促進することで自分の目的を達成することが優先される。さらに、権力の座にある者に気に入られようとすることは隷属へとつながり、「ストックホルム症候群」という奇妙な状況を生み出すことが多い。それは制度的強制下にある人が、自身の潜在的な創造力の実現を強制によって阻止する人に対して、驚くべきことに「理解」や友愛の感情を示すことである。

第3章　社会主義

異なったものになる。ここで強調すべきは、究極的に統治機関をコントロールする人々の歪んだ起業家的活動とは、権力を増大して拡げ、正当化して見せようにすることだ[27]。よって、例えば、権力者たちは、利益と特権を付与する見返りに統治機関を支持するような、特権的な特殊な利権集団を作ろうとする。また、すべての社会主義体制は、介入なしの社会ではひじょうに望ましくない結果が生じると主張し、社会プロセスに対して統治機関の命令が持つ効果を理想化しようとする。そうした政治的なプロパガンダを、必ず過剰に使用する傾向を持つのである。既存の権力構造は不可欠であり、維持・強化されなければならないと人々を説得するために、システマティックに人々を欺き、事実を歪曲し、偽りの危機を演出する。これらはすべて、その統治機関、組織に社会主義がもたらす歪曲・堕落的な効果である[28]。

　さらに、こうした特徴は制度的攻撃を担当する最高意思決定機関や、強

27）トーマス・J・ディ・ロレンゾの「競争と政治的起業家精神：公共選択理論に対するオーストリア的な洞察　Competition and Political Entrepreneurship: Austrian Insights into Public Choice Theory」（Di Lorenzo, 1988）を見よ。私は、制度的強制を行う官僚制度と政治機関の機能分析について公共選択学派はとても重要な貢献をなしたと考えている。しかし、彼らの分析は新古典派的方法に頼りすぎたために、今日までに大きく弱体化したというディ・ロレンゾの意見には同感である。それはつまり、あまりに静的な性質に傾き、均衡経済分析の特徴である数学の使用に依ったため、起業家精神の理論に立脚した動的な分析を十分に受容できなかったということである。起業家精神の概念の導入によって、強制的な制度的活動は、伝統的な公共選択学派が明らかにしたよりもはるかにいびつなものであると結論付けられる。公共選択学派は、統治機関には、より効果的で新しい、いびつで頽廃した活動や戦略を起業家的に創造する能力があることを見逃している。この分野における公共選択学派のもっとも重要な研究の要約については、以下の文献を参照のこと。William Mitchel, *The Anatomy of Government Failures*, 1979; J. L. Migué and G. Bélanger, "Toward a General Theory of Managerial Discretion," *Public Choice*, no. 17, 1974, pp. 27-43; William Niskanen, *Bureaucracy and Representative Government*, 1971; Gordon Tullock, *The Politics of Bureaucracy*, 1965。またミーゼスによる先駆的な研究として『官僚主義　*Bureaucracy*』（1969）が挙げられる。この分野の主な議論をスペイン語で概説した私の論文「財産権と天然資源の私的管理　Derechos de propiedad y gestión privada de los recursos de la naturaleza」（*Cuadernos del Pensamiento Liberal*, no. 2, pp. 13-30, 『政治経済の研究　*Estudios de Economía Política*』1994に再掲）がある。

制命令を発し、その実行を監督する中間的な官僚機関にもありふれたものになる。これら二次的な官僚組織は、常に過剰に拡大する特定の利益集団からの支持を得ようとする傾向を持つ。そして自らの介入のもたらす「便宜」を誇張し、その歪曲的な効果をシステマティックに隠蔽することでその存在の必要性を無理やりに作り出そうとする。

　最後に、明らかに社会主義は誇大妄想的な性質を持っている。官僚組織が無限に拡大しようとするだけでなく、それをコントロールする組織もまた本能的にこうした組織と同じマクロ構造を構築しようとする。あらゆる種類の偽りの口実をもって、これらの政治当局はますます大規模な組織と会社を作り出すほうへ強引に押し進んでいく。その理由は二つある。第一に、彼らは上からの強制的命令の実行を監督するには、そうした組織構造のほうがやりやすいと本能的に信じているからだ。第二に、そうした組織構造は、官僚当局に対して誤った感覚を与えるからである。それは、本質的に個人的・創造的なミクロプロセスから生じる、正真正銘の起業家的な力からの安全感覚である[29]。

「地下」経済

　他にも社会主義がもたらす社会的な反応があるが、それは各個人ができ

28）まさに社会主義が堕落と不道徳を生み出すため、常に権力を握るようになるのは、もっとも堕落し、不道徳で、抜け目のない人間、つまり法を破り、暴力をふるい、人々をうまく欺くことに長けたものとなる。歴史をひもとけば、この原則は往々にして再確認、例示される。1944年にハイエクは『隷属への道』第10章において、このことを詳細に分析した（1972, pp. 134-152）。これにはホセ・ベルガラによるスペイン語訳があるが（José Vergara, *Camino de Servidumbre*, 1978）、私は『隷属へ向かう道　*El Camino hacia la Servidumbre*』のほうが適していると考える。バレンティン・アンドレス・アルバレスは、ハイエクのこの本の書評でこの訳語を提唱した（「ハイエク教授による『隷属への道』El Camino hacia la Servidumbre del Profesor Hayek」*Moneda y Crédito*, no. 13, 1945）。この論文は、彼の生誕100周年記念の著作『経済的自由と社会的責任　*Libertad Económica y Responsabilidad Social*』に再掲されている（Madrid: *Centro de Publicaciones del Ministerio de Trabajo y Seguridad Social*, 1991, pp. 69-86）。彼は当時のスペインの政治情勢が不寛容であったために、この書評で教授職を失いかけた。

第3章　社会主義

る限りの力で統治機関の命令をシステマティックに回避しようとすること
である。人々は、命令が確立しようとする一般的な枠組みの外側で、一連
の活動や交流をしようする。つまり社会プロセス全体が、統治機関が「正
規のもの」だと考えるものの背後で始まり、このプロセスは制度的強制が
長期的には失敗せざるえないことを示す。なぜなら、それは人間行為の根
本的な性質に反しているからだ。多くの場合、統治機関は権力を行使する
一方で、自らが作り出した硬直的な組織とともに「非正規の」社会プロセ
スを黙認するほかない。よって、隠れた「非正規」の、または地下経済・
社会が生じることは、社会主義を構成する特徴であり、強制活動の領域で
は例外なく生じるが、その強制活動に応じてその程度は異なる。堕落と地
下経済の基本的な特徴は、純然たる社会主義国でも混合経済の国でも同じ
である。唯一の違いは、混合経済の国での堕落と地下経済は、まさに国家
が介入している社会生活領域に存在するということである[30]。

29）ジャン = フランソワ・レヴェル『誇大妄想的な国家　El estado megalómano』
（Revel, 1981）。1989年にノーベル文学賞を受賞したカミロ・ホセ・セラによれば、
「現代国家は自然から離れていき、国、血、言葉の上へと跳躍する。リヴァイアサ
ンという龍は、人類をむさぼり食うためにその口を開ける。…1000もの国家機関は、
虫のような奴隷たちに満ちている。それらは、主人の命脈を保たねばならないとい
う宿命的な教訓を学んだ虫たちとともに這い回っている」（1990年7月のユネスコ
での講演「リヴァイアサンの龍　El Dragón de Leviatán」、C. J. Cela, 1990, pp. 4, 5）。
30）地下経済についての理論をうまくまとめており、その理論についてのもっとも
重要な文献を略述したものとして、ホアキン・トリゴ・ポルテラとカルメン・バス
ケス・アランゴの『変則的経済　La Economía Irregular』（Portela and Arango,
1983）と『ビジネス創生の障害と変則的経済　Barreras a la Creación de Empresas
y Economía Irregular』（Portela, 1988）が挙げられる。またエルナンド・デ・ソト
の『別の道：非公式の革命　El Otro Sendero: La Revolución Informal』（de Soto,
1987）は、文中での理論的な議論をペルーという具体例に当てはめてうまく例示し
ている。

6．その他の社会主義の理論的な帰結

社会的（経済的・技術的・文化的）な発展の遅滞

A

　社会主義が、人間の創造性、そして社会と文明の発展に攻撃を加えるのは明らかである。事実、人間行為の自由な実践が強制命令の力によって抑圧されるほど、行為者は情報を創造・発見できなくなり、文明の進歩は阻害される。言い換えるなら、社会主義は人間の相互作用にさまざまな制度的な障壁を築き、それらは社会の発展を立ち往生させてしまう。こうした影響は社会発展のすべてにおいて見られ、それは厳密な経済領域に限らない。社会主義システムの典型的な特徴は、イノベーション発展の遅さと、最新の技術的イノベーション導入の遅さであり、その結果、社会主義は必ず新しい技術の発展と実用的な適用において競合者に遅れをとることになる[31]。

　このことは、社会主義が常に概括的・主意的であること、命令を発し、科学的研究と新技術の将来的な発展に向けて、仰々しい研究所や評議会を組織したりして技術的な進歩を促しているにもかかわらずだ。しかし、技術進歩に向けてこれらの官庁を創り出すことこそが、政治体制が科学的・技術的な発展を抑止していることのもっとも明白な兆候となる。実際のところ、未だに生成されていない知識の進歩を計画することはできない。それは、命令によってはシミュレーションできない起業家の自由な環境においてのみ生じる。

B

　こうしたことは、自発的な社会発展や進歩が常に起こっているすべての

31）さらには、V・A・ナイシュルは、社会主義は硬直した経済組織が生み出す深刻で複雑な調整の失敗が存在するために、変化やイノベーションには耐えられないと指摘する。彼の『社会主義の至高・最終段階　The Supreme and Last Stage of Socialism』の第5章「社会主義発展の痣（あざ）　The Birthmarks of Developed Socialism」（Naishul, 1991, pp. 26-29）、特に28ページの「変化への敵意　Hostility to Change」を見よ。

第3章　社会主義

分野に当てはまる。特に文化的・芸術的・言語的な領域、一般には社会習慣や習わしの進歩・発展に根づいたすべての領域である。文化とは、多数の行為者が相互作用する自生的な社会プロセスのことであり、それぞれの個人は自らの経験や独創性・先見性によってわずかずつ貢献する。もし当局がこうしたプロセスに制度的な強制を適用すれば、それらは完全に静止されないまでも不自由で堕落したものになる（またしても統治機関は、命令によって文化を「涵養」「発展」することを委託された各種の組織・省庁・会議・評議会をつくって、文化的な高揚の促進者であるかのように見せかけようとする[32]）。

C

新しい社会習慣の進化と発展もまた重要である。それらは人々が新しい環境・製品・サービスに対してどのように振る舞うかを教えるからだ。人々の相互作用に対する制度的な攻撃によって社会が停滞することほどの悲劇はない。それは、常に生じてくる新しい挑戦的な状況に対応し、その新機会を十分に活用するために必要なプロセスの学習を妨げてしまう[33]。

32）ジャック・ガレロはフランス文化を題材に、社会主義が文化に与えるダメージに関して素晴らしい分析を行った。彼の「文化的保護主義　Cultural Protectionism」を見よ（1984年モンペルラン・ソサイエティにて発表）。

33）本文での議論をわかりやすく示した例として、薬物の生産・流通・消費の社会プロセスに対する当局からの制度的な攻撃がある。こうしたプロセスに通じてしか、人々は薬物とのかかわり方を学べなくなったという悪影響がある。事実、歴史的には多くの薬物はこうした攻撃をあまり受けなかったので、起業家精神がもたらす調整プロセスを通じて社会は大量の情報と経験を生み出すことができた。そのため、人々はこれらの薬物の適切な扱いを学んできた。例えば、酒やタバコのような薬物に関しては多くの社会でこうしたことが起こっている。しかしごく最近発見された物質となると、最初から制度的な強制の厳格なシステム下にあるために、似たようなプロセスは不可能である。そうしたシステムが完全に失敗していることはさておき、人々が薬物を試し、なにが適切な行動パターンであるかを学習させない。グイ・ソルマンの『野蛮人を待ち続けて　Esperando a los bárbaros』（Sorman, 1993, pp. 327-337）を見よ。

法と正義の伝統的概念の堕落、社会主義の生み出す道徳的な異常

A

　前章では、起業家精神によって推し進められる社会プロセスが可能になるのは、そこから生じる習慣的なルール群によることをみた。こうした行動習慣とは、私的契約法、刑法の実体であり、誰かが意図的にそれらをデザインしたものではない。そうではなく、それらは進化的な制度であり、それは無数の行為者によって長期間にわたって貢献されてきた実践的な情報の結果として生まれた。この視点からは、法とは一連の実体的な法とルールからなり、それらは一般的（すべての人に平等に当てはまる）で、抽象的（個人活動の広い枠組みを築くだけで、社会プロセスの具体的な結果を予測することはない）である。

　社会主義は、人間行為に対して加えられる（一連の強制指令・命令の形での）制度化されたシステマティックな攻撃によって成り立つ。そのため、社会主義では伝統的な法概念は消滅し、いかがわしい種類の「法」に置き換わる。それは、各人がどのように行動すべきかを正確に伝える管理的指令・規制・命令の集合体である。社会主義が広がり発展すると、伝統的な意味の法は、個人行動のガイドとはならなくなり、その役割は統治機関（それは民主的な選挙によるものか否かにかかわらず）から発せられる強制的指令や命令によって奪われてしまう。こうして法が実践的に適用される範囲は、社会主義体制からの直接的・効果的な影響を受けない領域に限定されるようになる。

　加えて、きわめて重要な二次的効果が現れる。法によって与えられる物差しが失われると人々の人格は変化して、抽象的・一般的な規則に従う習慣がなくなる。伝統的な行動規範を受け入れなくなり、伝統的な法を遵守する者は次第に減少する。事実、個人にとっては生き残るためのものを得るために命令を回避する必要が頻繁に生じるが、それは他人にとっては社会主義が生み出す堕落・歪曲された起業家精神の表れである。そのため、人々は一般的に、規則違反は規範体系への侵害や社会生活への脅威というより、むしろ望ましい人間の創造性の表れであるとみなすようになり、そ

第3章　社会主義

うした行為を推奨・探索するようになる。こうして社会主義は法への信頼を失わせて、人々に法を犯させる。法の内容を押し流し、腐敗させる結果、市民は法への敬意をまるで失ってしまう。

B

　前項で説明した法概念の堕落は、必ず「正義」概念とその適用の堕落を伴う。伝統的な意味での正義とは、民法や刑法などの抽象的な行為規範が誰に対しても等しく当てはまることだ。正義は目隠しされたものとして描かれることが多いが、それは法が適用される際には、富める者の金や貧しい者の同情によって正義が影響されるべきではないという意味である[34]。社会主義は伝統的な法概念をシステマティックに堕落させるため、伝統的な正義概念も変化する。社会主義体制では、「正義」は主に統治機関の恣意的な判断によって構成される。またそうした判断は、社会プロセスの「最終結果」に対して当局の構成員が持っている、多かれ少なかれ感情的な印象に基づく。そして、それらのプロセスは、彼らが強制命令を通じて上から組織化しようとしたものである。よって、判断されるのはもはや人間の行動ではなく、偽りの「正義」に基づいたその結果である。それには「社会的」という形容詞が加えられ、苦しむ人々にとってより魅力的なものに見せかけられる[35]。

　この反対の伝統的な正義という見方からは、社会的「正義」という概念ほど不正義なものはない。なぜなら、それは伝統的な法規範の観点から見た各人の行動に関係のない、社会プロセスの「結果」に対する特定の見方・印象・推定に依存しているからである[36]。

　伝統的な法における裁判官の役割は純粋に知的なものであり、自らの情動的な傾向や当事者に与える判決の効果の個人的な評定に流されてはいけない。社会主義に見られるように、法の客観的な適用が妨げられ、大なり小なり主観的・感情的な印象に基づく法的意思決定が許されるなら、すべ

---

34)「不正な裁判をしてはならない。弱い者におもねり、また強い者にへつらってはならない。あなたの隣人を正しくさばかなければならない」（新共同訳レヴィ記19章15節）。「わたしも、あなたたちを民のすべてに軽んじられる価値なき者とした。あなたたちが…人を偏り見つつ教えたからだ」（新共同訳マラキ書2章9節）。

6．その他の社会主義の理論的な帰結

ての法的安定性が失われ、当事者たちはすぐに、裁判官に好印象をもたらせばどんな望みでも法的保護が得られると考えるようになる。その結果、訴訟への極端に大きなインセンティブが生まれ、ますます不完全・矛盾した強制命令のごた混ぜによるカオス的な状況によって、裁判官の仕事は非効率で堪え難いほどに過大なものになる。このプロセスが続くと、伝統的

35)「社会的」という言葉は、その後の言葉（正義、法の支配、民主主義など）の意味を完全に変えてしまう。その他にも、現実をカムフラージュしてより魅力的な意味を持たせるための言葉としては、例えば、「民主主義」に先立つ「人民」や「有機的」などがある。こうした目的で使われる言葉を、アメリカ人は「イタチ言葉（weasel words）」と呼ぶ。これらは文脈的には市民を欺くために使われて、（「正義」や「民主主義」などという）ひじょうに魅惑的な言葉遣いを許すが、その意味は完全に伝統的なものと逆である。「イタチ言葉」の語源は、イタチは卵の殻をまったく傷つけずに中身を吸い取ることができるというシェイクスピアのよく知られたフレーズにある──「ぼくはイタチが卵を吸うように、歌から憂鬱を吸いだすことができるんだ」（『お気に召すまま』英語名句辞典、外山滋比古、新井明、岡本靖正、栗原裕編、大修館書店、1984年）。このトピックについては、ハイエクの『致命的な思いあがり』第7章を参照。この他にも、意味が歪められている言葉に「団結」がある。これは抑圧されている人々を「助ける」ために利用されるなら、国家的な暴力が合法化されることのアリバイとして使われている。しかし「団結」は、伝統的にまったく異なった意味で使われてきた。それは起業家的精神による人々の自発的な相互作用を意味していたのだ。事実、団結という言葉はラテン語の「Solidare」（結合、接合する）から生じたもので、『王立アカデミー・スペイン語辞典』によると「他人の企てに状況的に関わること」である。前に定義したように、市場は本質的に人類の団結システム・機構である。この意味で、団結原理を上から力ずくで押しつけるのは近視眼的・偏頗であり、もっともその原義に反している。さらに、規制当局は永遠に情報不足に悩まされるが、それは助けを必要とする人々との「団結」を望む人たちも同じであり、自発的に他人を助けようとする個人に国家がとって代わるなら、それらは非効率で余計なものになるだろう。ヨハネ・パウロ2世が「回勅」において、市場は「次第に拡大する団結の鎖である」と述べたことは本当に素晴らしい。彼はさらに「助力をもっともよく理解でき、満たすことができるのは、それを必要とする人々のもっとも近くにいる者たちである」として、福祉国家を批判した。「社会的援助国家が社会に介入し、その責任を奪うことで人々は活力を奪われ、公共機関は法外に増加する。それらの組織は市民奉仕という目的よりも、むしろ官僚的なやり方に支配され、それと同時に支出の膨大な増加が伴われる」（第5章48節第5段落）。
36) 社会主義の概念の誤りのもっとも素晴らしい批判的論文はハイエクによるものである。『社会正義の幻想』（『法と立法と自由』第2巻）を見よ。

第3章　社会主義

な意味での正義はだんだんと崩壊し、事実上消滅するという結末へといたる。裁判官は当局に奉仕するただの官僚になり、当局の発する強制命令を実現することを監督するだけになる。表Ⅲ－1は、起業家精神と自由な人間的相互作用に基づく自生的プロセスと、命令と制度的強制に基づく組織体系（社会主義）の違いを列挙している。これら二つの概念は、法と正義の適用について真逆の効果をもたらす。

表Ⅲ－1

起業家精神に基づく自生的社会プロセス（攻撃を受けていない社会的相互作用の原型）	社会主義（起業家精神と人間行為に対するシステマティックな制度的攻撃）
1．起業家精神から社会的協調は自生的に生じる。起業家精神は常に利殖機会として社会的な調整の失敗を見出し、それらを解消する（自生的秩序）。	1．当局の強制的な命令・指令・規制によって、上からの意図的な社会協調の押し付けが試みられる（組織化されたヒエラルキー＝「ヒエロス」はギリシャ語の「神聖な」、「アルケイン」は「命令する」が原義）。
2．社会プロセスの主人公は、行為をなし、創造的な起業家精神を発揮する人間である。	2．社会プロセスの主人公は指導者（民主的であるとないにかかわらない）と役人（当局からの行政命令と規則に従って活動する人々）である。
3．社会的な相互作用は契約的であり、関係する当事者たちは財とサービスを法的規則（法律）に従って交換する。	3．社会的相互作用は権力的である。つまり命令する人に他の人は従う。「社会民主主義」では、「多数者」が「少数者」を強制する。
4．抽象的な一般規則として理解される法の伝統的・実質的な概念が支配し、状況にかかわらず、すべての人に平等に適用される。	4．命令と規則が支配する。それらは法の形式を備えているにもかかわらず、特定の状況での行動について具体的な指令を発し、まったく不平等に適用される。
5．社会プロセスを生み出す法や制度は意図的に作り出されたものではなく、慣習が発展したものだ。それは何世紀にも渡って累積してきた膨大な量の実践的な経験と情報を取り込んだものである。	5．命令・規則は組織化された当局から意図的に発せられるが、それらはきわめて不完全・不健全である。それは社会に対して当局が不可避的に無知であることから生じる。
6．自生的なプロセスによって社会的な平穏が実現する。各人は法的枠組みに従って自らの実際的な知識を利用し、他人と協力して目標を追求する。自分の行動を、異なった目標を持つ他人に自発的に合わせる。	6．単一または複数の目的が支配的になり、命令群によって押し付けられる。それは永続的・解決不能な社会的軋轢と暴力を生み出し、社会の平穏は害される。
7．人々は、自由は（制度的または個別的な）強制と攻撃が存在しないことだと理解する。	7．人々は、自由は（ある行動や意思、命令、または偶然によって）いつでも特定の目的を実現する能力だと理解する。
8．正義の伝統的な意味が社会に広がり、社会	8．「結果の正義」、「社会的正義」という誤っ

104

プロセスの具体的な結果にかかわらず法律は全員に平等に適用される。唯一追求される平等は「法の下の平等」であり、それは司法制度によって人々の特定の相違にかかわらず適用される。	た感覚が広がる。言い換えるなら、個人行動の違いを無視した社会プロセスの結果の平等である（それは伝統的な法の観点から見て正しいかどうかを問わない）。
9．抽象的・経済的・商業的な関係が広がる。忠誠心の誤った概念である「団結」やヒエラルキーは登場しない。各行為者は法規範に基づいて行動を律して、普遍的な社会秩序を形成する。そこでは「味方」や「敵」、人々の遠近は存在せず、人類が存在するだけである。その多くと知りあうことはないが、互いに満足できる遠大で複雑な方法で関わる（正しい意味での「団結」）。	9．政治性が社会生活を支配し、その基礎的なつながりは「部族主義」的なものになる。つまり、A. 集団とリーダーへの忠誠、B. ヒエラルキーへの敬意、C. 自分が知っている「仲間」を助けること（「団結」）と、それほどよく知らない「他の」人々の無視、さらには軽蔑。彼らは他の「部族」のメンバーであり、信頼できず、「敵」だと見なされる（「団結」の近視眼的で誤った意味）。

C

　社会主義の典型的な特徴は他にもあり、伝統によって形作られてきた一般的な基準に行動を合わせるという人々の習慣が失われることが挙げられる。すべてのレベルで道徳は弱まり、失われるのである。それは社会組織に対する統治機関からの一貫性のない対応に変わってしまい、そうした一貫性のなさは各個人のすべてのレベルで生まれる。こうして個人的な目的達成のレベルでも、願望としかいいようのない社会主義的な思考が当然のように広がる。そのような中で人々は、一般的な道徳的・法的な基準に従った人間の相互作用の実践によって目的を達成しようとするより、気まぐれや、自らの望みや本能のままのその場限りの個人的な「命令」に頼ろうとする。

　社会主義が生み出すこうした道徳の頽廃を推し進めたのは、金融・財政分野における制度的強制と介入を際立って主導したケインズ卿であった。ケインズはその「道徳的」提案を次のように説明した。「私たちは一般規則に従うという個人的責任を完全に否定した。私たちはあらゆる個々の事例を、その得失・知恵・経験・自制心に基づいてうまく判断する権利を主張した。これは暴力的かつ攻撃的に行われる私たちの信仰の非常に重要な部分であり、外部の世界にとっては私たちのもっとも明白で危険な特徴だった。私たちは完全に慣習的な道徳、慣習、伝統的な知恵を拒否した。つまり私たちは、言葉の厳密な意味においては、不道徳だった。私たちは順

第3章　社会主義

応するか従うかについての道徳的義務も内的自責の念も認めなかった。天国に行く前に、私たちは自分たちの件については自分たちが裁判官であると主張した。…私に関しては、変わるにはもう遅すぎる。私は今も、そしてこれからも不道徳であり続ける[37]」。

　こうして社会主義は、いわゆる啓蒙主義が誤って誇張された理性主義の自然な産物であると同時に、もっとも下劣で先祖返り的な人間本能と情熱の結果だと思われる。事実、人間の精神能力には限界がないと単純に信じることで、ケインズやルソーその他多くの合理主義者たちは、その言葉の定義によって完全には合理化できないが、社会秩序を生み出す制度・習慣・行動を批判してきた。そして、それらを抑圧的・抑制的な社会的伝統だというレッテルを貼った。こうした人間理性の「神格化」という矛盾をもたらした結果、文明を進歩させる道徳原理・規則・行動規範が失われ、こうした導きと基準を必要とする人類はもっとも先祖返り的・原始的な感情の中に遺棄されてしまうのである[38]。

「大衆のアヘン」としての社会主義

　社会主義は、人々がその否定的な結末を理解することを甚だしく妨げる。ほかならぬその本質によって、社会主義はそれ自体を批判・消滅させるために必要な重要情報の生成を抑圧するのである。行為者の創造的人間行為の実践が力によって阻止されると、自分たちを取り巻く強制的な制度環境によって作り出せなくなっている状況に気づくことさえできなくなる。

　古くからの格言のように、「見ぬは極楽、知らぬは仏」と言うことができる[39]。こうして幻想が生まれ、生活に不可欠な財やサービスは、それを供給する強制組織と一体視される。強制命令から生じる不完全な結果は、

37）この文章はハイエクの『法と立法と自由』第1巻25、26ページを見よ。ハイエクはケインズの著書『貨幣改革論：若き日の信条』から引用している（Keynes, *Two Memoirs*, 1949, pp. 97-98）。またスキデルスキーによる『ジョン・メイナード・ケインズ：裏切られた期待 1883～1920年』も見よ（Skidelsky, 1983, pp. 142-143）。

38）ハイエク『致命的な思いあがり』第2章を見よ。

自由な起業家的人間行為によってはるかに創造的で実り豊かに、かつ効率的に達成できることに思い至ることさえない。こうして自己満足、皮肉主義、諦念が広がる。地下経済と、社会主義ではない別の政府で生じている知識によって、市民的な不服従が巻き起こる。それは人々への制度的・組織的な強制システムを、社会的な進歩または革命によって突き崩すために不可欠だ。さらに、社会主義はすべての薬物と同じく「依存性」、「硬直」を引き起こす。前述したように、当局はさらなる強制を一層正当化するが、そうした制度は人々を依存させ、強制によらない起業家的習慣や行動パターンへと戻ることをはなはだ困難なものにする[40]。

結論　社会主義の本質的に反社会的な性質

前項での「社会」の定義を振り返ってみれば、社会主義ほど反社会的なものはない。理論的に分析したように、道徳の領域では、社会主義は社会の網の目を維持するために不可欠な行動原則や規範を堕落させる。法への信頼を奪い、（概念的な歪曲によって）法を破ることを奨励して、伝統的な正義を放棄させるのである。政治的な領域では、社会主義は不可避的に全体主義へと向かう。なぜなら、制度的強制は隅々まで広がり、個人の自由と責任を消滅させるからだ。物質的には、社会主義は財やサービスの生産を妨げ、経済発展の邪魔をする。文化的には、新しい行動パターンの発展

---

39)「見えないものは感じなくなる（Ojos que no ven, corazón que no siente）」セルバンテスの『ドン・キホーテ』67章では、「見えなければ、心は折れない（Ojos que no ven, corazón que no quiebra）」と表現しており、「見えないものには同情しない（Ojos que no ven, corazón que no llora）」というものもある。フアナ・G・カンポスの『格言辞典　*Diccionario de Refranes*』327-328ページとアナ・バレッラの『スパイン王立アカデミー紀要　*Boletín de la Real Academia Española*』（1975）の附則30を見よ。
40) この観点からは、社会民主主義の状況は「社会主義」よりもさらに深刻である。なぜなら社会民主主義では、人々の目を覚ます別世界の状況や実例は存在せず、社会民主主義の弊害がデマゴーグやその場しのぎの合理化によって隠蔽される確率は大いに高まるからだ。よって、本当の社会主義の「パラダイス」が失われた以上、「大衆のアヘン」は社会民主主義なのである。この点については、スペイン語版の「ハイエク全集」第1巻『致命的な思いあがり』26-27ページを見よ。

や学習を妨害することで創造性に足枷をはめ、イノベーションの発見と導入を阻害する。科学分野では、社会主義は、人間精神の能力が実際よりも大きなものであり、強制によって社会を改良するために必要な情報が得られるという信念から生まれた知的な誤謬である[41]。つまり、社会主義は本質的に反人間的・反社会的な活動である。なぜなら、それは人間のもっとも内面的な特徴である、創造的で自由に活動する能力に反する制度的強制に基づくからだ。

7．社会主義の諸類型

　これまで社会主義の理論的な定義を明らかにし、それが知的な誤謬である理由を説明し、その理論的な帰結を見たので、この節では歴史的にもっとも顕著な社会主義の事例を検討する。まず各種の社会主義の持つ主な特徴の違いを分析的に解釈し、ここでの理論的な分析を現実世界とつなげよう。これから述べていく事例はすべて社会主義体制の特性を共有している。つまり、それらはすべて起業家精神の自由な実践に対するシステマティック・制度的な攻撃を内に孕んでいるのである。これから見るように、その違いは一般的な目的・目標にあり、特に各制度における制度的攻撃の広さと深さにある。

本当の社会主義、あるいはソヴィエト型経済

　この制度は、個人的人間行為に対する攻撃が非常に広く深いのが特徴である。特に、この攻撃は常に、そして少なくとも高次の経済財、つまり生

41）ハイエク自身は次のように述べている。「道徳的な面では、社会主義はすべての道徳、個人的自由と責任を破壊せざるをえない。政治的な面では、それは早晩全体主義へと向かう。物質的な面では、貧困に至らないまでも富の生産を大きく阻害する」。彼の「社会主義と科学」（*New Studies In Philosophy, Politics, Economics and the History of Ideas*, 1978, p. 304）を見よ。

産要素・資本に関して起業家精神の自由な実践を阻止しようとする。生産の物質的要素（資本財と天然資源）は、人々の欲望を直接的には満たさない財である。そして、それらによって消費財やサービスを生産するには他の生産要素、特に人間の労働が必要であり、必ず生産するための時間が必要だ。人間行為の視点からは、物的生産要素、あるいは高次経済財とは、すべての中間財のことである。それは、行為者が主観的に、最終的な生産物に先立って使われると考えているすべての中間財だ。生産要素に対する制度的攻撃は、必然的に人間行為に大なり小なりの根本的な影響を与えるため、その深刻な結果はよく理解できるだろう。

　このタイプの社会主義はこれまでもっとも純粋な形態、または卓越した社会主義だと考えられてきた。それはまた「本当の社会主義」として知られており、起業家精神の動的理論に不慣れな多くの経済学者や思想家にとって、実際に存在する唯一の形の社会主義である。その背後にある動機は、本当の社会主義はあまねく「人類を鎖から解き放つ」べき情熱をもつのみならず、「正義」の本質的理想とされる結果の平等の達成も目指すからだ。この最初のタイプの社会主義は現在急速に衰えつつあるが、その主要な特徴と発展を詳細に研究することはとても重要なことである。

民主社会主義、あるいは社会民主主義

　これは今日もっとも人気がある種類の社会主義である。歴史的には、これは「本当の社会主義」から戦略的に離脱する形で生まれたものであるが、西洋諸国で形成された伝統的な民主的方法によってその目的を達成しようとする点で、社会主義とは異なる。後に、主に西ドイツのような社会民主主義国の発展によって[42]、民主社会主義者たちは生産要素の「社会化」の目標を次第に放棄し、「社会的な機会」と社会プロセスの結果の平等を目的として、システマティックな制度的攻撃を財政領域に及ぼすことを重視し始めた。

---

42) 西ドイツにおける社会民主主義の生成と発展については、ホッペ『社会主義と資本主義の理論』（第4章、特に61-64ページ）に関連する記述があるので、そちらを参照のこと。

第3章　社会主義

　ここでことわっておかなければならないのは、この種の社会主義が人々に与えようとしたイメージに反して、本当の社会主義と民主社会主義の相違は種類や質によるものではなく、単にその程度にすぎないという点である。事実、社会民主主義における制度的攻撃はひじょうに深く、広く及んでいる。ここでは、影響を受ける社会領域や社会プロセスの数において、数百万人もの人々の活動に加えられている強制効果の程度について言及している。それは、起業家的創造性の生み出す成果を奪う税制度の濫用や、命令・規則による数多くの非自発的な、あるいは望みと異なる行動の強制に明らかである。

　社会民主主義者たちは通常、表向きは所得や富の「再配分」や社会の「機能の改善」といった「高邁な」目的を追求する。この制度の主な狙いがまさに「民主的」理想であり、制度的攻撃は究極的に民主的に選出された「代表者」によって実行されるため、そうした攻撃には問題はないという幻想を生み出す。こうしてこの制度は、統治機関が人々によって民主的に選出された代表者によって構成されているかどうかにかかわらず、無情にも社会主義の理論的な結末を迎えるという事実を曖昧にしてしまう。なぜなら、制度的強制を行う統治機関が無知であることは不可避だという根本的な問題は、民主的選挙制度とは何の関係もないからだ。それが民主的な内閣から生じたものであっても、制度的攻撃によって常にある程度、創造的起業家精神に基づく人々の交流が害され、社会協調が妨げられ、その他これまで分析した社会主義の理論的困難を生み出す。

　よって調和的社会関係に伴う基本問題は、それが「民主的」に組織されているかどうかではなく、反対に、人間の自由な相互作用に対する制度的強制の広さと深さにあるのだ。この理由からハイエクは、もしいわゆる「民主的理想」が代表者たちに無限の制度的攻撃の力を許すことを意味するなら、自分は民主主義者ではないと主張する。彼は、国家権力が制限された制度を擁護し、国家による典型的な制度的攻撃に不信感を抱いていた。国家は、民主的に選ばれた代表者たちによって構成される、相互に持たれあう多くの組織からなる制度だからである。ハイエクはこの政治制度に「くじ引き民主制（demarchy）」という呼び名を提案した[43]。

　最後に、前節の「はかない夢」効果は、民主社会主義がはびこるところ

すべてで見られる。なぜなら、この制度は社会主義国以外のすべての国にある程度広がっているが、社会民主主義的な制度的攻撃がもたらす負の効果について市民が知るために必要な、比較対象となる社会制度は存在しないからだ。それは本来、本当の社会主義で現在起こっているような、（革命的であっても、そうでなくても）制度の解体・改革のための運動を強めるはずである。それでも、理論的[44]・実践的な領域における最新の進歩によって、一般人はだんだんと社会民主的攻撃の悪影響を理解し始めている（事実、数多くの抵抗を試みたにもかかわらず、社会民主主義は本当の社会主義の崩壊から影響を受けざるを得なかった）。ますます多くの社会で、こうした要素は現在大なり小なりまとまり、社会民主主義に伴う制度的強制の範囲や深さを減らそうという流れをつくり出しつつある。

保守的、あるいは「右翼的」社会主義

ここで述べる「保守的」または「右翼的」社会主義とは、社会の現状と特殊な集団や人々の特権を維持するために制度攻撃が使われる場合と定義される。「右翼的」社会主義の根本目的は、起業家精神と創造的人間行為

43）ハイエク「自由人の政治秩序」『法と立法と自由』第3巻、38-40ページ。その39ページにはっきりと「私は、政府は多数者によって認められた原則を守ること、そして平和と自由を維持するためにはそうやって運営されるべきだと固く信じているが、もし民主主義が多数者の無制約な意志による政府を意味するなら、私は民主主義者ではないし、さらにそうした政府は有害で、長期的には機能しないとさえ考えていることは正直に認めなければならない」（傍点著者）。次にハイエクは「民主主義 democracy」という言葉のギリシャ語源の kratos は動詞 kratein から生じたが、それは「暴力」または「高圧的」であるという意味を含んでいたとして拒否した。それは、実質的な法が全員に平等に適用される（イソノミー isonomy）という意味での、法の下の民主的な政府とは整合しないからだ。

44）特に、公共選択学派とオーストリア学派の経済介入理論による貢献が大きい。本章脚注27の関連コメントと参考図書を見よ。公共的・官僚的経営が「民主主義」的な基礎づけをもっていても失敗することの詳細な概略は、私の論文「天然資源の所有権と私的管理 Derechos de Propiedad y Gestión Privada de los Recursos de la Naturaliza」（*Guadernos del Pensamiento Liberal*, no. 2, 1986, pp. 13-30）参照。『政治経済講義 *Lecturas de Economía Política*』, vol. 3, 1987, pp. 25-43に再掲。

第3章 社会主義

の実践によって以前からの社会組織の枠組みが破壊されるのを阻止すること、現状を維持することだ。この目的達成のために、「右翼的」社会主義制度はシステマティックな制度的攻撃をすべてのレベルで行う。この意味で、保守的社会主義と民主的社会主義はその動機と、贔屓にしたい社会集団が異なるだけだ。

保守的、「右翼的」社会主義はまた、顕著なパターナリズム（父権的後見主義）によっても特徴づけられる。それは保守的な規制官庁が適切だと考える消費者・生産者としての役割を人々に押し付けようとする試みである。さらに、この種の社会主義制度では、当局はえてして命令を通じて、何がしかの道徳的・宗教的と見なされる活動を行うよう押しつけてくる[45]。

軍事的社会主義は、保守的、右翼的社会主義と深く関係している。ミーゼスはそれを、すべての制度が戦争の視点でデザインされ、市民の社会的地位と所得が決定される価値尺度は主に、またはすべて軍における階級である制度だと定義した[46]。ギルド社会主義と農業社会主義もまた保守的、右翼的社会主義の類型であると考えられる。ギルド社会主義では、当局は専門家・経営者・監督者・役人・労働者というヒエラルキーに基づいて社会を組織し、農業社会主義では、特定の社会集団に強制的に土地を分割して与える[47]。

最後に、保守主義の哲学がイノベーションと創造性と完全に矛盾することは強調しておかなければならない。それは過去に根ざしたもので、市場プロセスの創り出すものを信頼せず、根本的には機会主義的であり、一般

---

45) 保守的、右翼的社会主義をもっとも見事に説明した学者はホッペである。彼の『社会主義と資本主義の理論 *A Theory of Socialism and Capitalism*』（1989）第5章を見よ。
46) ミーゼスの『社会主義：経済的・社会学的分析 *Socialism: An Economic and Sociological Analysis*』（Mises, 1981, p. 220）。これは原著 *Die Gemeinwirtschaft. Untersuchungen über den Sozialismus*, 1922）のJ・ケイヘンによる英語訳である。ミーゼスは軍事社会主義が、軍事力においても起業家精神が許された社会に劣ると記している。実際に、偉大なインカ帝国はわずかばかりのスペイン人によって破壊された（pp. 220-223）。
47) ギルド社会主義、農業社会主義についてはミーゼスの『社会主義』229-232, 236-237ページを見よ。

原則が存在しない。よって、制度的強制の実践は場当たり的な「賢明で良心的な指導者」という基準を認めてしまう。つまり、保守主義は曖昧主義者の教義であり、それは起業家的機能が生み出す社会プロセスと、特にすべての指導者が不可避的に無知であるという問題を完全に見逃してしまっている[48]。

社会工学、あるいは科学的社会主義[49]

科学的社会主義は、科学者や知識人が好む形態である。彼らは他の人々よりも「優れた」明示的知識と情報を持っているため、社会に対して制度的強制の使用を勧め、指導する権威が与えられる。科学的社会主義が特に危険なのは、それが知的な立場からその他の社会主義を正当化し、「右翼

---

48) ハイエク「なぜ私は保守主義者ではないのか」(『自由の条件』397-411ページ)。
49) 『王立アカデミー・スペイン語辞典』には、ここでの「科学主義　cientismo」という言葉は載っていない。辞典にある一番近い言葉は「科学的主義　cientificismo」だが、その5番目の意味には、「科学、または科学的概念に思われるものに過剰な価値を見出す傾向」とある。グレゴリオ・マラニョンは時にこの言葉を使ったが、結局は cientificismo に至ったようだ。彼にとってそれは「科学の戯画」であり、「実態のない科学の過剰な誇示」である。結論的には「その頂上は、科学主義者がその膨大な知識に対して無批判に過剰で教条的な重要性を見出すことだ。その地位や評判を利用して追従者や聴衆たちを欺くのである」(傍点著者)。「科学主義の疫病　La plaga del Cientificismo」『カハール：彼と私たちの時代　Cajal: su tiempo y el Nuestro』第7巻第32章(1971, pp. 360-361)を見よ。しかし私は cientismo のほうが、cientificismo よりも正確だと感じる。事実、前者は不適切な科学の実践方法というより、科学それ自体の濫用を意味するからだ(「科学的　científico」の語源は、ラテン語の「科学　scientia」と「実践する　facere」である)。また英語の scientism は、自然科学、物理学、技術、工学のやり方を不適切に社会科学の分野に適用することを意味する(「自然科学の方法が、哲学、人文、社会科学を含むすべての研究領域で使われるべきだとする考え」。『ウェブスター英語辞典』第3版3巻を見よ(1981, p. 2033))。最後に、マヌエル・セコは著名な『疑義と困難を伴うスペイン語辞典　Diccionario de Dudas y Dificultades de la Lengua Española』第9版、96ページにおいて ciencismo と ciencista の言葉を使うことはできるが cientismo と cientista のほうが良いとする。なぜなら、後者はラテン語の scientia (とスペイン語の ciencia) から派生しており、対応するフランス語と英語の語源だからである。

第 3 章　社会主義

的」社会主義の典型である民主社会主義や啓蒙的独裁主義を伴いがちだからだ。その起源はデカルトの、または構成主義的合理主義の知的伝統にある。それらによれば、知識人の理性は万能であり、特に、すべての社会制度の意図的な生成と発明の背後には理性がある。よってそれらは知識人によって自由に変えることができる。この「理性主義」の極端なものは、人間理性の可能性には制限がないと考え、自然科学と科学技術・工学の進歩的な印象に取り憑かれている。彼らはこれらの分野の方法を社会領域にも当てはめようとし、それによってもっと「公正」で「効率的」なやり方で社会を組織化できるという、ある種の社会工学を推し進める。

　社会主義知識人と科学的社会工学者が犯す主たる誤りは、社会プロセスから行為者たちが常に生成・伝達している分散的な実践的情報を、科学的手段によって中央から明確化・記録・分析できると考えることだ。別の言い方をすれば、科学者は自分たちが他人よりも優れた知識を持ち、高い知的な地位にあるため、統治機関の上位を占めることができるし、そうあるべきだと信じる。これらの要素によって、強制的な命令と規制を通して社会を協調させる権限を与えると信じるのである[50]。

　デカルト的合理主義は、それが人間理性そのものの限界を認識していないという点において、単に誤った理性主義である[51]。それはとても深刻で、特に重要な知的誤謬を内包している。なぜなら、それは最高の知的教育から利益を受けると考えられる人々から生じるが、彼らは自分の潜在力の評価にはもっと謙虚でなくてはならないからだ。理性主義者の誤りは、彼らが、人間の相互作用のプロセスを可能にする社会規範と制度は人間によって意図的に追求・創造・デザインされた産物だと考えることだ。制度と法が進化的プロセスの結果であるとは考えない。それは長期間にわたって何百万もの人々が参加した社会プロセスを通じて生み出され、各自の持つわずかばかりの実践的情報と経験とを持ち寄ったものだ。まさにこの理由から、これらの制度は人間精神による意図的行為からは決して生まれ得ないのだ。人間の精神は、これらの制度が内包するすべての実践的な情報と知識を取り込むために必要な能力を持っていない。

　ハイエクは、これら社会主義的科学主義者が犯す誤謬の長々とした説明をとりあげて、次の四つの誤った考えにまとめている。1. 科学的に正当

化できず、経験的な観察で裏付けられない行為を行うのは不合理であるという考え。２．（伝統的・慣習的・習慣的な性質によって）個人が理解していない行為を行うのは不合理であるという考え。３．事前に目的が明確に特定されていない行為を行うのは不合理であるという考え（偉大な知識人

50）社会主義知識人に普通に見られる傲慢さは、アルフォンソ10世賢王の伝説に如実に描き出されている。王は「その大いなる人文ならびに自然の神秘に通じた知識のためにあまりに横柄・傲慢になって神の摂理と至高の知恵をも軽蔑し、もし神が世界を創造するときに自分に助言を求めたなら、実際よりもより良く構築され、形作られただろうものもあるし、まったく作られなかったものも、またもっと改善・改良されたものもあっただろうと言った」。伝説によれば、この王の冒瀆は恐ろしい雷鳴と雷槌・疾風によって罰せられた。それらは彼の宮殿のあるセゴビアのアルカサルの火事が原因で何人もの死傷者が出たが、王は奇跡的に命からがら逃げ出し、自らの過剰な自尊心を悔い改めたという。このセゴビアのアルカサルに火事を起こした夏の暴風は1258年8月26日に王の命をもう少しで奪うところであったが、これは厳密な検証も行われている歴史的事件である。アントニオ・バレステロスによる素晴らしい伝記『アルフォンソ10世賢王 *Alfonso X El Sabio*』（1984）を見よ。209-211ページには、この伝説のすべてのヴァージョンの批判的評価と歴史的に証明された出来事との関係も書かれている。この伝説は偽りのようにも見えるが、「賢王」の持つ科学主義的性質は少なくとも、彼が厳格に規制を押し付け、失敗に終わった価格の固定とコントロールに現れた。彼は、貨幣をシステマティックに改悪することで自らが引き起こした、いかんともしがたい物価上昇を阻止しようとしたのだ。彼はまたカスティーリャの伝統的相続法を、より「科学的」だと考えた『七部法典 *Siete Partidas*』で置き換えようとして失敗したが、それは後継者である息子のサンチョとの対立を生み出し、晩年に内戦で苦しむこととなった。その他、歴史上で社会的な事柄での科学的構成主義の失敗を完全に描き出した人物に、オリバーレス伯公爵（ガスパール・デ・グスマン）がいる。彼はフェリペ4世の腹心で、治世のほとんどでスペイン帝国の運命を握っていた。伯公爵のもつ素晴らしい意図、働く能力と努力は限度を超えていて、不毛だった。事実、伯公爵の欠点は、「性格的に、彼はすべてを組織化しようとし」、社会生活の全領域を支配しようという野心に抗えないことだった。彼の支配の最終段階で、「試みた治療が意図したものの正反対の効果を生むことへの深い落胆」を彼自身が表している。しかし伯公爵は、それが強制的に社会を組織化、統制しようとすることの自然で不可避な結果だとは理解しなかった。彼は、スペインの悲惨な状況は自分の統治によるものではなく、むしろ当時の道徳的退廃に対する神の怒りのせいだと考えた。J・H・エリオットによる秀逸な研究『オリバーレス伯公爵 *El Conde-Duque de Olivares*』（1990）、296と388ページを見よ（上記二つの引用はエリオットのスペイン語版からの英訳）。
51）ハイエク「合理主義の種類」『哲学、政治、経済学研究 *Studies in Philosophy, Politics and Economics*』1967, pp. 82-95。

第 3 章　社会主義

たち、アインシュタイン、ラッセル、まさにケインズが犯した深刻な誤り）。
4．これに関連して、事前にその結果が十分に予測され、それが功利主義の立場から望ましいと期待され、実行されてもその結果のすべてが観察できないような行為を行うのは不合理であるという考えである[52]。これらは、社会主義知識人が犯す四つの基本的誤りであり、すべて知的観察者には被観察者が生成・利用する実践的情報を理解・分析し、「科学的」に改善することができると信じる根本的誤りから生じる。

　同時に、社会工学者が社会プロセスの矛盾や調整の失敗を見出し、それらを解消するために「科学的に」制度的強制と攻撃を伴う命令の発令を正当化・推奨するとき、さらに次の四つの誤りが犯される。1．すべての重要な実践的情報を得ることができない以上、見出された社会問題の「観察」は必ず誤っていることに気づかないこと。2．もしそうした調整の失敗が実際に存在するなら、おそらく必ずすでに自発的な起業家的プロセスが始まっており、発せられる強制的な命令よりもはるかに迅速かつ効果的に問題を解消するだろうことを見逃すこと。3．アドバイスが採用され、強制によって社会の「修復」がなされれば、こうした形の典型的社会主義は、調整の失敗を発見・解消する起業化プロセスを停止・妨害・不可能にし、社会工学的な命令は問題を解消する代わりに、それらを複雑化し解消不可能にすること。4．社会主義知識人は、特に自分たちの活動が人間行為と起業家精神の枠組みそのものを変え、以前に見たように、それらを余分で歪んだものにして、本来とは違った分野（汚職、政府への賄賂、地下経済など）に向けてしまうことを見逃すこと[53]。最後に、社会工学は経済学・社会学に対する不健全な方法論的アプローチに基づくことを付け加え

───────────────

[52]　ハイエク『致命的な思いあがり』p. 61, 62。功利主義は社会主義とまったく同じ知的誤りの上に成り立っている。なぜなら、そこには功利主義的な科学者には「客観的」な決定を行うために必要な費用（コスト）と便益の情報が利用可能だという前提があるからだ。しかし、当然そうした情報は利用不可能なので、功利主義は政治社会哲学としては成り立たず、実際に可能なやり方は、法とパターン化された行動原則（道徳）の枠組みで活動することだけである。事実、パラドックスだと思われるかもしれないが、人間には無知が不可避であるため、素朴で近視眼的な功利主義をあきらめ、行動をある種の原則下に置くことがもっとも有用で実際的なのだ。

116

7．社会主義の諸類型

よう。それは最終的な均衡状態に対してのみ焦点を合わせ、すべての必要
な情報が科学者に利用可能だという傲慢な仮定に基づくものだ。このアプ
ローチと仮定は、ほとんどの現代的な経済分析に広がっており、それらを
無意味にしている[54]。

その他のタイプの社会主義（キリスト教型、あるいは集団主義型、労働組合型など）

　社会プロセスの結果が「道徳」的な観点から望ましくないと判断される
と、キリスト教や「団結」に基づいた社会主義が生じ、そうした「不正」
な状況を変えるための制度的強制の使用が擁護される。この意味では、
「聖なる強制」に基づくキリスト教社会主義はこれまで分析してきた他の
タイプの社会主義と変わらないが、ここで別に論じる理由は、人々がその
正当性に大なり小なりの宗教的基礎づけを与えるからだ。またキリスト教
社会主義は、起業家精神の力による社会プロセスの機能と知識が完全に欠
如した上に成り立っている。そこでの道徳的判断は、同郷や仲間への「団
結」という曖昧な概念が支配する。とはいえ、人々の相互作用による社会
プロセスが「同郷の人々」だけでなく、遠く知らない人々の文明をも可能
にすること、そしてそれは、互いに知り合うことのない多様な人々が独自
の目的を追求しながら協力するプロセスから自生的に生じるという知識を
伴わない。最後に、キリスト教社会主義は、より高尚な道徳的な目的達成
のためなら、強制は道徳的に有害だと考えない。しかし、「神聖」であっ
ても制度的強制はやはり非人間的な無理強いであり、これまで記してきた
社会主義の特徴的な分析的結論がすべて該当する[55]。

53）社会工学者たちが疑似科学的な強制命令を発する際に犯す四つの誤りを指摘し
たのはカーズナーである。「規制の危険」（Kirzmer, 1989, pp. 136-145）を見よ。

54）ノーマン・P・バリー『経済学と政治学における見えざる手：最終結果とプロ
セスという矛盾する二つの社会の説明の研究　*The Invisible Hand in Economics
and Politics: A Study in the Two Conflicting Explanations of Society: End-States and
Processes*』（Barry, 1988）。次章以降、均衡に焦点を合わせた科学的理論家が、社
会主義経済での経済計算不可能性についてのミーゼス的な議論を理解できなかった
ことを吟味する。またこの論争から派生するもっとも重要なものとして、均衡分析
に基づく現代経済学の方法的整合性の欠如についても学ぶ。

第 3 章　社会主義

　労働組合型社会主義はまた別のタイプであり、その支持者はシステマティックで制度的な強制の実践を通して、労働者が直接に生産手段を所有する社会をつくろうとする。この類型はときに自主管理社会主義とも呼ばれるが、広範な制度的強制に基づく点で、それは社会主義であり、この章で論じてきたすべての特徴と結論が当てはまる。しかし、労働組合型社会主義が単なる富の再配分にとどまらず、永続的な経済社会制度を目指す場合には、他のタイプには見られない特別な協調の失敗を引き起こす。経済学者たちはこうした典型的、独特の特徴を詳細に分析してきたが、彼らの理論的結論は、労働組合型を効果的に実践しようとしたユーゴスラヴィアなど、数少ない歴史的な実例が如実に物語っている[56]。

8．社会主義のその他の概念に対する批判

伝統的な概念と新しい概念が発展した過程

　伝統的に社会主義は、社会組織制度を生産手段の国有化に基づいて定義されてきた[57]。この意味は本書で「本当の社会主義」に与えた定義と一致するが、歴史的・政治的な理由からこれがもっとも広く受け入れられてきた。これはミーゼスの1922年のもともとの社会主義への批判論文での定義

55）キリスト教社会主義の特に重要な典拠としては、ウォルター・ブロック＆アーヴィング・ヘクサム編『宗教・経済・社会思想　*Religion, Economics and Social Thoughts*』（Block & Hexham, 1989）が挙げられる。またミーゼスの『社会主義』223-226ページも見よ。

56）労働組合型社会主義全般とユーゴスラヴィアでの適用の試みについては、スヴェトザル・ペジョヴィッチ「ユーゴスラヴィアでの自主管理の実例　The Case of Self-Management in Yugoslavia」（『社会主義：制度的・哲学的・経済的問題　*Socialism: Institutional, Philosophical and Economic Issue*』1987, pp. 239-249）とそこでの引用文献を見よ。またE・フルボトンとS・ペジョヴィッチの「財産権、経済的分権化、ユーゴスラヴィア企業の進化　Property Rights, Economic Decentralization, and the Evolution of the Yugoslavian Firm」（*Journal of Law and Economics* no. 16, 1973, pp. 275-302）も見よ。

であり[58]、その後は彼とその学派が、社会主義経済計算の不可能性についての議論の参照点としたものである。この論争については、これからの章で詳細に検討する。

　ハンス゠ヘルマン・ホッペは、社会主義の適切な定義を生み出す過程で、次の大きな貢献をなした[59]。ホッペは社会主義の本質的な特徴を、所有権に対する制度的干渉、または攻撃という基礎づけにあることを示した。彼の定義はより動的であり、よって伝統的な定義よりはるかに有効である。それは所有権の存否を取り扱うのではなく、強制や物理的暴力が制度的に、つまり組織的に繰り返される方法が所有権侵害に使われるかという点を見る。ホッペの定義は革新的なものだが、それは完全に満足できるものではない。なぜなら、それは最初に何が「所有権」とされるのかを定義・特定する必要があり、またそれは社会プロセスを動かす主要な力である起業家精神の実践について、何ら言及していないからだ。

　ホッペのすべての社会主義は制度的強制を行うという直感と、カーズナー教授の起業家精神の理論に関する最近の研究を組み合わせれば、その結論は、もっとも適切な社会主義の定義は、本書で提案され使われているものだということになる。つまり、社会主義とは、起業家精神と人間行為に対する制度的攻撃の組織制度である。この定義は普遍的な理解可能性を持つという利点があり、それは所有権の概念やそれが何を伴うべきかの詳細な事前の説明を必要としない。明らかに、人間行為は攻撃であるかないか

57）当然のことではあるが、『王立アカデミー・スペイン語辞典』の定義では、「社会主義　socialismo」はまさに「生産手段の集団的、国家的所有と経営によって基礎づけられる社会的、経済的組織制度　sistema de organización social y económica basado en la propiedad y administración colectiva y estatal de los medios de producción」とされる。

58）ミーゼスによれば、「社会主義の本質は、すべての生産手段が組織化された共同体の完全なコントロール下にあることだ。これが、このことだけが社会主義である。他のすべての定義は誤解を招く」（ミーゼス『社会主義』211ページ）。私は本文で指摘した理由によって、ミーゼスはこうしたカテゴリー化の記述において誤っていたと考える。

59）ホッペ『社会主義と資本主義の理論』2ページ。ホッペは「社会主義は19世紀のマルクス主義が発明したものではなく、はるかに古くからあり、それは私的財産と私的財産権に対する制度的介入、または攻撃として概念化される」と言う。

第3章　社会主義

のどちらかである。攻撃でない限りは、特に恣意的で非制度的な外部から
の攻撃に対する防御でないなら、それは人間の内的で典型的な特徴であり、
よって完全に合法であり敬意を払われるべきだ。

　つまり、本書の社会主義の定義がもっとも適切だと考えられるのは、そ
れが人間のもっとも内的で根本的な特性である人間行為によって定式化さ
れているからだ。さらに、社会主義はまさにこれらの社会生活を可能にす
る力への制度的な攻撃だと考えられ、この意味では「社会主義制度そのも
のほど反社会的なものはない」という命題のパラドックス性も表面的なも
のにすぎない。本書での社会主義の定義の最大の利点は、この問題状況に
光を当てることだ。疑いなく、攻撃されていない社会相互作用のプロセス
は、すべて一連のルールや法、行動習慣を遵守することを要求する。それ
らは融合して法、つまり人間行為が平和裏に行われる枠組みを構成する。
とはいえ、法は人間行為に先立つものではなく、社会の相互作用のプロセ
スから慣習の形で発展する。よって本書での定義によると、社会主義は起
業家精神が進歩した結果（所有権）に対する制度的攻撃の体制ではなく、
人間行為と起業家精神そのものに対する攻撃の体制だ。本書の社会主義の
定義は、社会の理論と法の理論、その発生・進展・進化を直接的につなぐ
ことを可能にする。さらに、理論的なレベルで、非強制的な社会プロセス
からどういった所有権が生じるのか、どの所有権が正しいのか、どの程度
の社会主義が倫理的に許されるのかを自由に問うこともできる。

社会主義と介入主義

　本書の定義のもう一つの利点は、それが介入・干渉主義に基づく社会体
制をも含むことだ。事実、介入主義を社会主義の典型的な表れと見なそう
が、もっと普通に「本当の社会主義」と自由な社会プロセスとの中間的制
度と見なそうが[60]、すべての介入手段が特定の社会分野における強制的、
制度的な攻撃である以上、介入主義はその程度やタイプ、動機にかかわら
ず、本書の定義の観点からは社会主義である。よってそれは本章で見た調
整の失敗という結果を必ず生み出す。

　「社会主義」と「介入主義」の二つの言葉が等しいとすることは、これ

120

らの言葉が普通に持っている意味の不当な拡張などではなく、むしろ起業家精神に基づく社会プロセスの理論が要求することだ。事実、介入主義を最初にとりあげたオーストリア経済学者は、それを社会主義とは概念的に異なるカテゴリーだと考えたが、社会主義経済計算の不可能性の議論が進むにつれて、二つの概念の境界はぼやけ始め、それは現在まで続いている。今は、一般的な言い方では、それらは異なった程度の同じ現実を表すことであるが、起業家精神の理論家たちにとって社会主義と介入主義の間には質的な違いはないことは明らかだ[61]。

　さらに、ここでの定義は、経済学者に、現在、多くの政治・経済・文化的な分野でとても巧妙になっている介入主義の試みを暴くという重要な機能を果たすことを可能にする。それらの試みは、介入主義に先立つ知的先駆者である「本当の社会主義」の経済的・社会的・政治的崩壊から自然かつ必然的に生じた結果から介入主義を守るためだ。本当の社会主義と介入主義とは、せいぜい同じ強制的・制度的現実の異なる程度の表れでしかない。それらは、同じ本質的・知的誤謬と有害な社会的結果を完全に共有している[62]。

「牧歌的」社会主義概念の愚かさ

　社会主義を主観的・牧歌的な評価に基づいて定義するのは空虚で無益である。この種の定義は最初から存在したが、今でも完全には消えていない。

60）これは『王立アカデミー・スペイン語辞典』の「介入主義　intervencionismo」という語の2番目の意味である。「個人主義と集団主義の中間制度であり、国民生活における私企業の運営・補完を国家に委ねるもの　sistema intermedio entre el individualismo y el colectivismo que confía a la acción del Estado el dirigir y suplir, en la vida del país, la iniciativa privada」。しかしこの著者たちは、介入主義の「中間的」性質に基づく定義において自己矛盾に陥っている。なぜなら、彼らは本書の定義に極端に近い立場を採りながら、「社会主義」を「経済的、社会的活動、財の配分における国家規制　regulación por el Estado de las actividades económicas y sociales, y la distribución de los bienes」と書いているからだ。最後の定義は、辞典が「介入主義」に与えたものと本質的にとても類似しており、彼らが「社会主義」と「介入主義」を実質的な類義語と考えているという印象を受ける。

第3章　社会主義

最近になって「本当の社会主義」崩壊の副産物として新たな力を得ており、また多くの「知識人」が、少なくとも一般人への訴求力を持つ社会主義の牧歌的概念を救いたいという頑固な願望を抱いている。よって社会主義を「社会調和」、「人と自然との調和的なつながり[63]」、または単に「人々の福祉の最大化[64]」に等しいとする定義を見かけることも珍しくはない。

　これらの定義が空疎なのは、その提案者たちが、人間の相互作用に対する制度的強制のシステマティックな実践を正当化しようとしているかどうかを見分けられないからだ。個別の事例において、我々は単純であからさまな機会主義に直面しているかを見極める必要がある。機会主義とは、魅力的な外見や単なる知的混乱、曖昧な考えの裏に制度的攻撃を隠すような意図や願望を持つものだ。

61）例えば、「介入主義」についてのドン・ラヴォワの最近の結論では「ミーゼスが完全な中央計画が不可能であると宣告したのと同じ理由から、それは自滅的・非合理的であることが示せる。…価格システムへの部分的な干渉は、同じように必要な発見プロセスを阻害し、生成される知識を歪曲する。よって経済計算の議論は、価格システムを廃止しようという試みから経済の完全な破綻が必然的に生じたことを説明するのと同じように、政府が価格システムを「いじくりまわす」ことから生じる大小の失敗を説明する」とある（雑誌 *The Journal of Libertarian Studies* 5, no. 1, 1981, p. 5の序文を見よ）。カーズナーにおいても「社会主義」と「介入主義」の並行性について数多くの言及がある。彼の「介入主義と社会主義：並行性」を見よ。これは『発見と資本主義プロセス　*Discovery and Capitalist Process*』の第6章「規制の危険」121ページ以降にある。介入主義体制でも経済計算は可能だという考えは、ミーゼスでさえも一、二度は擁護したものだが、これも批判されねばならない。なぜなら介入が行われる領域ではまさに計算ができなくなってしまうからであり、もし一般的な計算ができるのなら、それは干渉が（「本当の社会主義」の特徴となるほどには）社会の全域に及んでいないからだ。

62）アルチャンは「政府とは社会主義である」と言い、よって少なくとも最小限度の社会主義は市場経済を維持するために不可欠だと結論した。しかし、本書の社会主義の定義は、アルチャンが提案したものほど広義ではない。第一に、前に論じたように（本章脚注2）、孤立的・突発的な強制の発生を阻止・鎮圧するための最低限度の制度的強制は、社会主義とみなすことはできない。第二に、この最小限度が必然的に独占的政府組織によって提供されねばならないかは明らかではない。アルメン・アルチャン&ウィリアム・R・アレン『大学の経済学：探求入門』第3版（Alchian & Allen, 1971, pp. 627-628）。

63）こうした「牧歌的」な定義に対するアレク・ノヴェの論文「社会主義」のコメントを見よ（Nove, 1987, p. 398）。

8．社会主義のその他の概念に対する批判

「社会主義」という言葉はいつか復活するのか？

　完全な知的な誤りに基づいて、知的な傲慢から生まれた「社会主義」という言葉の意味が、それを復活させるような形で変化することは不可能ではないが、とても疑わしく、ほとんどありそうにない。また科学的な誤謬を含まない、社会プロセスの理論的分析に基づく再定義もなされそうにない。「社会主義」という言葉を再生する唯一可能な道は、自生的な秩序とプロセスとしての社会概念に基づいて再定義することだ。それは前章で詳細に記した、人間の内なる起業家的能力によるものである。そうすれば、人々は現在のように社会主義は根本的に反社会的なものだと考えなくなり、その言葉は自由な人間的相互作用のプロセスを尊重するすべての非強制的な制度を意味するようになるだろう。こうして「社会主義」は、現在、自生的な社会プロセスへの敬意と、国家から人々への最低限の制度的強制を意味する「経済的自由主義」や「市場経済」と同義語になる[65]。しかしこれは、社会主義の理想を継続的、強烈に追求することへの幻滅を生み出すため、こうした肯定的な意味の変更がいつの日か起こると考えることはほとんど不可能だ。人はすべての分野、特に科学、政治、社会については本質的に傲慢だからである。

64）これはオスカー・ランゲが1942年に提案したもので、当時の彼は後半生に過度なスターリン主義にいたる前のもっとも「リベラル」な時期にあった。実際、1942年 5 月 8 日にシカゴ大学の社会主義クラブでの彼の講義では、「私の社会主義社会という言葉の意味は、経済活動、特に生産が人々の福祉を最大化するように実行される社会のことだ」と述べている。彼はその定義に、「重要なのは手段よりも目的である」と加えている。オスカー・ランゲの講義「社会主義社会の経済運営：I ＆ II」を見よ（Tadeusz Kowalik, "Oskar Lange's Lectures on the Economic Operation of a Socialist Society," in *Contributions to Political Economy* no.6, 1987, 3, 4に再掲）。
65）本章脚注35で説明したように、これが実現すれば、言葉が更生される例となる。ある概念に「社会的」という形容詞が付された際に起こす意味的な混乱を元に戻し、科学的に一貫した意味を与えることになるだろう。

123

第 4 章

ルートヴィヒ・フォン・ミーゼスと
経済計算論争の始まり

1．背景

2．ミーゼスの本質的な研究
　ミーゼスの研究の本質と基本的内容

3．マルクスによる社会主義の機能の仕方

4．ミーゼスの研究のさらなる考察
　マルクスの分析に対するミーゼスの論駁
　損益の金銭的計算
　経済計算の現実的な十分性
　根本的に（技術的ではなく）経済的問題としての計算
　企業合併と経済計算

5．経済計算問題に対する最初の社会主義的解法の提案
　種類財による経済計算
　労働時間による経済計算
　効用の単位による経済計算

本章から、社会主義経済での経済計算の不可能性についての論争を分析
する。この論争にかかわった学者の偉大さ、その理論的な深遠さ、その後
の経済学の発展に与えた影響において、この議論は経済思想史において比
類のないものだった。そうした論争の段階と重要な側面とともに、各学者
のきわめて重要な研究を見ていこう。また、そのもっともよく知られた内
容と展開（それは誤りだと考えられる）に対する批判的分析も行い、それら
がこれまで信じられてきた理由を説明する。この章を論争の歴史的な背景
の吟味から始め、議論を引き起こしたミーゼスの本質的研究を詳細に研究
しよう。

1. 背　景

　経済思想史においては、無数の人々の恒常的な相互作用から生じる自生
的秩序である社会の仕組みと市場を適切に理解するだけで、社会主義が知
的な誤謬であり、理論的にも実際的にも不可能であることは明らかになる。
前2章でみた伝統的な社会の見方は二千年以上前まで遡るが[1]、何世紀に
もわたる発展は、制度的強制と暴力を正当化し、人間の知性がほとんど直
感的に必ず向かおうとする構成主義的合理主義との耐えざる軋轢によって、
とても困難なものであった。古代ギリシャ語のコスモス（kosmos）は、も
っとも由緒あるローマ法の伝統を通して[2]、人間の意図的な意志とは独立
して生まれる自然で自発的な秩序として理解される。歴史的に我々に近い
マンデヴィル、ヒューム、アダム・スミス、メンガー、ミーゼス、ハイエ
ク、その他の同時代の自由思想家たちの研究は挫折に満ちた長い道を辿り、

1）自生的秩序としての社会概念の思想史については、ハイエク論文「バーナー
ド・マンデヴィル博士」（*New Studies in Philosophy, Politics, Economics and the
History of Ideas*, pp. 249-266）に適切にまとめられている。

その多くの段階で科学主義の「黒い潮流」に完全に飲み込まれてきた。

　我々の社会主義批判の核心となる基本思想は、強制命令を通じては各個人や集団が社会を組織化するために必要な情報と知識を協調的に得ることはできないということだ。この考えは、社会概念を自生的秩序だと考えることから自然に派生する。よって、この考えは最近まで詳細には定式化されていなかったが、少なくともその原初形態では、人々に長い間にわたって擁護されてきた。例えばキケロは、カトーの考えではローマ法体系が他よりも遥かに優れていたが、なぜならそれは「一人の人間の個人的な創作物ではなく、ひじょうに多くの人の手によるものだからだ。それはある特定の個人の人生で生成されたのではなく、何世紀、何世代を通じてのことだった。なぜなら…すべてを予見できるほど賢いものは世界に存在せず、…もしすべての脳を一つの頭に入れたとしても、長期間の歴史を通じた実践から生まれる経験なしには、彼には一度にすべてを提供することはできないだろう[3]」。

　何世紀も経って、モンテスキューとテュルゴーはこの考えを推し進め、現在我々が直面する問題に直接的に関連する見方をもたらした。彼らは、国家が巨大なプロジェクトと同時に、組織化のための些末な詳細にも注力することは矛盾していることを見出した[4]。それから1世紀あまりが経って、1854年に初めて、ゴッセンが共産主義体制を批判する意図を持って、この考えをほぼ原文通り繰り返してとり上げた。ゴッセンの結論では、共産主義が計画する中央当局は多様な労働とその報酬を強制的に配分するが、すぐにそれは個人にはあまりに困難な作業だとわかる[5]。20年後、メンガーに先立ってウィーン大学経済学部の学部長だったドイツ人経済学者アルベルト・シェフレが示したのは、市場プロセスによる価格決定システムを真似ることなしには、中央計画当局は、質的にも量的にも社会資源を効率的に配分できるとは考えられないことだった[6]。世紀末に、ウォルター・

---

2) 前2章では、本書の社会概念と、すべての人に平等に適用される抽象的な規範としての実質的な法との緊密な関係を明らかにした。この意味での法が作り出す枠組みだけが、起業家精神の実践と人間行為を可能にし、文明の発展を特徴づける分散的な情報が生成・伝達される。よってここでの哲学的伝統にローマ法の古典的大家たちが貢献したことは偶然ではない。

バジョットは[7]、原始的・非文明的な人間は費用便益の単純な推定さえもできないことを鋭く観察し、工業化社会では生産費用を推定するために金銭単位での会計が不可欠であると結論した。

　次なる研究は、ヴィルフレド・パレートによるものだ。その後の社会主

3）Cicero, *De Re Publica*, ii, 1-2, 1961, pp. 111-112。この文章の英訳は、ブルーノ・レオーニの『自由と法　*Freedom and the Law*』増補第3版（1991）にある（この本の第1版は1961年、第2版は1972年に出版された）。レオーニの著作が非の打ちどころがないのは、単に市場とコモン・ローとの、他方では立法と社会主義の並行性を明らかにしているだけではない。彼はまた、ミーゼスの社会主義経済計算の不可能性の議論が、「立法者が人々の間に存在する無限の関係について現実の行動規則を制定するためには、関係する人々からの何らかの形の恒常的な協力が不可欠だという一般原則の、単なる特殊ケース」であることを最初に見抜いた法律家だからだ。「世論調査や直接民主主義、対面調査では、立法者がこうした規則を作ることはできない。それは、計画経済の指導者たちが、すべての財とサービスの全需給を知ることができないのと同じだ。人々の現実の行動は、状況に合わせて常に変化する。さらに、実際の行動は世論調査などから生じる意見の表明と混同されてはならないことは、願望や欲望の言語的な表現が市場の「有効」需要と混同されてはならないことと同じだ」（ブルーノ・レオーニ『自由と法』）。1950年に権威ある学術雑誌『政治　*Il Politico*』を創刊したブルーノの著作については、『ブルーノ・レオーニへのオマージュ　*Omaggio a Bruno Leoni*』（Scaramozzino, 1969）とピーター・H・アランソンの論文「ブルーノ・レオーニの思い出　Bruno Leoni in Retrospect」（Aranson, 1988）を見よ。レオーニはマイケル・ポランニーと同じように多才な人であり、高等教育、法、ビジネス、建築、音楽、言語学の分野で多大な貢献をなした。彼は1967年11月21日にテナントから家賃を集めようとした際に殺された。54歳での悲劇であった。

4）実際、モンテスキューは『法の精神』（1748）において次のように書いている。「キケロの発言は次のような考えを持っていたからだ。『同じ人が同時に世界の創造主であり、その一部であるとは考えられない』。実際、この国の人のすべて、また国そのものも大きなプロジェクトと同時に、些細なことで頭がいっぱいなのだと考えるべきだが、それは矛盾だ。　C'est dans ces idées que Cicéron disait si bien: 'Je n'aime point qu'un même peuple soit en même temps le dominateur et le facteur de l'univers.' En effect, il faudrait supposer que chaque particulier dans cet État, et tout l'État même, eussent toujours la tête pleine de grands projects, et cette même tête remplie de petits; ce qui est contradictoire.」（『全集』第4部20巻第6章、350ページ　*Oeuvres Complètes: Avec des notes de Dupin, Crevier, Voltaire, Mably, Servant, La Harpe, etc.*（1843）。テュルゴー「グルネーへの賛辞」（1759）『全集』第1巻（1844, pp. 275, 288）。

第4章　ルートヴィヒ・フォン・ミーゼスと経済計算論争の始まり

義経済計算論争へのパレートの影響は、その評価に相反するものが含まれる。彼の影響の否定的な側面は、経済均衡の数学的分析に焦点を合わせたこと、そこでは常に均衡達成に必要な情報が利用可能だと仮定されていることである。このアプローチは、社会主義での経済計算の問題を、市場経

---

5) ヘルマン・ハインリヒ・ゴッセン『人間の交際の発展法則とそこから生じる人間行為の規則　*Entwicklung der Gesetze des menschlichen Verkehrs und der daraus fließenden Regeln für menschliches Handeln*』（Gossen, 1854, p. 231）。ルドルフ・C・ブリスは *The Laws of Human Relations and the Rules of Human Action Derived Therefrom*（1983, p. 255）と題してゴッセンの著作を英訳しているが、その訳は達意の文である。「結果的に、共産主義者による中央当局は多様な労働とその報酬を配分しようとしても、個人の力をはるかに越えた作業であることがわかる」（傍点著者）。ゴッセンの著作の第3版（1927）にはハイエクによる長い序文がある。ハイエクの議論では、厳密に言えば、ゴッセンはオーストリア学派よりも、ワルラスやジェヴォンズの数学派の先駆者だった。この序文はラルフ・ライコによって翻訳出版されている（*The Trend of Economic Thinking: Essays on Political Economists and Economic History, vol. 3 of The Collected Works of F.A. Hayek*, 1991, pp. 352-371）。これは1887年1月27日のメンガーからワルラスへの手紙の内容を解釈するのに役立つ。手紙では、メンガーはゴッセンと考えを共有できる点はごく限られており、しかもどれも本質的なものは何ひとつないと書いている（"nur in einigen Punkten, nicht aber in den entscheidenden Fragen zwischen uns Übereinstimmung, bez Ähnlichkeit der Auffassung"）。*Correspondence of Léon Walras and Related Papers*, vol. 2（Jaffé, 1965, p. 176, letter no. 765）を見よ。

6) 『社会主義の本質　*Die Quintessenz des Sozialismus*』第18版（Menger, 1919, pp. 51-52）。メンガーが学部長を継いだのは、予期せずシェフレが1871年に通商大臣に任命されて大学の職位が空いたからだった。メンガー以前の歴史学派ではない経済学者たち（ロッシャー、ヘルマン、クニースなど）は、疑いなく彼の偉大な業績に影響を与えた。エリック・W・ストレイスラーの興味深い論文「ドイツ経済学がメンガーとマーシャルに与えた影響　The Influence of German Economics on the Work of Menger and Marshall」を見よ（Carl Menger and His Legacy in Economics, ed. Bruce J. Caldwell, Annual Supplement to vol. 22 of History of Political Economy（1990, pp. 31-68）。社会主義を詳細に批判したシェフレの著作は、エドワード・スタンレー・ロバートソンの論文「社会主義の実行不可能性　The Impracticability of Socialism」で扱われている（*A Plea for Liberty: An Argument against Socialism and Socialistic Legislation, Consisting of an Introduction by Herbert Spencer and Essays by Various Writers*, Thomas Mackay編、初版1891年、再版1981年、pp. 35-79ページ）。

7) ウォルター・バジョット『経済研究　*Economic Studies*』（Bagehot, 1898, pp. 54-58）。

済の場合と同じように、数理均衡の学者たちが解決できるという考えを生み出した。これは、後にバローネやその他の多くの経済学者がうんざりするほどに発展させた考えである。しかし、こうした誤った解釈の責任を負うのは、バローネやパレートだけではないことは指摘しなければならない。なぜなら彼らは、市場そのものが生み出す情報なしには経済の方程式体系を解くことはできないことに注意を集めたからだ。特に1897年にパレートは、均衡を記述する方程式体系を解くことについて、次のように断言さえしている。「現実的には、代数的な分析力を越えたもので、…その場合、役割を変える必要がある。数学はもはや政治経済学の助けにはならず、政治経済学が数学の助けとなるだろう。言い換えるなら、これらすべての方程式が現実にわかっているなら、それを解くための唯一の手段は、市場が与えてくれる現実解を観察することだけだ[8]」。パレートは、均衡を記述する方程式体系を定式化するために必要な情報を集めることは不可能だと明言している。同時に、彼は二次的な問題についても触れている。それは、均衡を正式に記述する方程式体系を代数的に解くことは、現実的に不可能だということだ。

　パレートに続きエンリコ・バローネはよく知られた1908年の論文で、パ

---

8) きわめて重要なことであるため、以下にパレートの『政治経済学読本 *Manuel D'Économie Politique*』第3章217節を引用する（Paleto, 1966, pp. 233, 234）。「ここで列挙した均衡条件は、均衡の一般的概念である。特定の現象を理解するには、その発現を研究する必要がある。均衡を理解するには、その決定の様子を研究する必要がある。さらに、この決定は価格を数値的に計算することでは達成されないことに注意してもらいたい。そうした計算のためにもっとも望ましい仮定を置こう。問題についてのデータの知識を得るための困難をすべて克服し、各人のすべての財への欲望、すべての財の生産環境を知っているとする。これはすでに馬鹿げた仮定だが、それでもこの問題を解ける現実的可能性はない。100人の700財についてさえ70699の方程式があり（実際には、これまで無視した多くの状況によってこの数字はさらに大きくなる）、現実的には、代数的な分析力を越えたもので、4千万人の人口と数千の財では膨大な数の方程式を考えることになる。その場合、役割を変える必要がある。数学はもはや政治経済学の助けにはならず、政治経済学が数学の助けとなるだろう。言い換えるなら、これらすべての方程式が現実にわかっているなら、それを解くための唯一の手段は、市場が与えてくれる現実解を観察することだけだ」。アン・S・シュワイアーによる英訳もある（Schwier, *Manual of Political Economy*, 1971）。上記の文章は171節。

第4章　ルートヴィヒ・フォン・ミーゼスと経済計算論争の始まり

レートが始めたパラダイムを集産的国家に当てはめた。彼は、もし方程式体系を代数的に解くという現実的な困難が克服できたとしても（それは理論的に不可能だが）、経済の方程式体系を定式化するために要求される技術的係数を決定するために必要な情報を得ることは考えられない（だから理論的に不可能だ）と断言した[9]。

　これらの明確な（しかし散発的な）警告はあるものの、バローネとパレートの研究は両義的だと評価した。実際、彼らは方程式体系を解くための現実的な障害について明示的に言及し、また均衡を記述するために必要な情報を得ることの理論的な不可能性は克服できないとしたが、数学の利用によって均衡モデルを定式化するという経済学の新しいパラダイムを開始するために、少なくとも形式的にはそれらの情報が利用可能だと仮定せざるをえなかった。よって、彼らのわずかな留保とは無関係に、無数の経済学者が彼らの始めたパラダイムを継続し、均衡の数理分析はせいぜい解釈学的な価値しか持たないことを理解しなかった。それは、強制的な社会計

9）エンリコ・バローネの「集産国家における生産省　Il Ministro della Produzione nello Stato Colletivista」*Giornale degli Economisti*（1908）はハイエクによって翻訳された（*Collectivist Economic Planning*, F.A. Hayek 編, 1975, appendix A, pp. 245-290）。バローネは、「均衡方程式を紙の上で解くことは不可能ではないが、それは膨大、莫大な作業になる。しかし、それは不可能ではない。…しかし正直なところ、技術係数の決定が事前に可能であるとは考えられない。…当然この技術係数の変化は集産主義者には無視されてきたが、…この点において、均衡方程式と最大の集団福祉は、事前に紙の上で解くことはできない」と述べる（pp. 287-288）。バローネがこうして明確に否定した後に、著名なシュンペーターなどを含む無数の経済学者が、ミーゼスが提起した社会主義の不可能性の問題をバローネが解いたと主張したことは、ほとんど想像もできないことである。彼ら誤った経済学者が示すのは、第一に、ミーゼスが提起した問題の本質を見誤ったこと、第二に、彼らはバローネもパレートも注意深く読んでいないこと、第三に、均衡を形式的に記述するための完全情報の仮定は、もっとも優秀な頭脳さえも欺きえる幻想だということだ。バローネ（1859-1924）は奇妙かつ強烈で変化に富んだ生活を送り、数理経済学だけでなく、ジャーナリズムや映画の脚本家（主に官庁の大きな歴史部長として得た軍事史に関する深い知識を駆使した）としても活躍し、それによってイタリア映画界の創生に積極的に参加した。バローネについては、デル・ベッキオの論文「エンリコ・バローネの科学的業績　L'opera scientifica di Enrico Barone」（Del Vecchio, 1925）と、F・カフェによる「バローネ　*Barone*」（Caffè, 1: pp. 195-196）を見よ。

画と協調に必要な情報を得ようとする政府当局が直面する問題を、理論的に解決する可能性にはなんら貢献することはなかったのである。

　集産的な社会が直面する解決不可能な経済問題を体系的に扱った最初の論文は、オランダ人経済学者ニコラス・G・ピアソンによるものだ[10]。ピアソンの論文を読むべき大きな理由は、それが1902年に書かれたことに照らせば、すでに価値一般の問題を明らかにしていることにある。特に、人間行為には目的と手段を認識する必要があるという問題は、人間の本性と分けることはできず、その存在は社会主義体制の確立によっても消し去ることはできない。さらに、ピアソンは、価格が存在しないことは計算と評価の大きな障害となると述べ、その当時までに確立していた労働時間による経済計算という、機能するはずのない共産主義計画を批判した。しかし、こうした重要な貢献にもかかわらず、ピアソンには鋭敏な直感しかなく、市場の情報の分散的な特徴が生み出す問題を特定することができなかった。それは市場で生成・伝達される実践的な情報であり、ミーゼスの偉大な研究によって初めてはっきりと説明されることになった[11]。

　ミーゼスの直前にヴィーザーも根本的な経済問題を感じ、1914年に、分散的な無数の人々の行為は当局による上からの単一組織よりも効率的であると論じた。なぜなら、単一組織では「無限の可能性について知ることはできない」からだ[12]。

　ヴィーザーの後、ドイツの社会学者マックス・ヴェーバーは、長期間に

10）ピアソン「社会主義社会における価値の問題　Het Waardeproblem in een so-cialistische Maatschappij」オランダの新聞 De Economist vol. 1 （Pearson, 1902, pp. 423-456）。G・ガーディナーはこれを The Problem of Value in the Socialist Community として英訳した（Collectivist Economic Planning, pp. 41-85）。ピアソン（1839-1909）はオーストリア学派から大きな影響を受け、オランダ中央銀行総裁、財務相、首相になった。この重要なオランダ人経済学者・政治家については、ファン・マーセヴェーン（Van Maarseveen, 1981）の伝記と、アーノルド・ヘルチェの論文「ニコラス・ジェラルド・ピアソン　Nicolas Gerard Pierson」（Heertje, 1987）を見よ。
11）しかしミーゼスはピアソンを寛容に認め、ピアソンは「1902年に明確かつ完全に問題を認識していた」とする（1922, p. 117）。興味深いことに、ミーゼスは同じ箇所でバローネに言及し、「バローネは問題の核心に触れていなかった」とする。
12）次章の脚注4を見よ。

わたる準備の後、その死後1922年に大著『経済と社会』を出版し、社会主義を実践する試みから生じる問題を論じた。特にヴェーバーは、社会主義者たちが提案していた特定種類の計算では、問題を合理的に解決できないことを強く論じた。特に、資本の維持と効率的な使用は自由な交換と通貨の使用に基づく社会でしか保証されず、社会主義体制（合理的な経済計算が絶対に不可能なもの）が引き起こす経済資源の広範な損失と破壊は、当時もっとも人口密度の高かった地域での人口を維持できなくすると強調した[13]。なお、ヴェーバーがミーゼスの重要論文を知ったのは、その著作の印刷後であったという彼の注釈を疑う理由はない。

　最後に、ロシアの教授ボリス・ブルツクスについて、その研究がヴェーバーとミーゼスの研究に緊密に関係していたことを述べる必要がある。1920年代初め、ソヴィエト・ロシアの共産主義が確立する際、ブルツクスは現実の問題に対して検討を行った結果、彼はヴェーバーやミーゼスにとても近い結論を得た。彼は、市場価格が存在しない計画経済では経済計算は理論的には不可能だと、明示的に断言さえしている[14]。

　要するに、社会主義の経済計算の不可能性に関する議論の前史の中でも、これらの研究はもっとも重要なものである。それらの最大公約数は、彼ら

13）マックス・ヴェーバー『経済と社会 *Economy and Society*』（Weber, 1978），第2章注12, 13, 14、100ページ以降。ヴェーバーの結論では、「計画経済が断行されれば、通貨と資本会計が消滅するために数的・計算的な合理性は不可避的に減少せざるをない。前に見た分析のように、こうした不可避的な非合理的要素は、すべての「社会」問題と、すべての社会主義の問題を生み出す」（p. 111）。ヴェーバーはミーゼス教授の論文を引用し（p. 107）、彼の著作がすでに印刷されてからそれを初めて見たため、二人はそれぞれ独立にこうした発見をなしたようだと記している。さらにヴェーバーは、社会主義が人口の増加と経済発展を阻むことを初めて示したのは、疑いなく自らの業績であるとしている。ヴェーバーによると「ある地域で人口密度を維持するためには、正確な計算に基づかねばならないという可能性を考慮すべきだ。これは真実であるから、実効的な価格システムの維持の必要性によって、社会主義化の可能な程度は制限されるだろう」（『社会と経済組織の理論 *The Theory of Social and Economic Organization*』（Weber, 1964, pp. 184-185）。本書第3章での分析からは、知識の分業の広がりと深化は社会主義体制では起こらない。なぜなら、新たな実践的情報の生成・伝達が許されないからだ。よって、膨大な情報が再生産される必要が生じる。人間は能力的な制約があるため、わずかな人口が生存可能な最低限の経済だけが可能になる。

は社会主義が生み出す本質的問題をきわめて不完全、かつ直感的に理解していたということだ。それらの詳細な分析は前章で行ったが、つまり社会を組織するために必要な実践情報を得ることは中央計画当局には理論的に不可能なのだ。さらに、これらの研究は社会主義理論家の無気力状況を覚ますには十分ではなかった。もっとも純粋なマルクス主義の伝統では、彼らは資本主義批判に閉じこもり、社会主義の現実の働きという基本問題を考えない。前記ピアソンの論文に触発されたカウツキーだけがマルクス主義の暗黙の合意を打ち破り、社会主義組織の未来を記述しようとしたが、その過程で彼は、ピアソンが提起した本質的な経済問題について完全な混乱をきたすだけに終わった[15]。

　結局、ミーゼスが初めて根本的な研究を行うまで、社会主義の観点からは興味深い分析は行われなかった。唯一の例外は、オットー・ノイラート博士の業績であり[16]、彼は1919年の著作で、第一次世界大戦によって中央計画の実行が本質的に完全に可能なことが「証明」されたと論じた。まさにノイラートの本が1919年の講義においてミーゼスの鋭敏な反応を呼び起こしたが、その内容は翌1920年春の記念碑的論文となった[17]。

14）ブルックスの業績は当初ロシア語で、雑誌『エコノミスト　*Economist*』に1921年、1922年に発表された。ついで、1928年にドイツ語 *Die Lehren des Marxismus im Lichte der Russischen Revolution*（1928）に翻訳され、最後に英語に翻訳され、ブルックスの論文集『ソヴィエト・ロシアにおける経済計画　*Economic Planning in Soviet Russia*』（1935）となった。最近、ブルックスの研究はきわめて肯定的に評価されている。なぜなら、彼は問題の歴史的・理論的側面を適切に融合させ、後に広がった論争のように理論と実践を切り離さなかったからだ。ピーター・J・ベッキの著作『ソヴィエト社会主義の政治経済（その形成期1918-1928年）　*The Political Economy of Soviet Socialism（The Formative Years 1918-1928）*』（Boetkke, 1990, pp. 30-35, 41-42）を見よ。

15）これはカウツキーが1902年にデルフトで行った講義についてである。文章は1907年に『社会革命と革命の後　*The Social Revolution and on the Morrow of the Revolution*』として出版された。カウツキーの立場に先立つものとして、G・ズルツァーがドレスデンで1899年に出版した『社会主義の未来　*Die Zukunft des Sozialismus*』（Sulzer, 1899）がある。

16) オットー・ノイラート『戦時経済から通常経済へ　*Durch die Kriegswirtschaft zur Naturalwirtschaft*』(1919)。これには英訳 *Through War Economy to Economy in Kind* があり、『経験主義と社会科学　*Empiricism and Sociology*』(1973) に収められている。短期間の間、ノイラートは、ミュンヘンで1919年春に権力を掌握したバヴァリアの Räterepublik（ソヴィエト革命体制）における Zentralwirtschaftsamt（社会化計画の担当当局）の長官だった。革命が失敗したとき、彼は裁判にかけられたが、マックス・ヴェーバーが彼を弁護した。ノイラートは1945年に死亡した。ノイラートに近い考えはオットー・バウアーが1919年にイグナーツ・ブラント社から出版した『社会主義への道　*Der Weg zum Sozialismus*』でも見られる。そこでバウアーはノイラートと同じように、通貨単位の使用ではなく、特定の財による経済計算の可能性を擁護した。最近、スペイン人経済学者フアン・マルティネス＝アリエルはその『エコロジカル経済学　*Ecological Economic*』第 2 版 (1990, pp. 212-218) でノイラートの研究を再評価した。ノイラートもバウアーもかなり定期的にベーム＝バヴェルクのセミナーに参加していたが、1913年までミーゼスもそのもっとも意欲的な参加者だったことは興味深い。ノイラートの発言は、知的な鋭敏さよりも狂信的なマルクス主義的な熱意に特徴があるが、彼の同輩であったバウアーは、マルクス主義の価値理論は擁護できないことを認めざるを得なかった。またベーム＝バヴェルクへの「応答」において、ヒルファーディングは問題の本質さえも理解できないことが明らかであった。当時、ミーゼスは自らの第一次世界大戦での軍務での観察と回想から生まれた考えに基づいて、社会主義の批判的分析を著作にまとめようと決意していた。彼は当初、東部の前線（カルパチア山脈）で砲兵長を務めていたが、1917年に腸チフスに罹った後は、オーストリア国防省に勤めた。この話題については、ミーゼスの知的自叙伝である『記録と回想　*Notes and Recollections*』が、ハンス・F・ゼンホルツによって注釈付きで英訳されている (1978, pp. 11, 40-41, 65-66, 110-111)。ともかく、社会主義へのミーゼスの考えは、以前の1912年の理論的な総合である『通貨と流通手段の理論　*Theorie des Geldes und der Umlaufsmittel*』から論理的に導かれたものだった。この英訳 *The Theory of Money and Credit* (1981) はドイツ人 H・E・ベイトソンによるもので、ロスバードの序文が付されている。ミーゼスの理論は、主観的な個人的評価の領域（序数的）と、客観的な市場での金銭価格の領域（基数的）とを統合した。これら二つの領域は、当事者の主観的な評価の違いによって個人間の交換が生じるとき、金銭的市場価格、あるいは歴史的な取引価格の差として橋渡しがなされる。これらの価格は本質的に量的な存在として、起業家が未来の出来事を予測するための貴重な情報を提供する。よって、もし自由な人間行為が力によって阻止されれば個人間の自発的な交換は起こらず、主観的な内的世界の直接的な価値づけ（序数的）と、客観的な外的世界の価格（基数的）との橋は破壊されて、経済計算は不可能になる。こうしたミーゼス思想の進化と一貫性についてのきわめて重要な考えは、ロスバードの「社会主義の終焉と計算論争再訪」(Rothbard, 1991, pp. 64-65) による。しかし、

2．ミーゼスの本質的な研究

　社会主義経済計算論争の参加者のすべてが合意できることがあるとするなら、それは論争が正式に始まったのは、ミーゼスの著名な論文「社会主義社会の経済計算　Die Wirtschaftsrechnung im Sozialistischen Gemeinwesen」からだということだ[18]。この論文はミーゼスが前年の1919年に経済学協会（Nationalökonomische Gesellschaft）で行った、同年出版されたオットー・ノイラートの著作に応えた講義内容をまとめたものである。ミーゼス論文が専門の経済学者と社会主義理論家たちに与えた衝撃は、誇張抜きに非常に大きなものだった。彼の冷徹で厳密な論理、説明の明晰さ、挑戦的な精神によって、彼の議論を彼以前の理論家たちと同じように見過ごすことは不可能だった。オットー・ライヒターが強調するように、社会主義理論家に経済計算問題の解決必要性について直接的に強く留意させたのは、ミーゼスが最初だと評価できる[19]。社会主義経済学者であるオスカー・ランゲについては後に詳述するが、彼は皮肉をこめて、ミーゼスがなした社会主義理論の研究はすべての社会主義国の中央計画当局の殿堂にそ

ロスバードはハイエクとミーゼスの違いを強調しようとしたが、ミーゼスが見出したのは内的価値の領域と外的価格の領域のつながりの分断、特に経済計算に必要な（既存・未来の）知識の生成・伝達の欠落の問題であることを、彼は見逃している。ミーゼスとハイエクは些細な点での強調の違いは明らかだったが、社会主義経済計算に対する基本的議論は本質的に同じなのだ。ミーゼスは動的な問題に焦点を合わせ、ハイエクは既存知識の分散化された性質から呈される問題にも焦点を当てたようである。第2章の脚注44も見よ。
17）経済計算論争の「先史」に関する素晴らしい二つの分析は、ハイエク「問題の歴史と本質　Nature and History of the Problem」と、ラムジー・スティール「問題提起：社会主義の経済計算不可能性　Posing the Problem: the Impossibility of Economic Calculation under Socialism」（Steele, 1981）である。ミーゼス以前のこの問題の「先史」についてはここに研究を挙げたが、ロスバードも当を得た指摘をしているように（Rothbard 1991, p. 51）、社会主義の問題は経済学よりも政治的な「インセンティブ」の問題として考えられていた。この種の素朴な社会主義批判の傑作としては、ウィリアム・ヒュレル・マロックの『社会主義の批判的検討　A Critical Examination of Socialism』を見よ（Mallock, 1908）。

第4章　ルートヴィヒ・フォン・ミーゼスと経済計算論争の始まり

の記念像が建てられるべきものだと書いた[20]。おそらく最近の東側諸国での歴史的出来事に照らせば、ランゲの放った皮肉が自分に返ってきたこと、そして多くの旧共産諸国の首都広場に、時代遅れの過去のマルクス主義の指導者たちの象徴が壊されて、若き日のミーゼスの銅像が建つのはなんら不思議ではないのだろう[21]。

18）この論文は *Archiv für Sozialwissenschaft und Sozialpolitik* 47（1920, pp. 86-121）に掲載出版された。これは後に S・アードラーによって英訳され *Collectivist Economic Planning* の第3章に収められた（1933, pp. 87-130）。2年後の1922年、ミーゼスはこの内容をほとんど一字一句推敲しなおして、社会主義の全側面を批判した『共有経済——社会主義研究　*Die Gemeinwirtschaft. Untersuchungen über den Sozialismus*』（1922）を著した。これは1936年に J・カハネによって英訳され、*Socialism: An Economic and Sociological Analysis* として出版された。この翻訳は各地で版を重ねたが、Liberty Classics 版がもっとも良い（1981, pp. 95-197）。最近、ミーゼスの一連の論文は、ユーリ・N・マルセフ（ソヴィエト科学アカデミー）とジャセク・コチャノヴィツ（ワルシャワ大学経済学教授）の序文、ジョセフ・サレルノによる「なぜ社会主義は不可能なのか」と題された後書きとともに再版された。ミーゼスの論文はスペイン語には訳されていないが、ルイス・モンテス・デ・オカは「共有経済」の抄訳を『社会主義——経済と社会の分析　*Socialismo. Análisis Económico y Sociológico*』と題してメキシコ（1961）、ブエノス・アイレス（1968）、ニューヨーク（1989）で出版している。これはまたフランス語でもフランソワ・ペローの序文付きで出版された（1952）。

19）「精力的にこの問題に社会主義者の関心を引かせたのは、完全にミーゼスの業績である。ミーゼスの批判意図は社会主義の理論と実践の発展に肯定的ではなかったとしても、名誉はしかるべきところに帰されねばならない」（『社会主義社会の経済計算　*Die Wirtschaftsrechnung in der Sozialistischen Gesellschaft*』, 1923, p. 74）。この部分の英訳は、トリグヴェ・B・ホッフによる *Economic Calculation in the Socialist Society*（Hoff, 1981）5ページにある。

20）「ミーゼス教授の銅像は社会主義省の大きな広間、あるいは社会主義国の中央計画局の名誉ある場所に置かれねばならない。…それらは彼によってなされた偉大な業績を称えるもので、健全な経済計画の重要性の記念碑となる」（オスカー・ランゲ「社会主義の経済理論」1936, p. 53）。この論文は『社会主義の経済理論について　*On the Economic Theory of Socialism*』（B. E. Lippincott 編、Minneapolis: University of Minnesota Press, 1938 and 1964, pp. 55-143）に再録されている。最近、オスカー・ランゲの論文はまた、部分的に『フリードリヒ・A・ハイエク：批判的評価　*Friedrich A. Hayek: Critical Assessments*』（J. C. Wood、R. N. Woods編, 1991, 第17章 pp. 180-201）に再録されている。

ミーゼスの研究の本質と基本的内容

実践的な情報が生成・伝達されるプロセスの理論的分析に焦点を当てたのは、ミーゼスが最初だった。第2〜3章で見たように、そのプロセスが社会生活を可能にするのである。ミーゼスの用語法はまだぎこちないものであり、分散的な実践的情報について語るより、むしろ知的分業について言及するものだった。彼によれば、それが市場の本質であり、起業家の意思決定に必要となる経済計算と推定を可能にするための情報を生み出す。ミーゼスは言う、「財を生産する人々からなる社会では、財のコントロール権を多数へ配分することは、ある種の知的な分業を伴う。それは生産を計算することと経済なしには不可能である[22]」。2年後の1922年、社会主義への体系的な批判論文で、ミーゼスは同じ考えをより明確化して繰り返した。「分業に基づく社会では、所有権の分配はある種の知的分業にも影響するが、知的分業なしには経済もシステマティックな生産も不可能である[23]」。さらに5年後、1927年の著作『自由主義　*Liberalism*』でのミーゼスの結論は、自分の分析は、社会主義体制が市場価格という形での実践的な情報を生み出せないことに基づいている。市場価格は、現代社会が要求する知的分業に不可欠であり、人間行為または起業家精神の創造的な能力からのみ生じる。「社会主義社会の可能性に対する経済学からの決定的な反論は、それが生産者と消費者としての起業家、地主、労働者の協力による市場価格の形成という知的分業を許さないことにある[24]」。

また別のミーゼスの主要な業績の一つに、市場が恒常的に生成する情報は起業家精神の実践から生じることを発見したことが挙げられる。それは

---

21) ミーゼスの胸像は、オスカー・ランゲが教鞭をとったワルシャワ大学経済理論学部の、まさにランゲの研究室の隣にある図書館にも設置されている。銅像はゲオルク・ケッターの努力によって1990年9月に短くも感動的な除幕式が執り行われた（*Free Market* 9, no. 2, 1991, p. 8と *The Journal of Economic Perspectives* 5, no. 3, 1991, pp. 214-215）。

22) ミーゼス「社会主義社会の経済計算」p. 102。

23) Mises, 1920, p. 101。

24) ミーゼス『自由主義』（1985）。この本の初版は *Liberalismus* として1927年に出版された。

第4章　ルートヴィヒ・フォン・ミーゼスと経済計算論争の始まり

各人が活動する文脈において認識される、特定の時空の状況に基づく。よって、実践的・起業家的な知識は、市場における各行為者が生産プロセスにおいて占める特別な地位の結果として生まれる。もし起業家精神の自由な実践が阻止され、社会のすべてが上から強制的に組織化されるなら、起業家は自由に活動できず、起業家ではなくなってしまう。彼らは、生成・認識しそこなった情報に気づくことさえない。こうして起業家たちは、その学問的なレベルや専門的・経営的な資格とは無関係に影響を免れない[25]。実際、ミーゼスは言う、「起業家の商業的な態度と活動は、その経済プロセスで占める地位から生まれるのであって、地位を離れると消えてしまう。成功したビジネスマンが公的機関の経営を任されると、前職からの経験によって、しばらくの間は良い方向へと向かわせることができるかもしれな

25）こうしたミーゼスの根本思想はカール・メンガーにまで遡れることは確かであろう。1876年のルドルフ皇太子のノートには、彼の公式な家庭教師であったメンガーが彼に口述した考えが記されている。実際、ノート第6巻の50-51ページには、「政府は、すべての市民が必要とするものを知ることはできない。人々を助けるためには、政府は全員の多様な活動を考慮する必要がある。…どれほど注意深くデザインされ、善良な意図を持っている組織であっても、全員の要望を満たすことはできない。本人だけが自らの利益を知っており、それを促進できる。…もっとも献身的な公僕でさえ、規制と指令の典型的な問題を扱う際には、空押しの機械にしかなれない。現代的な進歩からの要請も、実際の生活の多様性も取り扱うことができない。よって、個人的な利益を完全に無視してしまうのと同じ法則によって、すべての経済活動を型にはまったやり方で扱うことは不可能だ」（オーストリア皇太子ルドルフ大公『政治経済学　*Politische Oekonomie*』(1876)）。原稿は皇太子自身によって記され、オーストリア国立公文書館（Österreichisches Staatsarchiv）にある。歴史家ブリジット・ハンマンがこのノートを見つけ、モニカ・ストレイスラーとデイヴィッド・F・グッドが英訳した。上記の翻訳は、まさにエリック・W・ストレイスラーが「カール・メンガーの経済政策：ルドルフ皇太子への講義」に引用したものだ（『カール・メンガーとその経済学的遺産　*Carl Menger and his Legacy in Economics*』, 1990, pp. 107-130）。ミーゼスが、ルドルフ大公の悲劇的な死はメンガーの影響の結果だと考えたことは興味深い。メンガーの自由主義に対して悪意に満ちた知的傾向の広がりが、必然的にオーストリア・ハンガリー帝国に破壊的な効果をもたらし、「この悲観主義が彼の若き生徒であり友人でもあった、オーストリア・ハンガリー帝国の後継者であるルドルフ大公に伝わった。大公は女性のためではなく、彼の帝国の未来と西洋文明に絶望して、自殺したのである（大公は、自身も死を望む若い女性を連れていたが、そのために自殺したわけではなかった）」。『記録と回想』34ページを見よ。

い。それでも政治活動に入ることで、商人であることを止め、他の公務員と同じように官僚的になってしまう。それは簿記の知識、商業組織、商業的な対応方法、あるいは商人を養成する商業高校のおかげではなく、自身と企業の利益を目的とした生産活動における特徴的な地位によるものである[26]」。ミーゼスは社会主義の論文でこの考えを発展・精巧につくりあげて、次の結論にいたった。「経済生活における特徴的な役割を奪われた起業家は、ビジネスマンではなくなってしまう。新しい作業にどんなに多くの経験と技術を持ち込んだとしても、そこでは彼は公務員なのだ[27]」。

　よって、社会主義が強制力を持って、生産要素の基本的な領域（資本財や天然資源）での自由な起業家精神の実践を妨害すれば、中央計画庁がこれらの要素を適切に配分するために必要な実践的な情報の生成・伝達が阻害される。こうした情報が生まれなければ、それを合理的な経済決定に伴う大まかな計算に取り込むことはできない。よって中央規制組織の人々は、その決定と行動において、より望ましい目的を達成し逃したのかどうかを知ることもできない。

　この時点では、ミーゼスの議論は理論的であり、それは社会主義思想に広がる知的誤謬についてのものだったことは強調しなければならない。なぜなら、監督官庁はすべての情報を集めることができない以上、強制命令によって社会を組織することは不可能だからだ。ミーゼスの議論は理論的なもので、社会主義の実際的な不可能性についてのものである[28]。言い換えるなら、理論とは現実の抽象的・形式的・質的な分析であり、それは現

---

26) Mises, 1920, pp. 120-121。私の友人であるW・カイザーの興味深い論文「ミーゼスの社会主義批判における所有権の基礎」（Keizer, 1992）も見よ（1992年4月9～10日マーストリヒト大学での第1回オーストリア経済学会）。

27) ミーゼス『社会主義』191ページ。よってサレルノの二元論はあきらかに不合理だ。「社会合理主義者としてのルートヴィヒ・フォン・ミーゼス」（Salerno, 1990, pp. 44-55）を見よ。サレルノは、ミーゼスは社会主義の問題は経済計算にあるとし、分散化された知識ではないと主張したが、これら二つは不可分に関連している。最初から見たように、ミーゼス自身が起業家の情報生成という「特徴的な役割」の重要性を強調しているだけでなく、常に経済学は物質的なものにではなく、精神的な現実として理解される情報と知識に関連した科学だと見なしていた。「経済学は触れることのできる対象についてではなく、人間とその意味と行為についての学問だ」（『ヒューマン・アクション』p. 92）。

実とのつながりを失ってはならず、現実の状況とプロセスにできるだけ関連していなくてはならない。それは本質的に理論的な議論であった。よってミーゼスが形式的な均衡モデル、または「選択の論理」によって社会主義の不可能性を構想したというのは完全な誤りである。多くの著名な学者がこのように述べているが、彼らは「理論」と均衡分析を区別することができないために誤った発言をしている。

　実際、早くも1920年にはミーゼス自身が注意を促しており、均衡モデルに対する自分の理論の適用可能性を明確に否定している。均衡モデルでは最初から、すべての必要な情報が利用可能であり、そうなれば、社会主義が引き起こす根本的な経済問題はすでに解かれている。そして、それによって均衡理論家はこの問題を見逃すことになる。現実にも、社会主義の問題は、規制当局が特定の経済的な提案に対して好意的、あるいは否定的な指令を発するとき、彼らには自分たちが正しく行動しているかどうかを判断する必要な情報がないため、経済計算も推定もまったく不可能だ。監督官庁にすべての必要情報が利用可能で、それらがまったく変化しないとするなら、経済計算の問題は最初から存在しないため、そんなものが発生しないことは明らかだ。

　こうしてミーゼスによれば、「静的状態では、経済計算は不要になる。そこでは経済生活で同じ出来事が繰り返されるだけだからだ。そしてもし最初の静的社会主義経済が、競争経済の最終結果に基づいていると仮定するなら、経済的観点からは、すべて合理的にコントロールされた社会主義生産体制を構想することができるだろう。しかしこれは、単に概念的に可

---

28)「「理論的」と「実践的」の二分法は偽りである。経済学では、すべての議論は理論的だ。そして経済学は現実世界について議論するものだから、これら理論的な議論は本質的に実践的なものでもある」。ロスバード『人間・国家・経済　*Man, Economy and State: A Treatise on Economic Principles*』第2巻（1970, p. 549）。実際、健全な理論ほど実際的なものはないし、ミーゼスの議論も、彼を批判した数理経済学者の議論も理論的である。ただミーゼスの議論は市場経済と社会主義の現実的な機能に関連するものだったが、数理経済学者たちの議論は見当違いだったということだ。なぜなら、後者は均衡モデルを前提としており、規制当局にはすべての必要情報が利用可能なものとして与えられるため、当然のように経済問題はすでに解かれているからだ。

2．ミーゼスの本質的な研究

能であるにすぎない。ここではしばらく、現実生活では静的状態は不可能
であるということを脇においておこう。経済データは常に変化しており、
経済活動の静的性質は現実の状態とは対応しない理論上での仮定にすぎな
いからだ[29]」。こうしてミーゼスの議論は社会主義の論理的不可能性に基
づいた理論的なものだったが、それは人間行為の理論と論理、それによっ
て動かされる現実社会の動的、自発的なプロセスを取り込んだものでもあ
った。それは、完全な均衡状態下で、現実からかけ離れた非人間的な「全
知」の存在によって行われる、機械的な活動に基づく「論理」や「理論」
ではなかったのだ。

　ミーゼスは2年後に社会主義に関する著作で、さらにはっきりと説明し
ている。「静的な状況下では、解くべき経済計算の問題は存在しなくなる。
仮定によって、経済計算の本質的な機能が果たされてしまっているからだ。
計算の道具も必要ない。人気はあるが、完全には満足できない用語法を使
うなら、経済計算の問題は経済動学にあると言えるだろう[30]」。ミーゼス
のこの発言は、メンガーが確立し、その後ベーム＝バヴェルクが発展させ、
第三にミーゼスその人が広げたオーストリア学派の伝統をもっとも完全に
表している。事実、ミーゼスによれば、「オーストリア学派の特徴であり、
不朽の名声を与えているのは、まさに経済行為の理論をつくったことであ
り、経済均衡や非行為の理論ではない[31]」。均衡状態では経済計算は必要
ないため、社会主義の経済計算の不可能性定理に気づくことができるのは、
オーストリア学派のように、現実の動的プロセスの理論的分析に研究プロ
グラムの焦点を当てたものだけだ。それは市場の働きであり、均衡の部分
的・一般的な機械論的なモデルの発展についてではない。

　こうしてミーゼスは1920年の論文において、第2〜3章で見た社会主義

───────────────

29）ミーゼス「社会主義社会における経済計算」109ページ。
30）ミーゼス『社会主義』102-121ページ。こうして、サレルノが言うように、ミ
ーゼスは経済計算の問題を、目的手段が与えられているロビンソン的な最大化問題
として捉えた、と考えることは意味をなさない（ジョセフ・T・サレルノ「社会合
理主義者としてのミーゼス」46ページ）。動的視点からは、目的も手段も与えられ
てはおらず、それらは常に作り出され、発見されねばならない。計算には未来を見
ること、つまり新しい情報の生成が含まれる。
31）ミーゼスの知的自叙伝『記録と回想』36ページを見よ。

143

第4章　ルートヴィヒ・フォン・ミーゼスと経済計算論争の始まり

の不可能性の理論の本質をすでに明確に定式化していた。ミーゼスの論文は若き学生であったハイエクに多大な衝撃を与え、彼はもっと若い時代に抱いていた「良き意図を持つ」社会主義を放棄し、その後は、彼の師の考えを拡張・洗練することに大きな知的な努力を捧げた[32]。よって社会主義の経済計算の不可能性には二つの異なった議論があるという誤った見方は許されない。こうした見方をする人々は、最初の議論は単に代数的・計算的なものであると主張し、それは最初にミーゼスによって提起されたとする。それは、損益会計を許す価格がない場合には、経済計算は不可能になるというものである。おそらく、第二の議論は、本質的に認識論的であり、主にハイエクによって展開された。それは、社会主義が機能しないのは、中央計画官庁は社会を組織するために不可欠な実践的情報を得ることができないからだというものだ[33]。

　実際、ミーゼスは両方の議論、計算的・認識論的が不可分の一つのコインの両面だと考えていた。もし必要な情報が市場価格の形で利用できないなら、経済計算も初歩的な判断をすることも不可能だ。さらに、そうした情報は、起業家精神の自由な実践によって生成される。起業家は常に過去の市場価格や取引価格を覚えておき、未来の市場価格を見出す、あるいは推定しようとする。そしてそれに合わせて活動し、こうして未来の価格が形成される。ミーゼス自身、1922年にこう書いている。「こうして、その取引に方向性を与え、事業を調整すべきデータを生み出すのは、投機的な資本家なのである[34]」。

――――――――――――――――――

32)「私の考えは、ルートヴィヒ・フォン・ミーゼスによる計画経済での命令問題の概念に大きく触発されたものだった。…しかし、基本的には単純な考えを発展させるには長い時間がかかった」。ハイエク「市場の道徳的命令」『終わっていない課題：アーサー・セルドンに捧げる政策の経済学のエッセイ　*The Unfinished Agenda: Essays on the Political Economy of Government Policy in Honour of Arthur Seldon*』(1986, p. 143)。
33) 多くの学者たちが、計算的な議論は認識論的な議論を意味しないし、その反対も正しいという誤りを信じてきた。例えば、チャドラン・クカサスの『ハイエクと現代自由主義　*Hayek and Modern Liberalism*』(1989, p. 57)、マレー・ロスバード『ルートヴィヒ・フォン・ミーゼス：学者、創造者、英雄　*Ludwig von Mises: Scholar, Creator and Hero*』(1988, p. 38ページ)、そして、上記引用（脚注30）のジョセフ・T・サレルノの論文を見よ。

3．マルクスによる社会主義の機能の仕方

　このように考えることは、1920年のミーゼスの先駆的業績が当時まだ推敲・洗練されたものではないと認識することを妨げるわけではない。その後の数十年に、ミーゼスとハイエクによって情報が生成される起業家精神と、本書第2〜3章で扱ったプロセスの分析に到達したのである。また最初の論文が発表された当時、ミーゼスが挑戦した既存のマルクス主義的な環境からの大きな影響があったため、彼は、経済計算には通貨と価格の両方が必要だと強調する必要があったことは考慮せねばならない。よってミーゼスの1920年の論文を適切な文脈で評価するために、次節ではマルクス主義的な環境の詳細な検討を行う。それは1920年の直前にミーゼスが入った学会や知識人サークルで広がっていたが、彼はそれを第一次世界大戦が起こる直前までにベーム゠バヴェルクのセミナーで十分に理解していた。

3．マルクスによる社会主義の機能の仕方

　ミーゼスが先駆的な論文を書いたとき、1920年代初頭に支配的であったマルクス主義的社会主義を念頭においていたことは疑いない。よって、ここではしばらくの間、当時流行していたこの考えを明確に特定しなければならない。

　最初に、マルクスが説いていた社会主義体制の実際の機能について、マルクス自身が明確な考えを持っていたかどうかを問わねばならない。これは次の二つの点で重要である。第一に、ミーゼスは、マルクスとその後継者たちがその社会主義体制の批判的分析に対して、そうした分析は無意味でありユートピア主義だと議論することで、ある種の予防線を張ろうとしていたと批判しているためである。なぜなら、社会主義は資本主義から必然的に発展するというのである。第二に、マルクスは自身の理論的な枠組みの中では、未来の社会主義での詳細で些末な特定面について憶測するのは「科学的ではない」と考えていたからだ。こうした点や、またマルクス

34）Mises, 1922, p. 121.

主義的なアプローチが、社会主義が機能する現実的可能性についての理論的な議論を避けるためにのべつ幕なしに片っ端から当てはめられてきたという事実があるにもかかわらず、暗黙的・初期的な形ではあっても、社会主義が現実的にどう機能するかについては明確な分析をすることができる[35]。

　私の見解では、マルクスはリカードの調整・均衡モデルにあまりに影響され執着していたため、彼の理論はすべて均衡の規範的な正当化を狙ったものになった。それはつまりマルクスによれば、プロレタリアートは上からの「協調」を強制的に課すべきであり、それによって資本主義の典型的な特徴は払拭されるのである。資本主義の経済的な現実の詳細な分析についてマルクスは、不均衡と調整の失敗に焦点を当てていたことは強調せねばならない。パラドックス的なのは、それがいくつかのとても興味深い点で、オーストリア経済学者一般、特にハイエクやミーゼスの行った市場プロセスの分析と一致するということである。

　したがって奇妙なことに、マルクスは自発的・客観的な秩序としての市場が、社会の調整を許す情報の生成・伝達のプロセスとして機能することを理解していた。事実、『要綱　Grundrisse』に、「この自発的な相互作用の美と偉大さはまさに、個人の意志と知識とは別に存在する物質的・精神的な代謝作用であると言われてきたし、その通りである。それは市民の互恵的な依存性と非個人性を前提にしたものだ。もちろん、こうした客観的なつながりは、まったく無関係であることや、血縁に基づく地域的なつながり、または中世の自然な主従関係よりも望ましい[36]」（傍点著者）。さらにマルクスは、人々が市場で実践的な情報を獲得・伝達するために制度が果たす役割と、経済主体の知識に対する重要性の両方を認識していた。

35）私は、マルクス主義的な社会主義について論じたドン・ラヴォワの好書『競争と中央計画』第2章、28-47ページの記述に同意する。N・スコット・アーノルド『資本主義社会に対するマルクスの急進的批判：その再構築と批判的評価　Marx's Radical Critique of Capitalist Society: A Reconstruction and Critical Evaluation』（Arnold, 1990）も見よ。

36）カール・マルクス『経済学批判要綱　Grundrisse: Foundations of the Critique of Political Economy』（Marx, 1857-58/1973, p. 161）。

3. マルクスによる社会主義の機能の仕方

「こうした疎外が進むとともに、同じ基礎のもとに、それを克服するための努力がなされる。各個人が他人の活動についての情報を得て、それに対して自らの活動を調整するための制度が生まれる。…総需給は各個人の活動とは関係していないが、人々はそれを知ろうとし、そうした知識は現実の総需給に反映される[37]」。

マルクスが市場を批判したのは、彼がまさに「理想」の経済システムとの対比を志向していたからだ。そこでは各人はすべての社会関係を、社会プロセスを意識的・意図的な組織から生じることを可能にするような、強制的・中央集権的・集団的な運営に従属させる。反対に、市場では、そうしたプロセスは非個人的で、だれによっても意識的に設計され、コントロールされることはない、だから「疎外的」なのである。さらに、こうした全社会の組織的な運営は、当局が社会の全体を組織化するための詳細な事前の計画に基づいたものであり、ちょうど、建築家が建物を建てる前に複雑なプランをつくるのと同じだ。「最悪の建築家と最高のハチとの違いはここにある。建築家は、実際に建てる前に、建物を想像する[38]」。こうして市場の自生的秩序による生産の特徴である「無秩序」と、中央計画から生じるとされる「完璧な組織」とが対比される。マルクスが擁護した社会主義は、容赦なく彼が批判した資本主義に取って代わるのである。

マルクスの本質的誤謬は、実践的な情報と科学的な情報の概念の混同と、また実践的な情報は客観的であり、中央計画局に「吸収」されるという信念の両方にある。本書第2章で論じたように、実践的な情報が主観的・排他的・分散的・暗黙的・明示不可能なことをマルクスは見逃した。また論

---

37) マルクス、同161ページ。

38) カール・マルクス『資本論　*Capital: A Critique of Political Economy*』第1巻『資本の生産プロセス　*The Process of Capitalist Production*』(1967, p. 178)。他の著作でマルクスは、生産活動の組織の唯一の手段としての中央計画をいっそう明らかに擁護している。「協調的にまとまった社会では、生産の規制は共通プランに基づいてコントロールされ、資本主義的生産の致命傷である周期的な痙攣と無秩序に終止符が打たれねばならない」(「フランスの内戦：総評議会に向けて　The Civil War in France: Address of the General Council」、『第一次インターナショナルとその後：政治的論説　*The First International and After: Political Writings*』D. Fernbach編, pp. 187-268)。

147

第4章　ルートヴィヒ・フォン・ミーゼスと経済計算論争の始まり

理的な観点から、社会の調整の失敗を中央から協調させることができないことだけでなく、中央からの強制的なやり方では資本主義の起業家プロセスを生み出すことはできず、その結果として常に生じる新しい情報を生成・発展させることもできないことも見抜けなかった。言い換えれば、新しい技術・製品・配送方法、より一般的な起業家的な情報は、マルクスが批判した、起業家の動かす自発的な市場プロセスからしか生まれない。よってパラドックスではあるが、彼自身の観点からいえば、マルクスの社会主義はユートピア社会主義である。なぜなら、市場において生成・使用される情報の論理的本質を適切に理解するなら、市場が実践的な情報の集権的・強制的組織に基づく社会秩序に向かうことは、技術的・経済的発展の力によって不可能になるからだ。

　これこそがマルクスの根本的な誤りであり、その他の経済的・社会的分野での誤りは、この最初の根本的な誤謬に起因する個別的な帰結でしかないと考えられる。例えば、彼の労働価値説は、単純に情報・知識が客観的で外部の観察者に完全に判別できると信じた結果にすぎない。その反対に、価値は主観的であり、分散的、不明確な考え、または断片的情報である。言い換えれば、人間の精神がそれを生み出し、財や経済的な手段の上に投射する。これらの手段は行為者が追求する目的達成にとって有益であるほど、彼の認識する心理的な価値は高くなる。

　マルクスの誤った価値理論はまた、その剰余価値、あるいは搾取理論すべても否定する。マルクスがこれら市場で売られない経済手段を利己的に無視し、その形成プロセスでの労働を取り込まなかったのは正義に反する。ベーム＝バヴェルクが見事に示したように[39]、マルクスの分析は時間選好

---

39) まとめるなら、客観的労働価値理論と、その派生としてのマルクスの搾取理論への主な反論は以下のようになる。

　第一に、経済財のすべてが労働の結果であるわけではない。天然資源は希少であり、それは人間の目標達成に有益であるため、それがまったく労働を化体していなくても経済的な財となる。さらに同じ労働力で作った財でも、製造時間の長短によって違った価値を持つ。第二に、第2章で説明したように、物の価値は主観的である。なぜなら、価値とは、行為の時点で彼が推定しているものにすぎないからだ。彼は、特定の目的達成に対する、ある手段の重要性を見積もっている。だから大量の労働を投下した財でも、後に目的の達成にために役に立たないことが分かれば、

3．マルクスによる社会主義の機能の仕方

の重要性と、一般的にすべての人間行為、特に生産プロセスには時間がかかるという事実を完全に無視している。よってマルクスは、労働者はその生産物の価値ではなく、はるかに多くを受け取るべきだとする。なぜなら、労働者は生産プロセスにおける貢献のすべての価値だけでなく、そうした貢献がなされた時点では評価されなかったが、最終的な生産プロセスが終

ひじょうにわずか、またはまったく価値を持たないこともある。第三に、労働価値理論は解決不能な矛盾に陥っており、循環論法である。労働量が財の価値を決め、労働の価値は労働者が生産的であるために必要なその再生産費用で決まるというのは、循環論である。価値の究極的な決定要因は、決して特定されない。最後、第四に、搾取理論の擁護者たちは時間選好の法則を完全に見逃している。それは他の状況が同じなら、現在の財は未来の財よりも必ず高い価値を持つという事実の論理的な重要性のことだ。彼らはこの誤りから、労働者は彼らが作ったものの価値を越えた支払いを受けるべきだと考える。なぜなら搾取理論家たちは、労働者が働くときの対価は現金で支払われるべきであり、その量は異なった生産期間の終わりに生み出される財のすべてだと主張しているからだ。これらマルクスの価値理論への批判のすべては、オイゲン・フォン・ベーム＝バヴェルクの古典「搾取理論　The Exploitation Theory」で詳細に分析されている（『資本と利子　*Capital and Interest*』1959, 第1巻第12章 pp. 241-321）。これはベーム＝バヴェルクの大著 *Kapital und Kapitalzins* の最初の英訳であり、副題「資本利子理論の歴史と批判　Geschichte und Kritik der Kapitalzins-Theorien」が付され、第4版として出版された（1884, 1900, 1914, 1921）。またベーム＝バヴェルクは、マルクスが『資本論』第1巻で展開した搾取理論の誤りと矛盾を解決するために、第3巻で陥った矛盾と不整合を指摘するための論文も執筆した。その論文は「マルクス主義体制の結論　Zum Abschluss des Marxschen Systems」と題されて、『カール・クニースの75歳記念政治経済論集　*Staatswissenschaftliche Arbeiten-Festgaben für Karl Knies zur Fünfundsiebzigsten Wiederkehr*』（1896, pp. 85-205）に収められている。本書では英訳「マルクス主義経済体制の未解決の矛盾　The Unresolved Contradiction in the Marxian Economic System」*Shorter Classics of Eugen von Böhm-Bawerk* 第1巻第4章（1962, pp. 201-301）を使用した。マルクス主義陣営では、ルドルフ・ヒルファーディング（1877-1941）だけが、『マルクス研究　*Marx-Studien*』第1巻の「ベーム＝バヴェルクのマルクス批判」で反論を試み、失敗に終わっている。ヒルファーディングの論文についてのベーム＝バヴェルクの結論は、「そこには、私の意見をまったく変えるものはなかった」とある（『資本と利子』第1巻、472ページを見よ）。実際、社会主義理論家であり、ミーゼスやヒルファーディングとともにベーム＝バヴェルクのセミナーに出席していたオットー・バウアーでさえも、直接ミーゼスに、ヒルファーディングはベーム＝バヴェルクの批判をほとんど理解していないと発言している。ミーゼス『記録と回想』40ページを見よ。

第4章　ルートヴィヒ・フォン・ミーゼスと経済計算論争の始まり

わった時点での価値の支払いを受けるべきだというからだ。加えて、マルクスの剰余価値説は不可避的に、無意味な循環論法に陥る。実際、客観的だとされる労働価値は、それを維持するために必要な財の価値である再生産費用によって見積もられる。その財の価値は、今度はそれが化体する労働によって決定される、など。こうした誤った理屈の悪循環は、なにも説明しない。

　マルクスは、理想的な社会主義国家は社会を「巨大工場」のように組織し、上から「合理的」に計画されると信じていた。彼は、それが資本主義の大きな非効率と冗長性の解消のための唯一の道であり、なかんずく市場での一般的関係性をすべて、特に交換媒体としての通貨の流通を破棄できると思ったのだ。よってマルクスは明示的に述べる。「社会主義生産の場合、貨幣資本は消滅する。社会は労働力と生産手段を、生産の各分野に分配する。生産者は、実際には、自分の労働時間に対応する消費財供給の引き換え紙片（バウチャー）を受け取るだろう。この引き換え券は貨幣ではない。それは流通しない[40]」。他のところでも、マルクスはこの引き換え券について、それらは「劇場のチケットと同じように貨幣ではない」と指摘する[41]。後にこの考えはすべて弟子たちに引き継がれ、フリードリヒ・エンゲルスは『反デューリング論』でこのもっとも良く知られたヴァージョンを広めた。エンゲルスは同書で次のように述べている——「社会は蒸気機関、去年の小麦1ブッシェル、一定品質の100ヤードの服地にどれだけの労働が込められているかを計算するだけでよく、…社会は生産物に価値の量を割り当てない。100ヤードの服地の生産には、例えば1000時間の労働が必要だった、という単なる事実を述べて、1000時間の「価値」を持つという、曖昧かつ無意味な表現をするのではない。その場合でも、一つの消費財の生産に要する労働量を知ることは必要である。社会は、特に労働力を含む生産手段に合わせて、生産計画を措定する必要がある。多様な消費財の実用性が相互に比較され、その生産に要する労働量が、最終的な計画を決定する。人々は広く称賛されている「価値」からの干渉なしに、

40）マルクス『資本論』第2巻、「資本の流通プロセス」（1967, p. 358）。

41）マルクス『資本論』第1巻、「資本の生産プロセス」（1967, p. 94）。

すべてを単純に取り扱うことができる[42]」。ミーゼスが1920年に、経済計算には通貨と価格が必要だと強調したことは、こうしたマルクスとその直接の弟子たちによる研究の文脈において捉えなければならない[43]。次節では、これを詳細に検討していく。

4. ミーゼスの研究のさらなる考察

マルクスの分析に対するミーゼスの論駁

　社会主義は論理的に不可能であるというミーゼスの議論は、将来社会主義が機能する可能性に対する仮想ケースについてだけでなく、カール・マルクスの分析の核心に対して、狙いすました、総力をあげての反論でもあった。実際、ミーゼスは、すべての情報が客観的で中央規制機関に利用可能なら、均衡状態では通貨も交換媒体も必要ないことに完全に同意していた。よってミーゼスは「通貨は必然的に動的な要素であり、静的な制度で

---

42) フリードリヒ・エンゲルス『反デューリング論』エミール・バーンズ訳
(1947)、バーンズの英訳は1894年版に拠る。
43) さらにマルクスは、介入主義や労働組合主義などの社会主義ヴァージョンを「ユートピア主義」と見なした。彼がそう感じたのは、その擁護者たちが市場生産の典型的な性質である無秩序さを維持し、反面、独立した政府の命令によってそれを修正して社会主義の目標を達成しようとしたからだ。この点では、マルクスは古典派経済学者が発していた介入主義批判の議論を完全に受け入れ、ちょうど重力法則が変えられないのと同じように、社会労働立法ではその目的が達成できないと感じていた。したがってもし国家、政府当局が本当に望んだとしても、公的な命令では賃金を十分に上げることはできない。マルクスが労働組合主義者たちをユートピア的だとしたのは、彼らが、労働者がコントロールする多様で独立した産業・企業活動を、どうやって社会全体の観点から合理的に協調させるのかを説明できなかったからである。本文で示したように、マルクスが認識できなかったのは、彼の視点からは、彼のタイプの社会主義もまたユートピアだったことだ。なぜなら、経済的・技術的・社会的な進歩に必要な情報は、強制的中央計画からは生まれないからである。

第4章　ルートヴィヒ・フォン・ミーゼスと経済計算論争の始まり

は通貨の入る余地はない[44]」とはっきり述べている。

　しかしすでに見たように、ミーゼスの本質的な議論は不可能・仮説的な均衡モデルには言及していない。そこでは変化が起こらず、重要な情報すべてを持つ中央計画官庁が上から強制的に調整を行うため、すべての社会的な調整の失敗は消滅する。この反対に、実際には実現しないそうした状況では、経済計算にはまったくなんら問題の可能性がないとミーゼスは考えた。彼のなした重要な学術的貢献は、まさに現実に中央計画組織が強制的に社会を調整することは理論的に不可能だと示したことにある。この意味で、ミーゼスの研究は社会主義の論理的な不可能性の提示だけでなく、マルクスの学説への決定的な理論的反論でもあった。

　明らかに、ミーゼスのように、市場プロセスの現実生活での作用につい

44）ミーゼス『ヒューマン・アクション』249ページ。さらにミーゼスはマルクスと完全に軌を一にして、均衡状態で使われる「通貨」は、断じて通貨などではないという。彼はマルクスとは異なり、引き換え券は劇場チケットと同じようになるだろうとは主張せず、「それは単なるニュメレール（換算の基準）、空気のようなはっきりしない会計単位である。曖昧で定義不能であり、いくらかの経済学者や多くの素人の犯す誤りでは、それは通貨に帰せられる特徴である。『ヒューマン・アクション』の他のところで（417ページ）、ミーゼスは次のように付け加えている。「その特徴が状況の不変性と硬直性にあるような仮想の経済で、間接的な交換、交換媒体、通貨に機能を割り当てることは不可能だ。未来についての不確実さがないところでは、現金を持つ必要はない。人々は必ず現金残高を持たなければならないので、通貨というものは存在しない。交換媒体の利用と現金残高の維持は、経済状況の変化によって規定される。通貨そのものは交換要素であり、定常的に循環している経済における出来事の一定の流れという考えとは整合しない」。私が知る限り、市場経済と社会主義体制での通貨概念の違いについての説得力ある分析は、トリグヴェ・J・B・ホッフの著作『社会主義社会の経済計算　*Economic Calculation in the Socialist Society*』（1981）、第6章「財の購入と職業選択が自由な社会主義社会での通貨と消費財価格の形成　Money and the Formation of Prices of Consumer Goods in a Socialist Society with Free Choice of Goods and Occupation」、特に101-115ページである。ホッフが明らかにしているように、「通貨」という言葉は市場経済と社会主義経済の両方で使われるが、それらは二つの決定的に異なった概念を表す。それは社会主義体制での価格はパラメータでしかない（つまり価格は過去を振り返った調整機能を果たすだけであり、市場のように新しい情報を生成して取り込むことはない）だけでなく、社会主義体制では消費財だけを買うことができ、国が店舗を所有するからでもある。

て深く鋭く理解できた者にしか、市場なしに経済計算と社会調整が不可能なことは認識できなかった。しかし、ミーゼスが市場価格と競争に言及する場合は、新古典派の均衡理論家が「価格」と「競争」について話すときとは、まったく違ったものを意味していた。まさにこれら二つがなければ、市場以外での経済計算は不可能になる。ミーゼスにとっての価格とは、過去の交換比率であり、それは起業家精神の力による競争プロセスから必然的に生じる。それはある選択肢を他のものに比べる際の条件を示す、単なるパラメータではない。もっと重要なことは、ミーゼスの競争という言葉が、新古典派が与えている意味とはほとんど正反対であったことだ。いわゆる「完全競争モデル」とはある種の均衡状況であり、そこでは参加者たちは受動的に所与の価格で同じ商品を売る。反対にミーゼスにとって競争とは、起業家同士の競合の動的プロセスであり、所与の価格で売るのではなく、常に決定し、新しい行為と交換を行う。それらは常に新しい市場価格という形で表れ、新情報を生み出す。

　後ほど、オスカー・ランゲについての章で、ミーゼスと新古典派の持っていた価格と競争の概念の違いについて、さらに詳細に研究する。現時点で強調すべきことは、ミーゼスの1920年の原論文は、マルクスの著作に含まれていた中央計画に対する見方への挑戦に焦点を当てていたことだ。マルクスは特に貨幣価格の必要性に対し反論していたため、ミーゼスが経済計算には価格と通貨の両方が不可欠だと強調することは自然だった。後になってついに、議論に加わった社会主義者たちは経済計算には通貨と、厳密にはパラメータとして理解される価格が不可欠であることを理解した。当時、ハイエクだけが（その師であるミーゼスが最初に述べたように）議論をその論理的な結論にまで進めた。経済計算にはパラメータではない、本当の市場価格が必要であり、純粋に競争的な市場と生産要素の私有財産制がなければ、起業家精神の実践も社会が必要とする調整と協調もできないのである。しかし忘れてはならないのは、以前に述べたように、実践的情報と知識の役割に関する議論のすべての基本要素が1920年のミーゼスの原論文に原始的な形で提示されていることだ。それらは市場に分散して存在するという議論は、後にハイエクとミーゼス自身によって洗練・完成されることになった。

第4章　ルートヴィヒ・フォン・ミーゼスと経済計算論争の始まり

損益の金銭的計算

　1920年の論文の第2節「経済計算の性質」では、ミーゼスは行為者・起業家が行為する際に行う異なる三つのタイプの価値判断を区別している。基本評価、消費財の評価、生産手段の評価である。基本評価と消費財の評価は行為者によって直接になされる。つまりその本質的計算として、各行為者が自分の主観的な価値尺度において、異なる目的とその実現に必要な消費手段をランク付けするだけだ。反対に、生産要素の評価ははるかに複雑である。これは特に現代の生産構造のように、異なった生産段階の極度に精妙なネットワークに対して当てはまる。それらは高度に複雑な相互関係を持ち、とても長い生産時間を必要とする。よってミーゼスが的を射て述べているように、「無数の高次の財があるなかで、一つのものの重要性を理解することは、一人の人間の精神だけでは弱すぎる[45]」。実際、生産要素についての意思決定はあまりに複雑なので、貨幣価格がもたらす情報、つまり市場プロセスそのものから生じる価格を知らなければ不可能である。その過程で起業家精神を通じて、生産構造での調整の失敗は消滅し、社会生活を可能にする協調への流れが生まれる。

　このプロセスの核心は、起業家が生産要素市場において活動する際に、常に行っている損益の推定である。実際、起業家が利殖機会を見出したとき、その機会を活用するために市場価格、または通貨的コストを払って生産手段を得る。それらの費用は、それによって生産される最終消費財よりも安いと予測しているのだ。反対に、損失は起業家の行為が誤っていたことを示す。彼は特定の消費財やサービスの生産に希少資源を配分したが、他の商品はもっと重要で即座に必要とされていたのだ（それらは損失ではなく利益を生み出す）。論理的に、起業家が生産要素を売買して生産を開始するとき、彼らは単にキメラ的・パラメータ的な「価格」の数値に合わせて「行為」するのではなく、むしろ積極的・恒常的に本当の市場価格を形成して、その中に常日頃から生成・発見している情報を無意識に取り込む。通貨、私的所有権、起業家精神の自由な実践がなければ、情報の恒常的な

45）Mises, 1920, p. 102.

154

生成・発見・伝達は阻止される。またその結果、社会調整のための経済計算に不可欠な基本単位である市場価格も形成されない。

経済計算の現実的な十分性

ミーゼスは、現実の市場経済での経済計算が持つ三つの利点を特定した。第一に、経済計算は、社会プロセスに参加する経済主体の評価を考慮することを可能にする。第二に、経済計算は起業家にその活動のガイドを提供する。それはどういった生産プロセスを採用するかであり、起業家が生み出す損益の「符号」によって表される。第三に、経済計算は多様な行為についての評価を、通貨単位の共通項に落とし込むことを許す。

ミーゼスは、市場経済では経済計算も通貨も完全には機能しないことを明確に認識していた。交換媒体としての通貨の購買力は、常に予見できない多様な変化を受けざるをえない。経済計算については、多くの財とサービスが基本的に市場外にあり、市場では売買されないために貨幣価格の推定はできない（実際、ミーゼスの議論全体は、もしすべての資本財が市場外に置かれたときに不可避的に生じる結果の分析に依拠していた）。さらに、（金融的・費用的）会計における見かけ上の正確性は当てにならない。なぜなら、その数値的表現は、将来の出来事に対する起業家的な性質の主観的判断に基づいているからだ。このことを例示するために、ミーゼスは資本減耗を会計的に表現する減価償却率の計算を引用している。それは、未来に生産財が物理的・技術的に消耗して置き換えが必要になった際の市場価格についての大まかな起業家的判断にすぎない。

それでも、こうした不適切さや不完全さにもかかわらず、経済計算は社会に生じる調整の失敗を発見するための唯一の社会的なガイドになる。それは調整の失敗を発見・調整することに人間行為を方向づけ、社会生活を可能にする。第2章で分析したように、実践的・分散的情報と知識の特徴を考えれば、経済計算に代わるものはなく、それは常に主観的な推定と、均衡では存在しない市場価格の情報に基づいてはいるが、少なくとも起業家に、科学技術的には可能でも経済的には引き合わない無数の可能性、選択肢、行為を除外させてくれる。言い換えれば、経済計算は起業家が考慮す

第4章　ルートヴィヒ・フォン・ミーゼスと経済計算論争の始まり

べき可能性を、利益が出るように見える少数の選択肢へと制限し、それに
よって行為者の意思決定プロセスを抜本的に単純化する。ミーゼスは、
「貨幣計算は不便で深刻な欠点を持つことは認められるが、それに代わる
より良いものはなく、実際の生活上の目的については、健全な貨幣システ
ムにおける貨幣計算で基本的に十分である[46]」と結論づけている。

根本的に（技術的ではなく）経済的問題としての計算

　ミーゼスは、社会主義体制の確立が合理的経済の消滅を意味すると信じ
ていた。なぜなら社会主義体制では、実際の市場経済と同じような適正な
価格と通貨は存在しえないからだ。マルクスの当初の計画の視点からは、
前に述べたように価格と通貨は廃止され、経済計算は完全に失われる。事
実、ミーゼスの論文はこの主張を批判することに向けられている。後に見
るように、もし第二の擁護論として、社会主義当局にある種のパラメータ
的「価格」設定と、会計単位としての「通貨単位」を許しても、状況はほ
とんど変化しない。その場合、起業家精神の自由な実践が許されない環境
では、やはり我々は新しい実践的な情報が生成・伝達不可能なことに直面
し続けるだろう。制度的強制のシステマティックな使用は、こうした情報
の生成と伝達を妨げるため、それは統治機関の「精神」には集まらず、利
用されることもない。

　したがって、社会主義が提起する問題は、単なる最大化問題を解くため
に必要な情報とともに、目的と手段とが与えられているという仮定に基づ
いた技術的・科学技術的問題ではない。その逆で、社会主義が提起する問
題は厳密に経済上のことである。それは多くの競合する目的と手段が存在
し、それらの知識が無数の個人の精神に分散していながら、常に新しく生
成されているとき、よって、そうして存在する可能性と選択肢すべてにつ
いて、それらがどの程度に望ましいのかについて知ることができないとき
にこそ生ずる[47]。技術者が最大化問題を解くとき、市場には他の選択肢と
均衡価格があり、その両方が知られていると仮定する。しかし、経済問題

---

46) Mises, 1920, p. 109.

はまったく違ったものであり、まさにどの目的と手段、未来の市場価格が可能なのかを見出すことなのだ。つまり、問題は技術的な問題に向けて、解決に必要な情報をどうやって集めるかというものだ。経済計算は、起業家プロセスが常に生み出す情報によって可能になる大まかな判断であり、もしプロセスが力によって妨げられると情報は生まれず、経済計算はできなくなる。

企業合併と経済計算

　ミーゼスの議論は、市場経済での「企業組織」の成長の理論的限界の分析にも利用できる。事実、会社または「企業」は、市場における単に自発的「計画」、または「組織化された集団」と考えられる。それは、創始者たちがある種の状況においてその目的達成のためにもっとも適したやり方

47）したがって本書の「経済的」という概念は、より広く知られた均衡理論家たちの視点であるロビンソン・クルーソー的なものとは一致しない。彼らは「経済問題」とは、希少だがすでに知られている資源を、どの目的（これもすでに与えられている）に配分するかであると信じている。本書の視点からは、この「経済学」概念は貧しいものであり、科学的な興味を惹かない。それは経済学を単純で、制約的・近視眼的な最大化技術の塊へと退縮させてしまう。同時に、単なる最大化技術者である疑似経済学者の集団が、彼らの技術の乏しい道具を使っても社会主義の不可能性の理論的要因を理解できないことはなんら驚きではない。経済学の発展を実現するには、学者たちが経済学分野での技術と科学では根本的に異なることを認め、科学という言い訳によって、科学とは無関係な、より簡単で安逸、（見かけ上）安全な分野の技術に逃げ込むのを止めねばならない。なぜなら、そうした技術は本当に重要な、必要な情報の生成・発見という問題が解決していることを仮定して初めて成り立つからだ。最後に、経済問題は人間の相互作用と起業家精神の自由な実践による自生的・分散化されたやり方でしか解決しないため、私たちにとって経済学は人間行為の一般科学であり、その意義（プラクシオロジー：人間行為学）である。その原材料は客観的なもの（財やサービスなど）ではなく、精神的な性質を持つ主観的存在である（考え・評価・情報など）。経済学のオーストリア的な理解は、（静学的・数学的やり方での）最大化に留まらない科学であり、メンガーその人によって創始された。実際、A・M・エンドレスは「非最大化のメンガー的原則」について語ってさえいる。彼の論文「メンガー、ヴィーザー、ベーム＝バヴェルクと経済行動の分析」を見よ（*History of Political Economy* 23, no. 2, 1991, pp. 279-299、特に281ページ脚注5)。

だと、起業家的に発見することで生まれる。すべての会社は少なくとも最低限の組織と計画を持っており、各企業を通じて、ある種の経済的・人的・物的資源が計画と経営者たちの命令に従って組織化される。ミーゼスの原論文での視点からは、企業の大きさは、不可避的に効率的な組織化の可能性を制限する。ある程度の基準となるサイズがあって、それを超えると経営者が企業を効率的に経営するために必要な情報の量と質があまりに大きく複雑になる。それは管理者の解釈・理解能力をはるかに超えてしまい、それ以上規模を拡大しても非効率的で余分になりがちである。

　経済計算の用語では、議論は次のように表されるだろう。すべての会社において、垂直統合が制約されるのは、いったんすべての段階が起業家的生産プロセスに取り込まれてしまうと、市場からはその一段階、あるいは多段階の交換が消えてしまい、よってそれら資本財の市場価格も消滅してしまう。その時点では、企業内で経済計算に基づいて垂直移転をすることはもはやできず、よってシステマティックな誤りと非効率を犯す傾向が起こる。それらは早晩、起業家が競争力を危機にさらしたくないなら[48]、垂直統合の代わりに分散化すべきだったことを明らかにするだろう。つまり、自由市場では、生産プロセスの多段階については、完全な垂直統合は不可能である。なぜなら、そうすると必要な経済計算が妨げられてしまうからだ。よって市場には、各企業の相対的な最大サイズを制限する経済法則がある[49]。

　事実、知識の分業が広く、深く、詳細になり、結果的に社会的・経済的プロセスが複雑化するにつれて、会社が垂直統合し、拡大することは難しくなる。なぜなら、経営層がより多くの複雑な情報を扱い、解釈しなければならないからだ。単に現代経済の特徴でしかないプロセスに「技術革命」というおかしな名前が付けられているが、それは知識の分業がより広

---

48) ロスバードは、「製品の市場がなく、その交換所が内部にあるなら、企業にとって商品の価格を決めることはできない。外部市場が存在して初めて企業は潜在価格を推定できる。市場がないとき、商品は明示的にせよ暗黙的にせよ価格を持ち得ない。どんな数字を当てはめたとしても、単なるシンボルにすぎなくなる。価格計算ができないため、企業は生産要素や資源をある段階から別の段階に合理的に移すことはできない」と、まことに正確に指摘している（Rothbard, 1970, pp. 547-548）。

4．ミーゼスの研究のさらなる考察

く、深くなったものにすぎない。そのもっとも典型的な結果は、他の条件が同じなら、いわゆる「規模の経済」が後退していることにある。ますます明らかになってきたことは、親会社やコングロマリットに投資するより、異なる別々の会社に投資したほうが儲かるということだ。大企業が小企業に勝つためには、内部的な起業家的な試み（社内起業 intrapreneurship）を支持・促進しなければならない[50]。実際、小さなパソコンの能力でさえ、これまで市場において典型的・不可欠だと見られてきた無数の大規模な「自発的な計画組織」を時代遅れにしている。

この議論は、資本主義システムでは必然的に企業は合併して行くという、マルクス理論が誤りであったことも示す。通常、企業合併は、経営層に対する知識や情報の要求が、経営者自身の理解能力を超えるほどには進まない。もし企業が常に拡大して行けば次第に困難は増大し、経営者はその決定を異なる生産方式や別の活動を発見・評価する情報なしに、「暗闇の中で」行わなければならなくなる。市場価格や競合者の起業家精神からの情報がなくなるにつれて、経営者の行動は恣意的で過剰なものになる。したがって、資本主義の未来の進化が必然的に中央計画になるとは考えられない。市場の行先そのものが各企業の集権化の可能性を制限する。こうした

49）早くも1934年には、フリッツ・マハループがこの議論を擁護して次のように述べている。「企業または関係者が、ある部署の生産物を需給で決まる競合的な市場で売るのではなく、別の部署に供給する場合、常に移転価格、または保管費用の問題が生じる。それでも計算はあるかもしれないが、それはミーゼスが「経済計算」と呼んだ経済原則によるものではない」。ローレンス・モス編の『ルートヴィヒ・フォン・ミーゼスの経済学：批判的再評価に向けて　The Economics of Ludwig von Mises: Toward a Critical Reappraisal』の「結語　Closing Remarks」（Moss, 1976）、特に116ページに引かれている書誌情報を参照のこと。ハイエクは、また別の箇所で似たような結論にいたった。「独占供給者に、競争価格または必要費用の価格を課金させることはできない。なぜなら、競争的必要費用は競争なしには知ることができないからだ。このことは、社会主義の独占産業の経営者は、彼に対する命令に反して独占的利益が得られることを意味しない。それは、ある生産方式を他のやり方と比べられないために、独占利益が経済的な無駄にとって代わることを意味している」。ハイエク『個人主義と経済秩序』（1972）、第8章「社会主義の計算 Ⅱ：議論の現状（1935年）　Socialist Calculation II: The State of the Debate（1935）」170ページを見よ。

159

第4章　ルートヴィヒ・フォン・ミーゼスと経済計算論争の始まり

制限は、まさに企業経営層が情報を吸収する能力と、知識の分業がますます深化・複雑化・分権化するという変化によって決まる[51]。

─────────────

50）こうした理由づけは、ロナルド・H・コース教授による「企業」（自生系の内部「組織」として理解される）の本質、その大きさと発展の決定要因についての分析結果と一致する。それは外部的な相互関係と反するものだが、コースはこの外部関係を誤って市場と価格システムに基づく関係として記述している。「明らかに、国家が計画によって産業へ指図し始めると、以前は価格システムが行っていたことを国が行うことになる。普通見逃されているのは、ビジネスマンが各部署を組織するとき、彼は価格システムが組織化できることを行っているということだ。…競争システムには、「最適な計画量」がある！…これら二つのケースの重要な違いは、経済の計画化は産業に押し付けられるが、企業は自発的に生まれることだ。なぜならそれは、より効率的な生産組織方法だからだ」。「企業の本質　The Nature of the Firm」、『企業、市場、法　The Firm, the Market and the Law』（1988）、37ページ脚注14を見よ。またウィリアムソン＆ウィンター編『企業の本質：起源・進化・発展　The Nature of the Firm: Origins, Evolution and Development』（Oliver E. Williamson & Sidney G. Winter, 1991）30-31ページも見よ。かくてミーゼスの議論はコースを補完し、起業家的組織が逓減的な利益と逓増的な費用を示すだけでなく、ある種の生産要素の市場がなくなるとコスト的に存在不可能になる。それゆえ市場プロセスには、自然と生じる垂直統合によって消滅することからの内部的な安全装置が備わっている。それは、各起業家は経済計算に基づいた行為を計画しなればならないという安全装置である。しかし私は、コースの分析はある面では正しかったものの、彼は起業家精神の明確な認識に向けての理論的な境界を超えることができなかったと考えている。彼の理論は「取引費用」という概念に取りつかれているが、その費用の特定と計算に必要な情報はすでに存在することが前提とされている。しかし根本的な経済問題は取引費用ではなく、起業家的な問題だ。つまり、新しい目的とその達成に必要な新しい手段に必要な情報の生成・発見である。言い換えれば、コースの理論は未だに静的または均衡理論的であり、そこには目的・手段の枠組みが所与であるという前提がある。それは「取引費用」の前に、「起業家がどの行為がもっとも適切であるかを認識する」という、より重要な問題があるという事実を反映していない。つまり、もしそれが発見されておらず、主観的に取引費用だと考えられるものがそうでなくなり、あるいはそれが起業家的発見・発明によって根本的に変化した場合、「取引費用」は消滅する。よって問題は、情報が分散しており、取得することが「困難」であってもすでに存在するかどうかではなく、むしろ情報が存在しないことであり、もし起業家精神がうまく実践されたなら、なんの費用もなしに新しい実践情報が生成・発見されることだ。動的な社会プロセスでは、経済問題は「取引費用」から生じるのではなく、「X非効率」または純粋な起業家的誤りから生じ、それは起業家精神の非強制的・創造的な実践によってしか解決しない。

5．経済計算問題に対する最初の社会主義的解法の提案

種類財による経済計算

　社会主義経済は通貨を使用せずに組織化できるという考えは、前節で見たように、マルクスに遡ることができる。実際、政府当局によって強制的に押し付けられるとマルクスが信じていた涅槃（安定状態）、または均衡状態では通貨は必要ない。すべての情報が与えられており、変化が起こらないからだ。いつでも同じ財とサービスを生産し、同じ個人に同じやり方で配る。この考えはマルクスからエンゲルスに、エンゲルスから多くの学者たちに受け継がれた。その明快さは様々ではあったが、彼らは通貨がなくても経済計算にはなんの問題もないと主張した[52]。

　中央強制官庁が必要な情報にアクセスできるという事実は別にして、経済計算を特定財・種類財で行うことを提案することの問題は、単純に、異質な財の足し算・引き算などの計算ができないことだ。事実、もしある機械と交換に、政治組織は40匹の豚、5バレルの小麦粉、1トンのバター、200個の卵を引き渡すと決定するなら、自分たちの評価基準から不当に高いものを渡しているとどうやって知ることができるだろうか？　言い換えるなら、もし規制機関がこれらの資源を別の活動に配分するなら、機関自体にとってももっと価値の高い目的を達成することが可能になるのか？おそらく社会主義理論家は、客観的・分散的・不明確な性質の情報が社会主義に与える解決不能な問題を初めのうちは理解できなかったことの言い訳ができるかもしれない。しかし、合理的計算が共通項としての通貨単位

51）こうしてマルクスへの理論的な論駁が完成する。歴史的には、このマルクスへの論駁はベーム＝バヴェルクによる剰余価値、あるいは搾取理論、労働価値の客観理論に対する批判論文に始まる。ベーム＝バヴェルクは、マルクスの資本主義への批判的分析が馬鹿げていることを示した。ミーゼスは社会主義という別体制は、経済計算を許さないために理論的に不可能なことを示し、マルクス理論への決定的・破壊的な議論によってこれを完成した。この議論からの重要な副産物・補題として、資本主義の合併プロセスについてマルクス理論が間違っていることの証明が演繹される。

第 4 章　ルートヴィヒ・フォン・ミーゼスと経済計算論争の始まり

を利用せずに可能だという、あからさまな誤りを犯すことへの言い訳はできないだろう。

　さらに、種類財による計算の問題は、生産決定だけでなく、消費財やサ

---

52) 通貨なしの経済でも経済計算が可能だと信じた学者には、カール・バロッド、ニコライ・ブハーリン、オットー・ノイラート、カール・ランダウアー、A・B・チャヤーノフなどがいる。一般に、これらの学者の考えは、国が各市民のニーズを専門家（生物学者、農学者など）が提供する「客観的」な基準で定義する。そして対応する統計局、部局が１年間に生産される消費財（靴、ズボン、シャツ等）の量を計画する。これら消費財は、後に同じやり方で市民に分配される。すでに引用した *Durch die Kriegswirtschaft zur Naturalwirtschaft* と *Wirtschaftsplan und Natural-rechnung: von der sozialistischen Lebensordnung und von kommenden Menschen* (1925) というオットー・ノイラートの著作に加え、種類財による計算を擁護した社会主義者は次のような人々だ。アレクサンドル・チャヤーノフ, Zur Frage einer Theorie der Nichtkapitalistischen Wirtschaftssysteme, *Archiv für Sozialwissen-schaft und Sozialpolitik* no. 51 (Tschayanof, 1923)。N・I・ブハーリンと E・プレオブラジェンスキー *The ABC of Communism: A Popular Explanation of the Program of the Communist Party of Russia* (Bukharin & Preobrazhensky, 1966)。カール・バロッド *Der Zukunftsstaat: Wirtschaftstechnisches Ideal und Volkswirtschaftliche Wirklichkeit* 第 4 版 (Ballod 1927)。最後にカール・ランダウアー *Planwirtschaft und Verkehrswirtschaft* (Landauer, 1931) である。これらの著者たちの提案について詳細に述べたものが、トリグヴェ・J・B・ホッフの『社会主義の経済計算　*Economic Calculation in the Socialist Society*』50-80ページにある。カール・バロッドとソヴィエト連邦での計画化の始まりへの影響については、フランソワ・スローの『社会主義の経済　*Les Economies Socialistes*』(Seurot, 1983, pp. 12-13) を見よ。バロッドの著作は1903年から1906年までにロシア語で六つの版が出版され、1920年にレーニンがクルジジャノフスキーに電化計画（GOELRO 計画）の草案づくりの作業を任せたとき、彼はバロッドの原則に従った。カール・バロッド（1864-1933）は1627年のフランシス・ベーコンの著作『ノヴァ・アトランティス』からの偽名アトランティカスを使っていたが、彼についてはフアン・マルティネス＝アリエルの著した *Ecological Economics* という良書があるので、そちらの199-205ページを見てもらいたい (Martínez-Alier, 1990, pp. 199-205)。しかしその結論では、マルティネス＝アリエルは、第 2 ～ 3 章で見た起業家精神の本質を考慮し忘れており、起業家精神に制度的妨害がなされた場合、天然資源が特に損害を受けるという事実を見逃している。なぜなら、これらの資源に適切な決定のために必要な情報は生み出されないからだ。このトピックについてさらに興味のある方は、私の論文「天然資源の所有権と私的管理　Derechos de Propiedad y Gestión Privada de los Recursos de la Naturaliza」、『自由思想ノート　*Cuadernos del Pensamiento Liberal*』を御覧いただきたい。

162

5．経済計算問題に対する最初の社会主義的解法の提案

ービスの分配についての決定にも影響する。すべての市民に平等に分けられない多くの消費財やサービスがあるため、通貨単位を利用せずにそれらを分配する方法を考えるのは不合理である[53]。よって、社会主義理論家として種類財による計算が可能だと考えたランダウアーに対する、ミーゼスの次のような皮肉なコメントを適用して結論づけられる。「ランダウアーが理解できていないのは、異なる単位の数字は加えたり、引いたりできないことと、その理由だ。そうした場合の解決法はない[54]」。

にもかかわらず、種類財による経済計算が不可能である根本的な理由は、異質な量は加減できず、一般的に数学的に取り扱えないからだという誤った印象に流されてはいけない。市場価格と通貨なしでの経済計算の不可能性の本質的な理由は、第3章で詳細で述べた。それは人間の実践的知識の主観的・分散的・不明確な性質にある。もし人間の知識がこうした特徴を持たなかったとしても、種類財による経済計算は不可能だっただろう。なぜなら、異質な量に対して数学的な操作をすることはできないからだ。反対に、もし仮に仮説的な存在が種類財に対する計算をする能力を持っているとしても、それでも彼にはすべての必要な情報を集めることは論理的に不可能だ。よって、情報という議論は本質的であり、種類財による計算はきわめて強力なものだが、二次的なのである。

労働時間による経済計算

マルクスが採用した客観的価値理論は、異なる社会主義経済学者たちがこの問題を解くために労働時間の計算を使おうとしたことが、いかに自然

53）社会主義理論家のカール・カウツキー自身は、ノイラートの種類財による考えをからかって、「種類による簿記は、すぐに手に負えないカオスになることは明らかだ」。引用はホッフ『社会主義社会の経済計算』79ページより。さらにホッフが詳細に示したのは、異なる社会主義理論家が提案した種類財による分配や消費財とサービスのどれもが不可能だったことだ（それらの八つの異なったタイプが大きく二つのグループに分けられて、実際に考慮された）。同書54-70ページを見よ。ロシア人経済学者ボリス・ブルツクスも、ブハーリンとチャヤーノフの種類財による経済計算の可能性という提案を馬鹿らしいと述べている（Brutzkus, 1935, p. 17）。
54）ミーゼス『社会主義』119ページ脚注。

第4章　ルートヴィヒ・フォン・ミーゼスと経済計算論争の始まり

であるかを語る。この「解法」は価値の客観理論対主観理論の議論に直接につながるように見えるが、労働時間で経済計算を行う可能性についての分析は、当初どちらの価値理論（客観的あるいは主観的）が正しいのかの問題についての特定の立場とは独立したものであった。

　これらの学者たちは基本的に、政府が各労働者の労働時間を記録しておき、その労働時間分のバウチャーを与え、生産された消費財とサービスを保証することを提案した。各生産物とサービスを作るために必要な労働時間の統計記録局が設けられ、社会の生産物とそれに値するバウチャーの引き換えを望む労働者に分配する。こうして各労働時間は、労働者に時間当たりの財とサービスを得る権利を与える。

　こうしたバウチャーが通貨ではなく、財とサービスは市場価格を持たず、したがって売手と買手による自発的な交換条件が生まれないことは明らかだ。なぜなら、財とサービスがバウチャーと交換される割合は、明示的に、各財の生産に必要な労働時間として事前に決まっているからだ[55]。

　ミーゼスによれば、労働時間による経済計算は二つの解決不能な問題を提起する。第一に、ここで提案された計算基準は、再生産できない天然資源を使う生産プロセスには当てはめられない。実際、目的の達成に不可欠な石炭のような天然資源に対して、特定の労働時間を帰することができないことは明らかだが、それらは経済的に希少であり、労働によって作り出せない。言い換えるなら、そうした資源は労働では作り出させないため、労働時間を考慮しても、必要な経済計算をすることはできず、その資源に対しては恣意的に決定せざるをえない。

　第二に、１時間の労働は均質、一定の量ではない。事実、「労働」など存在しないのであって、無数の様々な種類の労働があったとしても、それらの種類に対する共通項としての通貨による市場価格がなければ、加えることも引くこともできない。それらには根本的に性質が異なるからである。問題は、単に各労働者の効率性が大きく違うことだけでなく、各個人でもどれほど状況が良いかによって、ある時間によって異なることだ。また労働によるサービスがあまりに多様で常に変化し続けるため、それらは完全に異質であり、前項で論じた種類財による経済計算と同じ問題に突き当たる。異質な量を使った計算はできない、というわけだ。

164

5. 経済計算問題に対する最初の社会主義的解法の提案

　伝統的なマルクス主義の解法は、異なる労働タイプをいわゆる「社会的に必要な単純労働」で分類しようという試みだった。しかし、異なるタイプの労働時間を単純化された労働に整理するためには、それらが異なる経済主体の交換によって決定される市場価格の存在が不可欠だ。この市場プロセスがなければ、異なる労働の相対的判断は必然的に恣意的なものになり、合理的経済計算は消滅する。異なる労働を事前の市場プロセスなしに共通単位で整理することはできないからだ。さらに、異質な労働を共通単位に分類することの問題は、前述したように種類財による計算の一般問題の一例にすぎない。それは異質な生産要素を共通単位で整理することの不可能性だ。

　最後に繰り返すなら、もし仮にこれら二つの問題（再生不能な天然資源の経済計算と労働時間の共通単位の発見の不可能）への解決法が考案されたとしても、社会を構成する無数の経済主体の内心に分散しているすべての

---

55) ここで記された労働時間による経済計算のやり方は、カール・マルクスの『ゴーダ綱領批判』に概略がある。『マルクス・エンゲルス選集 *Marx-Engels Selected Works*』第3巻（1970）。「労働者は社会から、自分が行った各種の労働量の証明書（共通基金への出資を引いた後）を得て、彼は消費財の社会的な蓄えから、労働費用と同じ分を受け取る。彼が特定の方法で社会に与えたものと同じ量を別の形で受け取るのである」。労働時間による経済計算が可能だと説得力のある擁護をした学者としては他に『資本主義の解体：社会主義社会における経済計算 *Die Sprengung des Kapitalismus: Die Wirtschaftsrechnung in der sozialistischen Gesellschaft*』（Leichter, 1923）を著したオットー・ライヒターが挙げられる。不思議なことに、ライヒターは種類財による計算を激しく批判している。彼の考えは後にウォルター・シフの著作『計画経済とその主要問題 *Die Planwirtschaft und ihre ökonomische Hauptprobleme*』（Schiff, 1932）によっていっそう洗練された。ライヒターの方法はミーゼスの論文（「社会主義会計問題への新たな貢献 Neue Beiträge zum Problem der sozialistischen Wirtschaftsrechnung」（1924, pp. 488-500））において特に反論されている。ウィリアム・カイザーはこのミーゼス論文へのコメントを英語で書いている。「社会主義経済の合理性についての二つのミーゼスの忘れられた論文 Two Forgotten Articles by Ludwig von Mises on the Rationality of Socialist Economic Calculation」（Keiser, 1987, pp. 109-122）を見よ。カイザーが論じたもう一つの論文は、「社会主義会計問題への新論文 Neue Schriften zum Problem der sozialistischen Wirtschaftsrechnung」（1928, pp. 187-190）である。この論文でミーゼスはヤコブ・マルシャク、オットー・ノイラート、ボリス・ブルックスらの研究を検討している。

第4章　ルートヴィヒ・フォン・ミーゼスと経済計算論争の始まり

重要な実践的情報を計画当局が得ることはできない。

効用の単位による経済計算

　ミーゼスの議論によって多くの社会主義理論家が労働時間による計算は不可能だと理解したが、彼らは「効用単位」[56]の計算によって問題は解決できると信じた。しかし、この提案は、おそらく労働時間での計算以上に不合理だ。効用は完全に主観的な概念であり、各個人の認識から生じる。それは、彼が置かれた状況での特定行為という文脈において、彼に利用可能な手段についての認識である。効用は測れない。意思決定する際に、異なった選択肢から生まれる効用を比較できるだけだ。異なる個人のもつ効用を観察することもできない。それには、人の心に入って、その人格、価値、経験をなぞる必要があるからだ。よって効用は強制的中央組織には観察できず、感じることも測ることもできない。

　さらに行為者も意思決定に際して効用を「測る」わけではなく、その代わりに、異なる選択肢から得られるだろう効用を比べているだけだ。市場価格は効用を測ってもいなければ、あるいは効用が同じであることも表していない[57]。それは単なる歴史的な交換比率でしかなく、交換の当事者たちが主観的で異なる価値づけを行い、その評価の違いのために交換された

56）スタニスラフ・ストルミリン（1877-1974）は、労働時間の経済計算は、効用単位の使用によって完全にならなければ、不可能だと考えていたと記している（Strumilin, 1920）。彼の経済計算システムはレーニンが市場と通貨を NEP 期に見捨てたものだが、その詳細な説明はストルミリンについての M・C・カーザーの記述を見よ（Kazer, 1987, p. 534）。また、ボリス・ブルックスはその著書で効用単位による計算の可能性を仔細に批判している。さらにカール・カウツキーは、社会主義経済が確立する前の歴史的市場価格を出発点にしなければ（おそらく間接的に効用を測るため）、労働時間による経済計算は不可能だと激論している。彼の著作『プロレタリア革命とその計画　*Die proletarische Revolution und ihr Programm*』（Kautsky, 1922）を見よ。ミーゼスは1924年の前注の論文（「社会主義会計問題への新たな貢献」）で、カウツキーの提案を完全に論駁している。

57）「すべて愚か者は価値と価格を混同する　Todo necio/confunde valor y precio」アントニオ・マチャード「箴言と歌」68、『全詩集　*Poesías Completas*』（Antonio Machado, 1989）。

ことを表しているだけだ。

　こうして、効用を使った経済計算の試みは解決不能な問題を提示するという結論に至る。効用は観察できないだけでなく、経済計算を実行するために測ろうとしても、間主観的な共通の単位も尺度もないからだ。効用概念は主観的で捉えどころがなく、効用単位に基づいて経済計算をすることが不可能だという議論はもともとの本質的な議論に立ち戻ってしまう。それは、強制的中央機関には、すべての経済主体の心に分散している実践的情報を集めることはできないということだ。それらは、特定の目的と手段がもたらす効用に対する、無限・恒常的に変化する個人的な一連の評価や判断の形をとって表れるのである[58]。

---

58) ミーゼスの挑戦にドイツ語で答えようと試みた経済学者たちの多くは、これまでの注で引用してきたが、白眉の研究といえるものに、ギュンター・K・カロウペクの「社会主義経済における経済計算のオーストリア論争　The Austrian Debate on Economic Calculation in a Socialist Economy」(Chaloupek 1990, pp. 659-675) がある。特にそこでの引用文献を見よ。ドイツ語での経済計算論争は後の英語圏ほどには広く知られておらず、カロウペクは引用していないが、明確にミーゼスの立場を支持する研究で終わっている。特にマックス・ヴェーバー「経済と社会　Wirtschaft und Gesellschaft」『社会経済学の概要　Grundriss der Sozialökonomie』(Weber, 1922), 3：pp. 45-59、アドルフ・ヴェーバー『一般経済学　Allgemeine Volkswirtschaftslehre』第 4 版 (A. Weber, 1932), 2：p. 369、C・A・フェルリン・ステュアート「利益追求 vs 要求充足　Winstbejag versus behoeftenberrediging」(Stuart, 1931)、ポーレとハルム『資本主義と社会主義　Kapitalismus und Sozialismus』第 4 版 (Pohle & Halm, 1931) を見よ。

第5章

静学化への不当な移行
形式的類似性といわゆる「数学的解法」の議論

1．形式的類似性の議論
　　ベーム＝バヴェルクとヴィーザーが提案した形式的類似性
　　エンリコ・バローネの形式的類似性の論文
　　形式的類似性を論じたその他の理論家　カッセルとリンダール

2．「数学的」解法の分析
　　フレッド・M・テイラーの論文
　　H・D・ディッキンソンの論文
　　ドイツ語圏における数学的解法

3．「数学的解法」と論争への悪影響

4．「試行錯誤」方式
　　試行錯誤方式への批判
　　計量的計画経済への理論的な不可能性

ミーゼスが最初の論文を出した後、社会主義陣営は速やかにその努力を向ける方向を変えた。きわめて静学的な意味で、社会主義が提起する問題を解くことに力点を置き始めたのである。この努力はまったく不要なものなので、本書ではこうした社会主義経済学者の静学への移行を、「不当」であると記述する。すでにミーゼス自身が、社会主義は静学的にはなんの問題もないことを示していたからだ。ここでは社会主義者たちが、議論すべき問題の本質を完全に誤解していた理由を説明しよう。特に、以下の二つのパラダイムが議論にもたらした破壊的な効果を分析する。それらは均衡分析のパラダイムと、静学的には市場と社会主義のモデルには形式的類似性があるということを示す議論のパラダイムである。それから、社会主義理論家たちが提案した七つの「数学的解法」を吟味し、こうした「解法」の提案に対するミーゼス、ハイエク、ロビンズの反応を分析して本章を終える。

1．形式的類似性の議論

　前章では、社会主義の伝統のもっとも長期にわたる思想が素朴に考えたのは、経済学者が見出して資本主義経済を分析した価値と利子の概念を廃棄できることであると説明した。多くの学者はこの立場に反応して、全情報が利用でき、変化がない（均衡モデル）理想的な社会主義経済体制でさえも、価値と利子の基本概念は残ることを早急に示した。この議論は、当初は言語的論理で定式化されたが、後にひじょうに形式的な数学用語を使いだした。自分たちのモデルなら価値概念を放棄することができると非現実的に信じていた社会主義者たちに対して、議論の印象を強めるためだ。
　こうして理想的な共産システムが均衡においても価値と利子の基礎概念を必要とすることを示すため、学者たちは理論的な譲歩を行い、最初から

第5章 静学化への不当な移行 形式的類似性といわゆる「数学的解法」の議論

根本的な経済問題（つまり、必要な情報を得ること）はすでに解決していると考えた。しかし、この譲歩が論争を静学的な分野へと根拠なしに移行させてしまった。それは見当違いだったため、結果的に論争の参加者と、後にその内容とそこから導かれる主な結論を分析・評価する人々には、大きな混乱が生じた。実際、均衡モデルの仮定がなされると、数学用語による形式性によろうがよるまいが、全情報が利用可能で変化しないものになる。社会主義経済計算の問題は、単なる代数的・計算的なものだと考えることは不可避になるが、それは対応する数学的方程式体系を解くための実践的な方法を見つけるだけで克服される。よって、形式的類似性の議論は、もともと社会主義経済学者の主張を反証すると考えられたが、後に彼らによって社会主義がもたらす根本的な経済問題から逃げるために使われた（つまり、どうやって中央計画局が、無数の経済主体の心に広く分散しているデータである重要な必要・実践情報を得るのか）。したがって経済学者は、問題を単に無数の複雑な方程式体系を解くという実際上の問題であると見誤り、社会主義には理論的な不可能性そのものの問題があるとは認識しなかった。この現象にはっきり示されているように、経済学に数学を適応することの危険性は、それがどんなに優秀な頭脳にも本当に重要な経済問題を見分けられなくしてしまうことだ[1]。

ベーム゠バヴェルクとヴィーザーが提案した形式的類似性

1889年は、おそらく形式的類似性の議論にとってもっとも重要な年だった。その年にヴィーザーの著書『自然的価値』が出版されたのである。こ

---

1) ミーゼスは経済学の分野にかかわらず数学的な方法は荒廃を招くと考えたが、おそらく経済計算問題がとりわけはっきりと、数学的方法は市場プロセスを扱いそこね、社会主義の根本的な理論問題を隠してしまうことを示した。それはつまり、どのようにして社会は起業家精神の自由な実践なしに調整されるかという問題だ。よって彼が痛烈かつ果敢に、次のように断言したことも理解できよう。「数学的方法が拒否されねばならないのは、その不毛さによってだけでない。それは誤った仮定からごまかしの結論にいたる全くもって危険な方法なのだ。その論理は貧弱なだけでない。精神を本当の問題の研究からそらし、各種の現象間の関係を歪曲させてしまう」。ミーゼス『ヒューマン・アクション』350ページ。

のヴィーザーの著作の主な目的は、共産主義原理によって経済的に組織化
された社会、または国家においてさえ、経済財は価値を持たなくならない
ということを示すことだった。ヴィーザーは、価値の本質的法則はそれが
制度的・社会的状況から独立していることであり、よってそのことは社会
主義社会でも考慮されねばならないと信じていた。彼の分析は明らかに均
衡論であって、市場における選択の特徴的論理は社会主義でも同様である
ことを示している。そしてこのことがまさに、二つのシステムの形式的類
似性をめぐる議論となる[2]。

---

2) フリードリヒ・フォン・ヴィーザー『自然的価値 *Der Natürliche Wert*』(Wieser, 1889)。これには C・A・マカロックによる英訳がある (*Natural Value*, 1971)。
その60ページには、「共産主義原理に基づいた経済秩序の社会・国家でさえ、財は
価値を持たなくならない。…財と効用の社会関係から生じる価値、または共産主義
国家での価値を、これから『自然価値』と呼ぶことにする」。私はこの本を慎重に
読んだが、個人的にはヴィーザーの「自然価値」概念は不合理で幻想的だと考える。
それは、決して現実では起こりえない仮説的均衡モデルにしか適用できない価値概
念だからだ。結果的に、ヴィーザーは価値が客観的だと仮定し、特に効用の個人間
比較が可能だという誤りを犯している。もし彼がメンガー以来の本当の「オースト
リア学派」の伝統に従って、幻想的な均衡モデルではなく動的な市場プロセスの分
析に基づいていれば、こうした深刻な誤りは犯さなかっただろう。ミーゼスはヴィ
ーザーがメンガーの始めた市場プロセスの一般的・相関的な研究パラダイムを捨て、
それを裏切ったことを強く批判した。ミーゼスの結論では、ヴィーザーは「創造的
な思想家ではなく、概して有益というよりは有害であった。彼はオーストリア学派
の主観主義の考えの要旨をまったく理解しておらず、そうした限界のために彼は多
くの誤りを犯した。彼の価値計算の考えによれば、彼はオーストリア学派というよ
り、むしろローザンヌ学派(レオン・ワルラス等と経済均衡概念)のメンバーだと
呼ぶべきである(ミーゼス『記録と回想』36ページ)。マーク・ブローグはオース
トリア学派の独特な観点を簡潔かつ見事に定義しているが、それでも次のコメント
を見るとヴィーザーの逸脱は完全に見過ごされている。「オーストリア学派はある
時点からマーシャルの部分均衡分析とワルラスが推し進めた種類の経済学を拒否し
た。それらは第一に、明示的に数学用語で定式化されたものであり、第二に、「プ
ロセス」ではなく、「最終状態」の経済学である。それは均衡が達成される仮定で
はなく、結果の性質に焦点を当てたものである。オーストリア学派は、連立方程式
の比喩を使った一般市場均衡の存在と一義性についてのワルラスの分析に関心がな
く、過剰需要への価格調整による一般均衡の議論にはさらに関心をもたなかった。
実際、ウィックステッドとロビンズを含む、すべてのオーストリア経済学者は価格
決定理論という概念を避けて断続性と不可分性を強調し、実際には完全に実現する

第5章　静学化への不当な移行　形式的類似性といわゆる「数学的解法」の議論

　1889年にはまた、オイゲン・フォン・ベーム＝バヴェルクがその大著『資本と利子』第2巻において、利子率についてヴィーザーの考えにきわめて似た議論を展開した。ベーム＝バヴェルクは利子を、資本主義と共産主義とを問わず、すべての経済システムに存在すべき本質的な経済的概念だと考えた。よって、資本主義システムに典型的に見られ、強烈に批判される「剰余価値」または「搾取」は社会主義体制でも消滅することはない。むしろ実際には、その反対が実情である。国家、または監督組織はそれを維持する必要がある。なぜなら時間選好の概念は、どういった経済でも消せないからだ[3]。

　これらの研究は、価値と利子のカテゴリーが社会主義でも存在しなければならないことを示すためのものだ。ヴィーザーと、度合いはやや低いもののベーム＝バヴェルクが、彼らの理由付けを必要情報のすべてはすでに

_____

ことのない均衡に向けての一般的傾向で完璧に満足している」（マーク・ブローグ「オブライエンの『ライオネル・ロビンズとオーストリアの関係』についてのコメント」、ブルース・コールドウェル編『カール・メンガーと経済学への遺産』186ページ）。ちなみに、よく話に上る彼の転向について話さねばならない。彼はオーストリア学派を否定することから始めたが、その後に一般均衡モデルとワルラス的パラダイムへの自らの帰依を批判するようになった。「私はゆっくりと、そしてきわめて嫌々ながら、彼ら（オーストリア学派）が正しく、我々全員が間違っていたと考えるようになった」。ブローグ＆マーチ編『経済理論の評価　*Appraising Economic Theories*』（Blaug and March eds. 1991, p. 508）。そこまで重要ではないものの、『鏡を通した経済学　Economics Through the Looking Glass』*Occasional Paper* 78（1988, p. 37）も参照されたい。その他、*The Economic Journal*（November 1993）：1571ページも見よ。

3）第4章注39を見よ。そこで、マルクスの搾取理論へのベーム＝バヴェルクの反論を概説した。特にベーム＝バヴェルクの結論では、「今日、資本からの所得は社会主義者から、搾取的利益、労働の成果からの略奪的に差し引かれたものだと非難されている。しかし、それは社会主義においても消滅しない。反対に、社会主義的に建設された国家は、労働者に反して利子を維持しなければならなくなり、そして全力で維持するものになる…現在財の所有者が未来の財と交換するとき、彼が手数料を得るという事実を変えられるものは、世界になに一つ存在しない…利子は、基本的経済要因から生じる経済的カテゴリーであることが証明されており、社会・法律組織の型にかかわらず、財の未来財との交換があるところには、どこにでも表れる」（『資本と利子』第2巻『資本の実証理論　*Positive Theory of Capital*』、第5節「利子と社会主義」345, 346ページ）。

所与だとする均衡理論に基礎付けたとき、その見方を新古典派パラダイムに取り込もうとしたのは比較的に容易なことだった。そのパラダイムは均衡を中心としており、社会主義経済計算の問題を単なる作業技術、多数のきわめて複雑な方程式を解くことだと定義する。しかし、オーストリア学派を擁護するなら、彼らが使っているモデルを実践することは不可能でないとしても、とても難しいということに少なくとも彼らは気付いていると言わねばならない。特に1914年には、ヴィーザーは社会主義経済計算と、中央計画局が必要な実践情報を得られないことについてのミーゼスの議論を直感的に先取りさえしている。事実、ヴィーザーは「大規模な社会経済的な結合では、私有経済体制だけが歴史的に試みられた形態である。何千年もの経験が証明するのは、まさにこの体制によって、単一の命令にみなが従う場合より、よりうまくいく社会的な合同活動が保証されるということだ。戦争や法的団結のためのただ一つの意志と命令は、共通の力をつなげるものとして本質的・不可欠であるが、組織の効率性の面から経済的な合同行為を減らす。経済では、社会的なものとはいえ、労働は常に部分的に行われる…この種の部分的な実践は、無数の目で見ることで、無数の人々による意志によるほうがはるかに効率的に実践される。それは、複雑なメカニズムのようにすべての活動がより優秀な制御でガイドされ指示される場合より、はるかに正確に活動間のバランスをとる。特定の状況から得られる最大の効用と、未来の進歩と発展のためにとるべき最善の道について、この種の中心命令者が、すべての個別ケースにおける無数の可能性について知ることはできない[4]」。

エンリコ・バローネの形式的類似性の論文

前章の最初の節で、エンリコ・バローネの1908年論文のある種の側面についてコメントした。「集産国家の生産省　Il Ministro della Produzione nello Stato Colletivista」は後にハイエクが英訳し、彼の『集産的中央計

---

4) フリードリヒ・フォン・ヴィーザー『社会経済学　*Social Economics*』（1967, pp. 396-397）。この著作は『社会経済理論　*Theorie der gesellschaftlichen Wirtschaft*』（1914）の英訳版（A. Ford Hinnichs）である。

第5章 静学化への不当な移行 形式的類似性といわゆる「数学的解法」の議論

画』[5] に収録された。ここで興味深いのは、バローネがヴィーザーに従っ
て、資本主義と社会主義の形式的類似性の議論を発展させたことだ。バロ
ーネの主な斬新さは、彼の先達たち（ヴィーザーと、程度は低いがベーム＝
バヴェルク）が採用した形式的類似性の議論において、彼が奇妙で曖昧だ
と考えた部分への批判にある。バローネはそれまで不完全な直感でしかな
かったものを、自分なら数学的分析を使って厳密かつ形式的に表し、証明
できるとまで主張した[6]。しかし、このバローネの行き過ぎた主張には反
論しなければならない。なぜなら、いわゆる数学的な厳密さは、経済分析
の観点からはモデルに残る意義と説明力のほとんどすべてを犠牲にしなけ
れば達成できないからだ。実際、ヴィーザーとは異なり、バローネは経済
を異なる主体の一連の相互作用からなる社会プロセスだとは見なさなかっ
た。代わりに、彼は経済を単なる関数的な関係と量的な結果だと見なし
た。

　各行為者の目的と手段に根ざした、多少なりとも厳密な発生原因の経済
分析は、関数関係の機械的集合になり、そこに人間は参加せず、時間は経
過せず、「価格」は人間の相互行為の結果ではなく、二つの曲線の交点か
ら生まれる、または単なる連立方程式の数値的解でしかない。よってバロ
ーネは、ラプラスの機械論的な伝統に慣れたエンジニアや技術者たちが、
経済学をおとしめ植民地化した効果を明確に例示している。結果的に、バ
ローネの分析は必然的・本質的に静的であり、よってミーゼスの社会主義
批判の立場とは無関係だ。実際、彼の論文の最初の40ページにおいて、バ
ローネは、資本量について必要な情報や異なる生産要素の技術的関係、個
人の嗜好と目的が所与で既知であると仮定した[7]。前章の最初の節で見た
ように、バローネは論文の最後にとても曖昧かつ手短に、数学的方法によ
って議論を形式的に発展させるために、最初に利用可能であると仮定した
情報は決して知ることができないと示しているにすぎない。

　よって、これまでオスカー・ランゲとJ・A・シュンペーターによる不
器用で場当たり的な記述によってこれまで広がってきた議論の誤った解釈

───────────────

5）第4章注9を見よ。

6）ハイエク編『集産的計画経済』257-258ページ。

7）同247ページ。

とは反対に、エンリコ・バローネはミーゼスの社会主義経済計算の不可能性の議論について、彼が定式化する以前に論駁などまったくしていない。実際、明確にミーゼスを引用して示したように[8]、彼の議論は動的なものであり、中央組織は経済計画に不可欠な実践情報を得ることはないとしている。よってミーゼス自身が、空想の域を出ず、願っても得られることのない安息の状態とでもいうべき均衡では彼が指摘した問題は一顧だに値しないということを記した最初の人物なのだ。バローネはミーゼスの議論を論駁したのではない。なぜなら、その形式的類似性分析においてバローネは、まさに必要情報が与えられており、ミーゼスの経済問題が最初から解けていると仮定するところからきちんと始めているからだ。バローネはミーゼスの議論を論駁しなかったというだけではない。それどころか、論文の最後で表面的で曖昧ではあるが、それでも明らかに強調している点がある。それは、後にミーゼスの議論の核心となる根本的な考え、つまり市場プロセスの結果を観察すること以外には、それに対応する方程式体系を定式化するために必要な知識を得ることは論理的に不可能だ、ということにほかならない。前述したように、パレートはこの考えをバローネ以前に完全に明らかにしている[9]。

形式的類似性を論じたその他の理論家　カッセルとリンダール

　これまで見た形式的類似性の議論は1918年にカッセルによってまとめられ、価格決定と利子率の維持の両方に関して、社会主義経済の状況は市場経済と類似しているという見方が提示された。カッセルは「価格形成原理はすべての経済に当てはまり、特定の生産組織とは無関係だ」とさえいう。彼はまた、いわゆる完全競争は「費用による価格決定原理を実行するための理論的に不可欠な条件だ」と考えた。これらすべてに基づくカッセルの結論は、市場そのものよりも「社会主義秩序のほうが理論的に、より単純なものであると考えられる」。カッセルの思想は、論争の行方に対してと

8）本文のミーゼスの言葉は第4章注29、30を見よ。
9）第4章注8を見よ。

第 5 章　静学化への不当な移行　形式的類似性といわゆる「数学的解法」の議論

ても否定的な間接的影響を与えた。なぜならそれは、1932年にシュンペーターが指導したクレーレ・ティシュの博士論文に理論的基礎を与え、それによってシュンペーターは、形式的類似性理論家たち（パレート、バローネなど）が、ミーゼスが提起した経済計算問題をミーゼス以前に解いていたという確信を持ったからである。カッセルの考えは弟子たちに長年受け継がれ、1939年になってもエリック・リンダールが形式的類似性の議論について、それまでの社会主義経済計算論争によって積み重ねられてきたものをすべて無視して盲目的に擁護している[10]。

2.「数学的」解法の分析

　以前にマルクスの研究を解釈した際、彼の理想の社会モデルは究極的には均衡モデルであり、それを中央計画組織で強制することが可能であり、そうするのが望ましいと考えていたことを確認した。後に、多くの経済学者がこうした均衡モデルの形式的条件を展開したことを見た。彼らは情報

10）エリック・リンダール『貨幣と資本理論の研究　*Studies of the Theory of Money and Capital*』（Lindahl, 1939）。リンダールは「計画経済における価格問題」（69-73ページ）に1節すべてを当てて結論づけている。「中央当局は、自由な起業活動を許す経済の中央銀行とまったく同じ性質の問題を解くことになる」。ここでは特にリンダールの「動的」分析を批判しなければならない。なぜならそれは不可欠な情報が常に与えられていることを意味しており、決定論的・ニュートン力学的な意味において変数とパラメータが単に異なる「時点」について記述しているという、なによりも純粋な静的分析だからだ。よって、そこには不確実性の概念、情報の欠如、人間行為と起業家精神の創造力が存在しないことが特徴となる。リンダールは本文で議論した、グスタフ・カッセルが1918年に展開した形式的類似性理論の伝統に従っていた（『社会経済理論　*Theoretische Sozialökonomie*』（Cassel, 1918））。S・L・バロンはこれを英訳している（*The Theory of Social Economy*, 1967）。本文で引用したカッセルの言葉は、ミゲル・パレデスによるスペイン語版 *Economía Social Teórica*（1960, pp. 101-105, 202-205）から引用した。また注18とジョージ・ハルムによるカッセルへの批判「社会主義社会における適切な計算の可能性についてのさらなる考察　Further Considerations on the Possibility of Adequate Calculation in a Socialist Community」*Collectivist Economic Planning*, 184-186ページも見よ。

2．「数学的」解法の分析

取得の根本的な経済問題が最初から解けていると仮定していたため、さらに多くの学者たちが、社会主義は複雑な無数の方程式体系を解くという単なる代数的問題を提起するだけだと信じるようになった。こうして、資本主義と社会主義の形式的類似性を主張した経済学者たち（ヴィーザー、バローネなど）がそれを証明したと考えることが、次第に通説になっていった。それはミーゼスが示したこととは反対に、社会主義経済計算は困難であるとしても「理論的」に可能であり、それは連立方程式を解く代数的な難しさでしかないということである。しかしながら、本書ではこうした解釈が最初から最後まで完全に誤りであることを示してきた。

　経済理論を均衡分析と同視することは許容できないし、絶対的に不当である。なぜなら、均衡分析は経済理論の（おそらくもっとも瑣末な）単なる一部でしかないからだ。これまで明らかにしたように、ミーゼスの分析は理論的な分析であるが、オーストリア学派の伝統においては、それは理論的な動的社会プロセスに関心を向けており、結果的に、経済主体が所有・活用・創造するカギとなる実践的情報を当局が得ることの不可能性が関心事となっていた。よって多くの学者の結論とは異なり、もし中央当局が必要な情報を得られたとしても、その方程式を代数的に解くことは現実的には困難なために計算は不可能だ。むしろ、問題は完全に反対方向からアプローチしなければならない。もしもいつの日か、形式的類似性理論家たちが記したように、きわめて複雑な無数の連立方程式を解くことができるようになったとしても、それらの方程式を定式化するために必要な情報を得るという、克服し難い論理的・理論的な問題は依然として残るのである。したがって、形式的類似性の理論家たちが始めた論争の静学への移行によって、多くの優秀な研究者の心から、ミーゼスが提起した根本的経済問題の本質が隠されてしまった。それはまた、対応する連立方程式の代数的解法を改善することで経済計算問題が解決するという誤った信念も生み出した。これから「数学的解法」のもっとも重要な提案の内容を検討しよう。

179

第5章　静学化への不当な移行　形式的類似性といわゆる「数学的解法」の議論

フレッド・M・テイラーの論文

中央計画の問題を数学的に解こうと真剣に試みたのは、フレッド・M・テイラーが最初であった。彼の1928年12月27日の講義は、「社会主義国家での生産指導」と題されたアメリカ経済学会会長の就任講演だった[11]。テイラーの短く曖昧な文章は、経済計算分析を二部に分ける形となっている。前半で彼は、すべての必要な情報が利用可能であると明示的に仮定し、ひじょうに短い後半では、そうした情報を発見するためのシステムをデザインしようとした。

テイラーの論文は、ミーゼス論文の後に静的・均衡分析に戻った最初のものだった。そこではすべての必要情報が利用可能で、よって経済計算問題は単なる計算または数学的手法の問題になる。テイラーによれば、経済計算は算術表を使えば実行可能で、彼はその表を「要素価値表」と呼んだが、それはすべての生産要素の相対的な価値の量を表したものだった。テイラーは、財とサービスの生産費用をこの表を使って計算し、その価格で売ることによって社会主義は組織化されるべきだと考えた。論文のほとんどでテイラーが前提としているのは、社会主義国家の計画当局には、この表を作るための十分に正確な数値的データが利用可能なことだ。このことは、彼が論点先取の誤謬を犯していることを意味する。なぜなら、彼は、社会主義の根本的経済問題は解決できるという仮定に暗黙のうちに根拠を置いているからだ。こうしてテイラーは、大量の社会主義著述家たちが犯した明らかな誤りを最初に犯した人物である。社会主義経済計算に含まれる真に不可欠な動学的考察を避けようとして、彼はその分析を、静的均衡モデルに典型的な完全に代数的または数学的な問題に置いた。

ジェラルド・P・オドリスコルが指摘したように、こうした著述家たちが犯した主な誤りは、問題に対する答えのタイプにあるではなくて、彼らが持っていた疑問にある[12]。実際、経済計算に関して科学的に意味のある疑問は、均衡モデルの社会主義理論家が抱いていたように、経済に対応す

11）この就任講演は1928年12月27日にシカゴの41回目のアメリカ経済学会総会で行われ、後に *American Economic Review* 19, no. 1（March 1929）に収録された。

る数式の定式化のために必要なすべての情報が利用可能な場合に、その数式が代数的に解けるかどうかではない。その反対に、論理的・理論的な観点から、それらの方程式を定式化するために必要な情報が得られるかどうかなのだ。

　最後に、テイラーは論文の最後の5ページを使って、必要情報を得るための実践的な方法を簡潔に提案している。それはある程度の正確さをもって、「要素価値表」を作成するために必要な情報を入手する方法である。後に、彼の有名な「試行錯誤」方式の内容を吟味するが、ここではひとまず、テイラー自身は論文前半の社会主義の静的分析がもっとも重要な部分であり、彼の社会主義経済計算への主な「貢献」だと考えていたことを強調しておきたい。

H・D・ディッキンソンの論文

　出版時にほとんど注目されなかった前述のテイラーの論文とは異なり、ヘンリー・ダグラス・ディッキンソンの論文「社会主義社会における価格形成[13]」（Dickinson, 1933）は、大きな論争を引き起こした。それは詳細で明確な「解法」の提案であったが、英語圏における社会主義経済計算論争にモーリス・H・ドッブやアバ・P・ラーナーその他が参加した、長く白熱した議論になった。

　ディッキンソンは、理論的にはワルラスの同時方程式体系を定式化する

────────────

12）ジェラルド・P・オドリスコルは論文「F・A・ハイエクへの賛辞　A Tribute to F. A. Hayek」（O'Driscoll, 1989, pp. 345-352）で、「根本的な進歩が、古くからの問題に新しい答えを出すことから生じることはほとんどない。根本的な進歩は、新しい疑問を提示することから生じるのである。経済学に長く残る貢献をなすのは、新しい疑問を提示することであり、新たな研究方向を設定することだ…ほとんどの経済学者が社会主義に反対する理論的な議論を理解しなかったのは、彼らが誤った疑問を抱いていたからだ。ハイエクの敵対者は、もし経済的独裁者がすべての必要情報を手にしていたなら、効率的に資源を配分できたかどうかを問い続けていた。そうした疑問への答えは、もちろん「イエス」である。よって経済史の神話において、社会主義の擁護者たちはミーゼスやハイエクを「論駁」したと称賛される。彼らはそんなことをしたのではなく、単に異なった無関係の疑問を提示して答えたにすぎない」（345および348ページ）。

第5章　静学化への不当な移行　形式的類似性といわゆる「数学的解法」の議論

ことはきわめて難しいが、実際にはその問題は似通った関係にある財やサービスをグループ化することによって大幅に簡略化されるという考えから出発した。こうして彼は、市場プロセスに依らなくても、数学的に伝統的なやり方で解くことのできる方程式体系を確立することができると考えた。興味深いことに、ディッキンソンは、社会主義では生産、コスト、売上、在庫、その他の一般的なすべての関係するデータについての「情報」が体系的に公表されるため、市場経済に典型的に見られる利得機会の見逃しは社会主義体制では消滅すると述べる際、市場プロセスでの知識の分散的性質の「問題」について明確に言及しているのである。特にディッキンソンの結論では、社会主義体制ではすべての会社はあたかも「ガラスで」できているかのように操業される。つまり、いかなる機密もなく、外部からの完全な「情報の透明性」が維持される[14]。

　ディッキンソンの主張は、思いもよらぬことである一方、支持するには難のあるものでもある。さらに彼の素朴さは、市場経済がどう機能しているのかまるで知らないのとほとんど同じだ。ワルラスやパレートが発展させた一般均衡モデルは形式的類似性のモデルでしかなく、彼らが明らかにしたのは、均衡状態の成立と維持に必要な情報のタイプだけだ。しかしパレートもワルラスも、市場以外の方法で必要情報を得る可能性について期待はしていなかった[15]。よって問題は計算ではない。それは一連のワルラスの同時方程式を解くことではなく（もし仮にディッキンソンが提案したように、もっとも似た財とサービスが一緒にグループ化されて方程式が単純化されて定式化されても）、むしろ分散した形態で生成・発見され、方程式の変数やパラメータを作成するために必要な主観的・実践的な情報を得ることにある。

13）H・D・ディッキンソン「社会主義社会における価格形成　Price Formation in a Socialist Community」（Dickinson, 1933, pp. 237-250）。ディッキンソン（1899-1969）はエドウィン・キャナンの門下生であり、1964年までブリストル大学の教授だった。デイヴィッド・コラードは「ディックは広く知られていたように、浮世離れした、愛すべき風変わりな人物であり、とても遊び心に溢れ、鋭い精神の持ち主だった」。この好人物であった経済学者については *The New Palgrave: A Dictionary of Economics*（vol. 1, p. 536）を見よ。ハイエクはディッキンソンへのもっとも痛烈な批判の際にも、彼に対するある種の敬意と愛情を示している。

2. 「数学的」解法の分析

　「情報の透明性」原則があり、すべての統計が広く告知される社会主義
では、分散化した知識は問題にならないという議論については、それは単
純な誤謬である。情報は静的・客観的、そして常にどこかで得られるもの
ではなく、コストの問題と意図的な公表制限だけによって人々に知らせな
いようにできるものでもない。反対に、情報は主観的・動的で、市場経済

14）こうして、社会主義者、介入主義者たちが「情報の透明性」に取り憑かれてい
たことは、かなり昔に遡ることができることがわかる。この概念は市場プロセスで
活用される情報のタイプについての認識の誤りに基づくが、西側諸国においてさえ
広がり、人気を博した。それは、多くの企業にはほとんど耐えられない重荷を課す
過剰な規制となって現れることが多い。そうした規制は大量の不必要で高つく統
計・会計「情報」を作ることを企業に義務付けるが、それらはまったく社会の効率
や協調の程度を改善しない。多くの他の分野と同じようにここでも、大企業の育成
と「情報の透明性」が命令による調整作業を促進すると信じる社会主義者の関心は、
統計的「情報」の改善が、自分たちのモデルにより近い「効率」市場の達成・維持
を促進すると考える均衡理論家に収斂する。さらに、自然なことだが、これらの規
制から直接的に利益を得る特権的な特殊利益集団（監査会社、会計士、会計学教授、
商号登録機関など）からは、その両方が支持される。統計とは常に過ぎてしまった
ものであるため、彼らはその情報概念においてすべて誤っている。それらは無限に
多様なやり方で主観的に解釈することが可能であり、それは協調の起業家プロセス
の助けとならないだけではない。統計は、協調の起業家プロセスをより困難にし、
歪曲するため、起業家は外見的な「正確さ」に影響されてしまうのである。これら
はすべて、過剰な会計の強制的押し付けと、企業が通常要求されるレベルをはるか
にこえた「情報」義務から生じる不必要なコストと不十分な資源配分に加えられた
ものだ。この話題については、Ｂ・アルニャーダが見事に論文「会計情報のコスト
El coste de la información contable」（*España Económica*, 1991, pp. 8-11）にまとめ
ているので、そちらを参照されたい。彼は非常に的確に、以上に加え、なおいくら
かの理由を根拠に、90年代初頭からスペイン社会主義政府によって導入された会計
とビジネス改革を批判している。またＳ・ギレスピーの論文「経済統計は過剰生産
されているか？　Are Economic Statistics Overproduced?」（*Public Choice*, 67,
no. 3, 1990, pp. 227-242）も見よ。
15）「ヴィルフレド・パレートとエンリコ・バローネが、社会主義の計画当局がそ
の作業を行うためには、どういった情報を得なければならないかを示したというの
は疑う余地もない。しかし、問題を解くためにどんな種類の情報が必要かを知って
いても、もし情報が無数の人々に分散しているなら、それが解けるということには
なならない」。ハイエクの論文「虚構の2ページ：社会主義計算の不可能性　Two
Pages of Fiction: The Impossibility of Socialist Calculation」*The Essence of Hayek*
Chiaki Nishiyama, Kurt R. Leube 編（1984, p. 58）。

第５章　静学化への不当な移行　形式的類似性といわゆる「数学的解法」の議論

の中で起業家精神の力の結果として常に新しく生成されている。よって本書第２～３章で見たように、もし起業家精神の自由な実践が禁じられ、経済が命令を通じて上から強制的に組織化されれば、社会プロセスを協調させるために不可欠な実践情報は発生しない、または生成されない。もし起業家精神の自由な実践への制度的制限が必要な情報の生成を邪魔しているなら、「情報の透明性」や、より広いデータの公開についての無意味な一般原則を叫んだところで何の利益にもならない。さらに、情報の恒常的変化と動的性質は既存の歴史的「情報」を完全に無益・無関係にする。情報は贅沢で詳細な統計に算入され、完全な透明性をもって無料で配られるかもしれないが、それは歴史的または「考古学的」価値しかない。現実の予測不能な経済で起こっているように、状況は変化し、新たな目的と手段が発見され、新しい情報が絶えず発生・生成しているからだ。早くも1912年に、オランダ人経済学者Ｎ・Ｇ・ピアソンは、現実の経済では統計をどんなに広く詳細に公表しても役に立たないという議論を展開した。なぜなら、恒常的な変化は公表前でさえ統計情報を時代遅れにするからだ[16]。

　最後に、わずか６年後の1939年にディッキンソン自身が、当初（1933年）その数学的解法は社会主義経済計算の実行方法として機能し得ると信じていたが、その後完全に考えを変えたと認めていることは指摘しておきたい。彼が誤りを認めたのは、「方程式に入れられるデータそのものが常に変化している[17]」からだった。お分かりのように、これがまさにオーストリア学派がいかなる「数学的」解法をも拒否するために、最初から主張していたことだ。

---

16)「そして価格設定のために、社会主義国家はすぐに、数学的公式が役に立たず、問題を解くための唯一の手段は現在と未来の在庫と需要を繰り返し正確に比較するしかないことを理解するだろう。価格を決めるのは一度きりというわけにはいかず、頻繁に変更しなければならない。ほとんどの場合、平均価格理論ではなく財の交換価値が価格決定のガイドの役割を果たすだろう。ならば、なぜ国家はそうしたガイドの役割を拒否しなければならないのだろうか？」。ニコラス・ジェラルド・ピアソン『経済学原理　*Principles of Economics*』Ａ・Wotzel 訳（Pearson, 1912, 2, p. 94）。

17) ヘンリー・ダグラス・ディッキンソン『社会主義の経済学　*Economics of Socialism*』（Dickinson, 1939, p. 104）。

ドイツ語圏における数学的解法

ドイツ語圏においても多くの経済学者が経済計算問題に対する「数学的」解法を提案した。その中でも前述したように、シュンペーターのもとで博士論文を書いたクレーレ・ティシュをとり上げよう。彼女はワルラスとカッセルの研究に基づいて、未知数と同じ数の方程式を使った方程式体系を構築して解くことで、経済計算問題は処理できると結論した。ヘルベルト・ツァッセンハウス博士も同じ誤りを犯した。とはいえ、彼はそうした方程式体系が使えるのは、生産を管轄する省庁がすべての必要情報を事前に持っており、方程式が解かれる間はその情報が変化しない場合だけであることを明確に認識していた。よってティシュ博士とツァッセンハウス博士も、計画当局が方程式体系を定式化するために必要な情報を得る方法こそが本質的問題であることを理解していなかった[18]。

---

18) クレーレ・ティシュ博士の提案は、ヨーゼフ・A・シュンペーターが指導した「中央組織型社会主義社会での経済計算と分配 Wirtschaftsrechnung und Verteilung im zentralisch organisierten sozialistischen Gemeinwesen」(1932) と題された博士論文にある。ハイエクはこの博士論文の誤りを見て、数学的分析に対するシュンペーターの無知と慎重さによる過大評価がこの分野での誤りの原因だと考えた。それは特にシュンペーターが、ミーゼスよりも早くパレートとバローネが社会主義経済計算の問題を解くことに成功していたという、まったくの神話を作りだし広めたことである(『資本主義・社会主義・民主主義 *Capitalism, Socialism, and Democracy*』1950)。『ハイエクの精髄 *The Essence of Hayek*』59, 60ページを見よ。ツァッセンハウスの研究は、「経済計画の理論について On the Theory of Economic Planning」(Zassenhaus, 1956, pp. 88-107) にある。これはドイツ語の原文 "Über die ökonomische Theorie der Planwirtschaft," in *Zeitschrift für National-ökonomie* 5 (1934) の英訳である。ティシュとツァッセンハウスの提案は、トリグヴェ・J・B・ホッフの著作『社会主義社会の経済計算 *Economic Calculation in the Socialist Society*』(1981, pp. 207-210) で詳細に分析・批判されている。また一読の価値があるのは、これらの研究者に対する G・ハルムの批判的考察の論文「社会主義社会の経済計算の可能性についてのさらなる考察 Further Considerations on the Possibilities of Adequate Calculations in a Socialist Community」*Collectivist Economic Planning* (pp. 131-200) である (Halm, 1935)。

第5章　静学化への不当な移行　形式的類似性といわゆる「数学的解法」の議論

3.「数学的解法」と論争への悪影響

　テイラーとディッキンソンによって提案された「数学的解法」が社会主義経済計算論争の行方にもたらしたもっとも重大な悪影響は、それらが参加者の注意を静学的経済の問題へと移したことだ。実際、「数学的解法」は間違った疑問（経済計算が静的状況で可能かどうか、つまりすべての必要情報が利用可能で変化がない場合）への答えだった。この意味で、「数学的解法」は論争の理論的な水準を大きく下げて、ミーゼスが最初に提示した根本的な経済問題から人々の心をそらしてしまった。根本的経済問題は、経済動学の理論的な問題であり、起業家精神による市場プロセスなしでの経済計算の可能性についてのものだった。なぜなら、起業家精神によってのみ、経済主体は市場でのコストと利益の推定に必要な実践的・分散的情報を発見できるからだ。

　「数学的解法」がもたらした負の結果はもう一つあり、それはテイラーとディッキンソンの主張に対して、ハイエクとロビンズが「第二防衛線」にまで後退し、経済計算は理論的に可能だが、それでも代数的な演算能力的に、つまりその方程式体系を現実に解くことの難しさのために現実には不可能だと認めたという誤った印象を作り出したことだ。この話が、前述したように、「理論」と「均衡分析」を同一視する深刻な方法論的な誤謬に基づいていることはさておき、それは以下の理由によって否定された。

1

　第一に、ハイエクにとって経済計算不可能性の本質的議論は、無数の方程式体系を代数的に解くことの現実的な困難さにあるのではなく、無数の経済主体の精神に分散した形で作り出され、散らばって存在する主観的・実践的情報を中央規制当局が得ることができるという、解決不能な理論的・動学的な問題にある。事実、1935年の彼の論文「論争の現在　The Present State of the Debate」では、数学的解法の本質的問題は「競争市場の均衡を説明する際に使われがちな理論的抽象が、ある範囲の技術的知識は『所与』であるという仮定を含むことだ。…これはある時点で『存在

する』といえる知識についてさえ不合理な考えだということは、強調する
までもない。しかし実際に利用されている知識の多くについては、こうし
た既成の形で『存在する』わけではない[19]」。よってハイエクにとって、
経済計算の本質的問題は方程式体系を解くことの「代数的」困難とはまっ
たく関係がない。

2

　ハイエクが方程式体系を解くという現実問題について述べたとき、彼は
それが、前記1の根本的問題とはひじょうに異なった性質または位相にあ
るものとして語っている。ともかく、彼はそれに「二次的な」重要性のみ
を認め、それについては、ほとんど「ついでに」語っているにすぎない。
「さて、この重要な数学的作業の程度は、決定されるべき未知数の数に依
存している。これらの未知数の数は、生産される商品の数に等しい。…現
時点ではこの数字について語ることはできないが、ある程度の先進社会で
は、少なくとも数十万の規模になると考えられるといっても過言ではない。
このことは、どの瞬間においても、すべての意思決定が同数の微分方程式
体系の解に基づく必要があることを意味している。これは現時点で知られ
ている方法では、有限な時間では実行できない[20]」。
　また付け加えなければならないのは、もし同時方程式体系の数学的問題
に焦点を合わせると、コンピュータ技術の目覚ましい発展と近年の演算能
力の驚異的発達があっても、それは問題解決には程遠いことだ。これは、
第3章で見たように、コンピュータ科学では経済計算問題は解けない理由
とはまったく無関係である。実際、サムエルソンとノードハウスによれば、
最新のコンピュータとH・スカーフとH・クーンが60年代から70年代に
かけて開発した手法を使えば、50の商品市場と10人から20人の消費者から
なる経済均衡を解くことは比較的容易に可能である。最新のスーパーコン
ピュータなら100種類の生産要素と1万の商品、100人の消費者の方程式も
解けるだろう[21]。未だにこれらの数字は、かつてのソヴィエト連邦などの

---

19) ハイエク「論争の現在」*Collectivist Economic Planning*、210ページ。
20) 同書212ページ。この議論はパレートの1897年のものと同じである（第4章注
　　8を見よ）。

第5章　静学化への不当な移行　形式的類似性といわゆる「数学的解法」の議論

ような、発展途上経済での財やサービスの数値である1200万には遠く及ばない。アレク・ノヴェ卿は経済学者フェドレンコについて述べているが、フェドレンコは、ソヴィエトの最後の5カ年計画に必要だった経済計算は定式化と解決に3万年かかるだろうと発言している[22]。これらの数値がどれほど非現実的に思えたとしても、社会主義の失敗の根本的理由だという自己欺瞞に陥ってはならない。なぜなら、もし仮に未来のコンピュータが数億の方程式体系を10分の1秒で解くようになったとしても、それらの方

21）P・A・サムエルソン&W・D・ノードハウス『経済学　*Economics*』第12版（1985）。良く知られたこの教科書で、サムエルソンとノードハウスがハイエクの本質的議論を認めていることは誉むべき点である。その脚注には「しかしきわめて高速なコンピュータ——現在のものよりも数千倍速い——が作られたとしても、別の障壁に突き当たる。一般均衡の複雑な問題を解くために必要なデータのごく一部でさえも手に入らないことだ」（スペイン語版1986, 830ページ）。彼らがこの根本的な考えを脚注末尾にまわし、広く使われている教科書の本文からはずしたことは残念である。さらに、この本質的な考えは、この著作そのものの内容と矛盾する（スペイン語版839, 840ページ）。そこには論争の短く、ひじょうに混乱した要約が載っているが、社会主義経済計算問題についてミーゼスとハイエクが説明した問題を著者たちが理解していないことは明らかだ。その上、1989年版にも次のような記述がある。「多くの懐疑主義者たちが信じていたこととは反対に、ソヴィエト経済は、社会主義の命令経済が機能し、繁栄さえすることを証明した」。少なくともその年に東欧で起こった出来事と、初めて社会主義経済の機能の実際について判明した情報、直接に関係者から提供された情報からすると、これは困惑する主張である。P・A・サムエルソン『経済学』第13版, 1989, 837ページ。

22）これはしかし、数百万もの計画指示間に必要な莫大な調整規模の問題である。学者フェドレンコは、来年の計画はもし十分にチェックとバランスが取られるなら3万年後に完成するだろう…」と警告している。アレク・ノヴェの論文「計画経済 Planned Economy」*The New Palgrave: A Dictionary of Economics*（1987, 3 : pp. 879-885）を見よ。この文章は881ページにある。不幸なことに、アレク・ノヴェもまた社会主義が提起する根本的経済問題を認識しそこない、この時点で彼は、問題は単に方程式体系を解くことの代数的困難にあると信じ続けていた。もっと具体的には、ノヴェは「バローネやミーゼスのような批判者は、社会計画に対するこのアプローチのいくつかの主な弱点を指摘している。必要な計算数が膨大であること…」と「適当に」書いており、彼がミーゼスの議論を読んでも理解していないことをさらけ出している。ミーゼスの社会主義経済計算に反対する議論はこれではなく（事実、ミーゼスはこのことを述べてさえいない）、むしろ、もし仮に法外に複雑な方程式体系を解くことが可能だとしても、社会主義ではそれを定式化するために必要な情報はけっして利用可能ではないことだった。

程式体系を定式化するために必要な経済情報を強制的に得ることは不可能であり続ける。

3

　ハイエクの立場の誤解について与えられる説明としては、彼の議論における要点の順番にある[23]。実際、「数学的解法」を批判するために、ハイエクも純粋な代数問題に直面した人なら誰でも従うものと似たような順序に従った。彼はまず、対応する方程式を定式化する問題に言及することから始めた。ハイエクが根本的な理論問題に触れているのは、この点である。つまり、それを定式化するために必要な情報を得ることの不可能性である。ハイエクが次に書いたのは、もし議論のために均衡システムを記述するための方程式を定式化することが可能だと考えたとしても、その体系を代数的に解くことは現実的に不可能だ。明らかにハイエクは、方程式を定式化するために必要な情報を得ることは不可能だという本質的な理論的議論に焦点を合わせており、それを代数的に解く問題には二次的な重要性しか置いていない[24]。それでも彼が説明に際してこうした順番に従ったことで、多くの論争の論評者たちは、ハイエクが「第二防衛線」まで退却し、論理的不可能性という理論的議論ではなく、方程式体系を解く現実的な難しさの背後に隠れたという誤った仮定をした。そうした解釈には根拠がなく、ハイエク自身が詳細に論駁している[25]。

23）ドン・ラヴォワもまたその素晴らしい著作『競争と中央計画　*Rivalry and Central Planning*』91ページにおいて議論を加えている。彼の意見では、ハイエクは著作 *Collectivist Economic Planning*（1935）の中に、バローネが1908年に出版した論文の英訳を含めるという戦略的な誤りを犯した。この論文が（ついでとして）述べているのは、ワルラス的方程式体系に基づく計画は実現不可能であり、それは主に方程式体系を解くことに困難が伴うからである。以下のラヴォワの結論はまったく正しい。「しかし、ロビンズはともかく少なくともミーゼスとハイエクにとっては、問題は方程式の定式化であり、それを解くことではない。複雑さと恒常的な変化の世界では、中央計画者には方程式群の係数の知識が欠如している」（ラヴォワ同書、91ページ）。

第5章　静学化への不当な移行　形式的類似性といわゆる「数学的解法」の議論

4

　ミーゼスは、ハイエクが信じたように方程式体系を代数的に解くことが難しいという議論には二次的な重要性しかないだけでなく、まったく不必要で理論的に見当違いであることを特に明らかに示した[26]。ミーゼスにとって根本的問題は、方程式体系を定式化するために必要な知識が集権的に利用不可能なことだった。さらに1940年に彼は、ハイエクが展開していなかった付加的な議論を提起した。もし仮に均衡状態を記述する方程式体系が定式化できたとしよう（これは不均衡状態での知識を使っては不可能な作

───────────────

24）ライオネル・ロビンズは、ワルラス的方程式体系を代数的に解くことの現実的な困難について、それが単なる二次的な議論の本質でしかないことを強調する点では、おそらくもっともはっきりしていなかった。ロビンズは、この種の現実的解法を考慮するという不合理性を信じ込んでしまったがために、根本的な理論的問題を発展・洗練しようとはしなかった。それでも彼を擁護するなら、二次的な重要性しかないにせよ、ロビンズは経済計算への所見を述べていることが指摘できる。それは、彼は別種の問題（大恐慌の原因の究明）を分析するために書かれた著作の中にある。彼の著作『大恐慌　The Great Depression』（1934）の151ページには、「紙の上では」経済計算問題は一連の数学的計算によって解けると考えられると述べた後、その結論として「実際には、こう解法はほとんど機能しない。それには数百万の方程式を、さらに多くの数の個人の計算による数百万の統計表に基づいて書き出す必要がある。方程式が解ける頃には、それらを基礎づけた情報は時代遅れになっており、新しく計算し直す必要が生じる。パレート方程式に基づく計画問題の現実的解法は可能であるという提案は、単にそういうやり方を進めようとするものがこれらの方程式を理解してもいないことを示している」と述べている。
25）「明らかにすべきだと感じるのは、ランゲが問題の理論的解法を提案して、私がそれ以降はその現実的な難しさだけを指摘することへと後退したという、良く言われている主張については、私は一度もそうした譲歩をしたことはないことだ。私が言ったのは（『個人主義と経済秩序』187ページ）、中央計画委員会は全必要情報を制御できるという、単に事実として誤った仮説からの論理的帰結として、問題は原理的な解決可能だということだ。こうした考察から演繹して、現実問題は理論的に解決可能だと「認めた」というのは、むしろ人を中傷するための誤解である。もちろん、だれも自分の知識を他人に移すことはできないし、当然、市場価格によって探す価値があると考えたときだけ見出せる情報でも同じである」。ハイエクが1982年4月に Economic Affairs で公けにした論文「虚構の2ページ：社会主義計算の不可能性」、西山千明・Kurt R. Leube 編『ハイエクの精髄　The Essence of Hayek』（1984, 第4章の p. 58）を見よ。

業である)。それでもそれは、現在の不均衡状態にある経済を望ましい理想的均衡状態に導くために、具体的な意思決定や活動を決定しなければならない計画・規制当局にとっては、なんの助けにもならない。ミーゼス自身の言葉によると、「非均衡状態での知識条件に基づいて、均衡状態が数学的な操作によって計算できると信じるのは深刻な誤りである。同じように誤っているのは、仮説的な均衡状態における知識条件が、日々の選択や活動で直面する問題の最善の解決法を探す行為者にとって役に立つと考えることだ[27]」。

4.「試行錯誤」方式

　すでに1935年時点において、ハイエクは、テイラーとディッキンソンが

---

26)　事実、ミーゼスにとって「そうした方法を活用するためには毎日新しく膨大な数の方程式を解かなければならず、そのため、もしこの方法が市場での経済計算をそれなりに代替できるとしても、その考え全体が不合理だという点を強調する必要などはまったくない。こうして電子コンピュータが作られることは、この問題には関係がない」(ミーゼス『ヒューマン・アクション』715ページ、脚注11の最終行)。エステバン・T・トムセンはその学識ある著作『価格と知識：市場プロセスの視点 *Prices and Knowledge: A Market Process Perspective*』(Tomsen, 1992, pp. 83-86) で類似の見解を述べている。

27)　このミーゼスの議論は見事で、これまで論駁されていない (『国民経済：貿易と経済活動の理論 *Nationalökonomie: Theorie des Handelns und Wirtschaftens*』, 1940, pp. 641-645)。その章の第4節「数学的カタラクシスの方程式 Die Gleichungen der mathematischen Katallaktik」では、経済計算問題を解くための試みを論駁している。それ以前の1938年、この部分の本質的なアイデアはフランス語で「社会主義経済における数学的経済方程式と経済計算問題 Les équations de l'économie mathématique et le problème de calcul économique en régime socialiste」と題して発表された (この論文は *Revue d'Économie Politique* [1938]: 1055-1062ページに載り、50年後に同誌の no. 97 [6], November-December, 1987年にジャン・ベナールのコメントともに再掲されたが、彼もまた明らかに社会主義経済計算の問題を理解しそこねている)。この議論は後に英語版『ヒューマン・アクション』710-715ページで拡張され、さらに精巧になった。

第5章　静学化への不当な移行　形式的類似性といわゆる「数学的解法」の議論

経済計算問題を解くためにワルラスの方程式体系の数学的解法に基づく方法を考えていたことについて疑っていた。その代わりに、実際にテイラーとディッキンソンが曖昧に提案したのは、ワルラス方程式体系の解を「試行錯誤」方式に基づいて、繰り返し探す方法だとハイエクは考えていた[28]。

　年代順には、「試行錯誤」方式に明確に言及したのは、テイラーが最初だった。事実、彼にとっては「試行錯誤方式は、…成功例にいたるまで、一連の仮説的な解を試すことである[29]」。ディッキンソンはもっと曖昧で、単に正解への「連続的な近似プロセス」と表現した[30]。

　彼らの曖昧で混乱した論文からは、テイラー、ローパー、ディッキンソンが「試行錯誤方式」という言葉で何を意味していたのかを、明確・詳細に導き出すことは容易ではない。しかし原理的には、この方法は「数学的解法」の変種として提案された。それは、きわめて複雑な方程式体系を代数的に解くという困難な問題を避けるための試みであった。事実、これらの著者たちは（後に見るようにランゲも含めて）数学的解法こそがもっとも適切であるが、しかし方程式体系の解を見出す現実的困難がある限りは、「試行錯誤」方式によってかなりの近似値に達することができるだろうと考えていた。先行する資本主義体制からの「均衡解」を採用し、その後は、生じた変化に合わせた均衡に「戻す」ための暫時的な調整をする必要があるだけなのである。

　この方法を実行する現実的なやり方は、異なるセクター、産業、会社を担当する経営層に対して、異なる生産状況全般、特に異なる生産要素の組み合わせについての彼らの知識を中央組織に伝えるように命令することだ。受け取った情報に基づいて中央計画局はとりあえず一時的な「価格」全体

---

28)「だれであれその作業の膨大さを認識した者が、包括的な方程式体系に基づく計画経済を真剣に提案することはありそうにない。こうした分析方法を念頭においていた学者は、おそらくは以前の資本主義社会での初期的な状況から始めて、試行錯誤方式によって、毎日起こる小さな変化への適応がだんだんともたらされるという考えだったのである」（ハイエク「論争の現状」*Collectivist Economic Planning* 213ページ）。

29) フレッド・M・テイラー「社会主義国家での生産ガイド　The Guidance of Production in a Socialist State」『社会主義の経済理論について　*On the Economic Theory of Socialism*』51ページ。

を設定し、それを会社経営者に伝えて、これらの価格で生産できる量を推定させ、それに従って行動させる。経営者の活動は、生産不足の形（需要が供給を超える場合）、または過剰（供給が需要を超える場合）で失敗を明らかにする。特定商品の生産不足または過剰によって、中央計画局は設定された価格が正しくなかったことを知り、状況に応じてそれらは増減される。このプロセスが繰り返され、求められる「均衡」が見つかる。「試行錯誤」方式は大いに「称賛」されているが、それは基本的にこうしたものである。

試行錯誤方式への批判

これまで説明した試行錯誤方式は記述的に「単純」なだけでなく、次の

30）ヘンリー・D・ディッキンソン『社会主義社会における価格形成 *Price Formation in a Socialist Community*』241ページ。テイラーとディッキンソンのそれぞれ1928年と1932年の提案の間に、また別のアメリカ人ウィレット・クロスビー・ローパーも試行錯誤方式を提唱している。彼は、経済の連続的不足の発生は中央当局の指令変更が必要であるという明確なサインであり、それは「正しい」解法の方向を指し示すと考えた。しかし、ローパーは社会主義に強く共感していることを隠していないが、彼が提案した試行錯誤方式が適用された際には、現実に多大な困難が発生することが分かっていたのは明らかだ。実際に彼の記述では、「このプロセスの記述では、その実現はかなり単純で容易なことだと感じられる。それは、いくらかの初期の失敗を調整するという問題であって、その後はゆっくりとシステムが機能するのを見張れば良いように思われる。しかしまたしても、我々は経済プロセスのほとんど信じられないほどの複雑さを無視している。…価格システムが、おそらくわずか１〜２回の大きな失敗とともに確立する際には（これはほとんど信じられない仮定だが）、これら１〜２回の失敗は全体構造へと広がる変化を生み出すだろう。深刻な失敗の回数がもっと多ければ、均衡状態にいたるにはかなりの時間と大規模な注意深い計算が必要になるだろう。均衡状態では、要素価格が限界生産性と一致し、それらの価格は同じ生産性の要素価格と同じになり、すべての理論的な安定的均衡体系が実現する。現実問題としては、こうした均衡は実在しない静的な経済でしか達成されない。…効率的な中央集団主義に必要な価格付け機構は、せいぜい、ほんの僅かな可能性しかないといって良いだろう」。彼の結論は、「それは、社会主義社会が成功する最善の見込みは、資本主義の大きな特徴である分権的な組織をできるだけ残すことにあることを示している」。ウィレット・クロスビー・ローパー『社会主義社会での価格付け問題 *The Problem of Pricing in a Socialist State*』(Roper, 1931), p. 58, 59, 60, 62。

第5章　静学化への不当な移行　形式的類似性といわゆる「数学的解法」の議論

ような理由によって、社会主義が提起する根本的な計算問題を解くことはできない。

第一に、実際の資本主義システムがいつか「均衡」状態に達すると考えるのは、理屈からいって馬鹿げている。資本主義システムでは、当事者が設定する価格が「市場価格」であり、それは常に流転し、起業家精神の創造力によって変化する。それらは、社会主義システムが頼りになる出発点として、なんとか「相続」できるような「均衡価格」ではない。よって社会主義理論家たちは市場の機能の仕方についてまったく理解していないだけでなく、彼らの（誤った）認識の観点からは、市場は通常「均衡」にあり、それは実際よりもはるかに「うまく」機能しているということを認めてもいる。その反対に、市場は決して「均衡」にはないが、だからといって「不完全」ということでは全くなく、市場のもっとも普通で典型的な特徴なのだ。よって、社会主義を実現する試行錯誤方式を提案するという戦術的な利益のために、社会主義理論家たちが市場の不均衡状態への批判を控えねばならなかったというのは、特に哀れむべきことだ。そしてこの試行錯誤方式は、彼らが罵る資本主義システムの「均衡価格」に基づいてのみ定式化できるのである。

第二に、いったん資本主義から社会主義へ移行したなら、それ以降の経済システムの変化は比較的に重要なものではなくなると仮定することは適当ではない。反対に、変化と歪曲はすべての経済・社会分野で不可避的に巨大なものになり、全価格システムの完全な再構築が必要になるだろう。それは生産要素の所有権の消滅と、経済システムの革命的移行に伴う所得配分の徹底的な変化から発生する。しかし、それはまた、追求すべき目的と利用可能な手段について、多くの経済主体がまったく異なった認識を持つようになることからも生じる。なぜなら、各人は新しい社会的基準の中で異なる地位に収まり、全社会領域での自由な起業家精神が失われて甚だしい制度的強制と硬直性がもたらされるからだ。よって、社会主義導入前の資本主義体制の既存価格が出発点となり、その後は均衡を保つための単なる小さく「些細な」調整だけが必要だと考えることは、理論的に容認できない[31]。

第三に、議論のために、資本主義から社会主義への変化が価格システム

に大きく影響しないとしても、商品の不足や過剰が中央計画当局のなすべき価格調整を十分に示すことは稀であることが重要だ。言い換えれば、他の選択肢が存在しない、また認識されていない場合には不足にはほとんど意味がない。なぜなら、それは品質の異なる類似の財やサービスの欠如、またはそれらの知識の欠如、あるいはそれらが異なる価格で買えること、さらに異なってはいてもある程度、替えの利く財やサービスの存在の欠如など多くの要因によって生じるからだ。よって商品不足の多くの場合、もっとも経済的に望ましい活動は新しい代替商品を開発・導入・試行することであるため、その不足は自動的に価格を上げるべきことを示す兆候ではない。

　第四に、商品不足が中央計画局にとって有意義であり、なんらかの形で意思決定に役立つなら、生産要素や消費財・サービスを得る権利を表すバウチャー（証券）の発行数が過剰でないことは不可欠になる（ここで「通貨単位」と呼ばないのは、前述したように通貨概念は資本主義と社会主義では根本的に異なるからだ）。確かに、多すぎる「通貨」単位が発行されれば全般的な財・サービス・生産資源の「不足」が生じるが、そうした不足は財・サービス・生産要素の価格をどれだけ引き上げるべきか、またそれらの生産をどれだけ増加すべきかの正確な情報を与えてはくれない[32]。

　第五に、ごく当たり前のことだが、物不足は社会主義体制の慢性的・周期的な特徴を示しているだけで、遅かれ早かれ経済主体（消費者、経営者

31）ハイエク「論争の現状」*Collectivist Economic Planning* 213ページ。この問題についてハイエクは単に、ミーゼスが最初に展開した直感に従っている。ミーゼスはすでに1920年にこう記している。「社会主義への移行は、所得を平準化し、結果的に消費と生産を再調整する。こうして全経済データを変更するため、それ以前に存在した競争経済の最終状況は実現不可能になる」（ミーゼス「社会主義社会での経済計算」*Collectivist Economic Planning* 109-110ページ）。この理由付けと注27を結びつけると、ミーゼスが1920年に提示した基本的議論はそこから20年の歳月をかけて完成し、完全になったことがわかる。この経過は、次のようにまとめられる。1. 初期条件が均衡状況に対応すると信じるのはまったくの誤りである。2. 情報の欠如のため最終的な均衡状況を計算することは不可能である。3. 仮に、これら二つの問題が解けたとしても、均衡の初期状態から最終状態に移行するために必要な無数の活動を指示するために利用できるガイドはまったく存在しない（ミーゼスの議論が極致に達した段階については、注27を見よ）。

第 5 章 静学化への不当な移行 形式的類似性といわゆる「数学的解法」の議論

など）は経験から学び、内的な「起業家的」能力から、手持ちの「通貨単位」と交換できる財ならなんでも得ようとするようになる。よってこれは、すぐには、あるいはまったく必要がなくても、なんであれ得ようとする全経済主体の側から生じる、本当の価値への全般的な貨幣逃避なのである。なぜなら彼らは、欠乏が経済体制の支配的特徴であり、いつか財が役に立ち、購入不可能になるときに備えて不必要な財でさえ保持するに値することを理解するからだ。

　この現象は生産分野においても生じる。コルナイは明確に説明している。社会主義体制では、企業経営者は多くの投入物資、生産要素が足りなくなることが慢性的・支配的な特徴であることをすぐに見出す。さらに経営者は、大量の生産要素の在庫を維持してもまったく損がないことも理解する。なぜなら、厳格な予算制約がないため、そうすることの経済的コストは彼にとってなんの問題でもないからだ。対照的に、材料や生産要素の不足によって、計画当局が強制的に押し付けた目標を経営者が達成できなければ、彼は本当に重大な危機に直面する。結果的に、特に必要ではないものを含む全投入物資、生産要素を過剰に需要・蓄積する傾向が広がり、継続することになる。こうして不可避的に、広範な資源不足が社会主義経済体制の決定的な特徴になる[33]。よって、もし経済体制がほとんどの経済財・消費財・生産要素の絶対的・慢性的・継続的な不足に悩まされるなら、経済体制内の商品不足に基づいて中央計画局が「試行錯誤」方式で均衡解を見つけることはできない[34]。

32）ホッフは図式を使って説明している。「テニスでスコアが6-0だとしても、そのスコアは勝者がどれだけ勝れているかを表さないのと同じように、売れ残った商品の在庫はその商品への需要の違いを表さない」（『社会主義社会での経済計算 *Economic Calculation in the Socialist Society*』pp. 117-118）。
33）こうした事情についてはヤーノシュ・コルナイの著作『不足の経済学 *Economics of Shortages*』（Kornai 1980）と『成長・効率・不足 *Growth, Efficiency and Shortages*』（Kornai, 1982）を見よ。
34）またホッフは、こうした状況では不足が生じた際に中央計画局が価格を引き上げる「程度」にも解決不能な問題が存在することを指摘している。ホッフによれば、不足があるという事実は、どう（つまり、その商品をどの程度）それに対応する価格引き上げを行うかの情報を伝えるわけではない。『社会主義社会での経済計算』119ページを見よ。

4. 「試行錯誤」方式

　第六に、経済システムとは独立した財・サービスの単なる集合ではなく、特定の商品の不足や過剰は自動的にその価格の引き下げ、引き上げの必要性を表すものではないことを強調しなければならない。その反対に、経済システムは常に緊密に相互関連した消費財やサービス、生産要素の集合を生み出している。よって例えば財の不足が発生しても、直接・間接にその補完や代替となる財の存在・不存在に隠されて、顕在化しないかもしれない。不足が生じたように見えても、状況によっては、価格を引き上げるよりも既存の代替財を利用したほうが賢明だということもあるだろう。このことは、個別の財の不足や過剰は中央計画局を導くガイドとはならず、グループとしてすべての財が相互に関連しており、全体の不足や過剰を監視・意識する必要があることを意味している。よって、「試行錯誤」方式のようなやり方を、個別の財やサービスに独立して適用することは明らかに役に立たない[35]。

　第七に、ミーゼスの議論では、試行錯誤方式は、問題の正解がこの方法自体と独立した、疑いない符号や事実によって認識できる場合にのみ使える手段である。正解を見出したという証拠が、ある問題を解くのに適切だと考えられる方法によって見つかったという事実だけである場合、状況はまったく異なる。言い換えるなら、正解を調整する参照点としての知識が存在するときには、試行錯誤方式は有用かもしれない。社会主義体制で生じているように、もし起業家的市場プロセスが消滅しているために、そうした参照点が存在しないなら、中央計画局は試行錯誤方式を通じて正解に近づくために必要なガイドを欠くことになるだろう。そうした「ガイド」が、まさに「客観的」な不足や過剰であるとは言えない。

---

35) この議論は、ヒューストン大学経済学部のロバート・ブラッドレーに負っている。論文「社会主義と試行錯誤方式　Socialism and Trial and Error Proposal」の第4部と「市場社会主義：主観主義的評価　Market Socialism: A Subjectivist Evaluation」を見よ（Bradley, 1981, pp. 28-39）。ブラッドレーの結論は、「ある財とその代替財のすべてが均衡価格にあることは論理的には可能だが、そうした価格が希少性を表すわけではない。この場合、偽(にせ)の価格が相互に隠し合うことになる。だから個別の価格を監視するだけでは十分ではなく、中央計画局はすべての価格関係を命令しなければならない。よって、個別価格に適用されるだけの「試行錯誤」方式は適切ではない」（29ページ）。

197

第5章　静学化への不当な移行　形式的類似性といわゆる「数学的解法」の議論

　前述したように、これらのガイドは客観的でもなければ、なにをすべき
かを疑いなく示すわけでもない。それはともかくとしても、それらのガイ
ドは試行錯誤方式を適用することからの結果として生じるのであって、ま
ったく客観的なガイドにはならない。それらは単に調整の失敗と非効率の
連続的・恣意的・偶然の循環プロセスの表れでしかなく、どこにもたどり
着かない。

　起業家精神を自由に発揮できる経済、多様な経済主体が起業家的に活動
できると言えるところでは、彼らは「試行錯誤」方式に従って許容できる
やり方、つまり社会に起こる調整の失敗を発見・協調させることに近づい
ている。これは、相互に関連する多様な行為者の起業家精神はどれだけ試
行錯誤方式が使われたとしても各人の独立した活動からは生まれない情報
を生成するからだ。この情報は各人間行為の損益を見積もる不可欠な「原
材料」である。損益計算が提供するガイドに従うことで、経済主体は協調
的に活動できるようになる。対照的に、起業家精神の自由な実践を強制的
に阻むなら、社会生活をなす多様な個人活動の協調的な調整を許す唯一の
プロセスを消滅させてしまう。結果的に、各行為者が自分にもっとも適し
た正解に近づいているかどうかを見出すための、唯一の外部的ガイドを消
滅させる[36]。

　第八に、試行錯誤方式の致命的な弱点は、「誤り」が生じているだろう
「試行」中は、社会が同じ状態にとどまっており、社会状況はほとんど変
化しないという仮定にある。しかし、（現実が常にそうであるように）もし

───────────

36）ミーゼスによれば、「試行錯誤方式は、試行錯誤方式そのものから独立した正
解が疑いなく認識できるすべてのケースに適用できる。…正解の唯一の目印が、問
題の解法として適切だと考えられる方法の適用によって得られた場合、ものごとは
まったく異なる。二つの要素の掛け合わせの正しい結果は、計算プロセスの正しい
適用結果としてのみ理解される。試行錯誤によって正解を推測することはできるが、
その場合、試行錯誤は計算プロセスの代替にはならない。計算プロセスが、何が正
しくて何が正しくないのかの尺度を与えてくれないなら、それはきわめて不毛であ
る。…もし起業家行為を試行錯誤方式の適用だと呼ぶなら、その場合は正解が容易
に見出せなければならない。それは売上がコストを上回ることだ。起業家は利益に
よって、消費者が自分の企てを是認したこと、損失によって否定されたことを知る。
社会主義経済計算の問題は、まさにこれだ。生産要素の市場価格が存在しなければ、
損益計算は不可能なのである」（『ヒューマン・アクション』704-705ページ）。

198

4.「試行錯誤」方式

調整過程が大きな変化を引き起こし、生産要素・消費財・サービスの価格
にある程度の影響を与えるなら、本当の、あるいは見かけ上の誤った結果
にどのような「修正」が試みられたとしても、それは遅すぎて、大きく歪
んだものになるだろう。言い換えれば、ハイエクが示したように[37]、「試
行錯誤」方式の使用は、変化が常に生じている現実世界では不可能である。
各変化は、社会で生産される商品の価格、品質、タイプにほとんど無数の
影響を与えているため、「試行錯誤」方式を通じては、仮説的な均衡解に
は絶対に到達できない。新しく次の情報が、そうした解を完全に古いもの
にしてしまうからだ。もし現実世界に変化が起こらず、情報が一定であれ
ば、そしてもし均衡解が他の可能な一時的な解に対して、より明らかな参
照点となるなら、試行錯誤方式で均衡価格システムを見つけることはもっ
と容易に思われるかもしれない。それでも、社会主義理論家の仮定とは裏
腹に、現実世界は均衡にはなく静的でもないため、方程式体系の解を試行
錯誤方式で見出すことは不可能なのである。

　最後、第九に、試行錯誤方式へのもっとも厳しい反論は、それが完全に
起業家精神を除外していることだ（第2章を見よ）。本質的な問いは、だれ
が試行錯誤方式を実行するのかだ。明らかに、一時的な解法の採用につい

---

37) ハイエクの言葉通りに言えば、「ほとんどすべての一つの価格の変化は、その
他の数百の価格変化を要請し、それらの価格変化はまったく比例的なものなどでは
なく、需要弾力性の程度、代替可能性や生産方式の変化などからの影響を受ける。
こうした調整が、必要に応じて中央当局からの一連の命令によってもたらされ、あ
る程度の均衡が得られるまで全価格が固定・変化すると想像するのは、明らかに馬
鹿らしい考えだ。…経済システムの小さな一部分の観察に基づいて当局が価格を固
定することは、どんな状況でも合理的な作業とはならない」（「論争の現状」*Collec-
tivist Economic Planning* 214ページ）。5年後の1940年に、ランゲに答えてハイエ
クはさらに明確に断言した。「この提案（試行錯誤方式）は、純粋な静的均衡理論
の問題に過剰に取り憑かれた結果、生まれて来たのはないかと疑わざるを得ない。
もし現実世界で、ほとんど同じデータを扱わねばならないのなら、つまり、もしあ
る程度の長期間にわたって維持される価格システムを見つけることが問題なら、そ
うした提案も完全に不合理というわけでもないだろう。一定のデータが所与である
なら、実際にそうした均衡状態には試行錯誤方式で近づくことができるだろう。し
かしそれは、変化することが常態である現実とはかけ離れている」（「社会主義計算
III：競争的な解法　Socialist Calculation III: The Competitive Solution」『個人主義
と経済秩序』188ページ）。

第5章　静学化への不当な移行　形式的類似性といわゆる「数学的解法」の議論

ての意思決定が実践的な情報を持つ個人的な経済主体ではないなら、試行錯誤方式は、第3章で強調したような理由からまったく役に立たない。さらに中央計画局は、起業家精神を実行する人々の心で生まれ、彼らにしか理解できない不可欠な実践情報を欠いている。また、社会の協調・調整に必要な情報は、もし人々が起業家精神を自由に実践できなければ生まれさえしない。情報が生まれなければ、中央計画当局に伝わることもない。前述したように、試行錯誤方式が機能するためには、個人レベルで起業家精神の自由な実践を許し、その起業家精神の実践の成果を妨害されずに所有できる市場経済において適用されねばならない。

　さらには、情報は完全に主観的であり、異なる行為者は同じように観察される一つの現実の出来事に異なる解釈を与え、各行為者の状況や行為の文脈において異なる情報を生み出すことを思い出してもらいたい。不足に直面したとき、経済的には、中央計画局は自動的に事前に決まったルール（財Xをもっと生産する、または価格を一定割合上げる）を適用すれば良いことを意味しない。なぜなら、起業家プロセスを自由にすれば、人間の創造性は同じ客観的な問題に対して根本的に異なる解法を見出すからだ。よって、不足に直面しても、価格を上げるより、起業家的な才能によって代替財を作ったり、だれも見つけなかった新しい選択肢を探したりなどの新しい問題解決法を見つけることに注力するほうが適切かもしれない。よって試行錯誤方式を使って、起業家精神の自由な実践が禁止された社会での経済計算を可能にするために、仮説的な方程式体系の解法を効率よく調整することなどできない。こうした状況下では、中央計画局は不可欠な実践情報を持たず、それらは経済主体によって生成されることもなく、その結果、社会に発生・継続する調整の失敗を協調させるガイドもない。よって、試行錯誤方式を集権的に使用することでは均衡解には到達できないし、社会プロセスを協調させるために仮説的な中央強制組織がなすべき決定や手段を指示することもできない[38]。

38）次章のオスカー・ランゲの「試行錯誤」方式への批判も見よ。

200

計量的計画経済への理論的な不可能性[39]

前記の、社会主義経済問題を解くための「試行錯誤」方式の使用への批判的な観察は、論争後の広い研究領域に十分に当てはまり[40]、また最近は一般均衡学派による「計量計画経済」という見出しでも論文が書かれている。この学統は、線形・非線形プログラミング、整数プログラミング、意思決定のサイバネティックス理論、繰り返しアプローチを伴うコンピュータ・アルゴリズムを含む、多くの高度に洗練された数学技術を利用する。これらのモデルの根本的目的は、事前にすべての均衡価格の形状を決めることだ。言い換えれば、市場が自生的に価格を確立する前に、すべての経済主体の計画を事前に協調させる解を探そうとする。それは本質的に常に事後的にしか機能しない、本物の市場の協調プロセスを不要にする。なぜなら、それは起業家精神の力が生み出す動きだからだ。要するに、計量計画経済学技術の目的は、競争的起業家プロセスを中央からの事前の社会協調に置き換えることである。

これまでのところ、計量計画経済モデルを実践させることは不可能だったし、社会主義理論家たちでさえも、それが実行されそうもないことを認めている。しかしながら、なかには今でも、こうした状況は主にコンピュータ能力の制約と、十分に質の高い人員や必要な情報を得ることの技術的困難などから生じている結果だと論じる者もいる。とはいえ、長い時間が経つにつれ、計量計画経済モデルを適用して包括的なコンピュータ計画システムによって市場を置き換えられるという考えは、徐々にそうした科学

---

39) J・ウィルクジンスキはこの言葉を広め、次のように述べている。「計量計画学は、経済計画を構築する方法に関連した経済学の一分野である。特に、現代的な数学技術やコンピュータの助けによる最適計画によって生まれるものだ」『社会主義の経済学 *The Economics of Socialism*』第3版（Wilczynski, 1978, p. 17, 24, 46）。この経済学分野は、ときに、「コンピュートピア」や「資源配分機構の理論」などとも呼ばれることがあるが、これらはエゴン・ノイベルガー「リバーマニズム、コンピュートピア、見える手：情報効率性の問題 Libermanism, Computopia and Visible Hand: The Question of Informational Efficiency」（Neuberger, 1966）とレオニード・ハーウィッツ「資源配分機構のデザイン The Design of Mechanisms for Resource Allocation」（Hurwitz, 1973）に負う。

第5章　静学化への不当な移行　形式的類似性といわゆる「数学的解法」の議論

研究プログラムに従事する学者たちからも見捨てられていった。さらには、1970年代の東欧諸国での計量計画経済の導入とその後の失敗は、この種の新しい試みを放棄させただけでなく、こうした技術を素朴に期待していた人々に深い失望感を与えた[41]。にもかかわらず、前節で見たように、まさに「試行錯誤」方式の理論的不可能性が吟味された後にも、計量計画経済学を独自に研究することを正当化する二つの重要な要素が残った。

　第一に、この分野の多くの著者たちは、それまでは失敗とフラストレーションしかなかったが、将来的な理論の洗練はコンピュータ能力の改善予測と相まって、これまで不可能だったことも可能になると素朴に信じ続け

---

40)「計量計画学」については、例えば、次の著作を見よ。K. J. Arrow and L. Hurwicz, Studies in Resource Allocation Processes, 1977; Leonid Hurwicz, "The Design of Mechanisms for Resource Allocation," in American Economic Review 2, no. 63, 1973; John P. Hardt and others, eds., Mathematics and Computers in Soviet Economic Planning, 1967; and Benjamin N. Ward, "Linear Programming and Soviet Planning," in Mathematics and Computers in Soviet Economic Planning, and The Socialist Economy: A Study of Organizational Alternatives, 1967。ドン・ラヴォワの見事な著作『競合と中央計画　Rivalry and Central Planning』94ページには、この分野での既存の英語での研究がすべて要約されている。ドイツ語については、クリスティアン・ザイドルによる計量計画学研究の概説的論文「非対称的情報の分配機構と経済システム　Allokationsmechanismen asymmetrische Information und Wirtschaftssystem」(Seidl, 1982, pp. 193-220) を忘れてはならない。この分野とその主要問題についての1992年までの研究に関する短いが価値あるレヴューとして、ジョン・ベネットの著作『中央計画の経済理論　The Economic Theory of Central Planning』(Bennett, 1989, pp. 9-37) がある。また興味深いのはペーター・ベルンホルツの論文「社会主義における情報、動機づけと合理的経済計算問題　Information, Motivation and the Problem of Rational Economic Calculation in Socialism」が挙げられる。『社会主義：制度的・哲学的・経済的問題　Socialism: Institutional, Philosophical and Economic Issues』第7章、Svetozar Pejovich 編 (Bernholz, 1987, pp. 161-167)。最後に、レオニード・V・カントロヴィッチの肝入りで確立したソヴィエト学派についても述べなければならない。彼は最適化技術の発展・完成への関心に取り憑かれており、社会主義が提起する（「技術的」ではなく）経済的な問題を理解することはできなかったし、したがってソヴィエト・モデルがだんだんと崩壊して行くことにも解法を提供できなかった。ロイ・ガードナーの「L・V・カントロヴィッチ：最適計画の価格への意義　L. V. Kantorovich: The Price Implications of Optimal Planning」(Gardner, 1990, pp. 638-648) と、そこでの参考文献を見よ。

202

た。こうして例えば、マスグレイブは経済計算論争結果の評価論文におい
て、効率的システムとしての計画は計画者に競争市場の真似を許すこと、
対応するコンピュータ技術を適用することで実現できると結論した。アロ
ーは、数学的プログラミングと高速コンピュータの発達のおかげで、分権
的なシステムの働きは単にそれに対応する集権的なアルゴリズムを選ぶこ
とでシミュレートできるため、中央計画システムはもはや不可能な未来の
ゴールではない、と述べている[42]。彼らとその他の著者たちによれば、線
形プログラムとコンピュータ技術の改善によって、ミーゼスやハイエクが
表した社会主義経済計算の問題は解けるようになるという。

　第二に、ハーウィッツに率いられた他の計量計画学者たちはハイエクの
計算的な議論を論駁したと主張しただけでなく（前述したように、ハイエ
クにとってそれは二次的な意味しか持たなかった）、その計量計画モデルに、

41）計量計画学の応用に関連した失望感については、マイケル・エルマンは次のよ
うに述べている。「1970年代にソヴィエト経済へ経営情報と制御システムを導入す
る研究が拡がったが、80年代までには、その実用性についてはソ連でも懐疑主義が
蔓延した。それらの導入が大きな見返りを生むという以前の過大な期待が、実現す
ることなく失敗した結果である」。マイケル・エルマンによる「社会主義経済にお
ける経済計算　Economic Calculation in Socialist Economics」の記述を見よ（El-
mann, 1987), 2 : p. 31)。ヤン・S・プリビラも著書『市場と社会主義下の計画
Market and Plan Under Socialism』でこれに似た記述をしている（Prybyla, 1987,
p. 55)。マーティン・ケイヴは著書『コンピュータと経済計画：ソヴィエトの経験
Computers and Economic Planning: The Soviet Experience』(Cave, 1980)で、計量
計画学の抽象的な定式化に尽力した研究者と、現実の経済システムの研究者という
二つの研究者集団の大きな違いと分離について指摘した後、市場を代替すべき計量
計画学モデルをとりまく懐疑主義が大きくなっていったが、それは「計量計画学は、
中央計画経済の複雑さを適切に評価せず、そうする気もない」という事実から生ま
れたものだったと結論している（38ページ）。ハーウィッツでさえも、計量計画学
は純粋に知的な訓練としてしか役立たず、それは経済計算問題を解くための最初の
理論的段階（問題を「定式化」すること）に対応するにすぎないという見方にまで
後退した。この段階は後に市場の力を取り入れて、計画を市場の現実へと調整する
ことで実現するのであって、その反対ではない。つまり、計量計画学モデルのパラ
メータに市場を合わせるのではないのである。彼の「経済プロセスにおける集権化
と分権化　Centralization and Decentralization in Economic Processes」*Comparison of Economic Systems: Theoretical and Methodological Approaches*, Alexander Ex-
tain 編（Hurwitz, 1971, p. 81）を見よ。

第 5 章　静学化への不当な移行　形式的類似性といわゆる「数学的解法」の議論

42）マスグレイブとアローのコメントの誤りは、第 2 章で説明した市場プロセスの根本的な働きへの無知にある。アローは次のようにさえ述べている。「実際、数学的プログラミングと高速コンピュータによって、もはや集権的な選択肢は不合理なものとは思われなくなった。結局、分権的なシステムの働きを適切に選ばれた集権的アルゴリズムで真似られるように思われる。アロー『制約的な知識と経済分析 *Limited Knowledge and Economic Analysis*』(Arrow, 1974, p. 5)。アローのようにもっとも聡明な頭脳でさえも、数学的均衡分析に取り憑かれれば、根本的な経済問題を把握する能力を失ってしまうことは不可避のようだ。事実、マスグレイブは論文「国民計画経済：アメリカの場合　National Economic Planning: The U.S. Case」(Musgrave, 1977, pp. 50-54) で、まったく同じ過ちを犯している。これに似た誤りはウィルクジンスキも犯しているが、彼の社会主義イデオロギーへの傾倒を考えれば、それは理解できることではある。ウィルクジンスキは述べている。「コンピュータによる最適価格の可能性は、社会主義では合理的価格付けは不可能であるという主張の基礎を完全に論駁している。実際的なレベルではいまだ多くのことが必要であるとはいえ、健全な理論的基礎がある。事実、社会主義は資本主義を改善できる可能性を持っている」（『社会主義の経済学　The Economics of Socialism』138 ページを見よ）。一般均衡理論から、中央計画経済の組織化の根本原理はワルラス・モデルから容易に引き出せると結論付けた学者として、フランス人経済学者モーリス・アレもいる。アレは経済学における数学の使用がもたらす自然な知的混乱と、その際立った独自性を合わせもつ人物であり、完全競争の均衡経済では、資本利子率は消滅するとまで断言している（これは明らかに不合理な考えである。なぜなら、そうした状況では、資本の減耗率に対処する必要があり、主観的な時間選好の力は維持され続けるからだ）。アレは土地を国有化し、「価格」は「特別労働」時間の単位に基づいて作られた会計単位で表されるべきだと提案した。モーリス・アレ「集団主義経済における計画問題　Le problème de la planification dans une économie collectiviste」(Allais, 1947, vol. 1, pp. 254-280, vol. 2, pp. 48-71) を見よ。彼の馬鹿げた提案については、カール・プリブラムがその記念碑的著作『経済的思考の歴史　A History of Economic Reasoning』(Pribram, 1983, p. 459) において次のように記している。「急進的な人物は既存の経済秩序を転覆しようとする傾向があるが、それでもすべての歴史的経験に反して、「計画」経済組織がワルラス型のモデルによって提供されると信じた、あるいは信じているふりをしたのは、経済的思考の歴史においても奇妙な逸話である。そこでは自動的均衡力の働きが完全に信頼される」。さらに、東欧の二人の良く知られた経済学者ヴォジミェシュ・ブルスとカジミェシュ・ラスキが、後に詳述するように、最近になって同じ指摘をしている。彼らが明確に示したのは、社会主義経済計算論争においてミーゼスとハイエクが正しく、オスカー・ランゲその他の誰一人満足な答えを出さなかったということだ。ブルスとラスキは新古典派モデル全般、特にワルラス・モデルが資本主義の中心的な存在、つまり起業家について考慮しなかったせいだとしている。彼らはまた

204

情報の分散的な性質についての根本的な議論を持ち込んだ[43]。ハーウィッツは、各経済主体が最初に自分だけが排他的に利用可能な情報を持つと仮定することから始める（消費者は自分の選好、生産者は利用している技術などについて）。よって個人の持つ計量経済モデルでは、中央計画局は生産関数を知らず、各人だけが情報を持っている。さらに、多くのモデルでは、生産者でさえもその生産関数を知らず、経験を積んだ場合にのみわかることになっている。彼らのモデルでは、価格の本質は情報の効率的伝達者であるとすれば、中央計画局と各人との間で伝達されるべき知識は、経済のすべての財・サービスの「価格」リストだけである。そのリストは各人の生産する財・サービス量を反映して、中央計画局から出版される。彼ら計量計画学者によれば、特にコンピュータ分野の進歩を考えれば、この中央から個人へ（価格）と個人から中央への（生産量）の膨大な情報の伝達にはなんの問題もない。最後に、多様なコンピュータの繰り返しプログラムで不足や過剰が生じるたびに価格を変更でき、この方式は最終的に経済問題を解決する均衡方程式体系を生み出す。こうして一時的な価格を決める中央当局と、それを限界費用として最大量を生産する個人の間に、ある種の「コンピュータ通話」が生じる（このとき限界費用は限界収入に等しい）。この生産量は中央当局に送信され、当局はそれを見直し、変更し、新しい価格を各個人に伝える。この繰り返しにより、不足と過剰は消滅する。

　ここで記した計量計画学的な提案は、次章で詳細に分析する1930年代のオスカー・ランゲの内容と根本的には大きく違わない。この計量計画の戦

「完全競争」モデルが、起業家間に存在する典型的な競争・競合を許さないことも批判している。彼らの結論では、「ワルラス・モデルは資本主義の中心人物、つまり厳密な意味での起業家を見逃している。形式的には、ワルラス・モデルにも起業家はいるが、彼らはロボットのように与えられたデータでコストを最小化し、利益を最大化する。彼らの行動は、完全に受動的な枠組みでの純粋な最適化であり、外生的な変化に反応的な調整をするにすぎない。現実の競争はデータそのものに影響を与えるための恒常的な努力であり、これは正しい一般化ではない。ここに一般均衡理論の静学的アプローチは特に明白化し、それは資本主義システムの現実の動学とは正反対である」。彼らの著書『マルクスから市場へ：経済システムを求めての社会主義　*From Marx to the Market: Socialism in Search of an Economic System*』（Burs & Laski, 1989, p. 57）を見よ。この話題については、私の論文「ワルラス・パラダイムの危機　La Crisis del Paradigma Walrasiano」（de Soto, 1990, p. 36）も見よ。

第5章　静学化への不当な移行　形式的類似性といわゆる「数学的解法」の議論

略の「創造性」にもかかわらず、いかなる意味でも、計量計画モデルは分
散的知識の性質の問題についてのハイエクの研究成果を取り込んでいない。
そして、社会主義経済計算問題の解決には役に立たないことを示そう。さ
らに、少し話題を変えて、この問題におけるコンピュータとコンピュータ
科学の役割について考え、第2章で示したように、その発達の影響は社会
主義経済計算の問題を解決するどころか、もっと複雑で困難なものにする
ことを確認する。

　前節の数学的「試行錯誤」方式に対する批判はすべての現代的な計量計
画理論に当てはまるが、本書で強調した二つの特定要素に応えることが必

43）レオニッド・ハーウィッツ「資源配分メカニズムのデザイン　The Design of
Mechanisms for Resource Allocation」(Hurwitz, 1973, p. 5)。ハーウィッツはハイエ
クとミーゼスの研究をモデルに取り入れたと自慢している。「ハイエク（私は彼
の授業を1938-39年に出席していた）の考えは私の思考に大きな影響を与えており、
たいへん感謝している。しかし、私はまたミーゼスのジュネーブでのセミナーに
1938年から1939年に参加し、同様にランゲ（シカゴ大学1940-42年）からも影響を
受けた」。ハーウィッツ「経済計画と知識問題：コメント　Economic Planning
and the Knowledge Problem: A Comment」 *The Cato Journal* 4, no. 2（fall 1984）:
419ページを見よ。こうした発言が明らかにしているのは、ラヴォワがはっきりと
示したように、ハーウィッツ自身が認めているようにミーゼスのセミナーとハイエ
クの授業に出席したにもかかわらず、そのメッセージを理解しそこなったというこ
とだ。事実、ハーウィッツの論文には起業家精神の理論が完全に欠如しているだけ
でなく、情報は分散してはいても、客観的でだれにでも伝えることができると仮定
している。彼は、市場プロセスの核心である起業家的情報の本質的特徴を見逃し、
基本的に、その主観的・非明示的な性質を考慮していない。ラヴォワの興味深い著
作「非明示的知識の発見・伝達方法としての市場　*The Market as a Procedure for
Discovery and Conveyance of Inarticulate Knowledge*」(1982) を見よ。さらにハー
ウィッツがカーズナーに応えて出版した論文（前記 The Cato Journal）で明らかに
しているように、彼は分散的知識の問題を単なる既存情報の伝達問題だと考えてお
り、新しい情報の生成が提起する問題を考慮することにさえ失敗している。それこ
そが市場プロセスでもっとも重要な問題であり、カーズナーの起業家精神の理論の
中心要素なのだ。有名なフランク・ハーンもハーウィッツと同じ誤りを犯しており、
1988年の時点でさえ、遅かれ早かれランゲとラーナーが発展させた「市場社会主
義」が資本主義システムよりもはるかに優れた選択肢になると、自信を持って断言
している。彼の「市場経済について　On Market Economics」(Hahn, 1988)、特に
114ページを見よ。ハーンの見解に対する詳細で素晴らしい批判はアーサー・セル
ドンの『資本主義　*Capitalism*』(Seldon, 1990, pp. 124-144) にある。

要である。多くの計量計画専門家は問題は理論的に解けており、情報の分散的性質はすでに考慮されていて、現時点では対応する経済モデルを実効化するために必要なコンピュータ能力の進歩を待っているだけだと信じている。その反対に、実際には計量計画モデルは現実世界の本質的な特徴や、オーストリア経済学者がすでに記述し、これらのモデルの働きを理論的に不可能にする性質を考慮していない。それはハードウェアとソフトウェアの両方における未来のコンピュータ能力の発展とは完全に無関係である。

　第一に、計量計画モデル一般、特にハーウィッツの理論は、情報の分散的性質の原理を、醜く希釈された形で取り込むようになった。なぜなら、情報が全各経済主体の内心に分散しているという事実は、第2章で詳細に見たように、主観的で厳密に個人的な情報の性質と本質的に不可分である。もし情報が分散しているだけでなく、個人的で主観的なら、それは各経済主体で大きく異なった意味を持ち、それを唯一の意味として計画局に伝えることは不可能だろう。言い換えれば、同じ価格、同じ外的物資、同じ量、同じ経験が、人によって大きく異なる意味、または解釈を生み出す。同じことはプロジェクトを実行するため、特定の目的を達成するため、または特定の財・サービスを生産するために可能だと見られている異なる選択肢にも言える。また、生産過剰と不足は、だれがそれを観察したかによって大きく異なる意味を伝える。状況によって、それはまったく異なる行動を誘発する（需要を減らす、代替財を開発する、新しい領域を探す、またはこうした行動の組み合わせなど）。よって、情報の主観的性質は、誤って客観的だと考えられている情報の伝達または対話に基づくハーウィッツの全モデルを無効にする。このやり取りは経済主体（仮説的な分散的だが客観的な知識の保有者）と中央計画局の間で行われる。

　第二に、これまでの議論と密接に関連するが、第2章で詳しく論じたように、人間行為に不可欠な知識は暗黙的、または明示されない性質を持っている。もし行為時に使う知識のほとんどが正式には明示できないなら、客観的にだれかに伝えることはできない。経済主体は同じ価格、つまり歴史的な交易条件にまったく異なる解釈を加えるだけでなく、これらの価格は特定の行為者に情報を伝える。なぜなら、行為者たちは、多かれ少なかれ、価格付けられて交換された財やサービスの特徴と、彼らの行為の文脈

第5章　静学化への不当な移行　形式的類似性といわゆる「数学的解法」の議論

に関係すると考えられる無数の状況について、実際的・非明示的な知識を共有しているからだ。例えば、1ポンドのジャガイモが30通貨単位で売られるとき（明示的な部分は「ジャガイモ1ポンドは30通貨単位」である）、行為者が解釈する明示的・正式なメッセージは、行為者が特定の行為の状況で知り、生成し、使う情報の最小限度を表している（それらはジャガイモを買いたいという欲求、買えるジャガイモの異なる品質レベル、売り手のジャガイモのいつもの品質、ジャガイモを料理することへの行為者の興奮、ゲストのため料理の彼のプラン、つけ合わせの準備プラン、その他の無数の詳細についての情報である[44]）。

　第三に、もっと動的な視点からは、価格が行為者に意味を伝えるのは、彼が特定のプロジェクトまたは行為に没入しているからだ。つまり、彼は特定の目的や理想を達成することに力を注いでおり、その豊かさや複雑さは彼だけが想像・追求できるものだ。行為者がプロジェクトを信じ、主観的な期待と感情に基づいてそれを想像・追求するとき、それらは基本的に非明示的であるため計画局に伝えることはできない。

　理想を信じて、そのわずかな可能性を追求する起業家は、多くの場合、逆境に直面して多数派の意見に逆らうことになるが、最終的には目標を達成して利益を得るかもしれない。彼が目指す目標、そこからの利益、または求める真実は、完全に明確に見えるようなものではなく、むしろ彼が直感し、想像し、生み出すものだ。そしてこれこそまさに、社会を維持・発展させる情報の発見・創造を可能にする創造的な緊張なのである。創造的緊張は市場の多様な要素から生じる。あるいはむしろ、同じ事実、出来事、

44）「価格によって提供される明示的情報は、膨大な習慣的生産活動の経験から得られる非明示的な知識背景の一部でしかないため、ある程度有益なものにすぎない。価格は単なる数字ではない。それは、特定しきれない品質と部分的にしかわからない特質の財・サービスの、相対的希少性を表している。それでも、これらの品質がわずかでも変化したなら、それは価格変化と同じほど財使用の決定にわずかな変化をもたらす。…ハイエクは、市場が伝達する情報は数字としての価格だけだとは主張していない。反対に、価格付けされた財・サービスには非明示的な意味があるからこそ、価格は知識を伝えるのである」（ドン・ラヴォワ『非明示的知識の発見・伝達方法としての市場　*The Market as a Procedure for Discovery and Conveyance of Inarticulate Knowledge*』32-33ページ）。

状況についての異なる意見や解釈から生まれる。計量計画理論家たちはこの創造的緊張を見逃し、あるいは彼らのモデルから明示的に消し去る。彼らは経済システム全体を事前に協調させたいと考えるため、協調の失敗がもたらすインセンティブに対して、行為者が創造的に対応する可能性を完全に排除しているのである[45]。それは理論的に不可能だ。

これは二つの要因による。第一に、経済主体は伝達しなければならない知識を欠いている[46]。なぜなら、そうした知識は、行為者が起業家精神を自由に実践できるプロセスから生じるからである。第二に、彼らは持っている知識を伝達することができない。なぜなら、それはほとんど暗黙的で非明示的な性質を持つからだ。起業家の知識が非明示的なのは、それが「思考技術」であって、市場に典型的に見られる状況に行為者がいる場合にしか適用できず、行為者はそれを実践で使用することで直感的に学んでいるからである。アローとハーウィッツの精神は、経済主体が利用、生成する知識の本質的特徴を認識することができず、市場の働きのもっとも根

45）ラヴォワは前掲の論文で、ポランニーにならって、科学研究における非明示的な知識の役割と、市場のそれとの類似点を示している。彼の結論では、「市場参加者たちは『価格受容者』ではなく、そうなりうることもない。これは、科学者が『理論受容者』とはなりえないのと同じだ。両方のケースで、疑義のない価格や理論の背景は、起業家や科学者にとっては補助的に頼るだけだが、彼らの活動の焦点は既存の市場価格や価格理論に「同意しない」ということである。起業家（または科学者）は積極的に既存の価格（または理論）に反対し、価格を上げ下げすること（または既存理論を批判すること）で自らのプロジェクト（または考え）に尽力する。こうした競合との競争関係からの複雑なプレッシャーを通じてのみ、新しく通用する有益（または受け入れられる科学的）な発見がなされ、通用しない（受け入れられない）ものが捨てられる。…そうした科学や市場への個人的な尽力が生み出すプレッシャーがなければ、各人は「決定的な合理性」を失ってしまうだろう。科学者にはまさに自らの評判が―そして資本家には富が―かかっているからこそ、特定方向の科学的または生産的活動に賛成または反対するのである。こうした個人的な尽力がないときには、例えば、科学的評判や経済的富が、真理への献身や主観的に認識された利益機会の追求よりも党派的な忠誠にかかっているときは、これら科学と先進経済という人類の偉大な功績は妨害されてしまう（ドン・ラヴォワ『非明示的知識の発見・伝達方法としての市場』34-35ページ。ポランニーは市場と科学の進歩という同じアナロジーを「科学の共和国：その政治的、経済的理論　The Republic of Science: Its Political and Economic Theory」 *Knowing and Being* (1969) で類似点を示している。

本的な原理に対して無知なままであった。彼らは、実践的・主観的・非明示的な知識が経済主体から中央計画局に「コンピュータ通話」の形式で伝達可能だと信じていたが、これはハイエクが辛辣にも、計量計画経済学の研究において「すべての茶番の中でも、この上ない愚昧」と名付けたことだ。そしてこれらのことは、ハイエクが1982年に、やむを得ず彼らを「無責任だ」と呼んだことを正当化する[47]。

　第四に、計量計画的な価格調整モデルでは、情報がいったん計画局に伝わった後、当局が最適化問題を解いて均衡価格の新情報を各経済主体に送るまで、取引や生産活動が保留される必要がある。ベンジャミン・ウォー

---

46) フリッツ・マハループ『知識：その生成、伝達、経済的重要性　Knowledge: Its Creation, Distribution and Economic Significance』第3巻、『情報と人的資本の経済学（The Economics of Information and Human Capital)』第6章「新知識・分散的情報・中央計画（New Knowledge, Disperse Information and Central Planning)」(Machlup, 1984, p. 200) を見よ。そこでマハループは、次のように述べる。「人々の選好の知識は数百万の心に分散しており、常に変化し続けているだけでなく、価格・数量反応の形で伝えられるには、あまりに多くの空白を含んでいる。前述の計画システムでは人々が欲しがるものを与えられない。なぜなら、自分が何を得ることができるのかを知らなければ、彼ら自身も何が欲しいのかはわからないからだ。自由企業体制でのイノベーションの着実な普及は「生産可能性」を変え続け、それには新商品と既存商品の新しい品質が含まれる。創造的な起業家は、（一時的な）利益の期待に触発されて、消費者にこれまで存在しなかった選択肢を提案する。それは、市場均衡の通常のモデルや配分的均衡のモデルに存在するものとは異なる種類の反応を引き起こす。新商品の購入可能性は、市場システムを中央委員会が発表する量や価格の公式表示スキームとは大きく異なったものにして、消費者である大衆による反応として、量と価格の提案が提出される。十分情報が伝わった決定を計画委員会に許す組織化されたフィードバックの行き来は、イノベーションという現象にとって代わるわけではない」。

47)「資源配分プロセスの数学的研究が急速に成長したのは、ランゲの直接的な影響よりもシュンペーターの教育の影響のほうが大きいだろう（最近、アローとハーウィッツ『資源配分プロセスの研究　Studies in Resource Allocation Processes』(Arrow & Hurwitz, 1977) にまとめられた。私が知る限り、彼らは無責任にも、ランゲのモデルで行為者個人が学べるものとはまったく関係がない虚構的な「データ」集合を扱っている」。「2ページの虚構：社会主義計算の不可能性」(1982) を見よ。その61ページで、ハイエクは「計画当局がある種の財の価格を固定し、在庫の増減を学ぶまで維持すれば、計画執行の経営者がその知識を使用できるという考えは、すべての茶番の中でも、この上ない愚昧である」と付け加えている。

210

ドのような経済学者は、さらに不合理な結論にいたっている。そうしたシステムは、均衡価格にはない状況で常に交換が発生しており、よって「仮の」ものである現実の市場経済よりも効率的であるというのだ。現実の市場価格が均衡理論家の混乱した精神の中にしか存在しない仮説的な「価格」と一致しないからといって、「偽もの」だとするのは、どう考えても驚きである。現実に実在し、実際に自由な人間行為の結果として生じたものを偽だと見なすのは馬鹿らしいが、真実の均衡「価格」など見出されたことがないことを考えれば、ますます馬鹿ばかしいことである。さらに、計量計画調整モデルよりも市場プロセスがはるかに優れている点は、まさにそうした「偽の」交換を現実生活で実行できることにある。事実、計量計画モデルでは、すべての行為や交換が止まって、計画当局に情報が伝わって方程式体系を解いている間、経済主体は新情報を発見・生成することができなくなり、人間行為は妨害されて社会の調整・協調、発展プロセスは損害を受ける。

　反対に、起業家精神が動かす市場プロセスでは、均衡はけっして達成されないが（そしてこの意味ではすべての現実生活の交換は「偽の」ものだが）、新情報が常に生成され、すべての協調の失敗や不均衡が起業家的な機敏さの力によって明らかにされ、適切に協調・調整される。計量計画モデルの「ワルラス的オークショナー」に対する現実の市場プロセスの主な利点は、交換が常に起こっていて、それが均衡価格ではないとしても（この意味で現実の価格が「偽」である）、こうしたプロセスは理論的にも実際的にもうまく機能しているということにある。なぜなら、調整の失敗や不均衡は必要なインセンティブを作り出し、その結果、それらは起業家精神の内的な力によって発見・解消される傾向にあるからだ。こうして、膨大な量の不可欠な情報が作り出され、常に社会全般に伝わる。この反対に、計量計画モデルが機能するためには、人間行為と新情報の生成が一定期間凍結されるだけでなく、社会の協調のカギとなる起業家精神の創造的実践を完全に消し去る必要がある[48]。

　第五に、すべての計量計画モデルの主な弱点は、複雑な現代経済で生じている恒常的な市場の変化が提起する問題を最小化・矮小化していることにある。現実の世界、現代社会には構成員全員の生活や活動を決定するプ

ログラム問題への「解法」を待っているような余裕など存在しない。さらに、そうした解を得ることは理論的に不可能だ。なぜなら必要な情報の生成・伝達が不可能である以上、問題を計算するには現実を独裁的に停止、強制するしかないからだ。

このことを例示するためにマイケル・エルマンは、かつての60年代のソヴィエト連邦の金属産業の計画局では、委託された線形計画プログラムの定式化に必要な情報を入力するだけで6年かかり、そのプログラムには100万以上の未知数と3万以上の制約条件があったと記している[49]。論理的に言って、この問題への「解」は完全に想像上のものでしかない。なぜなら、その6年の間に関連する情報は根本的に変化した（または当然に変化しただろう）からだ。よって問題が「解かれる」までに完全に変化して

---

48) ベンジャミン・N・ウォード『社会主義経済：別組織の選択肢の研究　*The Socialist Economy: A Study of Organizational Alternatives*』（Ward, 1967, pp. 32-33）。この著作で、ウォードもこうした数学モデルの（基本的に静的・線形的な性質という）単純化について短く触れている。しかし、このことが異なるセクター間、計画組織間の連絡のボトルネックとなるとは考えていない。なぜなら、それは「数値が一巡する間は、セクター数がnであれば、nの2乗を越えることはなく、一般的にははるかに少ない回数で済む」からである（61ページ）。しかし彼は、ともかくも、繰り返しが完了するまでの時間が長くなりすぎれば完了する前に途中で止めることも可能であり、その場合、計画は最適ではなくても、少なくとも「改良」にはなるという。ラヴォワが明確に指摘しているように、この提案はワルラス的タトヌマン・プロセスのもっとも重要なレゾンデートル（存在理由）を捨てていることを、ウォード自身が理解していなかったとは信じがたい。線形計画の専門家が計画の均衡解を計算する間、経済主体が活動を止めなければならず、しかもその解が直近の近似的なものにすぎないとしよう、それなら、結局のところ、なぜ計画計算が行われ始めたのだろうか？　分権的な市場機構と法制度は、経済活動を止めることも新しい情報の生成を阻害することもなく、また計画理論家を動員するための費用も必要なく、常により正確な均衡解を出し続けているのである。ドン・ラヴォワ『競争と中央計画』99ページを見よ。エドモン・マランヴォーも類似した誤りを犯している。公共財の最適生産レベルを決定する研究の最初の部分で、彼は、社会主義における最適均衡解を得るための繰り返しプロセスの分析に焦点を当てている。彼の「公共財の計画アプローチ　A planning Approach to the Public Good Problem」（Malinvaud, 1971）と、「計画の分権的な手続き　Decentralized Procedures for Planning」（Malinvaud & Bacharach, 1967）を見よ。率直に言って、人間の社会生活の無限の豊かさと多様性を、完全に硬直的・冷酷・機械的なモデルに置き換えようとする彼らの強迫的な思い入れを理解することはひじょうに困難である。

おり、見出された「解」はまったく時代遅れであった。計量計画の専門家は必要情報を持っていないため、動的な現実世界では盲目的・永続的に見出されることのない「解」を探さざるをえない。それは常に変化するプロセスにあるからだ。よって、ペーター・ベルンホルツが結論づけたように、変化する経済の現実的な状況では、計量計画システムが中央計画を利用する限り、合理的経済計算は不可能である[50]。

　第六に、計量計画理論家は、現実の市場プロセスの働きかたについてまったく無知であるだけでなく、コンピュータ・システム理論の基本的要素を理解してもいない。コンピュータに記録できるタイプの「情報」と、市場の経済主体が意識的に使うものではまったく異なることを思い出してほしい。前者は客観的・明示的な「情報」であり、後者は主観的・暗黙的・実践的情報である。論理的に、経済問題の解決に不可欠な後者は、コンピュータで記録することも取り扱うこともできない。さらに、経済システムで未だに生成されていない情報は、コンピュータでは伝達することも使うこともできないことは明らかだ。言い換えれば、社会的な市場プロセスからは、非明示的で実践的な情報と大量の明示的な情報の両方が発生する。そしてこのプロセスから情報が生成されないうちは、コンピュータの記憶装置に伝達することも蓄積することもできない。また、おそらくこれがもっとも重要な点だろうが、各世代のもっとも複雑なコンピュータが経済主体（多様な行為者、起業家、官庁や組織）によって分散的に使われるだろうことを考えても、そうした強力な機械によって、はるかに多様で複雑、豊

―――――――――

49) マイケル・エルマン「社会主義経済での経済計算　Economic Calculation in Socialist Economies」*The New Palgrave: A Dictionary of Economics* (Elmann, 1987, 2: p. 31)。

50)「変化する多様な生産関数では、会社規模と産業構造が問題になる。新商品と嗜好の変化も、どの企業・産業を拡張・縮小・廃止・創生するべきかの問題を提起する。…こうした状況では、その複雑な性質のため、中央計画委員会は計画に必要な信頼できる事前情報を得ることはできない。中央計画では、合理的計算は必ず崩壊する」。ペーター・ベルンホルツ「非定常的状況での複雑問題　The Problem of Complexity under non Stationary Conditions」は、論文「情報、動機付け、社会主義の合理的経済計算問題　The Problem of Complexity under non Stationary Conditions」中にある（Bernholz, 1987, p. 154）。

第5章 静学化への不当な移行 形式的類似性といわゆる「数学的解法」の議論

かな実践的・非明示的知識が分散的・個人的なレベルで生成され、それら
の情報の複雑さはコンピュータを使って中央集権的な取り扱いができない
ことは明らかである。換言すれば、コンピュータ・システムが取り扱い、
制御できるのはそれ自体よりも単純なものだけであり、それ自体よりも複
雑なシステムやプロセスを制御したり、解いたりすることは不可能だ。各
主体のコンピュータの能力は、質的に中央計画局のコンピュータの複雑さ
と同じなのである。

　結果的に、コンピュータは人間に典型的に見られる起業家活動を実行で
きないし、将来もできないことは明白である。つまりコンピュータには、
ある種の客観的な情報が間違って解釈されており、そのためにまだ利用さ
れていない利得機会があると認識することはできない。コンピュータには、
これまでだれも想像しなかった新しいプロジェクトを思いつくことは不可
能だ。コンピュータは新しい目的と手段を創造すること、世間での流行に
逆らった活動を追求すること、だれも信じない会社の成功のために勇気を
もって苦闘することもできない。せいぜいコンピュータは、第2章で記述
したような人間的な起業家活動を促進するために明示的な「情報」を扱う
ための強力で有益なツールになりえるだけで、起業家活動を代替したり、
消滅させたりはできない[51]。事実、コンピュータ科学は、経済における複
雑な自発的調整プロセスを置き換えないだけでなく、その反対に、むしろ
市場プロセスの経済理論はコンピュータ科学の理論の発展を手助けするこ
とができる。実際、最新のエキスパート・システムと「人工知能」のユー
トピア的な概念の理論的な進展は、市場での情報の生成・伝達メカニズム
の深い分析だけが、これらの領域での大きな進歩につながっていることを
示している[52]。

───────────────────────────────

51）アッサー・リンドベックは著書『新左翼の政治経済学 *The Political Economy
of the New Left*』（Lindbeck, 1971）において記している。「コンピュータは、市場
から（消費者選好と生産技術についての）情報を生成する役割も、消費者の選好に
応じた効率的な働きを促進するインセンティブを生成する役割も奪うことはできな
い」。そして結論的に、「情報操作や最適配分の近似計算のために、分散的市場競争
をコンピュータによって代替できる可能性は、きわめて限られている」。本文での
議論に照らせば、私はその可能性はゼロだと考えている（この引用文はスペイン語
版からである）。

214

4．「試行錯誤」方式

　最後になるが、計量計画経済学についての論評を終えるに当たって、経済学への数学的方法の使用は、学者たちがきわめて注意深く行わなければ、大きな混乱と害悪をもたらすことを再度強調しなければならない。具体的には、数学は均衡システムの記述にしか適しておらず、あるいはせいぜい、市場での変化や創造の現実的プロセスをぞんざいで繰り返し的、機械的に、拙劣な方法でなぞるくらいしかできない。さらに数学的方法は、すべての社会・経済生活の基礎的、カギとなる要素である起業家精神の本質を表現することを許さない。数理経済学者は、価格と費用は具体的な一連の人間行為と相互作用ではなく、曲線や関数の交点によって決定されると信じる危険性を犯している。彼は、自分が扱っている関数が現実のものであり、それを実際に知ることさえ可能だと信じるようになるかもしれない。つまり、彼がモデル構築のためにすでに与えられていると仮定する情報は、現実に市場のどこかに客観的な形で存在しており、それを集めることができるという考えをもっているのだ。数学的方法が一般的に経済学の多様な領域に与えてきた影響に照らせば、特に本書で吟味してきた社会主義経済計算の提案については、この方法は学問に好影響よりも重大な悪影響を与えたのではないかと思われる[53]。

　ミーゼスとハイエクが市場経済を支持して社会主義に反対した議論は、数理的な「厚生」経済学者が「私有企業」を正当化するために使った理由付けとはまったく違う。厚生経済学では、その理由付けの基礎を効率性のパレート的理想型としての「完全競争」におく。本書を支える基礎的な議

52）特にドン・ラヴォワ、ハワード・ベジャー、ウィリアム・タローの論文「ハイテク・ハイエク主義：計算の経済学のいくつかの研究トピックの可能性　High-Tech Hayekians: Some Possible Research Topics in the Economics of Computation」(Lavoie, Baetjer, and Tulloh, 1990, pp. 120-146) と、そこでの引用文献を見よ。本書では、均衡理論や厚生経済学それ自体の視点から計量計画モデルの不適切さを列挙・分析することはしない。それらの批判は、本文での根本的な議論に比べれば見当違いなだけでなく、他の標準的な説明、例えばジョン・ベネットの『中央計画の経済理論　The Economic Theory of Central Planning』第2章などにも記されているからである (Bennett, 1989)。また興味深いのは、D・F・バーガムの論文「経済計画と経済科学　Economic Planning and the Science of Economics」(Bergum, 1941) である。

第5章　静学化への不当な移行　形式的類似性といわゆる「数学的解法」の議論

論は、競争は資源の「最適」結合を与えてくれるということではなく、そ
れが生身の人々による、社会を調整・協調させる動的プロセスだというこ
とである。本質的な議論は、「完全競争」システムは独占よりも良いとい
うことではなく、市場と非強制的な人間行為は協調プロセスを与えてくれ
るというものだ。よって、我々が擁護している議論は、実際にミクロ経済
学の教科書に見られる標準的な議論とは根本的に異なる。そこでのアプロー
チはこれまで記してきたすべての理由から、現実の経済を実証的に分析
したものと見ても、あるいは市場はどう機能するべきかという規範的な分
析と見ても、不適切で誤っている。「厚生理論」が誤謬であることのもっ
とも明白なサインは、パラドックス的に、そのモデルや方法を通じて、資
源配分メカニズムが市場のない計画経済でも可能だという考えを生み出し
たことだ。経済均衡と厚生理論は、市場の働きの記述的・実証的な理論と
して始まった。しかし最後は、その数学的方法とモデルを通じて、市場プ
ロセスとそのもっとも緊密な特徴である起業家精神の両方を否定した経済
計算システムを発展させるための道具となった[54]。

53）ミーゼス自身の言葉では、「数理経済学者は、経済学はニュートン力学のパタ
ーンにならって構築されねばならないという先入観で盲目になっており、数学的モ
デルでの取り扱いに積極的なために、その研究の主題を完全に誤解している。彼は
もはや人間行為ではなく、さらなる分析を許さない力によって動かされる、魂のな
い機械を扱っている。一定速度で回転する経済の構築という想像のなかでは、当然
に起業家的機能の余地はない。数理経済学者は、起業家精神を思考から追い出して
しまった。彼には、経済への干渉を維持し続け、想像のシステムが完全均衡状態と
静的状況に達することを妨げる革新者や乱す者は必要ない。彼は、混乱要因として
の起業家を憎む。生産要素の価格は数理経済学者が見るように、二つの曲線の交点
で決まるのであって、人間行為によってではない」（『ヒューマン・アクション』
702ページ）。

4.「試行錯誤」方式

54）おそらく、ミーゼスとハイエクが市場を支持した議論の根本的に異なる性質を
認識した最初の均衡理論家はリチャード・R・ネルソンであった（「私有企業の評
価：錯綜する教義の注釈　Assessing Private Enterprise: An Exegesis of Tangled
Doctrine」（Nelson, 1981）。ネルソンの「伝統的な」厚生理論は無関係だという記
述には同意できるが、「特にハイエクの理論と、オーストリア学派全般の理論は関
係こそあるが、それは未だ原始的な発展段階にある」という考えには同意できない。
そうした断言をするのは、高度な形式主義をもって構築された理論を、擁護不能で
無関係であっても「発展したもの」と見なす一方、オーストリア学派が経済学の全
領域で展開してきた重要な研究を見逃しているからだ。注２の終わりで見たように、
マーク・ブローグでさえ、オーストリア学派と新古典派のパラダイムとの根本的相
違と、同時に後者が的はずれなことを完全に理解していた。

217

第 6 章

オスカー・ランゲと「競争的解法」

1．導入的考察

2．「競争的解法」の歴史的な先例
エドゥアルト・ハイマンとカール・ポランニーの研究
「競争的解法」に対するミーゼス、ハイエク、ロビンズによる初期の批判

3．オスカー・ランゲの研究　導入的考察
ランゲ＝ブレイトのモデル

4．オスカー・ランゲとその「市場社会主義」の古典モデル
市場価格　vs「パラメータ価格」
ランゲの最初の段落
ランゲの第二の段落
ランゲの第三の段落
ランゲの第四の段落

5．ランゲの古典モデルに対する批判的分析
用語についての予備的な説明
モデルの記述
ランゲ・モデルの二つの解釈
ランゲ・モデルの最広義の解釈に対する批判的分析
　1) 資本財リストの作成不可能性
　2) パラメータ価格の固定期間の完全な恣意性
　3) 真の労働市場、消費財・サービス市場の不存在
　4) ランゲが提案した「ルール」の無意味さ
　5) 「試行錯誤方式」の理論的な不可能性
　6) 利子率の恣意的な固定化
　7) 官僚機構の典型的な行動に対する無知
ランゲの古典モデルに対するその他の評価

6．ランゲの学術的人生の第3、第4のステージ
第3のステージ　1940年代
第4のステージ　第二次世界大戦から彼の死まで──
　市場の放棄とスターリン型経済の称賛と正当化
ランゲのエピローグ

本章と次章では、社会主義経済計算問題に対して社会主義経済学者たち
が試みた、多様な「競争的解法」の定式化を吟味する。このことを念頭に
置いて、本章では二つのゴールを達成する。第一に、適切な文脈において、
この新提案のもっとも重要な意味を措定する一連の導入的考察をおこない、
そのもっとも重要な歴史的先例を分析する。第二に、オスカー・ランゲが
発展させた「解法」を注意深く研究する。ここでのランゲへの注力はとき
にあまりに些細で広範だと思われるかもしれないが、彼の研究——社会主
義理論家のなかでももっとも良く知られ、引用されている——はあまりに
不正確に解釈されてきたため、間近での十分な吟味が絶対的に必要である。
「競争的解法」の分析は、（その他多くのトピックのなかでも）この分野での
ディッキンソン、ダービン、ラーナーの研究を主に取り扱う次章で結論づ
ける。

1. 導入的考察

多かれ少なかれ、すべてのいわゆる「競争的解法」に共通する特徴は、
ある種の（ミーゼスの言葉では）「疑似市場」を導入しようとする試みであ
り、そこで異なる経済主体の行動は、資本主義システムに可能な限り類似
したものとして捉えられる。いくつかの異なる研究を見ると、それらは一
般に曖昧さと矛盾した性質に特徴づけられる。そして提案されたシステム
が社会主義を維持しようとしているほどに、つまり、システマティック・
強制的に起業家精神の自由な実践を制約しようとするほどに、ミーゼスと
ハイエクが掲げた、必要情報が生成されない場合の経済計算の不可能性問
題に答えられなくなる。

また、「競争的解法」には二つの主要な型がある。第一のものは、前章
で分析した数学的解法からの均衡価格を計算可能にするための、単純で二

第6章　オスカー・ランゲと「競争的解法」

次的な解法だと捉えられる。第二のものは、「市場社会主義」を通じて、社会主義と資本主義の両方の世界の良いとこ取りを狙った完全に自動的な解法である。「市場社会主義」は、そのもっとも弱い形態では民主社会主義や社会民主主義と区別することは難しいが、そのもっとも「原型」的な形態は、すべての社会問題を解くために「円積問題」を解こうと企てるものである。

　ともかくこの時点で、「競争的解法」の提案が社会主義理論家に広く受け入れられたことは、ミーゼス論文の正しさが暗黙のうちに認められたということを明確に意味している。1920年の、社会主義経済の経済計算の不可能性についての論文にほかならない。言い換えれば、ミーゼスとハイエクが放った社会主義への攻撃は破壊的なものであり、現実的に社会主義理論家たちは脆弱な第二次防衛線にまで後退することを余儀なくされた。それは彼らが憎み、壊したいと願った経済システムの本質的要素の上に立てられたものであった。フリッツ・マハループは、ミーゼスの成功は事実としてあまりに完璧なものであり、今日理論的・現実的に分権的な価格システムなしの計画化は不可能なことを疑う者はいないことを示した。それでもほとんどの理論家はいまだに、不可解なことに、少なくともミーゼスの功績を認めることを渋っている。さらに彼らはミーゼスの挑戦の根本的要素をいまだに理解していないし、それに答えてもいない。それは、生産手段の私的所有権がなく、起業家精神の自由な実践もないシステムでは社会の協調に不可欠な実践的・分散的・主観的な情報は生成されないことを、理論的に示したことである[1]。

　よってオーストリア側の主要な論争参加者たちが、社会主義者たちがその伝統的な考えを捨て、逆戻りをし始めたという事実の重要性を強調し続けたことは驚きではない。それは、政府当局による中央計画システムだけが唯一の「合理的」な社会の組織化方法であるという概念の放棄であり、程度の差こそあれ、競争の導入を推奨し始めたことだ[2]。こうしてミーゼスにとって[3]、社会主義体制では経済計算が不可能であるという事実を示したことは、経済思想の歴史において前例のない速度で広がったため、社会主義者はその最終的な敗北を認めざるをえなくなり、伝統的なマルクス主義の教えを説くのをやめた。それは、社会主義はまさに市場・価格・競

争を消滅させるからこそ、資本主義よりも優れているという教義である。反対に、彼らは現在、滑稽な主張だが、社会主義が市場を維持するという議論によって正当化しようと努力し、さらには市場と資本主義は歴史的に相互に必ずしも結合してはいない異なるカテゴリーであることを示そうとさえしている[4]。

ハイエクは、彼らしい上流階級的な物言いで、論争の現状をまとめた1935年の論文と[5]、明確に「競争的解法」に対する批判のための論文で[6]、皮肉じみたコメントをつい残してしまったようだ。ハイエクは、社会主義が提起する経済問題をもっとも真剣・真面目に研究した若い社会主義者たちが中央計画化された経済が機能するという考えを放棄し、その代わりに生産手段の私有財産制が廃止されたとしてさえ競争は維持できると議論するようになったという事実こそが大いに重要だと指摘する。こうして彼らは計画化は競争の反対だという考えだけでなく、計画化の主な目的は競争をなくすことであり、それによって真の社会主義者の「理想」が実現するという伝統的なマルクス主義の概念を捨てたのである。

1) フリッツ・マハループの『情報と人的資本の経済学 *The Economics of Information and Human Capital*』（Machlup, 1984, p. 191）を見よ。「現在の議論では、中央経済計画の理論・実践の著述家たちはもはや、計画者の作業にとって価格メカニズムが不可欠なツールであることを疑っていない。ミーゼスの挑戦はこの点において十分に広く受け入れられた。また第二の点、つまり『分権的な方法』も、明らかに現在の計画化の主唱者に受容されている」。190ページでは、「…これらの議論はミーゼスの挑戦の本質についてのものではない。問題は、すべての利用可能な『データ』を用いて計算可能・実行可能かどうかではなくて、そうした関連するデータが中央計画局に利用できるかどうかである。ミーゼスの挑戦は、合理的中央計画に必要な情報が得られないことと、合理的な資源配分には私的に所有された商品と生産手段の市場価格が必要なことだったのだ」。
2) ホッフ（1981, p. 238）。ホッフは、「競争的解法」のいくつかの提案は、実際には厳密な定義の社会主義には当てはまらず、それを取り上げる必要はないとまで言っている。ホッフの明言は、本書における社会主義の定義（起業家精神の自由な実践に対する制度的な攻撃のシステム）の観点からは正当化できない。本書の定義は広範かつ正確であり、この種の攻撃がどういった社会領域で、どんなに小規模に存在する場合にも、社会主義システムに対するこれまでの批判を適用できる。

第 6 章　オスカー・ランゲと「競争的解法」

2．「競争的解法」の歴史的な先例

　ランゲ、ディッキンソン、ダービン、ラーナーが「競争的解法」についての洗練された研究を行う前に、理論家たちはぎこちなく不完全なやり方ではあったが、その考えを英語とドイツ語を使って発展させていた。ドイツ語圏では、この分野の理論的発展は1920年代にミーゼス論文への反動として始まり、エドゥアルト・ハイマンとカール・ポランニーがその中心人

─────────────

3)「よってそれは、経済学者の分析の正しさと論駁の不可能性を認めていることにほかならない。そしてまた、社会主義の知的指導者が今では市場、生産要素の市場価格、人間行為的な競争を維持する社会システムをデザインするという、社会主義者の計画の破壊的な批判でもある。社会主義システムでは経済計算が不可能だと示されたことは、圧倒的速度で大勝利を収めたが、それは人間思想の歴史において先例のないことだった。社会主義者たちは壊滅的な最終的敗北を認めざるをえない。彼らはもはや社会主義は市場、市場価格、競争を消滅させるため、資本主義よりも比べ物にならないほどに優れていると主張しなくなった。反対に、彼らは今、社会主義を正当化するために、これらの制度は社会主義下でも維持できると熱心に指摘している。価格と競争のある社会主義の見取り図を描こうとしているのだ」。ミーゼス『ヒューマン・アクション』706ページ。偶然にも、他の多くの発言と同じようにミーゼスのこの断言は、1949年に書かれた際には大胆に聞こえたかもしれないが、それは予言的なものであって、40年後には彼がまったく正しかったことが証明された。社会主義者であり、オスカー・ランゲの弟子であったロバート・ハイルブローナーが認めているように、「その開始後75年以内に、社会主義と資本主義の競い合いは終わりを迎えた。資本主義が勝ったのである。ソヴィエト連邦、中国、東欧によって、社会主義よりも資本主義のほうが人間の物質的問題をうまく組織化できることが、これ以上ないほど明確に証明された。…実際、世界で起こっている変化を観察しての結論としては、これまで資本主義のラクダの鼻は社会主義のテントの中に押し込められてきたが、わずか50年前とは異なり、現時点での大きな疑問はその反対に、社会主義から資本主義にどれほど迅速に移行できるかであるようだ」(Heilbroner, 1989)。またハイルブローナーの論文「現代経済思想史の分析と見通しAnalysis and Vision in the History of Modern Economic Thought」（1990, pp. 1097-1114、特に pp. 1097, 1110-1111）を見よ。ハイルブローナーの結論は、「社会主義は今世紀の大いなる悲劇である」、そして「ミーゼスは正しかった」。また1991年4月8日のマーク・スカウソンによるハイルブローナーのインタビューも見よ（1991, pp. 45-50, 63）。この興味深いインタビューの短いまとめは、1991年5月27日付けのフォーブス誌に載っている。

物であった。彼らの共通点は、労働組合や政府の監督による社会・経済組織の背骨である多くの独占や「トラスト」の中に、ある程度の「競争」に基づく解法を擁護することであった。英語圏では、このトピックでのローパーからの短い観察報告の例外を除けば、初期には「競争的解法」につい

---

4)「市場社会主義」理論家の悲喜劇的な努力は、オスカー・ランゲの研究から始まった。彼は仲間の社会主義者と一般大衆の両方に対して、「市場」は資本主義とは関係ない制度であり、社会主義のツールとしてうまく利用できると説得しようとした。実際に彼は、市場は「むしろ古くからの制度であり、あまりに資本主義に特徴的なので、よく資本主義そのものと間違えられるが、実際には資本主義よりもはるかに古くから存在してきた」。そして「価格と通貨は現代資本主義の特徴なだけでなく、社会主義社会でも維持されねばならない制度なのである」(「社会主義社会の経済活動 I & II The Economic Operation of a Socialist Society: I & II」, 1987, p. 7, 13)。現代の「市場社会主義者」はこの考えをいやというほど繰り返している。例えば、ジュリアン・ル・グラン、サウル・エストリン編の『市場社会主義 Market Socialism』(Le Grand & Estrin, 1989) を見よ。アンソニー・デ・ジャセイは市場社会主義への明晰な批判的分析『市場社会主義：この円積問題の精査 Market Socialism: A Scrutiny. This Square Circle』(de Jasay, 1990, p. 35) で、市場社会主義の立場のこの点について、皮肉なことに、次のように記している。「資本主義の弁解者たちは、市場というものを簒奪した。彼らは、そもそも効率的な制度である市場を、あたかも疎外的で嫌われものである資本主義に、機能的に依存しているかのように取り扱ったのである。しかし、市場と資本主義は同じだという考えは、単なる「まやかし」でしかない。伝統的な社会主義者はこの罠にはまり、実際には資本主義を拒否しているのに、市場を嫌い、不信に陥っていると信じている。これは知的混乱である。市場は現在の資本主義に役立っているのと同じように、社会主義の目標にも役立てられることを見逃しているのだ。実際、研究者たちはそうは言っていないが、暗黙的に、市場とは政治的支配者の手にある、社会を思うままに変えるための中立的なツールとして扱っている」。
5)「真剣に社会主義に伴う経済問題を研究した若い社会主義者の多くが、中央計画的な経済システムを信じることを放棄し、私有財産制度が廃止されても競争が維持できるという期待を信じるようになった」(ハイエク「論争の現状」238ページ)。
6)「最初のもっとも一般的な点はかなり手短に扱うことができる。とはいえ、これらの新提案を適切に見ようとするなら、それは些細なことではない。それは単純に、もし計画化社会の産業の方向が大幅に競争に頼らなければならないのであれば、計画化のほうが競争よりも優れているという、もともとの主張のどれほどが維持され、あるいは放棄されたのかということである。少なくともごく最近になるまで、計画化と競争は反対のものだと見なされていたが、これは疑いなく今でも、わずかな数を除くすべての計画主義者にとっての真実である」(ハイエク「社会主義計算III」『個人主義と経済秩序』186ページ)。

225

ての論文はほとんどなかった。ランゲ、ディッキンソン、ダービン、ラーナーが洗練された研究書を出版する以前にミーゼスとハイエクがそれについてコメントし、批判したという事実は、おそらく論争の意義が次第に真剣なものになるにつれ、その概念は口頭の伝承を通じたセミナーで形成されたことを示している。このことはまた、経済学者たちが後の著書で著した多くの考えが、何年も前の学会周辺に「漂っていた」という事実も説明している。

エドゥアルト・ハイマンとカール・ポランニーの研究

エドゥアルト・ハイマンは「競争的解法」について論じた最初の経済学者の一人であり、1922年、ドイツ語の著作『余剰と集産的経済：社会主義理論への批判的・実証的貢献』を著した[7]。ハイマンは価格と市場の本質的重要性を認識したが、どうしても社会主義体制を確立したかった。彼はこの自明のジレンマを、彼の命名した「親善的な競争　freundlichen Wattbewerb」の提案によって解決しようとした。ハイマンによれば、経済システムが異なる起業家的・産業的組織に分割され、「競争」はそれらの経営者間に命令・制御された形で存在する。ともかくも、キリスト教に基づく社会主義者であったハイマンは、競争と社会主義が究極的に両立するかどうかについて真剣に問うている。さらに、資本主義的競争の大きな利点を明確に認識していたこと、そしてミーゼスに続いて、必然的に社会主義を悩ます経済計算の深刻な問題を認めていたことから、彼が学問的に誠実だったことは疑いない。しかしハイマンは、異なる産業独占企業の経営者たちが異なる目的・理想・目標を持てば、その活動は市場経済におけるものと同じように「競争的」になると考え続けた。

こうしてハイマンは、経済計算問題は回避でき、生産手段の私的所有権がない平等主義的な所得分配でも競争システムのほとんどの利点は維持されると信じた。加えて彼は、賃料・利子・利益配当の廃止と、それらの中

7）エドゥアルト・ハイマン『余剰と集産的経済：社会主義理論への批判的・実証的貢献　*Mehrwert und Gemeinwirtschaft: Kritische und Positive Beiträge zur Theorie des Sozialismus*』（Heimann, 1922）。

央強制機関への直接的収納を提案した。最後に、産業独占企業の経営者は価格を費用水準に固定することを中央当局から指示され、その独占力を使うことは許されないとした。

ジョージ・ハルムはハイマンの提案に対して詳細な批判を行うなかで、産業独占体の経営者間「競争」とは、せいぜい引用符付きのものでしかないと述べている[8]。各産業では自由競争と起業家精神が禁止されているだけでなく、資本減耗率こそが費用決定の本質的要素であるが、それは競争プロセスの結果ではなく、中央当局が完全に恣意的に決める利子率に基づいて計算される。これらのことからすれば、独占企業体の経営者がどうやってその費用を知るのかは、到底うかがい知ることはできない。さらにハイマンは、市場機能の本質が起業家精神の実践であり、それだけが特定の状況での経済計算に必要な実践的情報の発見・生成を可能にすることを理解していない。ハイマンのモデルでは、起業家精神の自由な実践は経済生活のきわめて広い分野で禁止され、こうした情報の生成も経済計算問題の解決も許されていない。実際、独占企業体の経営者は起業家的な利益を得ることができない（それは当然に消滅しており、経済計算に必要な情報の発見・生成への起業家的なインセンティブとはなりえない）だけでなく、産業内で起業家精神を涵養する機会もない。彼らがどうやって起業家的に活動できるのかは、はっきりしない。

ハルムより10年以上前にミーゼスは、ハイマンの提案では、主に企業体と国家または中央計画局との間の関係が説明されておらず、きわめて曖昧であることを指摘した[9]。なぜなら、もし独占企業体がその生産手段の真の所有者であるかのように振る舞うなら、それはユーゴスラヴィアで試されたような労働組合型のシステムになるということであり、その特徴であ

8）ハイマンの提案に対するハルムの批判は、ハイエク編論文集『集産主義的経済計画 *Collectivist Economic Planning*』189-200ページにある。このページには、ハルムの著作に収められていた論文の第25節が再掲されている。論文のタイトルは、「社会主義社会における適切な計算の可能性についてのさらなる考察 Further Considerations on the Possibility of Adequate Calculation in a Socialist Community」であり、ハイエクが再掲したのは、1935年以前のドイツ学会での論争状況をハルムに要約してもらいたかったからである。

第6章　オスカー・ランゲと「競争的解法」

るすべての協調の欠如と歪んだ結果が生まれるからだ。同時に、組合組織が単なる経営の役割を担い、全体の経済協調の責任が究極的に国家計画局にあるのなら、ミーゼスが詳細に記した経済計算問題が典型的な形で生じるだろう。つまり、自由競争以外の「制御され、平和的な」種類の競争を想定することは理論的に不可能だ。

　（第2章で見たように、伝統的な私法原理のもとで）起業家精神の実践が自由であるかどうかに応じて、競争は存在するかしないかのどちらかである。ハイマンの提案は、まったく変化せず、経済計算に必要な全情報がすでに利用可能である静的・非現実的な世界でしか通用しない。最後に、ミーゼスのこの批判的議論はひじょうに重要であるにもかかわらず、信じられないことだが、価格は費用で決定されるべきだとするハイマンの提案に従った「市場社会主義」理論家たちから、図々しくも一貫して無視されてきた。ミーゼスによれば、この提案が馬鹿らしいのは、費用は完全に主観的なものであり、個別の具体的状況に応じて暗黙的・起業家的に判断される（よって客観的に計画局に伝達することはできず、計画局が直接に生成することもできない）からだけではない。個人的に経済計算される貨幣的な費用とは、生産要素価格の単なる推定であり、そのため価格設定に費用を勘案するという提案は必ず循環論法になり、経済計算問題を解決できなくするからでもある。

　カール・ポランニー[10]は社会主義経済計算についての1922年の論文で[11]、

9）ミーゼスのハイマン批判はまず最初に論文「社会主義的経済計算問題への新たな貢献　Neue Beiträge zum Problem der Sozialistischen Wirtschaftsrechnung」（Mises, 1924, pp. 488-500）にまとめられた。この論文の拡張版はミーゼスの『社会主義』475-478ページの付論にある。

10）カール・ポランニー（1886-1964）を、弟であるマイケル・ポランニーと混同してはならない。前述したように、マイケルは、起業家精神または人間行為の自由な実践のない体制では、暗黙的・分散的な知識が経済計算を不可能にするという理論を作り出した主要な人物の一人である。二人の兄弟がこれほど正反対の理論的な立場をとったのは相矛盾するように思われるが、同じことはルートヴィヒ・フォン・ミーゼスと、確率の経験主義的な概念を確立し、ルートヴィヒが常に明確に非難した社会科学への数学と統計学の適用を擁護した弟であるリヒャルトとの関係にも当てはまる。彼らの理論的な見解の相違は、（ミーゼスとポランニーの）両兄弟の関係に影響を与え、彼らはよそよそしく疎遠な関係を続けた。

2. 「競争的解法」の歴史的な先例

中央計画では経済計算は不可能であることをはっきりと認めた後、「ギルド社会主義」という曖昧な提案をした。そこでは、生産手段の「所有権」は中央計画局に帰属するが、生産財、消費財・サービスの利用権は、ギルド生産協会に帰属する。ポランニーの提言はハイマンと同じようにはっきりしないもので、中央強制組織とギルド協会のどちらが最終的な意思決定権を持つのか明確ではない。もし中央計画局が究極的な意思決定権を振るうのなら、どうやって分散した知識を得るのかという問題に再び直面することになり、中央集権システムでの経済計算は妨害される。反対に、もし職業的な労働組合協会がメンバーへの究極的、システマティックな強制を行い、意思決定をするなら、それは協調能力を欠いたある種の労働組合型社会主義である[12]。

「競争的解法」に対するミーゼス、ハイエク、ロビンズによる初期の批判

ここで英語圏の学会を見てみよう。ランゲ、ディッキンソン、ダービン、ラーナーの研究以前に、この話題にウィレット・クロスビー・ローパーが手短に触れていることを除けば[13]、「競争的解法」についてはほとんど何も書かれていない。しかし前述したように、学会にはすでに比較的発達した教義が存在しており、ミーゼスとハイエク両者がこのタイプの提案に対

11）カール・ポランニーによる学術的貢献は論文「社会主義会計 Sozialistische Rechnungslegung」（1922, pp. 377-420）である。カールは後に同じジャーナルの別の論文で、主にミーゼスとフェリックス・ヴァイルからの批判に対して答えている（1924, pp. 18-228）。その論文は「社会機能の理論と社会主義会計の問題（ミーゼス教授とフェリックス・ヴァイル博士への応答）Die funktionelle Theorie der Gesellschaft und das Problem der sozialistischen Rechnungslegung（Eine Erwiderung an Prof. Mises und Dr. Felix Weil）」と題されている。

12）カール・ポランニーに対する主な批判はミーゼスによるもので、ハイマンの研究を批判したのと同じ論文集にある（注9を見よ）。ミーゼスは『社会主義』（473-475ページ）でカール・ポランニーを批判している。またフェリックス・ヴァイルの批判論文「ギルド社会主義会計学：カール・ポランニーの「社会主義会計」に対する批判的論評」（1924, pp. 196-217）も見よ。ホッフは、フェリックス・ヴァイルがカール・ポランニーの提案を「不可能な上に無意味」と考えたと指摘している（Hoff, 1981, p. 243）。

第6章　オスカー・ランゲと「競争的解法」

して批判的見解を述べている。

　「競争的解法」一般についての最初の報告はミーゼスのものであり、彼の1922年の著作『社会主義』の「人工市場」の節にある。これは1936年に増補され、英訳された。ミーゼスは市場が資本主義の「焦点」、すなわち本質であり、それは資本主義下でのみ繁栄する、そして市場と競争は社会主義下で「人工的」にシミュレートできないと主張した。この主張へのミーゼスの論拠は、起業家精神の協調的な本質についての本書第2章の説明と完全に整合している。ミーゼスは最初の論文を1920年に書いたときから1922年に社会主義についての本（1936年に改訂・増補、英訳された）を著すまでのあいだ、同じ考えを保持し続けたが、それを明確に文章化する能力は格段に上達した。

　事実、前述したように、ミーゼスは経済計算に必要な実践的情報をつくり出すのは起業家であると明言している。ミーゼスの言葉では、「ビジネスの調整と取引活動に方向性を与えるために必要なデータを創り出すのは投機的資本家（つまり起業家）である[14]」。しかし、情報を得ることが自らのインセンティブとなるような目的を起業家が追求しなければ、情報は生成、発見、または「見る」ことができない。よって、そのインセンティブとは起業家がその行為によって達成しようと努力する目的または利益である。もし所有権がなく、起業家が目標・利益をめざし、目的を達成することができなければ、彼は経済計算に必要な情報を創り出すことはなく、市場経済に見られるすべての協調プロセスは発動されないことになる。ミーゼスは「起業家が利益のために努力することがなければ、…すべてのメカニズムがうまく機能するとは考えられない。…すべての生産要素の市場プロセスを生み出す力の動機は、資本家と起業家による利益の最大化を求める絶え間ない探索である[15]」と述べる。

13）ウィレット・クロスビー・ローパー『社会主義国家における価格付け問題 *The Problem of Pricing in a Socialist State*』（Roper, 1931, p. 60, 62）を見よ。彼は競争の維持が必要だと考えており、社会主義体制に期待できる効率性は、資本主義下で普通に行われる競争をどの程度にシミュレートできるかにかかっていると明確に述べている。また第5章注30も見よ。

14）ミーゼス『社会主義』121ページ。

2.「競争的解法」の歴史的な先例

　したがって市場と、生産手段の私有制度から生じる典型的な機能を分離することはできない。言い換えれば、生産手段の私有制度が消滅した瞬間から、企業経営者にあたかも起業家のように活動することを命令しても、それは無駄になる。なぜなら、潜在的利益の主観的な推定とその達成が不可能になれば、彼らは「暗闇の中に」取り残されてしまうからだ[16]。

　さらにミーゼスによれば、仮説的な「国家銀行」の資源を、より高い「利益率」を提示する経営者間のオークションにかけるのは無益である。「そうした状況が意味するのは、注意を払わない楽天的な経営者が事業のための資金を受け取り、用心深く懐疑的なものは何も受け取れないということでしかない。資本主義では、資本家が自分の資本をだれに託すかを決める[17]」。

　よって資本主義プロセスはもっとも高い利益率ではなく、資本市場で創り出される実践的情報に基づいている。そうした情報は、起業家が自らの未来の見通しに従い、利益獲得の欲望と損失を被る可能性の主観的憶測との間で感じる、心理的緊張をもって活動する際に生じる。自由市場の起業家とは異なる状況にある経営者は、起業家と同じ実践的情報を得ることはできない。社会主義下では最終的な「起業家的」決定は、だれが資金と資源を受け取るかを決める中央計画局が行う。すでに明らかなように、この中央官庁は絶対に、恣意的な行動を避けようとしても必要な実践情報を得ることはできない。ミーゼスの結論では、「…選択肢はいまだに社会主義か、あるいは市場経済である」。しかし可能性のある中間的な解としての「市場社会主義」を考えることは非現実的である[18]。

　ハイエクが「論争の現状」をまとめた1935年の論文の最後の第5節（25ページ分）は「擬似的な競争」と題されており、そこで彼はドイツ語圏でのモデルと、「市場社会主義」の提案の両方を批判している。ドイツ語圏

───────────────

15）　同119ページ。
16）　「もし利益の見込みが消失すれば、市場メカニズムは推進力を失う。そうした見込みだけが市場を起動し、動きを維持するからだ」（ミーゼス『社会主義』119ページ）。
17）　同121ページ。
18）　同123ページ。

231

第6章　オスカー・ランゲと「競争的解法」

で発達したモデルとは、本書でハイマンとポランニーについて詳細に議論したものであり、「市場社会主義」とは、ロンドンの経済学界で当時もっとも若い世代の社会主義者たちが議論するなかで形成しつつあったものである（文字に起こされたものは当時まだ発表されていなかった）。

　産業別の独占企業体による競争という「ドイツ語圏の伝統」モデルは、各企業が費用と価格を一致させるというルール、特に限界費用と価格が同じになる量を生産するというルールに従うというものだ。このモデルについてハイエクは、本書でのハイマンとポランニーの提案への反論、当初ミーゼス、ハルム、ヴァイルが提起した議論を繰り返し、また拡張している。ハイエクは、もし産業内の競争が禁止されれば、各産業内での経済計算に必要な価格と費用の情報生成が不可能になると指摘する。加えて、彼は費用が価格設定、または生産量の決定のガイドとなるという提案も批判する。なぜなら、費用は主観的であり、一つの行為が適切に見積もられるときに他の選択肢がすべてあきらめられるという市場の文脈でのみ確立するものだからというだけではない。費用は必ず将来の期待に依存するからでもある。ハイエクいわく、「競争的または必要な費用は、競争がなくては知り得ない[19]」のである。これは異なる産業間の真の競争だけでなく、特に産業内レベルでの企業間の競争のことでもある。費用は計画局または産業独占企業の経営者が客観的に知り得るものではなく、むしろ市場で決定を下す各経済主体の起業家能力によって推定された、主観的な価値づけなのである。

　さらにミーゼスが示したように、限界費用の基準には、それを適用不可能にする循環論法が含まれている。費用というものが主観的な機会費用であるだけでなく、その推定の際に考慮される数値的計算は、まさに生産要素の推定価格なのである。もし費用が単なる価格であるなら、価格が費用に基づいて決定されることはほとんど不可能だ。これが特に明らかなのは、資本減耗が費用に果たす役割を考えたときである。実際に資本とは、それが将来生み出すだろう一連の賃料または価格の現在価値であり、これらの賃料や価格は資本財の現在価値の計算と、その費用要素としての減耗率に

---

19)　ハイエク「論争の現状」227ページ。

先立って推定されねばならない。こうして、費用の減耗要素は将来価格の推定を要求するため、費用から価格を決定することは不可能である。ハイエクの言葉によるなら、「普通、生産費用と呼ばれるものの多くは、生産物の価格と独立に与えられる費用の要素ではなく、擬似的な賃料、または期待的な擬似的賃料の資本価値のうちで許容される減耗量である。そのため、それは将来的に期待される価格に依存している[20]」。

　さらにハイエクは、ここで議論している社会主義モデルの基礎となる独占的産業が、完全に恣意的なやり方でしか決定できないことを強調する。各セクターは、最終的な消費財・サービスを生み出す中間財や中間段階の産業を含むのか？　あるいは反対に、各セクターは同じ中間財を生産するすべての産業や企業を含むのか？　あるいは、これらの両方が含まれるのか？　さらに、各最終生産財・サービスは意思決定を行う個人や経済主体にとって異なる主観的意味を持っているため、どういった基準を採用してもセクターや産業の概念は完全に恣意的なものになることは明らかだ。また、各産業は時間の経過とともに変化せざるをえない。なぜなら基準は変化しなくても、生産財・サービス、テクノロジー、使用される資本財の変化は各セクターに含まれる企業を常に変えてしまうからだ。よって、産業という概念は理論的に不合理である。それは客観的に決めることができず、異なった形態をとる。そしてそれは、全情報が与えられ、変化が起こらない静的な世界においてのみ意味を持つ[21]。

　ハイエクが分析・批判した第二のモデルは産業間だけでなく、産業内、つまり各産業内で異なる企業間でも擬似的な競争が望ましいとするものだ。この第二のモデルでは、中央計画局はある種の「スーパーバンク」となって、すべての企業と産業から得られる利益を収容し、それらへの投資を配分する。生産手段は公的に所有されるが、各企業は「競争的」に個別操業される。つまり、「利益」を求め、「損失」を避けようとする。

　この第二の競争的社会主義では、生産手段の公的所有制度と整合するもっとも広い分野へ競争が拡大され、中央計画局は利益を収容して投資資金

20）ハイエク「論争の現状」227ページ。
21）同231ページ。

第6章　オスカー・ランゲと「競争的解法」

を配分する介入だけを行う。この提案に対するハイエクの批判的な観察は、ある意味で興味深い。その主な理由は、これが所有権の現代的な経済理論と、官僚と公務員の行動についての公共選択学派の分析の先例となるからだ[22]。とはいえ、それはミーゼスが開始した議論の本質的な理論を取り込んではいない。実際、ハイエクが指摘するのは、もし「競争」がすべてのレベルで許されるとしても、生産手段の私有財産制度がなければ、経営者たちが正しく活動することを確実にする別の制度を見出す、または発明する必要があることだ。ハイエクは、生産手段の私有に代わると考えられる一連の制度を列挙・分析している[23]。

　将来の経営者の過去の成功や失敗は、基準として無価値である。なぜなら、重要なのは過去ではなく、経営者の将来の行動だからだ。さらに経営者が「損失」を出しているように見えても、彼が愚かな活動をしているかどうかを客観的に見分けることはできない。なぜなら、彼は実は長期的な視点で適切な投資をしているかもしれず、将来その「損失」が大きな「利益」になるかもしれないからだ。経営者へのボーナスや「金銭的インセンティブ」の制度を設けることにも同じ困難がある。ボーナスの分配は、経済活動の成功と失敗についての事前的・客観的・明白な知識を必要とする

22）現代公共選択学派とのつながりは、官僚制度が提起する問題についての次のようなハイエクの発言から明らかである。「それはせいぜい擬似的な競争でしかなく、真の責任者は起業家ではなく、決定を承認する役人である。その結果、自発的活動の自由と、常に官僚制度に伴う責任評価に関連するすべての問題が発生する」。ハイエクの「論争の現状」237ページを見よ。この時点で、政治的・官僚的行動の歪曲的影響の経済分析についての公共選択学派による、最近の議論を繰り返すことができるだろう。それは本書第3章、注26で引用した議論である。
23）ハイエクは、「社会主義市場経済」における経営者の成功を監視するシステムや、インセンティブについてのこれらの提案を大きな理論的興味の対象とした。なぜなら、「その純粋な形態では、もっとも一般的・根本的な面における私有財産制の理由づけの問題を提起するからである」。ハイエク「論争の現状」219ページを見よ。こうした発言を見ると、ハイエクは所有権の現代的な経済理論についての研究プログラムをすでに垣間見ていたようだ。それは、完全情報と均衡の新古典派パラダイムという欠点からの制約を受けてはいるものの、これまでに大きな発展をみてきた。次章では、社会主義体制を可能にするボーナスとインセンティブ制度の導入という提案を分析することで結語する。

234

2.「競争的解法」の歴史的な先例

が、それは不可能だ。未来の出来事は本質的に不確実であり、また市場プロセスに関する情報は分散的・非明示的なものだからだ。さらには、「ボーナス」制度は、損失・失敗による「負のボーナス」によって相殺されなければ、過剰に楽観的で無謀な活動を引き起こすだけである。しかし、損失の大きさに応じて金銭的その他の処罰を行うことには、起業家活動を保守的にしてしまうというリスクがある。ハイエクは、社会主義システムでは生産手段の私有制から生じるような典型的な競争活動を再現し、シミュレートすることはできないと結論づけている[24]。

　これらの可能な解法やそれに対応する批判のどれ一つもが、問題の核心をついていない。資本主義の市場プロセスと同じように機能するためにはインセンティブが必要だが、問題はその欠如だけから生み出されているわけではない。実際、それは分散的知識の問題でもあり、これまでミーゼスの足跡をたどって説明してきたように、それを根絶することはできない。事実、生産財が共有され、相応の利益・配当・利子が中央強制機関を通じて社会に接収されるなら、これらの利益を個別主体が得られないことは明らかだ。なぜなら、それは提案された社会主義モデルと矛盾しており、資本主義と生産手段の私有財産制度の再導入を意味しているからだ。

　もし各経済主体がその目標や利益追求を無理やり妨げられれば、経済計算と社会プロセスの協調に不可欠な大量の実践的情報は見出されない。さらに、ここで経済主体が自分を欺き、自らの状況が資本主義社会における

――――――――――――――――――――――

24）ハイエク「論争の現状」238ページを見よ。とはいえ、ハイエクは論敵に対してずいぶん敬意を払っているように思われる。彼が「これらの提案が絶対的な意味において不可能だというのは正当ではない」が、「この望ましい目的の達成へのとても深刻な障害が存在することはまったくの事実であり、その克服は不可能であるように思われる」と記していることには同意できない。反対に、本文中の理由により、競争はできるだけ広範でありながら、生産財が共有であるシステムでは、経済計算問題は解決できないと考えられる。上記の表現によってハイエクは、そうした提案は論理的には不可能ではなく、実際の問題は実践的なもの、つまり資本主義市場に存在するインセンティブを置き換える適切なものを見出すことであるという印象を与えたかもしれない。しかし、問題は適切な代替的インセンティブを見つけることではなく、私有財産がなければ、経済計算問題は理論的に解けないことだ。なぜなら、経済主体は必要な情報を創り出さず、資金配分を担当する中央当局も、完全に恣意的ではない配分に必要な実践的情報にアクセスできないからだ。

235

第6章　オスカー・ランゲと「競争的解法」

ものと「同一」だと考え、また彼が本当に自分の目標と利益を目指しているとしよう（それを得たとしても社会に渡さなければならないことが気にならない、または単なる気まぐれ、その他の理由から）。それでも、その目標を追求し、そのための活動をするためには、当然に自分自身の資源を持っていない以上、社会を「代表する」中央計画局に資源配分を請わなければならない。資源を与えるかどうかを究極的に決めるのは、必然的にこの中央計画局であるが、それは経済主体の心に分散している不可欠・実践的・（本質的に主観的・暗黙的な）情報を持っていないため、国家当局は協調的というよりも、必ず恣意的な活動に陥ってしまう。言い換えれば、生産財の私的所有権なしでは（つまり、人が創造性からの利益や成果を獲得し、資本を蓄積し、新しい活動を追求するための資源を引き出す自由がなければ）、潜在的に分散的知識を持っている各主体と中央計画局の間に混乱が生じてしまう（ここで「潜在的に」というのは、各主体が利益を得ることが許されなければ、知識は創造的に生成されないからである）。よかれと思っていても、市民が潜在的に創り出す分散的な知識に中央計画局はアクセスできないため、その分配資源の供給について、協調的というよりは恣意的なやり方で決定せざるをえない。

　最後に、ハイエクが同じ話題について言及する前年、1934年にライオネル・ロビンズがその著作『大恐慌』を書いた際に、「競争的社会主義」の提案について批判的コメントを残す機会があったという事実を見逃すことはできない。ロビンズによれば、社会主義システムの経営者に、資本主義システムであるかのように売買に際して競争を「演じ」させて、互いに「競争」させても十分ではない。彼は、そうした提案は経済システムに対する単純主義的な概念に基づいていると考えた。あたかも価格その他の情報が、事実上、客観的に消費需要によってすでに生成されている静的なシステムであるかのような認識である。ロビンズが強調するのは、その反対に、現実世界では嗜好、テクノロジー、資源、全般的な知識は常に変化し続けていることであり、したがって「起業家には、ある生産活動から自分の全資本を引き上げ、工場と株式を売って、別の活動へと移る自由がなければならない。彼にはまた、経営単位を自由に分割する自由がなければならない[25]」。つまり、市場が機能するために必要な情報が創り出されるに

は所有物を売却する自由がなくてはならないが、これは生産手段の公的所有と、その究極的な意味である経済システムの中央からのコントロールとは明らかに相容れない。よって前述したような計算論的、あるいは純粋に代数的な解法への反論に沿って、ロビンズは「人工的競争」に対する一連のコメントを表しており、それは短くはあってもまったく的はずれなものではなかった[26]。

これでミーゼス、ハイエク、ロビンズがいわゆる「競争的解法」に対して投げかけた最初期の批判の分析を終える。それらの評価は、生産手段が私的に所有されていなければ、知識の分散的性質によって経済計算は不可能になるという事実に基づいたものだった。これからオスカー・ランゲの「競争的解法」の提案を詳細に吟味する。

3. オスカー・ランゲの研究　導入的考察

ポーランド人経済学者オスカー・ランゲの研究を注意深く検討する理由は、社会主義経済計算の論争史における彼の重要性はさておき、この論争の二次的な情報源として流通している教科書においてもっとも広がっているモデルの健全性を査定する必要があることだ。これまでほとんどの教科書では、ミーゼスとハイエクの提起した社会主義への理論的な挑戦をオスカー・ランゲが実効的に論駁したということを当然視してきた。経済学の

---

25) ライオネル・ロビンズ『大恐慌　*The Great Depression*』（Robbins, 1934. p. 154）

26) ドン・ラヴォワ『競争と中央計画』（1985, p. 159）。彼は、ロビンズはこの短い分析において、パラドックス的に各人は単なる最適化主体であるという自らの「ロビンズ的」な概念から距離を置いているという。ラヴォワは、実際にはロビンズはカーズナーその他が考えているよりオーストリア学派的であったと信じているようだが、私は個人的に、ロビンズによる市場プロセスの動的、オーストリア学派的な解釈はあまり十分ではなく、混乱していると考えている。なぜなら、彼は二つの解釈を明確には区別できなかったからであり、彼の記述からはほとんど常に静学的な考えが読み取れるからである。

神話となったこの解釈は[27]、現実とは異なっている。事実、次第に多くの経済学者が、「ランゲがミーゼスの論駁に成功した」という神話が完全に誤りであることを認識し始めている。

オスカー・リシャルト・ランゲ（1904-1965）の学問的人生は、社会主義モデルの認識によってひじょうに異なる四つの段階にわけられる。最初の段階は、社会主義モデルの擁護に特徴づけられ、それは一般的にオーストリアのマルクス主義モデルから多大な影響を受けたものだった。特に、本書ですでに分析したエドゥアルト・ハイマンとカール・ポランニーの研究である。第二段階では、彼は「古典的モデル」を開発したが、それは新古典派の厚生経済学理論、「試行錯誤の解法」、均衡解を見つけるための「競争」の分権的メカニズムにしっかりと基づいたものであった。第三段階は、彼のシステムに対するハイエクの批判に応えることはできなかったが、その批判からの深い影響を受けて、その提案においてもっとも「リベラル」になった、どっちつかずの時期である。しかし、ランゲは明確かつ十分には、その社会主義的な理想と和解させることができなかった。第四の最後の段階は、彼がポーランド共産党に入党したときに始まり、亡くなるまで続いた。彼は明らかにスターリン主義の理論と実践を称揚するにいたったという意味で、以前の提案から素直に撤退し、さらに最終的にはその「競争的解法」までも撤回した（それは彼が暗黙的に社会主義システムを放棄することにつながった）。コンピュータの劇的な進歩を受けて「競争的な解法」は必要ないと考え、硬直的なスターリン主義的な中央計画システムを提案したのである。これら4つの段階を詳細に検討しよう。

ランゲ＝ブレイトのモデル

社会主義の機能の仕方についてのオスカー・ランゲの最初の提案は、マ

27）「ランゲは、社会主義経済計算論争の神話としか呼びようのないものをでっち上げた。それはヨーゼフ・シュンペーターによって援助・教唆された神話であり、実質的にすべての思想の経済学者に受け入れられた」。ロスバード「社会主義の終焉と計算論争再訪　The End of Socialism and the Calculation Debate Revisited」（1991, p. 53）。

レク・ブレイトとともに1934年に書かれた。その論文タイトルは「社会主義計画経済への道」というものであり、それは共同著作『社会主義経済組織への政治経済と戦術』に収録されて同年にワルシャワで出版された[28]。1934年のランゲ＝ブレイト・モデルは、1920年代にエドゥアルト・ハイマンとカール・ポランニーが発展させようとしていたいわゆる「競争的」産業独占体モデルのコピーであった。

　実際、ランゲとブレイトは、経済を高度に自主的な「セクター別トラスト」の集合であると見なし、その経営層は労働組合の代表から大きな影響を受けると考えた。ともかくトラストは、それらの企業の機能を制御・監視することは当然、必要な金融資源を提供する中央銀行によって「協調」させられる。各産業独占体は厳格な会計記録を保持するよう、そして生産費用に応じた価格を設定するように命じられる。当然の帰結として、すべての生産手段は公的に所有され、その利益と配当は中央銀行に送られる。ランゲとブレイトは、経済組織と政治当局をできるだけ分離することと、各産業が消費者を収奪する独占に陥らないことが重要だと考えた。また、すべての産業には、働きたいと望む労働者に職を提供する法的義務を負わせる必要があると信じていた。

　前述したように、明らかにランゲとブレイトの提案は1920年代にハイマンとポランニーが展開したものとほとんど完全に同じである。よって、主にミーゼスとハイエクによって定式化された前節の批判は、彼らのものにもほとんど完全に当てはまる。この種のモデルへの反論はここでは繰り返さないが、特に、産業内での現実の競争がないことが経済計算を完全に不可能にするという事実をまったく考慮していないため、その世間知らずで曖昧な性質は明らかだ。恣意的ではない方法で客観的に独占的産業セクターを定義するという、克服不可能な問題についても同じである。さらに産業の責任を負う経営者は、経済計算に不可欠な情報を発見・生成するため

28）オスカー・ランゲ＆マレク・ブレイト「社会主義計画経済への道　Droga do Socjalistycznej Gospodarki Planowej」『社会主義組織への政治経済と戦術　Gospodarka-Polityka-Taktyka-Organizacja Socjalizmu』（Lange & Breit, 1934）。この本の第2版はオスカー・ランゲ編の『論文集　Dzieła』（1973）第1巻として1973年に出版された。

第6章　オスカー・ランゲと「競争的解法」

の起業家的な自由も持っていない。この事実は、特に深刻である。それは「費用をカバーする価格で生産せよ」という命令を、完全に非現実的なものにする。費用は客観的ではなく、究極的にはそうしたルールそのものが価格を決定不能にして、（特に、減耗率から生じる費用要素を計算することの不可能性を考えれば）循環論法に陥るからである。最後に、企業や産業に資金を供給する責任を負う中央銀行当局は、分散的・主観的な知識の本質から生じる解決不能な問題のために、恣意的ではない協調的なやり方でその義務を果たすために必要な情報を持っていない。

　つまり、ミーゼスが10年以上も前にハイマンとポランニーの「競争的」独占体モデルに対して表明した批判に対して、ランゲとブレイトは考慮もしていなければ、答えもしていない。明らかに、彼らはミーゼスが1920年から28年にかけて出版した論文に目を通していないし、その結果、彼らの提案が持つ問題に気づいていなかった。それは彼らのイデオロギー的な盲目性と、自分たちの考えを注意深く考察していなかったという事実のためである。彼らはイデオロギー的または政治的な理由から、ミーゼスの批判に触れも答えもしないことで、それらを都合よく隠していたということもまたあり得よう。

4. オスカー・ランゲとその「市場社会主義」の古典モデル

　ここではタデウシュ・コワリクの例示に従い[29]、ランゲの学問的人生の第二段階を「市場社会主義」の「古典」モデルの時期と呼ぶことにする。この段階は、1936年10月から37年2月に二部の論文「社会主義の経済理論について」を出版した時期に始まる。論文は同じタイトルで、ベンジャミン・リッピンコットが序文を寄せた書籍の一部として、翌年フレッド・M・テイラーの社会主義の論文とともに再版された[30]。ロックフェラー基

29）タデウシュ・コワリクの論文「オスカー・リシャルト・ランゲ」（Kowalik, 1987, p. 126）を見よ。

４．オスカー・ランゲとその「市場社会主義」の古典モデル

金からの奨学金を得た後、ランゲは LSE、シカゴ、バークレー、さらにハーバードで学んだ。特にハーバードではシュンペーターから大きな影響を受け、彼らは詳細に考えを交わした。これに加えて、ランゲはワシリー・レオンチェフや社会主義経済学者であったアランとポールのスウィージー兄弟と議論し、研究する機会をもった。

こうした「知的雰囲気」としての産物が「社会主義の経済理論について」という論文であり、そこでランゲは、疑いなく新古典派の均衡理論、特に厚生経済学が社会主義システムの理論的基礎を提供するという確信を表そうとした。ランゲはまたこの論文で、それらの考えに基づいて、社会主義システム下における合理的経済計算の理論的・実践的不可能性について、ミーゼスの議論を論駁しようとした。ランゲがどのように議論を展開したか、そしてそれがミーゼスの論駁に成功したのかを考えてみよう。

市場価格 vs「パラメータ価格」

ランゲの野望は、現実の資本主義市場を使わずに、市場プロセスと競争経済が向かおうとする最終状態をシミュレートできるというものだった。つまり、生産手段の私有財産制度も、起業家精神の自由な実践もなしに、である。この望みの基本となる考えは、自由市場では決定されないものの、それでも必要な情報を取り込むことで合理的経済計算を可能にし、社会の多様な経済主体に協調的に活動することを可能にする「パラメータ価格」のリストに到達することができるというものだ。

これから、ランゲの研究が市場プロセスの働きについての誤った認識に基づいていたことを見ていこう（より正確には、そうしたプロセスへの完全な無知である。なぜなら、ランゲは厚生経済理論と「完全競争」について、新古典派の均衡パラダイムだけに焦点を当てているからだ）。さらに、ランゲが

---

30)「社会主義の経済理論について　On the Economic Theory of Socialism」の第 1 部は *Review of Economic Studies* 4, no. 1（October 1936）: 53-71ページに、第 2 部は *Review of Economic Studies* 4, no. 2（February 1937）: 123-142ページにある。この両方が『社会主義の経済理論について』（1938）としてベンジャミン・M・リッピンコットの序文・編集で再版された（第 2 版：1964, pp. 55-143）。

第6章　オスカー・ランゲと「競争的解法」

提案した方法は、まさにミーゼスが15年前に発見・断言したように、けっして社会主義経済の協調活動と合理的計算の問題を解決することはできないことも確認できる。

　ここで「パラメータ価格」というとき、それは経済主体に純粋な受動的・適応的な行動を促す、多様な財・サービスの提供条件を表していると理解されねばならない。事実、ランゲは価格の本質的な機能は単なるパラメータであると考えていた。言い換えれば、各経済主体は「それぞれ別々に、自らを調整するために与えられたデータとして実際の価格を扱う[31]」。よって、パラメータ価格はある種の割合、または抽象的な「交易条件」であり、それは原理的には恣意的であってもなくても、どういった方法でも到達できる。

　さらには、パラメータ価格を使って、もっとも単純な形式的・道具的な意味ではあっても、「会計」記録をすることが可能になる。とはいえ論理的には、パラメータ価格だけで「合理的」経済計算の能力、つまり、異なる経済主体の行動について協調作用を果たす力が保証されるわけではない。それは、価格が協調機能、または経済計算を行うために必要な知識・情報を取り込んだときにしか達成されない。

　ミーゼスの根本的な議論はこうした価格の「パラメータ」概念とは関係がなく、起業家精神の自由な実践によって確立する「市場価格」の概念に基づいたものであった。つまり、それらなしでは、経済主体の行動を協調させ、彼らの経済計算を合理的にするために必要な情報が得られなくなるような価格である。対照的に、ランゲは、ミーゼスの市場価格は経済計算には必要ではないと主張した。生産手段が私有されて、起業家精神が自由に実践される競争市場で決定されるわけではない単なるパラメータ価格を使っても、合理的経済計算は可能なのだ。つまり、それらの活動のために必要な情報は利用可能であり、そうした計算は適切に経済主体の行動を調整すると考えたのである。ランゲの議論を、段落ごとに分析しよう。

31）Lange, 1938, p. 70.

ランゲの最初の段落

　ランゲは、ミーゼスの考えへの理論的反論を次のように始める。

　「社会主義経済では合理的な資源配分問題を解けないとするミーゼス教授の研究は、価格の性質についての理解の混乱に基づいたものである。ウィックスティードが指摘したように、『価格』という言葉には二つの意味がある。普通の意味での価格、つまり市場での二つの商品の交換比率と、『別の選択肢を選ぶ条件』という一般化された意味である。ウィックスティードは、『「そして物質、財、特権を得るための金銭」という狭義の価格は、我々が選択肢を選ぶ条件という広義の「価格」の特殊例にすぎない』〔ウィックスティード『政治経済の常識　*The Common Sense of Political Economy*』第2版（Wicksteed, 1933, p. 28）〕と述べている。資源配分の問題を解くために不可欠なのは、一般化された意味での価格だけである[32]」。

　この段落を吟味しよう。まず、基本的に均衡点における特定の分析にとって、広義の「価格」という言葉、つまり単純な比率、または別の選択肢が提供される条件を使うことが役立つとウィックスティードは発言している。しかしこの事実は、広義の価格が存在しておらず、あるいは知られていないなかで、ウィックスティードがパラメータ的な「価格」が本当に市場価格を代替するものだと考えていたことを意味してはいない。その反対に、行為する人間として、我々は常に別の選択肢を評価し、意思決定する義務を負っている。

　ミーゼスによれば、我々は必要な情報を取り込んだ「本当の市場価格」を考慮せずに合理的にこうした意思決定を行うことはできない。ミーゼスの価格（「市場価格」）概念があまりに狭く、制約的なものであるという理由から、彼の社会主義経済計算不可能性の理由づけが間違っていると言うことは、ミーゼスの提起した問題が、使われるデータの内容にかかわらず、単に数値的な会計システムがないため、どんな種類の「代数的計算」もできないことにすぎないと言っているのに等しい。それは実際的なこととして、計算に必要な情報を取り込んだ価格が存在しない場合に、協調的・合

32）Lange, 1938, pp. 59-60.

第6章　オスカー・ランゲと「競争的解法」

理的な経済計算を実行することの不可能性の問題ではない。ランゲは、経済計算はどんな種類のパラメータ価格でも可能であるにもかかわらず、ミーゼスは不必要に厳密・制約的な意味の「市場価格」が必要だと主張した点で誤っていると断言した。ハイエクが述べたように、それはあまりに世間知らずで、「政治的な偏見に支配されていない理論家には不可能な、言い訳のできないこじつけである[33]」。

　よって本質として重要なのは、市場価格ではないパラメータ価格が、合理的計算と社会的主体のずれた行動を協調させるのに必要な情報を取り込めるかどうかだ。これは、後述するようにランゲが十分に解くことができなかった問題である。

　カレン・I・ヴォーンの指摘では、この段落でランゲは、価格に関してウィックスティードを完全に誤解している[34]。実際、ウィックスティードによれば、経済的決定を行おうとする者は、自身の行為に伴う機会費用を推し量るという根本的に主観的な問題に直面している。だから、例えば、あるものを買おうと考えるとき、疑いなく、他のことに加えて商品の価格、つまり市場で引き換える金銭比率を見ることになる。行為者にとっての「別の選択肢の条件」は本人に主観的に評価され、それには価格に表され

---

33)「我々に提供された『もうひとつの選択肢』は、ほとんどの場合、貨幣価格としてのみ知ることができるというのがミーゼスの主な議論である。これを反対に読むのは、政治的な偏見に支配されていない理論家には不可能な、言い訳のできないこじつけである」。ハイエクの論文「2ページの虚構」58ページを見よ。この論文は本節のランゲ批判には不可欠であり、ここではほとんどこれに従っている。偶然にもアーサー・セルドンは、この論文の出版経緯について記している。彼によると、1982年にハイエクは彼に論文のコピーと手紙を送り、そこでは他のことに加えて「オスカー・ランゲがミーゼスを論駁したという馬鹿らしい話が常に繰り返されることに特に慣慨している」と書いたと言う。論文は、最初に経済誌 *Economic Affairs*（1982）に載せられた。「2ページの虚構」という興味深いタイトルは、まさにリッピンコットが編集した再版本のランゲ論文60、61ページのことである。この2ページはその後も何度も、（さらなる学問的な議論もないままに）ランゲがミーゼスを論駁したという神話の大元として利用されてきた。ノーマン・P・バリー他編『ハイエクの「隷従」再訪　*Hayek's "Serfdom" Revisited*』の中の「回想　Recollections」を見よ（Seldon, 1984, pp. 26-27）。

34) フィリップ・ウィックスティード『政治経済の常識』（Wicksteed, 1933, p. 28）を見よ。

4. オスカー・ランゲとその「市場社会主義」の古典モデル

る交易条件だけでなく、意思決定時に大なり小なり考慮するすべての主観的要素が含まれる。よって、(これはもっとも著名な主観主義の理論家であったウィックスティードにも当然のことであったが) 価格のパラメータ機能と非パラメータ機能を分けることは不可能である。なぜなら、「市場価格」の概念で二つの側面は不可分に融合しており、行為者はそれらを常に主観的に一緒に判断しているからである[35]。

---

35) おそらく、この点についてのカレン・I・ヴォーンの記述は再録する価値があるだろう。「ランゲがその論文の最初の部分で、ウィックスティードによる価格の意味の定式化を引用していることは示唆に富む。示唆に富むというのは、それが主に、ウィックスティードが言おうとしていることに対して、ランゲの理解が完全に欠如していることを示しているからである。『政治経済の常識』においてウィックスティードが記述しているのは、合理的な経済決定を行うとする者が直面する機会費用の、本質的に主観的な性質なのだ。つまり、個人が商品購入を考えるとき、価格は市場での交換価値を表しているが、『別の選択肢の条件』には価格だけでなく、選択に際して計算されるすべての主観的要素、選ばれなかったすべての選択肢の主観的価値が含まれている (28ページ)。明らかに、このことはランゲが市場価格と中央計画価格を分けようとしていたこととは関係がない。ランゲのいう中央計画委員会の設定する価格は、より包括的な種類の価格から程遠いものであり、市場価格が伝統的に使われてきたのと同じように、個人の主観的計算において使われる。個人はやはり、すべての範囲にわたる選択肢、または自らの『別の選択肢の条件』を評価する必要があるが、指令価格が市場価格に取って代わる。そうであるなら、本当の問題は、交換に供される商品の実際の相対的希少性をどうやって法定価格が表すことができるかということである。この問題は、仰々しい呪文を使って悪魔祓いをすることなどできない。ランゲは、彼が推奨する『試行錯誤 (タトヌマン、tâtonnement)』によって市場での交換だけでなく、相対的希少性の尺度も生み出されることを示さなければならない。このことに、彼は成功していない」。ヴォーンがホッフの著書『社会主義社会の経済計算』に寄せた「序文」22-23ページを見よ。このヴォーンの序文は素晴らしいものだが、惜しむらくは、ミーゼスの1949年の著作『ヒューマン・アクション』での研究にまったく筆が及んでいないことだ。彼女はまた別のところで、「ミーゼスのいわゆる最終的論駁は、本当の問題に対するほとんど論争のためのこじつけである」という不公平かつ誤った低評価を下してさえいる。「四つの論文の批判的議論 Critical Discussion of the Four Papers」を見よ (Vaughn, 1976, p. 107)。さらに、カレン・I・ヴォーンの論文「社会主義での経済計算：オーストリア学派の研究 Economic Calculation under Socialism: the Austrian Contribution」 (Vaughn, 1980, pp. 535-554) も見よ。

第6章　オスカー・ランゲと「競争的解法」

ランゲの第二の段落

　ここでは、「一般化された」意味での価格（パラメータ価格）が、社会主義下でどのように産業経営者と中央計画局に伝わるのか、そうした価格が資本主義に存在する金銭的市場価格をどうやって十分に置き換えるのかについての、ランゲの説明を検討しよう。ランゲ自身の言葉では、「経済問題とは、選択肢間の選択の問題である。この問題を解くには三種類のデータが必要だ。1．選択行為を導く選好の尺度、2．「別の選択肢の条件」の知識、3．利用可能な資源量の知識。これらのデータが与えられれば、選択問題を解くことができる[36]」（傍点は本書著者）。

　最初に観察されるのは、このランゲの最後の文はあからさまに意味が重複しているということだ。実際、それなりの教育を受けた者なら、英語の「データ」という言葉はラテン語の「datum-data」に由来していることを知っているだろうが、それはまさにすでに「与えられた」知識や情報を意味している。つまり、ランゲが最後の文で言っているのは、もし与えられた情報が与えられたなら、経済問題は解けるということだ。ハイエクの指摘では、（「与えられたデータ」のような）この種の学問的ではない表現、または（ドン・ラヴォワは控え目に言っているが）「意味論的な冗長性」がランゲの文章には常に見られる。一般的に、こうしたフレーズは抗し難い魅力を持っており、数理経済学者、特に新古典派的・ワルラス的なパラダイムの均衡理論で経済科学を説明する学者によって頻繁に使われる。なぜなら、ともかくも（少なくても意味論的には）、これらの表現は、実際には知らないこと、未来にも知り得ないことを知っていると感じられるため、彼らの良心の呵責を和らげてくれるからだ[37]。

　実際問題として、こうした重言的な言い回しから生じる混乱こそが、ミーゼスの社会主義経済の経済計算不可能性についての議論に対するランゲの広く吹聴された「論駁」の全容の基礎となっている。ミーゼスにとっての本質的な経済問題は、市場、市場価格、起業家精神の自由な実践なしで

36）Lange, 1938, p. 60.
37）Hayek, 1982, p. 54.

246

4．オスカー・ランゲとその「市場社会主義」の古典モデル

どうやって必要情報を獲得するのかというものだった。しかし、もし最初から情報が「所与」であると仮定するなら、それは解決されていると考えることから始めることになり、論理的に経済計算問題は存在しない。よって、ランゲがこの段落の最後の文で究極的に伝えているのは、「もし経済計算問題が最初から解けていると仮定したなら、経済計算問題は解ける」ということである。

　ランゲは次の段落の最初で前述の冗長な語について長々と論じている。「社会主義経済では1と3の場合のデータを、少なくとも市場経済で所与であるのと同じ程度に所与であると見なせることは明らかである[38]」。

　ここで不思議に思うだろう、一体どうやって？　ランゲがなんの理由もなく断言したのとはうらはらに、社会主義において、（1と3の情報でさえない）情報が「所与」になり得る（またはむしろ、ランゲが「所与」であるという表現に与えた意味である「知られる」）ことは、まったくもって明らかではない。そして社会主義経済での情報も、市場経済において情報が「所与」（あるいはむしろ「見られる」、「発見される」、「生成される」）であるのと同じ方法で、そして同じ程度に「所与」だというのである。カギになる問題は次のようなものだ。だれによって、だれを通じて、この情報は得られるのか？　第2章で詳細に示したように、市場経済では情報はまったく「所与」などではないからだ。

　現実はその真逆なのである。情報とは、生産要素の所有権を含む市場経済の文脈で起業家精神を互いに実践する、まったくもって無数の経済主体が常に生成・発見・認知するものだ。ランゲのように、社会主義でも新情報が常に生成・発見されるプロセスがシミュレートできる、複製できると、最初から考えることは許されない。社会主義では、そもそも起業家精神の自由な実践は禁止され、私有財産は廃止されているからだ。さらに、もしそうした状況で、経済主体が情報を生成・発見さえできないなら、仮説的な中央計画局がそれを得られるはずがない。情報は中央レベルでは「所与」だと考えることはできず、それは情報が主観的・実践的・分散的・非明示的な性質を持つだけでなく、起業家精神の自由な実践ができなければ、

38）Lange, 1938, p. 60.

247

第6章　オスカー・ランゲと「競争的解法」

個人的な経済主体のレベルで生成されることさえないからだ。

ランゲの第三の段落

　ランゲはその理由づけを次のように続ける。「状況１のデータは個人の需要計画、または経済システムを管理する当局の判断によって決まる。状況２のデータが社会主義経済の管理者に利用可能かどうかの問題は残る。ミーゼス教授はこれを否定する。しかし、価格理論と生産理論を注意深く研究すれば、１と３のデータが所与なら、「別の選択肢の条件」は、究極的にはある商品を別の商品に変換する技術的可能性、つまり生産関数によって決定されることがわかる[39]」。

　最初にこの段落でもっとも印象的なのは、（ここで傍点をつけた）「価格理論と生産理論」の「注意深い」研究によって、もし必要な情報（１と３）が「所与」なら経済問題は存在しないとランゲが断言していることだ。なぜなら、異なる選択肢が交換、提供される条件は、生産関数に対応する技術的変換可能性によって与えられるからだ。ランゲがその断定の基礎を新古典派・ワルラス的な「価格理論」においているという事実は、（最初から必要な全情報が所与であるという不合理な仮定に基づいていない、異なる価格理論を見過ごしている）このパラダイムの「科学的帝国主義」を表しているだけではない。それはまた、数学、均衡分析の使用に取り憑かれ、根本的な経済問題は既知の制約下で既知の関数の単なる最大化にすぎないという前提から生じる方法論につきまとう甚だしい不適切さと危険性を示している。ミーゼスが示したように、「経済均衡理論」は見当外れの知的ゲームなだけでない。はるかに深刻なことに、もっとも学識ある頭脳の持ち主に対してさえ非現実的な仮定から出発することを義務とし、必然的に誤った結論に導くという過ちなのだ。これらすべてが、もっとも明晰で深遠な理論家以外にはほとんど気づかれないままにである。

　均衡経済理論と新古典派・ワルラスモデルは、「経済学者のアヘン」である。研究すべき現実から目をそらし、絶対的な自己満足感を与え、その

39）Lange, 1938, pp. 60–61.

4．オスカー・ランゲとその「市場社会主義」の古典モデル

誤りを見出す潜在的機会から隔離してしまう。ランゲは、新古典派・ワルラス的パラダイムで発展した厚生経済学理論が、社会主義システムにとってもっとも重要な理論的基礎になりうることを示そうとした。ほとんどの均衡理論家が、その理論的モデルは資本主義にも社会主義にも適用可能だと主張し、またそのモデルが社会主義での経済計算可能性を正当化したという事実は、ほとんどの新古典派価格理論の科学的信頼性を奪っていると思われる。

　まさに本書のもっとも重要なテーマのひとつは、かつての東欧諸国で起こった現実の歴史的に重要な出来事に含まれるここでの社会主義の理論的・批判的分析が、社会主義とともに新古典派の失敗を意味しているということである。経済・社会体制としての社会主義と、真剣な考慮に値する科学的パラダイムとしての新古典派理論のほとんどは、理論的にも実践的にもその信望を完全に失って崩壊した。

　さらに、ランゲとほとんどの新古典派の学者たちが、ミーゼスが社会主義での経済計算は「理論的に不可能」だと断言できた理由がわからなかったことは驚きではない。彼らにとって「理論」とは自分たちの理論であり、前述したように、その理論の前提は経済計算の必要性を最初から完全に消し去っているからだ。つまり新古典派の視点からは、当然のこととして社会主義経済計算は常に理論的に可能になる。彼らは自分たちがつくってきた均衡と最大化概念に基づく理論以外は、想像することができない。具体的にはオーストリア経済学者全般、特にミーゼスとハイエクが発展させたパラダイムを完全に見逃している。それは、起業家精神が駆動する市場プロセスと、社会に生じる実際の制度の理論的研究に最初から基礎を置いたパラダイムである。このオーストリア学派のパラダイムでは、情報はけっして「所与」だと仮定されない。なぜなら情報は、常に人間行動を協調させるための特定の制度的文脈において生成されるからだ[40]。

　この問題についてラヴォワの指摘では、新古典派経済学者はその市場経済モデルではすべての不可欠な情報が全参加者に利用可能であり、ある種の静的状況では市場が均衡に達すると仮定する。そのため、必然的にほとんど自覚することなく、社会主義モデルでも似たような仮定を置くという一歩を踏み出すことになるのは事実避けがたく、結果的に社会主義システ

第6章　オスカー・ランゲと「競争的解法」

ムでもある種の均衡が達成されるという類似の結論にいたった[41]。カーズ
ナーは、ランゲの経済学の知識は一般的に新古典派の価格理論、特に「完

40）したがって新古典派の学者は、経済計算がある種の歴史的・偶発的な制度（貨
幣・市場・自由取引など）に依存していることを理解していない。これらは「社会
経済組織に特定の状態に特有のものであり、それは未開社会には存在しなかったも
のであり、歴史的なさらなる変化によって未来においては消滅することもありえる
もの」である（『ヒューマン・アクション』201ページ本文と脚注1）。ミーゼスはさ
らに、「ドイツ歴史学派は、このことを生産手段の私的所有権、市場取引、貨幣は
『歴史的カテゴリー』であると表現している」と付け加えている。ランゲは、ミー
ゼスは「制度学派」に属していると同時に、経済理論の普遍的妥当性を擁護すると
いう壮大な矛盾を犯していると主張した。しかしここで完全に明らかなように、ミー
ゼスの考えには、ランゲが主張したような矛盾などまったく含まれていない。ラ
ンゲは、カール・メンガーが創始して以来、なぜオーストリア学派がその研究プロ
グラムの中心を、社会で進化する（貨幣・市場・法などの人間行為・行動のパター
ンである）制度とプロセスの理論的な（一般的・抽象的・歴史から独立した）分析
に置いてきたのかを理解できなかった。事実、メンガーが著作『原理　*Grundsä-
tze*』をロッシャーに捧げたのは、制度の進化的な出現についての自身の主観主義
的研究が、歴史学派（サヴィニー、バーク）に必要な原初的な理論的基礎を提供
すると考えたからだった。それはすべての科学思想に溢れ出した、デカルト的な理
性主義に反対するものであった。新古典派パラダイムの理論的視点はこのことをあ
まりに無視しており、ランゲは彼自身が生きた時代の科学的環境のもっとも明白な
状況についてさえ、歪んだモノクロのメガネを通してしか見ることができなくなっ
ていた。『社会主義の経済理論について』6ページの脚注を見よ。また興味深いの
は、リチャード・N・ラングロワの著書『プロセスとしての経済学　*Economics as
a Process*』（Langlois, 1986）はオーストリア学派に影響を受けているが、その副題
が「新制度学派の経済学」であることだ。これはミーゼスの著作と同じように、制
度についての経済理論の著作である（ゆえに「制度学派」でも歴史主義でもない）。
ランゲの主張とは異なり、社会プロセスと制度の経済理論は、「制度学派」とはま
ったく別のものである。またひじょうに興味深いのは、『経済思想史と方法論の研
究　*Research in the History of Economic Thought and Methodology*』（1988）に載っ
ているピーター・J・ベッキの論文「進化と経済学：制度学派としてのオーストリ
ア学派　Evolution and Economics: Austrians as Institutionalists」である。最後に、
第5章注5、特にマーク・ブローグの新古典派・ワルラス的パラダイムに対する批
判的コメントとオーストリア学派の主張への転向を思い出してもらいたい。

41）「論争のなかで新古典派側の論者にとっては、関連する情報は市場参加者に与
えられており、主な分析的結論は、ある種の静的な仮定においては資本主義の均衡
は明確である。この分析からは、社会主義における類似した仮定の採用と結論への
到達は小さなステップでしかない」（Lavoie, 1985, p. 115）。

4. オスカー・ランゲとその「市場社会主義」の古典モデル

全競争」モデルに限られたものだったため、ミーゼスが社会主義に対して
提起した真の挑戦を認識し損なったと付け加えている。このモデルは現在
でもほとんどの教科書で、現実の経済システムを理解するためにもっとも
重要なものとして描かれているが、そこでは、社会を協調させる恒常的な
変化の動的プロセスに存在する利益機会の発見・利用における起業家精神
の役割が完全に消し去られている。ミーゼスの議論は、新古典派パラダイ
ムにはまったく存在しない起業家精神の概念に基づいたものだ。そのため、
不可欠な分析ツールをまったく持たなかったランゲが、市場は教科書通り
に振る舞っており、そのため社会主義でも教科書に描かれているようなエ
レガントな均衡モデルをシミュレートできると信じたことは驚きではな
い[42]。

　前述したように、ランゲはタイプ1と3の情報を集めることになんの障
害もないと考えたが、それは自由な起業家精神なしには理論的に不可能だ。
なぜなら、その場合、関係する情報が生成されず、発見もされない（また、
その暗黙的・主観的性質も中央当局への伝達を許さない）。ランゲの見解では、
タイプ2の情報、つまり交換条件と生産関数の知識だけが問題となるよう
に思われるが、しかし彼は即座に、1と3の情報が与えられれば（繰り返
すが、これは不可能だ）、この問題はひじょうに容易に「解決」可能だと断

---

42) カーズナーの言葉では、「ランゲがこのパラメータ的でない価格の機能を理解
しなかったことは、もちろん市場システムの働きを主に完全競争均衡を通して認識
していたことが理由である（実際、ランゲが社会主義価格づけのモデルとして明示
的に表したのは、この教科書的な価格理論へのアプローチであった）。今ではよく
理解されていることだが、このパラダイムでは、価格調整をもたらすカギとなる要
素としての、純粋な利益を求める起業家的な探求の役割は完全に無視されている。
ランゲが、そうした（非起業家的な）システムは社会主義でもシミュレートできる
と結論したことを理解することは難しくはない」（『発見と資本主義のプロセス』
128-129ページ）。起業家精神の概念を中心とする市場プロセスの経済理論（新古典
派・ワルラス的パラダイムとは完全に無関係、特に批判的なもの）については、本
書で引用したミーゼスとハイエクの著作だけでなく、特にカーズナーその他のオー
ストリア経済学者たちの著作を通覧されたい。経済学での均衡概念の批判について
は、旧東側の著名な経済学者ヤーノシュ・コルナイの著作『反均衡：経済システム
と研究の務めについて　Anti-Equilibrium: On Economic Systems Theory and the
Task of Research』（Kornai, 1971）を見よ。

251

第 6 章　オスカー・ランゲと「競争的解法」

言する。ランゲは問題を、証明も正当化もせずペン先を動かして断言するという「驚異的」な方法で「解決」した。「社会主義経済の管理者は、生産関数について資本主義の企業家たちとまったく同じ知識を持っているか、持っていないかだ[43]」。

　ランゲによるミーゼスの「論駁」の核心は、このドグマティックな（つまり、理論的・経験的証明も正当化もない）断言なのである。ミーゼスの理由づけが本質的に示すように、起業家精神の自由な実践を通じて創り出される情報は、起業家精神のないシステムでは再生されず、よって「社会主義経済の管理者」が、資本主義経済の起業家に利用可能な情報と「完全に」同じ情報を得ることは理論的に不可能だ。情報は主観的・動的であり、起業家精神からの利益機会をつかむ自由を持つ個人が、それらの機会を認識する際に常に創り出されるものである。当然、生産手段の私有財産制が放棄されれば起業家精神は消滅し、その結果、個人が自由に目標を認識し、努力する可能性はなくなる。そうした目標はインセンティブとして機能しなくなり、その達成に不可欠な情報は生み出されなくなる。

　結果的に、自由な起業家精神が存在しないなら、起業家精神が駆動するプロセスからしか生まれない情報が創り出されることは、決して仮定できないのは明白である。よって、ハイエクが1982年にランゲの驚くべき断言に関して次のように言ったのも驚くことではない。「この恥知らずな断言はミーゼスの議論に対するランゲの論駁の最重要部分だが、彼はこの生産関数に限ってさえ、証拠も提出していなければ正当化もしていない。しかし、これはランゲの弟子たちによってさらに空想的な断言へと拡張され、中央計画委員会は『社会主義経済システムから、市場システムの起業家とまったく同じ情報を受け取るだろう』（ハイルブローナー『資本主義と社会主義の間』1980, 88ページ）。…私にとって本書が残念なのは、内容があからさまに真実ではなく、断言があまりに馬鹿らしいため、知的な人物が誠実に記したと理解するのが難しい点だ。それは奇跡によってのみ実現される、完璧な不可能を表している」[44]。

　さらに現実には、いわゆる「生産関数」など存在しないことに留意せね

---

43) Lange, 1938, p. 61.

252

4．オスカー・ランゲとその「市場社会主義」の古典モデル

ばならない。実際の生活には、ある財・サービスを生産するための要素の組み合わせについての多様な可能性の新情報が常に生まれてくる。生産活動に従事する経済主体は起業家精神を実践して異なるアイデアを試すことで、この情報を少しずつ発見する。彼らは常に財・サービス（の価格や品質、提供方法や名称など）を変更すること、あるいは商業的・技術的なイノベーションによって新しい利益機会となるものを認識する。同じことは、以前には知られていなかったわずかな変化が大きな利益を生み出すような、はるかに複雑な程度の生産手段の場合にも起こっている。

　特定の、仮説的な「生産関数」を定義するために必要な情報が存在しないのに、その存在を考えることはできない。つまり、生産活動に従事する経済主体は、そうした情報を少しずつ暗黙的・主観的・分散的なやり方で創り出すまでは、それらを保有していないのである（計画委員会や、それよりさらに劣る生産理論の専門家や経済学者についてはいうまでもない）。生産の問題は、客観的に解きうる関数の技術的問題ではない。反対に、純粋に起業家的・人間的な問題だ。市場経済の枠組みの中での異なった行為の文脈において、起業家は常にきわめて多様な新しい組み合わせや選択肢を試している。そうした試みを通じて期待的な市場価格や、行為に影響を与える膨大な量の主観的情報とともに、行為者は常に追求価値があるような主観的（つまり、他のことが同じなら貨幣的な）利益を得るための可能性を見出す。

　よって、ランゲが「科学的」と「実践的」という、二つのまったく異な

44）ハイエク「2ページの虚構」55、56ページ。ハイルブローナーへの言及は必要だった。なぜなら彼は企業の経営者だけではなく、ランゲが仮定したように中央計画局にも情報が利用可能だと仮定するのは、いわばさらに大きな論理的不可能だと主張したからである。起業家でない経営者が起業家的な情報を生み出すことの不可能性に加えて、彼は、恒常的に変化する無限量の主観的・暗黙的・非明示的・分散的な情報を中央へ伝達し、それを中央組織が把握するというさらに深刻な問題を記している。ハイルブローナーを部分的に擁護する意味で、彼が資本主義は社会主義に絶対的に勝利したと認識し、社会主義を撤回したことを思い出してほしい（本章注3を見よ）。とはいえ、ハイルブローナーが、この勝利は理論的に説明されない予期せぬ歴史的な出来事であったと考えているのか、その反対に、彼の過去の知的生活を通じて犯していた明白な誤りに気づき始めたのかはわからない。

253

第6章　オスカー・ランゲと「競争的解法」

るタイプの知識の根本的区別を認識できていなかったことは明らかだ。事実、彼は、社会で活動する経済主体が日々つくり出して分散的に保持する「実践的な知識」と、経済学者に社会プロセスを理論化することを許す「科学的知識」とを完全に混同したために、科学者と計画委員会は現実の「実践的知識」を簡単に得られると、単純に信じてしまった。しかしながら、（「実践的」と「科学的」という）二つのタイプの知識の性質ははっきりと異なる。経済学のように「科学的知識」が「実践的知識」についての理論に変換されたとしても、その理論はせいぜい知識が生成・伝達されるプロセスについての形式的なものにすぎない。さらに、理論が常に基づかねばならない考えがある。それは「実践的知識」について理論化しても、科学者であれ計画局であれ、外部の観察者がその特定内容を知ることは理論的に不可能であり、それは決して克服されないということだ。まさにこの理由によって（つまり、理論家は自身が理論化する「実践的知識」の「内容」を知ることはできず、「実践的知識」と「科学的知識」を区別できないこと）、社会主義システムでは経済計算は不可能であり、これまで新古典派パラダイムで定式化されてきた「経済理論」は見当外れなのである。

ランゲの第四の段落

　ランゲはこの二つのタイプの知識の混同を、さらにそれらの知識に適用される二つの価格概念にも拡張した。実際、「実践的知識」の領域には市場価格があり、それは起業家精神の力によって常に生成・変化する知識の多くを取り込んでいる。（不十分で限定的な狭義の科学的均衡ヴァージョンでしかないが）「科学的知識」の領域には、「パラメータ価格」があり、そこでは関連する情報は所与であり、また別の選択肢の条件を反映しており、行為者はそれらに対して受動的に行動を調整する。ランゲの大きな誤りは、市場価格が内包している情報を、パラメータ価格も取り込むことができると考えたことから生じている。しかし、ランゲは途方もない大胆さをもって、自分自身に帰せられるべき錯誤をミーゼスが犯していると主張した。「ミーゼス教授は狭義の価格、つまり市場における商品の交換比率を、『別の選択肢の条件』という広義の価格と混同してしまったようだ。生産手段

254

4．オスカー・ランゲとその「市場社会主義」の古典モデル

の私有制度の結果、社会主義経済では実際に資本財が交換される市場が存在しない。よってミーゼス教授の議論では、資本財の領域では別の選択肢の指標は利用不可能である。しかし、この混乱は狭義の『価格』と、別の選択肢の指標という広義の『価格』との混同に基づく。後者の意味においてのみ『価格』は資源配分に不可欠であり、ある商品を別の商品に変換できる技術的可能性を基礎とすれば、それらは社会主義経済でも所与である[45]」。

ランゲの混乱は明らかだ。彼は社会主義経済のパラメータ価格が（技術的変換可能性、つまり「既知の」生産関数のおかげで）、市場経済で生成されるものと同じ情報を取り込むことができると信じている。言い換えれば、ランゲはパラメータ価格を市場価格と混同している。その常なる洞察力によってイズラエル・M・カーズナーはこの点の考察をさらに推し進め、ランゲのきわめて重要な誤りを指摘した。それは、価格が果たす不変のパラメータ機能によって市場は均衡状態に向かうというランゲの仮定であり、全プロセスにおいて経済主体は価格を「所与」だと捉え、それらを変える見込みはないと考えて、単に受動的に適応するという考えである。悲しいことに、ランゲは市場モデルの解釈を誤っている。現実の市場では、価格にカギとなる役割を与えているのはパラメータ機能ではなく、非パラメータ的な機能であり、それは起業家が常に価格の差を見出し、その利益機会を得るために売買を通じて新しく価格を生み出し、変化させるという事実に現れている[46]。

よって市場価格は既存の価格差の情報を提供し、売買するインセンティ

45）Lange, 1938, p. 61.

46）カーズナーは次のように述べている。「ランゲは、市場に特有な側面が、その価格の変化のしかたであることを認識し損なった。つまり市場価格は非パラメータ的な取り扱いを受けるのである。社会主義の経営者が、中央から公表される「価格」に基づくルールに従う動機を持つと考えることはけっこうだ。しかしそれと、私的な起業家的機能がまったく欠落したシステムでも、価格の非パラメータ的な機能（そこでは価格がデータとして扱われるのではなく、市場参加者個人によって変えられる）をシミュレートできるのは当然だと考えることは、まったく別のことだ。この機能は、新しい純利益機会の起業家的発見にことごとく依存したものだからである」（Kirzner, 1985, pp. 31, 126-129）。

第6章　オスカー・ランゲと「競争的解法」

ブを生み出し、究極的には起業家精神の力と実践の結果、常に変化すると
いう意味で「非パラメータ的」である。経済主体は、受動的・反応的では
なく、むしろ典型的には起業家的、つまり主体的なやり方で行動する。彼
らは新しい利益機会を発見・生成・活用するために常に注意を払っている。
価格は、人々が受け入れるように与えられてはいない。反対に、常に行動
し、価格を創り出し、変化させるのは人々だ。さらに、この起業家的（非
パラメータ的）な機能だけが、社会の人々の行動に存在する調整の失敗を
見出し、調整に向けての傾向、一般的プロセスを引き起こす。市場経済で
の価格の非パラメータ的な役割は、必然的に起業家精神の自由な実践によ
るものであり、それだけが社会プロセスの協調傾向を発生させる。よって
ランゲのように、自由な起業家精神が完全に消し去られ、価格をパラメー
タ的な視点からしか見られないシステムで、こうした機能がシミュレート
できると考えるのは明らかに不合理だ[47]。

5．ランゲの古典モデルに対する批判的分析

用語についての予備的な説明

　これからランゲの「競争的解法」モデルを記述し、その批判的分析を行
う。まず、用語法を明確にしなければならない。実際、前節で見たように、
ランゲの「解法」を「競争的」と呼ぶことは、「完全競争」モデルという
矛盾した名前で呼ばれる、おかしな狭義の「競争」概念の意味でしかない。
言い換えれば、「競争」は新古典派の一般均衡モデルが記述する静的な状
況だけを考慮しているため、ランゲの解法は競争を含まないという意味に
おいてのみ「競争的」なのである。同じことは、ランゲとその支持者の
「市場社会主義」という表現にも当てはまる。この「市場」は現実の市場、
つまり起業家精神の力が駆動する、第2章で詳細に説明した一般的特徴を
もつ社会プロセスのことではない。その反対に、その言葉は経済主体が行
う一連の受動的な行動を示唆している。つまり、ランゲと支持者が発展さ

5．ランゲの古典モデルに対する批判的分析

47）この間違いは、シュンペーターに従って、ミーゼスの研究以前からヴィルフレ
ド・パレートとエンリコ・バローネが、社会主義経済計算が可能なことを「示し
た」と主張するすべての批評家たちも犯している。彼らについて前述したように、
彼らは形式的類似性を確立したにすぎない。言い換えれば、彼らは、社会主義当局
が静的な状況での経済計算のために必要とする情報を、数学的に特定しただけであ
る。しかし明らかなように、この情報をどうやって得るのかという理論的問題を解
くことは、まったく別のことなのである。これはミーゼスとハイエクが、社会主義
の典型的な特徴のために、社会主義下では不可能だと考えたことだ。さらに前述し
たように（第4章脚注8, 9）、パレート自身が、またいくぶん控え目ではあるがバロー
ネも、我々が問題にしている知識・情報は市場なしで得られることは決してない
と明示的に記している。最後によく知られているように、アローとハーウィッツか
ら始まる計量計画主義理論も、同じ誤りを犯している（この理論の詳細な分析につ
いては第5章第5節を見よ）。ジョン・グレイが、経済思想史についてもっとも理
解している経済学者だと考えた東欧の経済学者たちは、ミーゼスとハイエクが議論
したように、資本主義市場制度の廃止は経済計算を不可能にすることを広く認め始
めている（Gray, 1989, p. 174）。対して、西洋諸国の経済学者たちは、新古典派・ワ
ルラス的パラダイムの誤謬に囚われたままだ。なかでも例えば、ウォジミェシュ・
ブルスとカジミェシュ・ラスキなどが特に目を引くが、それは彼らがかつてランゲ
の弟子であり、共著を発表してさえいるからである（『社会主義の政治経済問題
Problems of Political Economy of Socialism』（1962）を見よ）。ラスキには生産と消
費の一般均衡条件についての研究論文があり（108-151ページ）、ブルスには社会主
義経済での限界会計の問題についての論文がある（175-194ページ）。彼らが最近に
なって、新古典派・ワルラスモデルは起業家精神を許さないため、社会主義経済の
理論的基礎として無意味であり、これまで受け入れられてきたランゲがミーゼスを
論駁したという神話は事実無根だと断言しているのは感動的でさえある。事実、彼
らの言葉では、「ワルラス方程式の要素を記すために必要な技術的知識はデータで
はなく、むしろ競争的な奮闘プロセスの中だけで見出される情報である。よって重
要なのは、競争的な状況に在るときにだけ創り出される特別な起業家的「思考法」、
ある種の直感である。…これらすべての側面がランゲの市場社会主義のモデルには
欠落している。これは、ランゲ・モデルがミーゼス、ハイエクの挑戦を論駁したと
いう主張が正当化されないことを確証しているように思われる」（『マルクスから市
場へ：経済システムを求めて　*From Marx to the Market: Socialism in Search of an
Economic System*』（Brus & Laski, 1989, p. 58）を見よ）。ハンガリーの経済学者コ
ルナイも、その論文「ハンガリーの改革プロセス　The Hungarian Reform Pro-
cess」（Kornai, 1986, pp. 1726-1728）で、ランゲは「純粋ワルラス理論の不毛な世
界に生きていた」（1727ページ）と明言し、新古典派が論争に果たした役割を批判
している。なぜなら、「強調点が、一方的に正しい価格シグナルの計算問題に移っ
たからだ。みなが見失ったのは、ミーゼス＝ハイエク的な競争についての重要問題

第6章　オスカー・ランゲと「競争的解法」

せた「市場」または「競争的」社会主義の古典モデルがこれらの言葉を使っているのは、まさにそれが新古典派・ワルラス経済理論に基づいているからである。そこでは「市場」と「競争」の概念は空虚になり、その意味はそれらの制度の現実生活的な性質・本質から切り離されている。

　こうして用語法を簡潔に明確化したうえで、ランゲが原論文「社会主義の経済理論について」で展開したように、彼の古典モデルを詳細に検討しよう[48]。

である。純粋な市場プロセスには、自らに固有の知識や機会を活用したい、ないし活用できると考える行為者たちが参加する。彼らはライバルだ。その意味で、市場は常に動的不均衡の状態にある。勝者がいれば、敗者もいる。勝利は報酬をもたらす。生き残り、成長、高利益、高所得だ。敗北は罰をもたらす。損失、低所得、究極的には廃業である。本論文の用語を使うなら、ミーゼス゠ハイエク市場は「ハードな予算制約」を意味しており、それは買い手の市場だ。システムと政策がこれら二つの条件が満たされることを保証しない限り、純粋な市場は存在しない。ラ・ン・ゲ・モ・デ・ル・の・大・き・な・欠・点・は・、こ・れ・ら・の・条・件・を・考・慮・し・て・さ・え・い・な・い・こ・と・で・あ・り・、ラ・ン・ゲ・の・支・持・者・の・多・く・も・同・じ・誤・り・を・犯・し・て・い・る」（1727-1728ページ）。最後に、ロシアの経済学者ガブリエル・テムキンは論文「社会主義諸国での経済改革について：社会主義の経済計算論争再考　On Economic Reforms in Socialist Countries: The Debate on Economic Calculation under Socialism Revisited」（Temkin, 1989, pp. 31-59）で、これと同じ論調を記している。「ランゲ・モデルには、純粋に理論的な意味であれ、実際的な意味であれ、起業家精神の痕跡さえない。一般均衡の枠組みと強く結びついているため、起業家精神は定義から追放されているのだ。なぜなら、一般均衡では起業家的選択の余地はまったくないからだ。…そして、起業家も市場も共有に基づく社会主義では適切にシミュレートできないため、せいぜい経営者の日常業務だけを同じように遂行できるだけだ。しかし、ここでもまた、シミュレーションは正確な近似であるどころか、程遠いものである」。テムキンの結論はミーゼスを称賛して、「おそらく結局は、半世紀前にランゲが皮肉を投げかけたミーゼスを称える彫像が、赤の広場ではないとしても、彼の故郷であるオーストリアに近いブダペストに建てられるべきだろう」（53ページ）。個人的に付け加えるなら、他の東欧諸国で起こった歴史的な出来事に照らせば、彫像は社会主義を政治的に放棄したすべての国の首都、特にベルリン、ワルシャワ、プラハ、さらにモスクワにも建てられるべきだ（第4章脚注21で指摘したように、ミーゼスの像はワルシャワ大学の経済学部図書館、かつてのランゲの研究室のとなりに立っている）。
48）リッピンコットが序文を書いた「社会主義の経済理論について」の1964年再版 65-89ページを見よ（Lange, 1938）。

モデルの記述

　ランゲは新古典派価格理論と「完全競争」を社会主義システムの理想的な理論的基礎と見なしたことから、彼の提案については、普通の教科書で説明されるような経済均衡の典型的な要素を詳細に見直すことから始める。新古典派のパラダイムの「完全」競争モデルでは、以下の三つの条件が満たされれば、常に均衡に到達する。第一に、「主観的に」言えば、経済システムに参加するすべての個人は、市場価格で「最適化」しなければならない。第二に、「客観的に」言えば、それぞれの財・サービスの需要量と供給量は均衡価格で一致しなければならない。第三に、全消費者の所得は、その生産要素から生じる所得に等しくなければならない。

　よく知られているように、第一の条件が満たされるのは、消費者が効用を、生産者が利益を最大化する場合であり、それは消費者が消費財・サービスの価格に関して、荷重された限界効用を等しくすることを要求する。生産者については、荷重された限界生産率と各生産要素価格を等しくし、価格（または限界収入）が限界生産費用と同じになる量を生産する。さらに産業レベルでは、参入と退出の完全な自由を仮定すれば、商品価格は平均生産費用に一致する。もし消費者所得が生産要素価格への対価によって決まり、需要が一定であると考えるなら、典型的なワルラス的プロセスであるタトヌマン（探索過程、トライ・アンド・エラー）方式を通じて、市場がクリアされる価格体系を「決定」することができる。このプロセスでは、もし供給量が需要量と異なれば、均衡点に達するまで売り手と買い手の「競争」が価格を変更する[49]。こうして「資本主義システム」において、均衡が「理論的」にも「実際的」にも達成される様子を説明した後、ランゲは社会主義社会でも似たような過程で均衡が達成されることを示そうとする。

　ランゲによれば、ここで「主観的」と呼んだ第一の条件は、ちょうど資本主義システムについて説明したのと同様に、消費財・サービスの十分に

49）根岸隆「探索過程と再契約　Tâtonnement and Recontracting」（Negishi, 1987, pp. 589-595）。

第6章　オスカー・ランゲと「競争的解法」

「競争」的な市場で消費者に効用を最大化させることで満たされる。しかし、生産者は利益を最大化することを許されず、その代わりに二つのルールに従う。それらのルールは中央計画局が強制し、それらが遵守されているかを監視する。ルールは市場における生産者の最大化行動の結果をシミュレートするようにデザインされており、利益最大化原理を、この原理が「完全競争」モデルの枠内で生み出す結果をもって置き換えるものだ。

　第一のルールは、生産者が、平均生産費用を最小化する要素の組み合わせを選ぶことだ。第二のルールも多様な会社の経営者に適用されるものだが、限界費用が価格と一致する量を生産することである。産業レベルでの生産量もまた第二のルールで決定される。しかし各企業の経営者ではなく、各産業の経営者が全生産量の増減を適切に決定する。よって、ランゲの主張では、各産業レベルでの第二のルールは競争市場での自由な参入退出原理と同じ機能を果たす。

　ランゲのモデルでは、消費財・サービス価格と賃金は市場によって決まり、中央計画局は生産要素「価格」のみを決める。この意味で、中央計画局が最初にすべきことは、まずは生産要素の何らかの「価格」を定めることであり、それらの価格は直感的、または恣意的に選ばれる。消費者や労働者と同じように企業と産業の経営者は受動的に意思決定を行う、つまり前記の「価格」を起点として規定のルールを適用することで、それぞれの財・サービスの需給量が決定される。もし、ある生産財について需給量が一致しなければ、中央計画局は価格を見直して変更しなければならない。それは均衡価格に達する、言い換えるなら需給が一致するまで続く「試行錯誤」プロセスである。よって、中央計画局の定める生産要素の価格は単に「パラメータ的」な性質をもつにすぎない。それらはデータに適応しなければならない経済主体の受動的行動を決定し、それが「客観的」にある種の指標（生産余剰や不足）を創り出す。今度はそれが中央強制局の価格に、「疑いなく」均衡達成に適した程度と方向の変化をもたらす。つまり、中央計画局は資本財の分配に関して市場の代わりとなるのであり、社会主義システムはワルラスが「競争システム」のために考え出したものと同じ「試行錯誤」方式を通じて、「完全競争」均衡に達することが可能になる。これはフレッド・M・テイラーがその8年前に、社会主義システムの「解

5．ランゲの古典モデルに対する批判的分析

法」として提案したものだった。

ランゲ・モデルの二つの解釈

　この時点で、ランゲのモデルは、狭義と広義の二通りに解釈することができる。モデルは、「数学的解法」について前述したワルラスの均衡方程式体系を解くための、二次的問題（そこでは「計算的」、または単なる代数的計算だと記した）の「解法」の試みと見ることができる。この解釈によれば、ランゲ・モデルの主な長所は、計算問題を手作業またはコンピュータを使って解くことの必要がなくなることにある。しかしそれは、方程式体系を定式化・計算するために必要な全情報がすでに生成され与えられている（つまり市場のどこかにすでに存在している）と仮定していることから、ランゲのモデルはミーゼスが提起した根本的な問題を解決していない（それは、生産手段の私有財産制と起業家精神の自由な実践なしには、経済計算に必要な情報は生成・伝達されないということである）。

　ランゲのモデルはまた、ミーゼスの基本問題を解くための試みだと見ることもできる。この場合、市場のほとんどの重要な領域で起業家精神の自由な実践が阻止されているので、経済計算に不可欠な情報は生成されない。このため、ランゲ・モデルはミーゼスの挑戦への回答に失敗している。後述するように[50]、ランゲが自分のモデルは単なる計算装置だと考えていたことにはほとんど疑いない証拠がある（このことは主に、ランゲを魅了していた新古典派・ワルラス的なツールから生じる歪んだ経済世界観のために、彼がミーゼスの挑戦を本当には理解していなかったことからは不可避だった）。しかし、ランゲの研究を解釈した多くの研究者や彼の弟子たちは、ランゲのモデルは、ミーゼスが提起した情報の生成・伝達についての根本的な問題を解く試みだと判断した。そのため、ここではもっとも広い視点から、ミーゼスが提起した真の問題への回答を試みたものとして、ランゲ・モデルの批判的分析を行う。

50）特に、オスカー・ランゲの論文「コンピュータと市場　The Computer and the Market」から本章最終節「第四のステージ」で引用した文章を見よ（288頁）。またその箇所とそれ以降の分析も見よ。

261

第 6 章　オスカー・ランゲと「競争的解法」

ランゲ・モデルの最広義の解釈に対する批判的分析

　先に進む前に、ランゲの研究は一連の要素（「試行錯誤」方式、限界費用での価格設定、中央計画局から経営者への指示など）を取り込み、統合したものであることを指摘する必要がある。前述したように、これらのほとんどすべては、個別に独立した形ではあったが、すでに社会主義理論家たちが以前から提案していたものであった。よって、ランゲが革新的だったのは主に、それらを新古典派・ワルラスモデルを公約数としてもっと論理的につなげたことにある。この意味で、社会主義経済計算問題への多様な「解法」の要素に対してこれまで述べた批評・批判は、ランゲが多かれ少なかれモデルに取り込んだ要素のすべてに当てはまる。さらに、ランゲのモデルは市場の本質的領域での起業家精神の自由な実践を許さないため、社会主義システムの経済計算問題の解とはなり得ないことは、容易に理解できるだろう。もし基本的な分野（例えば、資本財市場）で起業家精神が自由に実践されないなら、個人の合理的な経済計算と協調的な行動適応のために必要な、基本的（実践的・主観的・分散的・非明示的）情報を発見・生成・伝達することは許されない。とはいえ、ランゲのモデルについては、いくつかの点で特に重要な批判を加えねばならない。それは、本書の本質的議論を特定のモデルに当てはめる、また別の例示となるからである。

1) 資本財リストの作成不可能性

　まず問わねばならないのは。生産プロセスの関係者さえも知らない資本財のタイプ、数、量、質、特徴などのパラメータ価格を、中央計画局はどうやって設定するのか、ということである。資本財とは生産プロセスの中間段階のすべてのことであり、それは関係者が主観的に判断するものだ。言い換えれば、（労働だけのサービスを除いて）行為者が目標達成に有用だと思うものすべてが資本財である。つまり、資本財の構成物を認識しているのは、そのプロセスに関わる行為者だけだ。行為者はこの情報を起業家的にだんだんと発見するため、その主観的・実践的・分散的・非明示的な性質から、中央計画局がそれを得ることはできない。さらに経験、つまり過去に資本財となったと思われるものは資本財のリスト作成の手助けとは

262

ならない。なぜなら、資本財の概念は主観的で厳密に予測的なものだから
だ。つまり、行為者の決定は、未来にどうなるかについての信念に依存し
ている。よって、何かが過去に機能したということは、未来にも同じ目標
が達成されることを保証しない。反対に、行為者が主観的に、将来有用だ
と考える財だけが資本財である。特定の目的達成やプロジェクト完成のた
めの特徴（特定の品質レベル、適切な時期と場所における購入可能性など）に
ついての有用性だ。

　しかし問題は単に、既存の資本財を特定するために必要な分散的情報を
中央強制局が得ることにとどまらない。この情報はほとんど実効的に発
見・生成さえされておらず、普通の経済主体は起業家精神を自由に実践で
きないということでもある。実際、もし経済主体が起業家的に活動できな
いなら、つまり新しい目的を思いつき、新しい利益機会を追求し、それら
を利用できないなら、利益はインセンティブとはならず、結果的に、自由
市場経済で生まれる目的と手段の不可欠な実践情報は創り出されることさ
えないだろう。

　この第一の議論だけでもランゲのモデルを理論的・実際的に不可能にし、
ミーゼスが提起した経済計算問題の解にはまったくなりえない。実際にハ
イエクは、ランゲへの回答として1940年に書いた長文で、中央計画委員会
の設定するパラメータ価格が数値においてだけでなく、（さらに悪いことに
は）その数値が設定される財のタイプや数においても完全に恣意的なこと
を指摘している。またそうした価格設定は、均質な粗いカテゴリーに分け
られた、過去にそうだと考えられただけの不適切な「資本財」リストとな
るが、これらのカテゴリーは時間・場所・品質など、異なる特定状況にお
ける必要な区別ができない。主観的・起業家的に見れば、これらの区別こ
そが外界に見られる財を資本財たらしめるのであり、それらにもっとも詳
細、微妙、不可欠的な特徴を与える[51]。

2）パラメータ価格の固定期間の完全な恣意性

　第二に、「パラメータ価格」と「資本財」リストが仮に恣意的に決定さ
れたとしても、その価格が維持されるべきだと計画局が考える期間もまた
完全に恣意的だ。これはランゲのもっとも曖昧な点の一つである。あると

第6章　オスカー・ランゲと「競争的解法」

ころでは、価格の再調整は「会計期間の最後」に起こるといいながら、別のところでは、手短に価格は「常に」再調整されるという[52]。どちらの場合も期間は完全に恣意的である。なぜなら、計画局には競争経済で起業家がもつ情報が欠落しているからだ。それらは価格変更の時期、目標達成につながるであろう、もっとも適切な期間などの情報である。中央計画局はこうした情報を得ることはできず、もし当局が会計期間を選ぶなら疑いなく長期間になりすぎるだろう。もし意思決定がことの成り行きに任せたその場しのぎのものになるなら、それはまたしても純粋に恣意的なものになる。なぜなら、計画局は、それらの出来事について関係者が持つ一次情報を持っていないからだ。

3）真の労働市場、消費財・サービス市場の不存在

　第三に、消費財とサービスと労働には完全に自由で競争的な市場が必然的に存在するとランゲが言ったとしても、そこでの「市場」は形だけ「自由」で「競争的」だという印象が残る[53]。実際、消費財・サービスの真に競争的な市場は、需要面だけでなく、供給面での完全に拘束を受けない起業家、自由な行為者の存在も要求する。もし強制がどちらかの側面に生じれば、市場は競争的でなくなる。よって、資本主義システムでの新しい消

51）ハイエク自身の言葉では、「価格設定プロセスは、財の集合に対して画一的な価格を定めるにとどまり、よって時間・場所・品質などの特別な状況に基づく区別が価格に反映されないのはおそらく明らかである。そうした単純化なしには、価格設定すべき商品数は現実的には無限になるだろう。しかし、これは生産経営層にとっては、特定の機会、取引条件、その場限りの特殊な状況から生じる小さな利点を利用するインセンティブや、その可能性さえもないことを意味する。なぜなら、これらすべては彼らの計算に入りえないからだ」。ハイエク「社会主義計算Ⅲ：競争的解法　Socialist Calculation III: The Competitive Solution」(『個人主義と経済秩序』193ページ) を見よ。とはいえ、この論文では、本書が記している根本的議論と意味合いにまで表現が行き届いていない。

52）ランゲは最初の案を論文82ページで次のように提唱している。「均衡価格と異なる価格は、会計期間の最後に、商品の過不足となって現れる」。第二の案は、4ページ後 (86ページ) で手短に次のように主張している。「これらの価格の調整は常になされる」。概観はともかく、ランゲの考えは混乱している。表層よりも下では、彼の思索の混乱と曖昧さはこの上なく明らかである (Lange, 1938)。

費財・サービスの立ち上げや、既存商品の改良、品質・配送方法・配置や広告の変更などで常に生成される情報を、起業家ではない社会主義システムの経営者がどうやって創り出すのかは想像もできない。彼らはもっとも適切だと考える利益や（主観的に定義される）便益を自由に追求することができないからだ。消費者は、社会主義の経営者が提供する制限された消費財・サービスの「メニュー」から選ばざるをえない。疑いなく、「市場社会主義者」、特にランゲは「消費財の競争市場」について過剰に語っている（そして社会主義システムに当てはまるとして、「消費者主権」という言葉の過剰な使用）。なぜなら、社会主義システムでの「主権」や自由とは、例えば、自分が自由だと考える囚人が独房の中の空間に自分の活動を制限するときに楽しんでいる自由や主権と同じものだからだ[54]。

4）ランゲが提案した「ルール」の無意味さ

第四に、平均価格を最小化する要素の組み合わせを採用し、価格と限界

53）ヘンリー・ダグラス・ディッキンソンはランゲの後まもなく「競争的解法」の主導的な擁護者となったが、彼は明示的に、市場社会主義における消費財の自由・競争的市場の存在は現実というよりも虚構であると認めている。また恥ずかしげもなく、国家のプロパガンダ・広告機関によって、市民には消費財・サービスの自由な選択の印象が生まれるだろうと述べている。彼自身の言葉では、「公共教育機関や啓発機関によるプロパガンダと広告の強大な力によって…自由な選択という主観的印象を維持しつつ、その一方で社会主義者の望む方向へと需要をそらすことができる」と。ヘンリー・D・ディッキンソン『社会主義の経済学』（Dickinson, 1939, p. 32）を見よ。ランゲ自身はすぐ自分の本性を表し、「社会主義の経済理論について」の第4節全体で、次のような主張を展開している。それは、もしも中央強制局が職業と消費財・サービスの自由な選択を阻むと決定し、代わりに当局の特定の選好を社会全体に押し付けるとしても、自分のモデルは正しいままだというものである。よって、ランゲが学術生活の最後期にスターリン主義を称賛・正当化したことは驚きではない。

54）このアナロジーはロバート・ブラッドレー「市場社会主義：主観主義的評価 Market Socialism: A Subjectivist Evaluation」（Bradley, 1981, p. 39, footnote86）に負っている。同じことは、競争的であるはずの「労働市場」についても言える。新規投資のプロジェクト、新会社の創設、新しい起業家的思考などの結果として、競争的な労働市場では常に新しい職業機会が生まれている必要がある。これらすべてはランゲのモデルでは考えられない。起業家は存在せず、経営者はロボットのように上から事前に定められた規則に従うだけだ。

第6章　オスカー・ランゲと「競争的解法」

費用が同じ量を生産するというランゲのルールは、適用不可能だ。ランゲ
が自分の「ルール」が明白で可能なものだと考えたことは、彼が受けた新
古典派費用理論、つまり費用は客観的で「所与」の情報を含む関数で決定
されるという特に広く信じられていた信念の破壊的な効果を示している。
しかし第2章でしっかりと確認したように、費用とは行為者が選び、企て、
特定の行為の流れを実行する際に、その目的に下す単なる主観的な価値評
価である。費用は失った選択肢の主観的な評価であり、よってそれは各行
為者が自由に起業家的機能と機敏さを実践できる際には、常に推定され、
創り出されるような典型的な起業家情報である。さらに、この情報は起業
家的情報について分析した特徴のすべてを持っており、特に主観的・実践
的・分散的・非明示的な性質をもっている。もし費用が所与でなかったら
（つまり、もし費用関数が存在しなかったら）、その代わりに常に試行錯誤を
通じて主観的に推定されるなら、経営者はほとんどこうした「ルール」を
守ることを指示されなくなるだろう。そして中央計画局は、そうした法の
遵守を、客観的にさらに監視できなくなるだろう。

　ランゲの提案が明らかにしたのは、実際に、新古典派費用理論は純粋に
形式的な意味を除いて主観主義革命を取り込むことに失敗しており、古く
からの時代遅れのリカード＝マーシャル的な「客観主義」に根ざしてきた
ことである[55]。よって、おそらく若干誇張しつつもジェームズ・ブキャナ
ンが、社会主義経済計算をとりまく論争のすべては社会主義理論家たちが
「費用」の本当の主観的性質を理解していなかったことから生じた、と発
言したのは当然である[56]。故ジャック・ワイズマンは1959年の注目すべき
論文で、社会主義経済計画が提起する費用問題を取り扱った。彼は、その
主観的性質を強調し、多くの潜在的な計画やプロジェクトから特定の行為
を選ぶ際に失われる機会への評価であると定義した。実際にプロジェクト
を実行する個人だけがこうした主観的な評価をすることができ、多くの場
合、それは特定プロジェクトを進めるかどうかという暗黙的決断としてあ
らわれる。よってワイズマンの結論では、ランゲ「ルール」は社会主義産
業の経営者のガイドとはなり得ず、類似したすべての規則はその特定の内
容においても、あるいはそれらが遵守されているかを実際的・効果的に監
視する中央計画局の努力においても恣意的なものにしかならない[57]。

5．ランゲの古典モデルに対する批判的分析

　よって、工場・企業の経営者に対して、平均費用が最低になる要素の組み合わせを採用するように指示してもほとんど役に立たない。費用は主観的な性質を持つため、そうしたルールは無意味で、唯一費用を下げる望ましい結果を可能にする起業家的行為を許さないまま、ただ「ベストを尽くせ」と指示するに等しい[58]。事実、起業家精神が自由に実践される市場経済では、起業家は常に新しいアイデアや組織などを思いつく。それは起業家的に検証できる資本財の新しい組み合わせ、より安価で効率的な特徴などについてであり、もし成功すれば、それに応じて利益が得られ、競争相手を次第に打ち負かすものだ。生き残りたければ、競争相手もうまくいく改善方法、イノベーションを採用することを強いられる。ランゲが提案したシステムでは、こうしたプロセスはまったく存在しない。起業家精神の

55）不幸なことに、現代の教科書は新古典派・ワルラス的パラダイムと、厚生経済学理論における「完全競争」モデルの描く最適条件に対して、完全に無批判な見方を続けている。さらに、もっとも権威ある教科書の多くが「ランゲの規則」に言及し、それらによって社会主義経済でも同じ最適性が達成されるとしている。こうした断定を下していながら、著者たちは本書で議論している問題を明確化せず、触れることさえせずに完全に見逃している。その結果、経済学の学生へのダメージを回復するには何年もかかるだろうし、もはやとりかえしがつかないかも知れない。一例として、有名な教科書であるJ・P・グールドとC・E・ファーガソンの『ミクロ経済学』（Gould & Ferguson, 1980, p. 445）を見ると、そこでは何の解説もコメントもなく、次のように結論されている。「定理（ラ・ン・ゲ・＝・ラ・ー・ナ・ー・の・法・則・）：分・権・化・された社会主義経済で社会厚生を最大化するには、国家計画局は制約付き最適化問題を解き、全投入物・産出物のシャ・ド・ウ・・プ・ラ・イ・ス（影・の・価・格・：機・会・費・用・）を計算して、社会の構成員にこの価格リストを配り、消費者と工場経営者に、完全競争市場で効用・利益最大化を図っているかのような行動を指示すれば良い」（傍点、本書著者）。こうして、もっとも馬鹿らしい不合理が無条件に提示され、「権威ある」教科書に「科学的結論」として鎮座しているのである。
56）『コストに関するLSEエッセイ　*L.S.E. Essays on Costs*』（Buchanan & Thirlby, 1981）ブキャナンの序文3-10ページ、および『費用と選択　*Cost and Choice*』（1969, pp. 21-26, 34-35, 41, 96）を見よ。本文でブキャナンがある程度誇張したというのは、費用の見積もりは合理的経済計算には不可欠だが、それは起業家的に生成・伝達される全情報の一部でしかないからだ（そこには達成されるべき目標の評価も含んでいる）。論争の核心には、第2章で定義した起業家精神と人間行為の本質と、費用の主観的な性質への根本的な無理解がある。ブキャナンの結論では、「現代経済理論の混乱のほどは、有史以来の実証的記録を無視してまで、ミーゼスに対するランゲの勝利を受け入れていることに表れている」（1981, p. 5）。

第6章　オスカー・ランゲと「競争的解法」

自由な実践可能性はなく、資本財のコストを削減する方法の情報は生成すらされない。さらに、偶然にそうした情報が生まれても、それは活用されない。なぜなら、中央計画局は事前に商品のパラメータ価格を決め、偶然にも「起業家的アイデア」を得た経営者に利用可能なのは、もっと安価で効率的な別の生産方法で価格を下げられることを、中央計画当局に説得しようと試みることだけだからだ。当然、これは不可能だ。本書で繰り返してきた実践的・分散的・主観的・明示不可能な知識を伝達することの困難・障害のためだけでなく、当然、ランゲのモデルでは、事後的に生産過剰が明らかになったときにだけ中央計画局が価格を下げるのであり、「明

---

57) ワイズマン自身の言葉では、「いったん不確実性が認められると、機会費用は希少性だけの問題、つまりすべての価格がわかっている場合に、異なる投入要素と商品生産から選ぶことで解ける問題だと考えることはできなくなる。つまり機会費用はもはや、既知のデータの要約と比較という単純な問題ではない。価格その他の変数を推定する必要があり、機会費用の問題には希少性だけでなく、不確実性（と判断）が含まれる。いまや費用問題は、行為プランの選択肢の問題となる。機会費用は既知の単なる金銭費用として取り扱うことができず、失われた選択肢からの収入であると考えねばならない。そのため、不確実状況においては、効率的資源配分には限界金銭費用と価格の一致が有用だと言うことはもはやできなくなる」。ワイズマンの結論は、社会主義では「…そうした経済では、通常言われる限界費用ルールは生産組織の責任者への明確なガイドとはなり得ない。不確実性を考慮するための再解釈の試みは、そうしたルールに従うことで集産主義の経営者が効率的であるのかをチェックする可能性を排除してしまう。限界費用のルールに間接的・客観的なルールを加えれば、それは実際には、経営努力を方向づけるルールに取って代わってしまう。どうであれ、完全に客観的にチェックすることはできない。さらにどんなルールやチェックが使われても、不完全な競争的行動が行われることになるだろう」。ジャック・ワイズマン「不確実性・コスト・集産的経済計画　Uncertainty, Costs, and Collectivist Economic Planning」（Wiseman, 1953）。もっと早くにG・F・サールビィは注目すべき論文「規定するもの　The Ruler」で同じ結論に達している（Thirlby, 1946）。彼は、収入と費用の（それが限界収入と限界費用が一致する、価格が限界費用と一致する、総収入が総費用と一致する、のどれであれ）客観的・区別可能な関係の存在を確立するルールは、「意味のある客観性を持たない。結果的に、そうしたルールの適用は実践不可能だ」という。偶然にも、この理論はいわゆる「公共料金の価格付け理論」と、反トラスト法の「法の経済分析」のほとんどには理論的根拠がないことを明らかにしている。ジャック・ワイズマン「公共料金の価格付け理論：空の箱　The Theory of Public Utility Price: An Empty Box」（Wiseman, 1957）を見よ。

5. ランゲの古典モデルに対する批判的分析

晰」で「独創的」な経営者が別の方法のほうがさらに良くなると判断した
ときではない[59]。

　これらすべての議論は、ランゲの第二の「ルール」にも当てはまる。ド
イツの経済学者ハイマンとポランニーは、「競争的独占企業、あるいはト
ラスト」に基づいた社会主義組織を提案した。彼らが使おうとした「限界
費用基準」に対して、かつてミーゼスとハイエクが発展させた反論と同じ
ようにである。限界費用ルールは見当外れであることを思い出してもらい

58）ポール・クレイグ・ロバーツは「オスカー・ランゲの社会主義経済理論：社会
主義願望の蒙昧主義者　Oskar Lange's Theory of Socialist Planning: An Obscurant
of Socialist Aspirations」『疎外とソヴィエト経済　Alienation and the Soviet Econo-
my』（Roberts, 1990）の第5章（特に96-98ページ）で、ランゲの「ルール」は現
実には適用不可能だと結論づけている。ロバーツの研究は、例えば、マルクス主義
と「市場社会主義」が両立不可能なことや、ソヴィエトでの単なるその場しのぎの
事後的な合理化が、結果的に「中央計画」という誤名で呼ばれていることを示した。
本書はそれらに多くを負っているものの、彼の分析には誤りがある。なぜなら、十
分に主観主義的ではない、つまり人々と社会プロセスへのシステマティックな強制
が生み出す反響の研究に基づいていないからだ。さらに、マルクス主義とランゲ・
モデルの矛盾を示すだけでは、ランゲ・モデルが信頼できないとは言えない。もし
ランゲ・モデルが多くの人の「希望」になるなら、その反駁にはロバーツよりも強
力な議論が必要だ。さらにロバーツは、起業家精神の概念をどこにも取り入れてい
ない。論争へのミーゼスとハイエクの研究と挑戦に対する彼の理解は、不十分で混
乱している。そして彼の研究はポランニーの（あまりに「客観主義的」な性質によ
って）それほど満足できない「多心的でヒエラルキー的な」社会構造の分析に中心
をおいたものであり、本書が示すように社会主義研究にもっと深く関連している、
実践的知識の暗黙的・明示不可能な性質についてのポランニー理論にはそれほど基
づいていない。最後にロバーツは、変化や調整のない「涅槃のような」均衡モデル
を上から押し付けることが、マルクスの望みと完全に整合していることを理解して
いない（マルクスの望みは、すべての社会プロセスの始まりと発展が人々に認識さ
れて、経済を意図的に方向づけることで疎外をなくすことだった）。確かに、「競争
的社会主義」のように、均衡達成を促進するためにある種の市場制度がモデルに導
入された時点で、マルクスとの関連は途切れたというロバーツの見解は正しい。し
かし、社会主義（と介入主義）が均衡理論家に対して持っている「致命的な魅力」
に、私たちは驚くべきではない。こうした市場に特有の配分基準と伝統的社会主義
イデオロギーの不整合は、もっと最近になってパウエル・H・デムビンスキーの
『計画経済の論理：崩壊の根源　The Logic of the Planned Economy: The Seeds of the
Collapse』（Dembinski, 1991, 特に pp. 68-69）で説明されている。

第6章　オスカー・ランゲと「競争的解法」

たい。なぜなら価格を決めるのは費用ではなく、価格が費用を決めるから
だ。このルールは曖昧であり、循環論法である。さらに、費用の重要部分
は資本財の減耗率だが、この情報はランゲが提案したシステムでは得られ
ない。なぜならこの値は、未来のために任意に選ばれたパラメータ価格か、
ランゲが示唆する「試行錯誤」方式に基づく恣意的な調整プロセスの将来
的な結果のどちらかによって決まるからだ。

　加えてランゲは、「限界費用」が企業や産業の経営者が考える時間の長
さから独立しているかのように書いている。実際、「市場社会主義」経済
学者の学統では、価格と限界費用をそろえる「短期」のルール（短さは定
義されていない）と、設備の増減が明示的に考慮される「長期」投資は完
全に区別されている。しかし、もし目標が現実的・効果的なルールを確立

─────────────

59)「現在の多くの経済理論の議論と同じように、この種の問題の議論では、費用
曲線があたかも客観的に所与の事実であるかのように扱われることが多い。ここで
忘れられているのは、所与の条件下での最安価な方法は起業家によってほとんど毎
日のように常に新しく見出さねばならないことと、またインセンティブはあっても、
既存の工場責任者として確立した起業家が最善の方法を見出すとは限らないことだ。
競争社会において生産価格を最低費用に引き下げる力となるのは、より安価な方法
でリスクをとって市場に参入し、他の生産者に競り勝って消費者を惹きつける、だ
れに対しても開かれた機会である。しかし、もし価格が当局によって固定されれば、
この方法は除外されてしまう。生産技術のいかなる改善も状況に対するいかなる調
整も、商品を安く生産でき、価格を引き下げるべきだと最高経済委員会を説得する
能力に依存することになる。新しいアイデアをもつ人物が価格で競り勝つ可能性は
ないため、その方法がより安価であることを最高経済委員会に説得するまで、それ
を証明することはできない。言い換えれば、自分のほうが優れていると信じる部外
者の計算は当局によって吟味・承認されなければならず、起業家の機能のすべてが
こうしたつながりによって置き換えられる必要がある」（ハイエク「社会主義計算
III」『個人主義と経済秩序』196-197ページを見よ）。ランゲの論文「社会主義経済
での計画の役割　Role of Planning in Socialistic Economy」では、彼がハイエクの
根本的議論を理解していないことが明らかになっている。またそこで彼は、限界費
用に基づいて価格を設定することに伴う大きな困難を認識しながらも、各産業でも
っとも高い平均可変費用をもつ会社が、こうした目的への現実的な好例となると述
べている（32-34ページ）。彼が提案した実践的アプローチは、過去の出来事の解釈
から引き出した完全に恣意的な数値を使っており、合理的経済計算に不可欠な費用
概念とはまったく無関係であることも分かっていない。このように彼が提案したル
ールは、価格の値を、多様な非効率と過剰を包含・隠蔽して過大に見積もられた名
目的「費用」の数値と一致させるだけである。

5．ランゲの古典モデルに対する批判的分析

することで計画委員会が法令遵守を監視するなら、各ケースにおいて考慮すべき期間を明示することが絶対に必要になる。その期間に応じて、どの要素が固定的でどれが可変的かを知ることが可能になり、そしてはじめて限界費用が計算できるからだ。明らかに、どれほどの長さの期間を選ぶべきかについての客観的・合理的基準は存在しない。これはさらに、ここで議論しているランゲの「ルール」が適用不可能であることのサインである[60]。

要するに、費用に関しては、ランゲの提案のすべてから経済の静的概念が滲み出ている。そこでは変化は起こらず、費用計算に必要な全情報がすでに利用可能だと仮定されている。もしこれら二つの条件が満たされ、そしてその費用に変化が起こらないとするなら、ランゲの「ルール」は適用可能だ。とはいえ、情報が所与でなく、費用は主観的で常に変化する現実世界では、ランゲが定式化した二つのルールのどちらも社会主義を可能にするために活用することはできない[61]。

5）「試行錯誤方式」の理論的な不可能性

第五に、ランゲはそのモデルで「試行錯誤」方式の適用に大きな重要性をおいているため、ここではこのトピックに立ち戻らざるをえない。本書のこれまでの議論は、ランゲの「解法」が実現不可能なことを示すに十分ではあるが、ここでは、前章で詳細に記した「試行錯誤」方式への九つの批判を繰り返さねばならない。

60）この問題についてエイブラム・バーグソンが述べている。「実際には、考えなければならないのは特定レベルの産出量における固有の限界費用ではなく、各特定期間における限界費用の集合である。考慮すべき期間が長くなるほど、より多くの『固定要素』が可変となる」。エイブラム・バーグソン「社会主義経済　Socialist Economics」（Bergson, 1948, p. 427）を見よ。
61）おそらくラヴォワが、この点のもっとも簡潔な説明をしている。「MC＝Pというルールは、与えられた目的・手段の枠組み内において、将来の費用が現在と変わらないと予想される限り、配分を最適化する。これは静的期待の世界であり、静的な世界ではもっともなことだ。しかし、常に変化する世界では、起業家は需要を予測し、世界を予想し、それに応じて行動する必要がある。彼は、選択時点で利用可能だった別の選択肢に基づいて、費用を見積もらなければならない。収入予測も費用予測も、意思決定時の予測に基づいている」（『競争と中央計画』141ページ）。

271

第6章　オスカー・ランゲと「競争的解法」

　特に、過不足を特定するために在庫状況を観察し、それに応じて価格を変更するという「ルール」は、見かけによらず単純主義に過ぎることを思い出してもらいたい。なぜなら、そうした観察をガイドする客観的な基準点は存在せず、価格を適切な方向へ変えるために必要な情報を生成・伝達することはできないからだ。事実、商品の不足も過剰も、在庫についての統計数値を見るだけでは客観的に区別することはできない。代わりに統計値に表れる数値や計算にかかわらず、特定の状況によるが、行為者が主観的に判断するなら「不足」や「過剰」は存在する。もし主観的に長期間について考え、その期間に需要が増すと予想しているなら、「商品余剰」ではないかもしれない。そうした状況では、価格を下げれば市場で形成されるはずの仮想的均衡価格に近づくと考えて、中央計画局がパラメータ「価格」を下げるのは深刻な誤りだろう。同じように、見かけ上の「不足」は、もし将来の需要低下が予想されるなら、あるいは誤っていても、価格を上げるよりも、むしろイノベーションへの注目や代替商品の利用によって乗り切ることが良いと考えられるなら不足ではないかもしれない。

　「過剰」や「不足」の概念は純粋に主観的であるから、自由に実践される起業家精神の文脈においてしか発生しない。それは主観的・実践的・分散的・明示不可能な情報のかけらであり、中央計画局に伝達することはできない。さらに前述したように、経営者が完全に自由に起業家精神を実践できなければ、合理的経済計算に不可欠な情報は彼らのもとでは生成されない。よって、商品不足が「観察」されたときに価格引き上げを、商品過剰が「認識」されたときに価格引き下げを中央計画委員会が決定するのは、完全に恣意的であり合理的経済計算をまったく許さない。

　現実の経済では、各価格における需要量と供給量を、客観的にあらわす需給「関数」、つまり、それらを使って単に在庫量を見ることで、外部の観察者でも均衡価格に達するために価格の変更方法を決められるという神秘的な関数は存在しない。価格は需要と供給の曲線、あるいは関数の交点から生じるのではなく、起業家精神の力で動く、人間の一連の相互作用から生じる。起業家精神によって、行為者は常に未来の状況を予測し、その状況をできるだけ活用できるように活動を選ぶのである。

　さらに設備・資本財セクターでは、ランゲが提案した方法は多くの場合、

272

5．ランゲの古典モデルに対する批判的分析

根本的・理論的に適用できない。大規模に生産される標準的資本財とは異なり、典型的な設備財には必ず当てはまることだが、それらは特別な契約で少量だけ生産される。設備財の場合、例えば巨大な産業用建屋、大規模不動産、溶鉱炉、造船所、特殊船舶などについて、仮想的にでさえ、ランゲが在庫の変化を観察するだけで客観的に過不足を特定できると考えたことはまったく理解できない。もし過不足の程度や期間を正確に見積もるために必要なだけの年数、価格変更の決定が延期されるなら、適切な決定がなされる頃には疑いなく遅すぎることだろう。しかし中央当局の部分的な直感によって決定を急げば、おそらく深刻でとりかえしのつかない誤りを生み出すだろう[62]。

最後に、ランゲのモデルには二つの可能性がある。中央計画委員会が過不足の存在と価格変更の方向や程度を決定する間すべての取引を停止するか、あるいは、取引を「偽の価格」で許すかである。前者の場合、計量計画モデルの分析時に述べたように、すべての経済活動は停止し、その期間、経済の柔軟性と計算力は失われる。ランゲはこの可能性は考えなかったようだが、もし取引が「仮の価格」で許されれば、歪められたシグナルが経済全体に送られ、ランゲが望んだ「均衡」は達成されないだろう。この問

62）ハイエクが言うように、「純粋経済理論の概念への盲信が、彼ら（ランゲとラーナー）を深刻な誤りへと導いた。この場合、彼らの方法が適用不可能な重要分野を見過ごした理由は、完全競争概念のせいだった。かなり標準化された商品の市場があれば、一定期間、事前に上からすべての価格を命令することは、少なくとも想像可能だ。しかし、標準化できない商品、特に今日、個別注文によって、おそらく入札公示後に生産されるものについての状況は大きく異なる。もちろん、最初に政府の管理下に置かれるような『重工業』の商品の大部分が、このカテゴリーに属する。多くの機械、ほとんどのビルや船、その他の多くの商品が市場向けではなく、特別な契約で作られている。このことは、これらの産業の市場には激しい競争が存在しないことを意味するわけではないが、それは純粋理論の意味での『完全競争』ではないだろう。単純に、これらの産業では短時間に同じ商品が作られることはほとんどないのだ。個別の工場の生産物をめぐって競争する顧客が毎週異なっているのと同じように、個々の場合にサプライヤーとして競争する生産者たちはほとんどのケースで異なっている。こうした場合に、どうやって商品価格を『需給が一致する』ように固定するのか？」（「社会主義計算Ⅲ」『個人主義と経済秩序』188-189ページを見よ）。

題は現実の市場経済では起こらない。非協調的な取引は、利益を求める起業家に不協調を見出し、解消するインセンティブを与えるからだ。経済主体に起業家精神を実践し、利益を制約なく追求する自由がなければ、市場参加者の行動を調整する一般的・協調的プロセスが生まれることは保証されない。これはランゲの理解がまったく及んでいなかった点である。

6) 利子率の恣意的な固定化

　第六、ランゲの社会主義モデルにおける（現在財の将来財に対する価格、あるいは現在の消費に付された価値と将来消費の価値の比率として理解される）利子率の固定は、完全に恣意的である点は指摘しておかなければならない。現在財の貯蓄者・供給者は、自分の資源を現在と未来の消費に振り分けるための合理的経済決定ができない。なぜなら、システムが提供する現在財の「メニュー」は制限されたものであり、また将来も市場経済ほど豊かで多様な消費財・サービスを利用できないからだ。市場経済システムでは、起業家精神の自由な実践によってますます多様なニーズが見出され、満たされていく。さらに、ここでは中央強制局は現在の消費者に広く不利益をもたらすような「強制貯蓄」政策をとるとは仮定していないが、実際にはそうした政策は実施されている。

　現在財の需要者の視点からは、もしこれが可能なら問題はさらに深刻だ。社会主義企業の投資計画を実行するために現在財を要求しなければならないのは、多様な企業の経営者である。彼らは資本財を生産するため、労働者を雇用し、天然資源と資本財を得る必要がある。それら多様な段階の資本財を使って、将来利用可能になる消費財・サービスを生産するためだ。またしても、ここには本書の理論的核心にある二重の問題が存在する。経営者は自由に起業家精神を実践できないため、これらの資源を合理的に配分するための実践的情報を創り出すことができない。言い換えれば、彼らはその起業家的プロジェクトからの利益を得ることができないので、必要なアイデアを創造することもできない。

　さらに、どの経営者がどういった条件でどれほどの量の資金を得るのかは、中央計画局、特に資金配分を担当する中央銀行次第だ。このことは最終決定が、必要な実践的・一次的情報をもたない人々の手に委ねられるこ

とを意味する（なぜなら、この情報は経営者レベルでも創り出されないだけでなく、仮に生み出されても、その基本的に主観的・実践的・分散的・明示不可能な性質によって中央強制局には伝達できないからだ）。よって、中央計画局がどれほどの資金を配分するかを決定する際の経済計算は、完全に恣意的なものになる。要するに、ランゲのモデルでは真の資本市場、特に企業の所有権を表す証券市場が存在しない。ラックマンが述べたように[63]、このことはランゲ・モデルのもっとも深刻な欠点であることは疑うべくもない。

7）官僚機構の典型的な行動に対する無知

　第七、最後に、ランゲ・モデルが機能しないのは、経済主体の将来に向けての行動が、その制度的枠組みから許されないからだ。特に、国有企業の経営者、中央計画組織を担当する官僚である。ランゲ・モデルでは、第2章で定義した起業家の存在が許されないため、経済計算は理論的に不可能だが、この問題についていくつかの角度から検討しよう。とはいえ、これまでランゲのモデルが想定する経済・社会主体がどういったタイプの行動をとるかについては考慮してこなかった。よって、ここでの作業は「公共選択」学派の視点を分析に取り込むことになる。最近大きく発展したこの学派は、特に政治的・官僚的な文脈での人間の相互作用プロセスの分析に焦点を当てる。そこでは当然に、強制的・制度的な関係が圧倒的である。

　このことを念頭に置いて、ジェームズ・ブキャナンがランゲに対して投げかけた次のような批判を考慮しなければならない。それは、問題のもっとも重要な側面、つまり彼が設計した制度的枠組みで経済主体がどのように振る舞うかというものだ。「1920年代に入るまでに、経済理論はカタラクシー（人間行為学）ではなく、応用数学へと移行してしまった。市場で

63）「おそらく株式市場は、市場経済の制度のなかでもっとも特徴的なものだ。…資本主義が社会主義経済と異なっているのは、経済の「私的」セクターの規模ではなく、物質的生産手段の株式を個人が自由に売買できることである。こうした面で発明の才を実践できないことは、おそらく社会主義社会の市民を苦しめるもっとも重要な障害だろう」。ルートヴィヒ・M・ラックマン「方法論的個人主義と市場経済　Methodological Individualism and the Market Economy」『資本・期待・市場プロセス　*Capital, Expectations and the Market Process*』（Lachmann, 1977, p. 161）を見よ。

第6章　オスカー・ランゲと「競争的解法」

さえも、理想化された配分結果を実現するともしないとも言えない「計算
装置」と「メカニズム」として見られるようになった。基本的に市場は、
その複雑な取引の相互作用から結果が生じる交換の場として見られなくな
った。こうした経済理論の現代的パラダイムにおいてのみ、愚にもつかな
い理想化されたランゲ＝ラーナーの社会主義構造を実践家としての経済学
者が真面目に受け取ることができたのであり、現実にそうされた（悲しい
ことに、今もそうである）。我々はなぜ経済学者たちが立ち止まって、社会
主義の経営者たちが理想化されたルールで振る舞う理由について、疑問を
持たなかったのかを問うたほうがよい。そんなシステムを運用する経済宦
官が、一体どこにいるのだろうか？[64]」

　「公共選択」学派の基礎は、疑いなくミーゼス自身によって敷かれた。
それは彼が経済学を、人間行為に関わる全プロセスの理論的研究というひ
じょうに広範な科学だと考えたときである。こうしてミーゼスは研究者た
ちに、厳密で伝統的な意味での市場外で生じる人間行為に対しても、経済
分析の適用を始めるように導いた。例えば、政治的、官僚的な領域である。
こうした流れにおいて、カギとなるミーゼスの1944年の先駆的研究を吟味
しなければならない。そこで彼は初めて、自由な起業家的な利益追求が禁
止されるすべての領域で、かならず官僚制が生じていることを示した[65]。
この論文で、ミーゼスは後にもっと深く研究されることになる多くの論点
を探求している。後の研究者のなかには、旧東側経済の現実的な働きを分
析したハンガリーの経済学者ヤーノシュ・コルナイがいる。公共選択学派
の視点からのランゲ・モデルへの結論、中央計画局と企業経営者の両方の
行動についての結論を、コルナイ自身の記述で読めば、はっきり分かると
ころである。

　「ランゲ・モデルは『計画者』の性質についての誤った前提に基づいて
いる。中央計画委員会の人々はプラトンの言う哲人たちの生まれ変わりで

────────────

64）ジェームズ・ブキャナン「公共選択の視点　The Public Choice Perspective」
Liberty, Market and State: Political Economy in the 1980's（Buchanan, 1986, p. 25）
を見よ。またデイヴィ・M・レヴィの論文「中央計画価格のバイアス　The Bias in
Centrally Planned Prices」（Levy, 1990, pp. 213-226）も見よ。
65）ミーゼス『官僚制　*Bureaucracy*』（1944）。

あり、団結・利他性・知恵を体現している。彼らは過剰な需要に対して価格を調整する「ルール」を、厳密に実施することだけで満足する。そんな非世俗的な官僚制がかつて過去に存在したことはなかったし、未来に存在することもない。政治的官僚制には、社会の区分と各種の社会集団の多様な圧力を反映した内部的対立がある。彼らは自分たちの個人的・集団的な利益を追求しているのであり、それには彼らが所属する特殊な専門組織の利益が含まれる。権力は、それを使うことへの抵抗し難い誘惑を生み出す。官僚が必然的に介入主義者なのは、それが彼の社会における役割だからだ。彼が置かれた状況に支配される…ランゲ・モデルは、企業行動についての同様に誤った前提に基づいている。ランゲは、企業は体制の設計者の指定したルールに従うと考えている。しかし社会は、ゲームの発明者が恣意的にルールを決められる室内ゲームではない。自分の組織と同一視するリーダーや組織自体には、きわめて根深い動機が存在する。組織の生存、成長、拡張、組織内の平和、権力と名声、こうした目標を達成しやすくするための状況をつくることである。報酬と処罰による人為的なインセンティブの仕組みが、これに重ね合わされる。この仕組みでは、こうした暗黙の動機を支えるかも知れない。しかし、もしそれらが対立するなら、体制のゆらぎや曖昧さが続くかもしれない。組織のリーダーはインセンティブの仕組みを強制する者に影響を与えようとしたり、またはルールから逃れようとしたりする。…こうしたプロセスから生じるのは、うまくシミュレートされた市場ではなく、強制者と官僚制に規制される企業とのお決まりの対立である[66]」。

　ハイエクもまた1940年のランゲへの返答で、これらの問題を見出している。事実、ハイエクが示したのは、ランゲ・モデルが必然的に最悪の形態の官僚制度にいたることだ。なぜなら中央計画局は、客観的に監視できない経営者の法令遵守について、それでも監視する義務を負うからだ。どこにおいても強制局からの恣意的な決定と、少なくとも書類上はルールの遵

---

66) ヤーノシュ・コルナイ「ハンガリーの改革プロセス　The Hungarian Reform Process」（Kornai, 1986, pp. 1726-7）。この論文は『ヴィジョンと現実：市場と国家　*Vision and Reality: Market and State*』（New York: Harvester, 1990）の第5章として再版されている。

第6章　オスカー・ランゲと「競争的解法」

守を示そうとし、さらに各種の腐敗した実践、計画局のコネや支持を得ようとする経営者たちの「歪んだ」行動が体制内に充満する[67]。

　さらに、ランゲ自身がこれらの問題を少なくとも部分的に認めており、次のように明言さえしている。「社会主義の本当の危険は、経済生活の官僚化にある[68]」。しかし、次の行で付け加えられている記述は、彼がこの危険の現実的な程度について理解していなかったことを明らかにしている。「ともかくも、その危険は資本主義システムの官僚化が提起するものよりも大きいということはない。なぜなら、資本主義で決定を行う起業家経営者は、資本の所有者でなく誰に答えることもないため、実際的には公務員だからだ」。これよりも偏って誤った資本主義概念を思いつくことは難しいだろう。真の市場経済は起業家精神の完全に自由な実践に特徴づけられる。それは特定の時間や状況において、だれがリーダーの地位に立って実践しても良い（株主、経営者など）。それは歴史的な状況に依存しているが、理論的には関係がない。対照的に社会主義体制では、少なくとも資本財の分野では起業家精神を発揮することが全員に禁止され、根本的な意思決定は、起業家的な自由によって正しい決定に必要な情報を生成・発見できる人々から切り離されている。

　ともかく、ランゲは自らの官僚化への思い込みを弟子たちに伝え、彼らは「ボーナスとインセンティブ」をデザインし、確立するための巨大な学統を生み出した。彼らの努力はこの問題を解決しなかった。実際には、今日だれも覚えてさえいないが、当時彼らが抱いた大いなる希望にもかかわらず、それらのシステムは完全な失敗に終わった[69]。社会主義を機能させるための「ボーナスとインセンティブ」システムは、理屈から言ってそも

67）ハイエク「社会主義計算III」『個人主義と経済秩序』198-199ページ。

68）Lange, 1938.

69）次の論文を思い出すことが役に立つだろう。マーティン・L・ワイツマン「ソヴィエトの新しいインセンティブモデル　The New Soviet Incentive Model」（Weitzman, 1976, pp. 251-257）。ヴィンソン・スノーバーガー「新しいソヴィエトインセンティブモデルへのコメント　Comment on the New Soviet Incentive Model」（Snowberger, 1977）。ウィリアム・G・ローゼンバーグ「ソヴィエト・インセンティブ・システムの所見　Observations on the Soviet Incentive System」（Rosenberg, 1977, pp. 27-43）。

そも機能しない。なぜならそれには、インセンティブと報酬を提供するはずの中央計画局が事前に得られない知識を持っている必要があるからだ。実際、第三者がボーナスとインセンティブを与えることができるという考えには、第三者が報酬や罰金を与える前に、新しい生産システムがうまく導入されたか、新商品・サービスがうまく生産されているか、ルールが遵守されているかを知ることができるという暗黙の前提がある。しかし、本書で繰り返し述べてきたように、中央計画委員会はこの知識を得られない。調整に失敗した行動の協調活動は、外部からは客観的・直接的に観察できない。その協調プロセスは、起業家利益が生まれたときに、直接には見えないそうした活動が生じたと理論化できるだけである。

　さらに、各状況下での協調効果が直接に見えず、長いタイムラグの後に、一般的で、曖昧、部分的、不完全にしか外部観察者にわからない場合、関係する出来事の客観的な知識を前提とするボーナスとインセンティブのシステムは理論的にも実際的にも有用ではない。それは真に競争的な市場経済で生じる、利益動機によって突き動かされる起業家プロセスをシミュレートことができない。また、特に価値ある情報がすでに生まれているという仮定に基づいてボーナスを与えるのは、理論的にも不合理である。なぜならそれは、ボーナスを与える前に情報が得られていることを意味するからだ[70]。換言すれば、重要なのは「産出の変化」に報いることではなく、将来的に人々にまだ得られていない情報を生成・発見する強力な動機を与えることである（それはまだ知られておらず、だれもそれが存在すること、その価値を知らないため、それに関連するボーナスのシステムをつくることはできない）。

---

70) 社会主義ではボーナスとインセンティブ制度が的外れであるという、この重要なアイデアはカーズナーに負っている。「経営者の目標生産量の達成や超過に報いることは、社会でもっと生産が緊急に必要とされていることをその前提としている…しかし、もしそれがすでに分かっているなら、起業家的発見が必要ないと仮定していることになる…」。カーズナーの結論は、よって「社会主義経営者へのインセンティブは、起業家的発見の本質的役割を否定している」（Kirzner, 1985, pp. 34-35）。このボーナスとインセンティブの話題には、次章でディッキンソンの関連する提案を分析する際に立ち戻り、ここでも当てはまる一連の追加的な要因を考察する。

第6章　オスカー・ランゲと「競争的解法」

　こうして、未来のすべての場合に与えられる「ボーナスとインセンティブのシステム」が必要になる。それは調整や協調の客観的な結果が第三者には明確ではなくても、また部分的、ないし長時間経ってから発生した場合でも、協調効果を発揮した活動のすべてに与えられなければならない。これは生産手段が私的に所有され、人々が起業家精神を自由に発揮できる競争的経済にしか提供できないものだ。こうした場合にのみ、行為の主観的目的は動機、または行為から生まれるであろう利益となる。この目的は行為を正当化し、必要な情報を生成し、もし実現すれば行為者の利益となる。こうした利益の主観的な効果は、どれほど「良くデザイン」されて「完璧」であっても決して人為的な「ボーナス」システムと同じではない。

ランゲの古典モデルに対するその他の評価

　ランゲの古典モデルへの批判的検討は、ここに関連する論文89ページと106ページの文章を吟味しなければ完全とは言えないだろう。

　ランゲは89ページで、中央計画者の経済システムの知識はどんな個人、私人としての起業家よりもはるかに優れており、国の「試行錯誤」方式による調整プロセスは資本主義よりもずっと速く効果的であると述べている。この論文で真剣に主張されている考えは、資本主義システムの働きについて、これ以上ないほど誤解をしている。中央計画局は、おそらくどんな起業家個人よりも経済の大枠を正確に掴んでいるかも知れないが、問題は現実にはまったく異なったものだ。つまり、中央計画局は分散的情報全体にアクセスすることはできない。それは資本主義経済システムで、無数の起業家からなるネットワーク全体で、恒常的・自発的に生成・利用・伝達しているものだ。

　こうして問題は、中央計画局の知識と独立した個人起業家の比較ではなく、自由な社会で起業家精神を自由に発揮する起業家たちのネットワーク全体から生成・利用される知識との比較である。もとより、社会主義の調整プロセスは遅いだけでなく、決してうまくいくこともない。なぜなら計画委員会は、価格を仮想的な「均衡」へと移すために必要な情報が得られないからだ。とにかくランゲが、彼の調整方式のほうが市場経済よりも必

5. ランゲの古典モデルに対する批判的分析

然的に速く効率的だと信じるようになった理由を知ることはできない。彼のモデルでは、経営者は受動的に資本財のパラメータ価格に適応するだけで、中央での決定がなければ価格変更はなされない。いいかえれば、「必要」な情報が得られて処理され、何をすべきかの決定がなされるまで、経営者は価格に関する彼らの行動を変えることはできない。これは資本主義では起業家が実行できる、そして実際に常に実行していることである。彼らは見出した利益機会を即座に摑み、常に不必要な遅れなく調整プロセスを引き起こす。

　106ページでは、ランゲは自分のモデルでは、経済循環は消滅すると断言している。監督機関の「より優れた情報」によって、それは起業家的誤りに対して適切に反応でき、これによって市場経済に影響する周期的な経済危機が阻止されることになる。しかし、もし監督機関が十分な情報にアクセスでき、それによって危機を回避するのに必要な方法を適切に採用できるのであれば、なぜランゲは経営者を信頼して、社会のきわめて重要な分野の分散的な意思決定（消費財・労働・パラメータ価格の調整など）を担わせるのだろうか？　さらに、ランゲは経済不況に関する適切な理論をもっていなかったが、ミーゼスとハイエクはこれを、生産構造が国家干渉（財政、金融、または他のタイプ）によって歪められた後、単にその再調整が起こっている段階だと考えた[71]。この視点からは、不況は、資源配分の強制的押し付けと、消費者が自由に欲するものに対応していない生産要素に対する市場の不可避的な反応である。これが起こるのは、政府の攻撃（金融、財政、その他）が広範な資源投資の失敗を引き起こすコントロールされた経済だけだ。この視点からは、ランゲ・モデルは不況の発生を阻止できないだけでなく、必ず生産要素と資本財の投資の強烈・慢性的・広範

71）ミーゼスとハイエクは社会主義経済計算分析と並行して、「オーストリア経済循環理論」を発展させた。このことからわかるのは、国家による市場への攻撃がもたらした不協調がそれら二つの理論の共通基盤であることだ。「オーストリア経済循環理論」についてのもっとも重要な研究のまとめとしては、私の論文「オーストリア経済循環理論　Austrian theory of economic cycles」（Huerta de Soto, 1980）を見よ。なお、この論考は『政治経済学講義　Lecturas de Economía Política』（Huerta de Soto, 1986）, 1: 241-256ページに再掲）に収められている。

第6章　オスカー・ランゲと「競争的解法」

な失敗を引き起こす。結果的に、社会は「慢性的不況」に陥り、実際の世界で発生してきた現象である、生産資源の恒常的な投資の失敗が生まれる。それには周期的な衰退の兆候も含まれ、旧東側経済からの経済学者によってかなり詳細に研究されてきた[72]／[73]。

6．ランゲの学術的人生の第3、第4のステージ

第3のステージ　1940年代

　ランゲは、彼のモデルの多様な要素と意義を、一点一点詳細に分析・批判した1940年のハイエクの論文に深い衝撃を受けた。その結果、ガブリエ

---

72) 例えば、トマス・スタンキーウィッツの論文「投資と社会主義　Investment under Socialism」（Stankiewicz, 1989, pp. 123-130）を見よ。

73) 本文では、ランゲが資本主義システムについて述べたさらなる四つの見解は取り扱わなかった。なぜなら、それらは経済計算問題に直接には関係していない、あるいはその答えは本書の分析にすでに含まれていると考えられるからだ。さらにランゲは、あまり独自性がなく、むしろ伝統的な社会主義イデオロギーからの繰り返しでしかない議論をしているが、それらはすでに十分に反駁されている。彼が言うには、1．社会主義は所得を再分配し、それによって「社会厚生の最大化」を可能にする（あたかもそれが計測可能で、個人の効用関数が存在し、それを知ることが可能で、これらすべての情報を規制組織が得られるかのように）。2．この意思決定において、計画当局は「真の」社会費用、外部費用を考慮できる（これも同じ誤りであり、これに対してはさらに、「市場の失敗」はまさに所有権の不十分・不正確な定義によって、市場の重要な分野で起業家精神と経済計算が阻害されていることから生じることを付け加えなければならない）。3．資本主義の起業家はペテン師である（では、社会主義の「哀れな悪魔」―工場経営者と役人―をどう形容すべきなのだろうか？）。そして、もっとも衝撃的なのは、4．資本主義は社会の経済的・技術的進歩と両立しない（「社会主義の経済理論について」を見よ）。自由で創造的な起業家精神への制度的強制が進歩を阻害することを繰り返す必要はない。幸運にも、ランゲの死後一世代を経て、社会主義者が問題だと理解することは180度転換した。今日明らかであり、だれも疑わないことは、資本主義ではなく社会主義が技術的イノベーションと両立せず、制度的に経済発展を阻害するということにほかならない。

6．ランゲの学術的人生の第 3、第 4 のステージ

ル・テムキンによれば[74]、ランゲはその「競争的解法」モデルを次第に疑い始めた。この事実は、次のように確証される。第一に、ハイエクとの文通において、モデルが純粋に静的であるために解けない諸問題と誤りをハイエクが提起したことに対して、はっきりと感謝している。そして今後数ヶ月のうちに、それらに答える論文を書くと約束している[75]。第二に、この約束にもかかわらず、手紙でハイエクの批判に答えるとした論文を書くことはなかった。第三に、数年後の1944年にランゲは、社会主義についての1936-37年の原論文を再版に向けて改訂することを拒んだ。そして、この間に彼の考えはあまりにも大きく変化したため、新しい論文を書く必要があり、その新しい社会主義概念を、書き始めた新しい経済学書籍の特別な章として含む計画だと述べた[76]。論文の一部は出版されたが、そこには

74）ガブリエル・テムキン「社会主義諸国の経済改革：社会主義経済計算論争再考 On Economic Reforms in Socialist Countries: The Debate on Economic Calculation under Socialism Revisited」（Temkin, 1989, p. 55, footnote 6）。

75）ここではランゲがハイエクの論文「社会主義計算：競争的解法」を受け取った直後に、ハイエクに宛てて書いた1940年 8 月31日の手紙について述べている。この手紙は1973年に出版されたランゲの『全集 *Complete Works*』第 2 巻に収められている（ポーランド語では『Dzieła』）。手紙には「あなたが、私の純粋に静学的な解法におけるギャップを示し、本質的な問題を提起されたことに疑いはありません。私はこの課題に取り組み、あなたの論文に回答するつもりです…この秋のどこかで」（567ページ）。ここでランゲはやっと理解し、問題に取り組むことを約束した。ミーゼスは1920年時点で、静学的には社会主義に問題はないと明言しているため、ランゲがそのモデルが「純粋に静学的解法」であることを認識したことは、それがまったく解法になっていないことを認めたことに等しい（残念なことに、ランゲは約束を実行せず、社会主義経済計算が提起する真に動学的な問題に対処することはなかった）。

76）「現在、このテーマについて私が書くべき内容にこの論文は入っておらず、申し訳ありませんが、その改訂は私の考えを表すための十分な変更にはなりえません。そのため、論文はもはや再版されるべきではなく、私の今の見方を完全に新しい形で表すべきだと思うようになりました。私は経済理論の書籍を書いており、その一章をこの問題に割く予定です。そのほうが、昔のものを焼き直そうとするより良いでしょう」。ランゲはこのコメントを1944年に書いた。彼の『全集』（第 3 巻）に所収されており、タデウシュ・コワリクの論文「オスカー・ランゲ」*The New Palgrave: A Dictionary of Economic* 第 3 巻、127, 129ページ（Kowalik, 1987, pp. 127, 129）にも引用されている。

第6章 オスカー・ランゲと「競争的解法」

待望の章は含まれておらず、また彼が死ぬまでに出版された数多くの研究や論文のいずれにも収録されることはなかった。唯一の例外は1967年の「コンピュータと市場」についてのつまらない論文だが、これについては後に詳説しよう。

こうして、モデルが純粋に静的なものであるため、ランゲ自身がその「解法」がいかなる解法にもならないことを認識したことは明らか（そして、おそらく1940年代の彼の思考の最大の特徴）だった。しかし、ランゲは、自身のモデルがミーゼスとハイエクが提出した挑戦に答えることができないことを公的に認める学問的誠実さを持ちあわせてはいなかった。それらは、「動的」な性質を持っていたのである。さらに悪いことには、前述のハイエクへの手紙でランゲは、ハイエクが1940年の論文で新しく記した動学問題の「第三防衛線」について言及している。ランゲは、問題がミーゼスによって1920年に定式化されたときから完全に動的なものであることを、最初から直視しようとしなかった。

ともかくも明白なのは、ランゲが自身の古典モデルをほとんど放棄し、前述のハイエクへの手紙で自由な市場プロセスを可能な限り許す必要があることを認識したことだ。とはいっても、彼は新古典派の「完全競争」モデルに固執し続けた。彼は、市場的な活動を許す（そして規制局がパラメータ「価格」を放棄して「試行錯誤」方式を採用する）基準として、各産業で十分に多くの企業があることとしている（なぜなら、伝統的な「完全競争」モデルの仮定では、そうした状況は、市場での「現実の」競争がうまく近似されていることを表しているからだ）。こうした社会主義の新視点からは、生産手段の公有は、独占、寡占、買い手独占、その他類似したものの、もっとも目立つケースにのみ実行されるべきだということになる[77]。

さらにもっと啓発的であるかもしれないのは、「社会主義社会での経済のオペレーション」についてのシカゴでの2回の講義である[78]。そこでラ

---

[77]「実際には、もちろん私は可能ならできる限り、つまり売買業者の数が十分に大きい場合には、市場プロセスを通じて価格決定することが望ましいと考える。寡占、売り手寡占、売買双方の独占状態のような業者数が少ない場合にのみ、私は公共組織による価格固定に賛同する」。この文章はハイエクへの1940年8月31日付の手紙、コワリクの論文「オスカー・ランゲ」（127ページに再掲）にある。

284

ンゲは、市場原理のきわめて広範な定義と生産手段の公有を調停しようと
しただけでなく、1930年代のランゲ・モデルのもっとも重要な特徴にはほ
とんどまったく触れなかった。つまり、中央計画委員会によるパラメータ
「価格」の策定、在庫の過不足に基づく「試行錯誤」方式による、それら
「価格」の「均衡点」に向けた変更の導入である。ランゲはその論理を新
古典派の厚生・均衡理論に置き続けたため、彼自身が認めた、ハイエクが
提起した「興味深い動学問題」に対峙するために必要な理論的ツールを欠
いたままだった。さらにこの講義でランゲは、社会主義市場での価格決定
の本質的原理は、各企業の私的な費用だけでなく、「社会費用」を含んだ
全費用とするべきであり、その両方の費用が本質的に「客観的」だと主張
した。この原理が理論的にも実際的にも承認不可能なことをランゲが認識
できなかったこと、それゆえ、ハイエクから受け取った批判が彼には何の
役にも立たなかったことには落胆せざるを得ない。

　しかし、おそらくこの時期のランゲのもっとも根本的な興味の変化は、
1943年の論文「ポーランド民主主義の経済的基礎」に反映されている。そ
こで彼は、明確にもっとも重要で戦略的な産業（銀行業と運輸業を含む）
だけの国有化を擁護した。さらに、国家独占企業に与えられた特権に対し
て警戒し、そうした特権はポーランドの民主主義にとってとても危険だと
考えた。ともかく生産手段の私的所有は農業、工芸品製造、中小企業につ
いては認められた。それは「柔軟性と適応力を維持可能にするのは私企業
だけである[79]」からだった。

78）学術誌『政治経済学への貢献　*Contributions to Political Economy*』（no. 6,
1987）11-24ページを見よ（Kowalik, 1986, pp. 11-24）。コワリクは同誌にランゲの
二つの講義を掲載している。テキストに含まれているいくつかの理由からコワリク
は、1940年代のランゲが「本格的な市場メカニズムを通じて機能する（公有と私有
の）混合公共経済に向けて、統合的社会主義を標榜することから離れた」と考えて
いる。同年、同誌に収録されたタデウシュ・コワリクの論文「社会主義社会の経済
的働きについてのオスカー・ランゲの講義　Oskar Lange's Lectures on the Eco-
nomic Operation of the Socialist Society」の1-2ページを見よ。

第6章　オスカー・ランゲと「競争的解法」

第4のステージ　第二次世界大戦から彼の死まで——
市場の放棄とスターリン型経済の称賛と正当化

　ランゲに対するハイエクからの有益な影響は長くは続かなかった。第二次世界大戦の始まりとともにランゲはポーランド共産党に入党し、国政に深く関わるようになった。彼はだんだんとその社会主義概念から市場を追い出して行った。そうした見方の漸進的な変化は、スターリンの経済モデルを理論的にも実践的にも正当化したところで最高潮に達した。それはソヴィエトで実行されていたが、それだけでなく、ソヴィエトは戦後手に入れた「衛星国」にもそれを押し付ける決定をしていた[80]。

　ランゲは「競争的解法」「市場社会主義」モデルを放棄し、それは1953年にスターリンの経済体制を理論的・実践的に称賛した論文で頂点に達した[81]。

　コワリクが説明するように、ランゲの見解の変化は、スターリンが独裁

---

79)「ポーランド民主主義の経済的基礎　Gospodarcze Podstawy Demokracji W Polsce」『中央計画経済に向けて　Ku Gospodarce Planowej（Toward a Centrally-Planned Economy）』は1943年にロンドンで出版された。コワリクの論文「オスカー・ランゲ」The New Palgrave: A Dictionary of Economics, 第3巻, 127ページに引用されている。

80)　カール・プリブラムは、ランゲの理論的立場の変化は、彼がポーランド共産党に入党したときと同時であったという（『経済学的思考の歴史』(Pribram, 1983, p. 708, 脚注32)。コワリクの考えでは（「オスカー・ランゲ」The New Palgrave, 第3巻127ページ）、ランゲのコペルニクス的転回を、戦術的な理由、当時のポーランドの政治的・学問的状況から正当化しようとしている。当時のスターリン的流れに反対することはきわめて愚かなことであり、社会科学者はごく限られた言論の自由しか認められていなかった。私はコワリクによるランゲの擁護は、ランゲに対するもっとも慈悲深いものだと考えている。ランゲは数多くの権威ある国際ジャーナルに無数の論文を書いており、それらの国際ジャーナルにおいて自身の変化を説明・正当化し、スターリン主義を擁護・称賛しているのだ。とりわけ特筆に値するのは、論文「経済計画の実践と最適資源配分　The Practice of Economic Planning and the Optimum Allocation of Resources」(Lange, 1949) である。こうしてランゲの立場は、ほとんど完全に次章で分析するモーリス・ドッブの見解と同じになった。ドッブは「市場社会主義」をこの上もない偽善だと感じ、社会主義はその悲惨な現実、つまり「仮面」をなくして「競争的」な偽りなく提示されなければ、とても勝利することはできないと考えた。

的に上から押し付けた「戦時経済」体制が経済の急速な「工業化」の強制と、社会主義の理想に向けての全資源の「効率的」な動員を容易にしたという考えに大きく影響されたからかもしれない（これらすべては、ランゲがかつて誇示していた民主的、「自由主義的」精神への完全な裏切りである）。とはいえ、ランゲがその人生の晩年に抱いていた視点は、均衡モデルから生じる自然な帰結であった。彼は、その社会主義の全概念を均衡モデルに基礎づけとしていたからである。

　実際、前述したように、マルクス主義の理想は、均衡という涅槃（安定的な静的状態）をすべての社会領域とレベルに強制しようと意識的に望むことだと再解釈できる。それによって、ユートピアを押し付ける一方で、起業家精神によって駆動されて社会的協調プロセスを可能にする本当のメカニズムを破壊するのである。ランゲには二つの選択肢があった。一つは、ミーゼスとハイエクの挑戦を全面的に受け入れて均衡理論の武装を放棄し、市場の真の機能を理解することで、生産手段の公有に基づく社会主義の考えを捨てることであった。もう一つは、均衡の理想に固執し、競争的基準の導入を撤回する（それは必然的に社会主義の放棄につながる）ことで、均衡モデルのユートピアに逃げ込むことであった。それは、スターリン主義的な強制を制度的に実践することによって、もっとも「効果的」に実施できたものであった。ランゲは1956-57年に自分の1936-37年の古典的論文をポーランド語に翻訳することを許可しなかったが、それはコワリクが述べているように、「『社会主義的自由市場主義者』を支持したくなかったからである[82]」。ランゲは「競争的解法」を完全に放棄し、彼の社会主義モデルは180度転回した。

　こうしたことを考慮すると、ランゲが最後に社会主義経済計算を扱い、その死後1967年（彼は1965年にロンドンにて手術中に亡くなった）に発表さ

81）「J・スターリンの業績の経済政策問題、ソヴィエトにおけるスターリン主義の経済問題　Zagadnienia Ekonomii Politycznej W Swietle Pracy J. Stalina, Ekonomiczne Problemy Socjalizmu WZSRR」（1953年にワルシャワで出版）。コワリクの論文「オスカー・ランゲ」 *The New Palgrave: A Dictionary of Economics*、第3巻、129ページにも引用。

82）コワリク「オスカー・ランゲ」 *The New Palgrave* 第3巻、128ページ。

第6章　オスカー・ランゲと「競争的解法」

れた論文で、次のように書いたことは至極当然のことといえよう。「およそ30年前に、私は『社会主義の経済理論について』という論文を出版した。それ以前にパレートとバローネは、社会主義経済の均衡条件は同時方程式体系で表されることを示した。これらの方程式の結果としての価格は、社会主義の合理的経済計算の基礎を提供する（当時、計算問題の静的均衡の側面だけが考察された）。その後、ハイエクとロビンズが、パレート＝バローネ方程式は実践的な意義をもたないと主張した。数千行を超える方程式体系を解くことは現実的に不可能であり、その結果、社会主義での経済会計計算という実際的な問題は解決不能である。…私の論文では社会主義でも市場メカニズムを導入することで、実際的な試行錯誤方式によって同時方程式の解が導き出されることを示し、ハイエク＝ロビンズの議論を論駁した。今日、ハイエクとロビンズへの私の答えは、「だから何が問題なのか？」というものだ。同時方程式をコンピュータに入れれば、一秒もかからずに答えが得られる。市場プロセスは、電子機器時代が到来する以前の、計算装置だったと考えることができるだろう[83]」。

　ランゲのこうした言葉には、まったく失望させられる。それらは、社会主義経済計算問題へのランゲの理解が大きく後退し、ここに極まったことを示している。ランゲは（彼自身が1940年のハイエクへの手紙で認めていたこととは対照的に）、問題を純粋に静的なものだと見なすまでに退行した。さらに、ランゲは論争を、（あたかも動学的、起業家プロセスではなく、静学的な問題であるかのような）部分的で偏った記述をしている。要するに彼

83）オスカー・ランゲ「コンピュータと市場　The Computer and the Market』（Lange, 1967）。この論考はアレク・ノヴェ＆Ｄ・Ｍ・ヌティ編『社会主義経済学 *Socialist Economics*』（Middlessex: Penguin Books, 1972）, 401-402ページに再掲。当初はＣ・Ｈ・ファインスタイン編『社会主義、資本主義、経済成長：モーリス・ドッブのための論文集　*Socialism, Capitalism and Economic Growth: Essays Presented to Maurice Dobb*』（1967）に収録された。社会主義経済計算が可能になるというランゲの無邪気で誤ったコンピュータ・パワーへの信頼は、「社会主義の発展に対する科学の役割」についての講義でも明らかだ。これは彼が1962年5月19日にポーランド科学アカデミーの総会で講演したもので、『経済計画についてのエッセイ　*Ensayos sobre Planificación Económica*』（Lange, 1970, pp. 143-166、特にpp. 156-157, 162-163）に収録されている。

6．ランゲの学術的人生の第3、第4のステージ

は、均衡価格を計算するためには市場はすでに古風なものであり、コンピュータの導入に先立つ段階の固有のメカニズムにすぎないと記し、最終的に市場を導入する必要を否定した。ここでは、コンピュータによって社会を組織し、経済計算を実行する理論的な不可能性についての議論は繰り返さない[84]。悲しく残念なことだが、経済思想史家ならだれでも確認できるように、ランゲは死ぬまで統計学に固執し、理想的均衡モデルはコンピュータ計算に基づいた計画体制によって実現でき、…そしてスターリン主義の暴力を通じて押し付けることが可能だと信じていた[85]。

84）社会主義経済計算問題を、コンピュータ使用によって解くことは不可能なことについては、本書第3章の議論を見てもらいたい。また興味深いのはノーマン・バリーの「社会主義の経済学と哲学 The Economics and Philosophy of Socialism」（Barry, 1984, pp. 573-592）である。ここで彼が強調しているのは、ランゲがコンピュータを信頼していたのは、科学的情報と、経済主体が社会で活用する実践的・主観的・明示不可能な情報との本質的な違いについて無知だったからだということだ（特に論文588ページ）。この号では、ロスバードがコンピュータとプログラムがどれほど進歩しても、起業家精神の阻害によって入力情報が誤っていれば役に立たないことを指摘している。ロスバードの結論では「ランゲがコンピュータ黎明期に経済計画の品質向上について無邪気に熱狂できたことは、コンピュータを利用しているのにもかかわらず、容赦なく経済がどんどん悪化していく様を見ていた社会主義諸国の経済学者と人々にとって気味の悪いジョークだったとしか考えられない。明らかにランゲはコンピュータの格言『ゴミを入れたらゴミが出てくる（Garbage in, garbage out）』を知らなかったのである」。ロスバード「社会主義の終焉と計算論争再訪 The End of Socialism and the Calculation Debate Revisited」（Rothbard, 1991, p. 72）。

85）要するにランゲが見出したのは、均衡理論の規範的結論と伝統的マルクス主義モデル（その目的は均衡を社会に押し付けることである）の間の大きな類似性である。よって、ランゲは新古典派の均衡モデルとマルクス主義理論を統合することで研究生活を終えようとしたが、このプロジェクトを部分的にさえ実行できなかった（彼の研究については、『政治経済学 Political Economy』第1巻「一般問題 General Problems」（1963）と『政治経済学 Ekonomia Polityczna』第2巻（1968）を見よ）。パラドックス的なことに、この著作でランゲはかつての論敵であるミーゼスに言葉を捧げている。彼は、すべての経済科学は「プラクシオロジー（人間行為学）」または「人間行為の一般理論」の形をとらなければならないと認めている（『政治経済学』第1巻）。しかしながら、人間行為を、全情報が利用可能な状況での受動的経済主体の単なる反応だと捉えたことで、ランゲは一般経済問題を単なる

第6章　オスカー・ランゲと「競争的解法」

ランゲのエピローグ

　ランゲが直面した二つの可能性の間にある緊張状態（社会主義の理想を捨てて完全な市場経済に置き換えるか、それとも均衡モデルとスターリン主義に逃げ込むか）は、指導的な社会主義経済学者一般、特にランゲがもっとも親しかったポーランドの弟子たちに継承された。彼のもっとも優秀な学生であったウォジミェシュ・ブルスとカジミェシュ・ラスキが、ランゲが

分配と効率へと還元してしまい、結果的にプラクシオロジーを構築することに失敗したのである。それは、現実生活において人間が追求する人間行為と起業家行動の一般理論のすべての意義を検討することであり、すでにミーゼスが大著『ヒューマン・アクション』において達成した目標であった。このトピックについては、ロスバードの論文「ランゲ、ミーゼス、プロクシオロジー：マルクス主義からの退却 Lange, Mises and Praxeology: The Retreat from Marxism」、『自由に向けて：ルートヴィヒ・フォン・ミーゼス90歳記念論文集　*Toward Liberty: Essays in Honor of Ludwig von Mises on the Occasion of his 90th Birthday*』第2巻（Rothbard, 1971, pp. 307-321）を見よ。ブルーナ・イングラオとジョルジョ・イズラエルは新古典派・ワルラス的パラダイムの形成についての歴史的研究のすばらしい論文「見えざる手：科学史における経済均衡　The Invisible Hand: Economic Equilibrium in the History of Science」（Ingrao & Israel, 1987, p. 253、イタリア語の書籍 *La Mano Invisibile*（1987）からの翻訳）で、ランゲの視点は「一般均衡の規範的アプローチ」であると記している。これに対してヒックスとサムエルソンの視点が「記述的」だとしているが、私はこれらの視点は強調されるべきではないと考えている。なぜなら、ランゲが「規範的」に社会主義の基礎として一般均衡モデルを提案したとしても、それはまさに彼が「実証的に」にモデルが市場を十分に「記述」していると信じたからである。同じように、ミーゼスとハイエクがランゲの考えを論駁したのは、一般均衡モデルが記述的な意味で根本的に誤っていると彼らが考えたからだ。市場プロセスのオーストリア理論は一般均衡モデルよりも現実的で非制約的な前提に立っているため、実証的にもはるかに強力で広範な有用性を持っている。規範的にも、均衡モデルが提示するものとは異なった、そしてずっと強力で効果的な市場経済と「見えざる手」の擁護論だ。オーストリア経済学者にとって、一般均衡の存在・一義性・安定性の問題は見当外れの知的遊戯である。なぜなら、現実世界は起業家精神によってもっと正確に記述され、経済分析の構築に必要なのは、純粋な起業家的行為の協調的な力を理解することだからだ。均衡点の問題は見当外れな知的ゲームであるだけでなく、危険なゲームでもある。ランゲが試みたように、一般均衡モデルは失敗した社会主義システムの基礎として常に規範的な意味で使われてきたという事実があるからだ（Huerta de Soto, 2009a）。

6．ランゲの学術的人生の第3、第4のステージ

社会主義についてのオーストリア学派からの挑戦に答えることに失敗した
と認めるまでには、25年が経っていた。彼らは「無邪気な改革者」のすべ
て（彼ら自身が人生を通してその立場にあった）が、市場と強制計画の組み
合わせによって社会主義が可能になると信じていた点で、同じように失敗
し続けたと断言している。この理論的誤りは、つい最近まで訂正されるこ
とはなかった。旧東側諸国で起こった悲劇的な出来事の結果、ついにこれ
らの国の経済学者たちがミーゼスの書物の真の内容を正確・完全に理解す
ることになったのである。西側では、社会主義の経済分析の分野における
オーストリア学派の研究は、そのほとんどが悲しいことに、新古典派・ワ
ルラス的パラダイムの不合理なもつれの中に埋もれてしまっている。そう
した西側の経済学者にとって、ランゲのもっとも優秀な二人の生徒からの
告白は感動的であり、寒気すら覚える。彼らの言葉をここに繰り返そう。
　「…論文「コンピュータと市場」は彼の死の直前に書かれて証明してい
るように、彼（オスカー・ランゲ）はオーストリア学派の挑戦に答えるこ
とができなかった。…市場社会主義の理論についてのポーランド経済学者
による研究も――その他の社会主義諸国の経済学者のものも――、これに
失敗している。マルクス主義に基づかない研究者は主にワルラス的なアプ
ローチに従う一方、マルクス主義の親市場派は――我々を含めて――市場
と計画の組み合わせを楽天的に期待するという、コルナイの無邪気な改革
主義的視点をとった。こうした理論的失敗は、ある程度は政治イデオロギ
ー的な制約から生じたのかも知れないが、そうした制約がもっとも少なか
った諸国・時期（例えば1956-57年のポーランド、1968年のソヴィエト侵攻以
前のチェコスロヴァキア）においてさえ、ミーゼス＝ハイエクの批判から
生じている問題の程度は公開されていなかった。問題が前面に表れたのは、
ほとんどが挫折体験となった市場指向の改革の衝撃があって初めて、もっ
と用心深く言うなら、主に衝撃があってからだった[86]」。

86）Brus and Laski, 1989, p. 60.

第 7 章

最 終 的 考 察

1．その他の「市場社会主義」理論家たち
　エヴァン・フランク・モットラム・ダービン
　ヘンリー・ダグラス・ディッキンソンの『社会主義の経済学』
　アバ・プタッチャ・ラーナーの研究

2．「市場社会主義」　不可能な円積問題

3．モーリス・H・ドッブと個人的自由の完全抑圧

4．どういう意味において社会主義は不可能なのか？

5．最終的結論

この最終章はダービン、ディッキンソン、ラーナーの３人の経済学者の研究の分析から始める。彼らもまた、ランゲの「古典モデル」のアプローチと同じように、社会主義計算問題の「競争的」解法を定式化しようとした。ここでは特に彼らがランゲ・モデルに導入しようとした革新と、もともとのミーゼスの挑戦を理解し、答えることができたかに焦点を合わせる。本書の結論は、「市場社会主義」とは要するに、「円積問題（円の面積を正方形で表す）」のような、もとより矛盾を抱えた不合理な目標を達成するための未来のない試みであるというものだ。モーリス・ドッブに率いられる一群の社会主義者たちもこうした見方をとっており、彼らは伝統的社会主義と「競争モデル」の間に軋轢を起こしてきた。事実、社会主義陣営だけではあるが、「市場社会主義」の支持者と批判者の間での二次的論争まで生じていた。本章は、社会主義の不可能性の本当の意味と、オーストリア経済学者の研究についての最終的な考察をもって終える。

1. その他の「市場社会主義」理論家たち

前章の大部分にわたって、ランゲの提案への周到な分析を行った。概して彼の提案は、これまで常に偏り誤った方法で社会主義経済計算論争を記述し、評釈してきた二次的資料によって引用・考察されてきたものである。同時に、他の「市場社会主義」経済学者は、詳細に若干の訂正を加えながらも、たいていランゲの議論をただ繰り返すだけである。こうした学者のうちダービン、ディッキンソン、ラーナーをある程度深く検討する。特に、彼らのうち誰かがミーゼスとハイエクの挑戦の本質を理解して、理論的な解を提出することができたかどうかに注目しよう。彼ら市場社会主義者たちの理論的分析がランゲの「古典モデル」の詳細に小さな変更を加えただけであることはともかく、本書の結論では、彼らは嘆かわしいほど社会主

第7章 最終的考察

義経済問題を解くことに失敗している。

エヴァン・フランク・モットラム・ダービン

　ダービンには当初期待できたかもしれない。彼は当時のオーストリア学派の理論的研究に触れており、オーストリア学派と新古典派・ワルラス的パラダイムを明確に区別できたからである。加えて彼は、ハイエクが提示した考えから深く影響を受けた経済不況に関する研究書を書いていた[1]。それでも、こうした有益な「オーストリア学派の」影響にもかかわらず、ダービンはミーゼスとハイエクが提起した社会主義の問題の核心を理解できず、事実、彼の「解法」はランゲと同じように完全に静学的に定式化されたものだった。

　ダービンの研究は、主に「計画経済での経済計算　Economic Calculus in a Planned Economy」と題された1936年12月の論文にあると思われる[2]。ダービンは、中央計画委員会が生産部門に次の二つのルールに従うよう命令することで、社会主義経済の経済計算問題が解けることは「ほとんど確実」だと主張した。第一に、生産のすべての可変要素の限界生産性を計算する。第二に、限界生産性のもっとも高い使用法に、生産要素を配分する。企業は、「通常」利益（「平均生産費用ルール」）と整合する最大量を生産するよう指示される。限界生産性の計算に伴う誤りの可能性を最小化するため、ダービンは市場の需要曲線を計算する必要があると考えた。さらに彼は、利子率は「自由」な新しい資本市場を確立できると主張したが、生産手段の私有が禁じられているシステムで、そうした市場がどう機能するかを明確化することはなかった。最後にダービンは、経済は「トラスト」や独占企業などによって大規模に組織され、互いに「競争」するよう命令さ

---

1) E・F・M・ダービン『購買力と不況　*Purchasing Power and Trade Depression*』（Durbin, 1933）。
2) この論文は *Economic Journal* 誌上に発表され、『計画経済の問題　*Problems of Economic Planning*』（Durbin, 1968, pp. 140-155）に再掲された。また彼の論文「ラーナー氏の『動学的』提案についての覚書　A Note on Mr. Lerner's 'Dynamical' Propositions」（Durbin, 1937, pp. 577-581）も興味深い。

296

1. その他の「市場社会主義」理論家たち

れるべきだと考えていた。

　ここで（もともとハイマンとポランニーに擁護されてきた）競争的「トラスト」と、生産手段が私有されないなかで独占的国営銀行に基づいて本当の資本市場を組織する可能性について、本書の議論を繰り返すことはしない。これまでの章でこれらの問題は十分に分析した。ここでは、ダービンの提案にはランゲその他が以前に犯したのとまったく同じ誤りがあることを強調しよう。それはつまり経済均衡という文脈であり、そこでは変化が起こらず、生産要素の限界生産性の計算に必要な全情報が所与であり、簡単に利用可能だと仮定されていることだ。

　実際、ダービンがデザインした「ルール」は、もし各生産要素の限界生産性を計算するための必要情報が得られるのであれば、経済計算の合理的なガイドとして役立つことになるだろう。しかも、生産手段が私有されず、起業家精神が阻害されて自由に実行できない環境においてである。限界生産性を計算するためには、次のような純粋に起業家的な推定を行う必要があることを思い出してもらいたい。第一に、将来どういった財・サービスにどれほどの消費需要があるか。第二に、どんな性能、特徴、技術的イノベーション利用などが必要か。第三に、生産される財・サービスの最大価格はどれほどか。第四に、未来の限界生産価値の現在価値計算にどの利子率を使うべきか。論理的に、こうした情報は多様な参加者のいる競争市場でだけ、起業家精神が制度的に妨害されずに実践されることで創り出される。そのためには（水平的か垂直的かはっきりしないような）怪しげなトラストや独占企業によるものではないすべてのセクター間、セクター内での本当の競争がなければならない。さらに、だれでもその起業家的創造性を自由に行使できることが不可欠だ。それによって、できるだけ起業家的利益を獲得し損失を避けるために、目標へと向かう行為を実行するために必要な（常に実践的・主観的・分散的・明示不可能な）情報を生成・発見するのである。

　また忘れてならないのは、現実世界では、生産要素のタイプや量は所与ではなく、均質な単位に分けられるわけでもないことだ。各起業家の想像力や願望、目標と特定の時間、場所に応じて創り出される特定の情報に応じて、「可変」的な生産要素とその単位はケースバイケースで変化する。

297

第 7 章　最終的考察

つまり、起業家個人の主観的認識によるのである。さらに、商品の未来の
需要曲線がすでに分かっている、または計算できるという暗黙の仮定は、
現実生活での市場機能のあり方についてダービンが完全に無知であったこ
とを示している。

　事実、競争市場には供給も需要も、「曲線」も「関数」も存在しない。
それらを描き、記述するために必要な情報は存在せず、（企業・産業経営者
にも、さらに経済学者や中央計画局にも）どこへ行っても得られることはな
い。なぜなら、「需要曲線」を描くための情報が分散しているからだけで
なく、そうした情報は市場参加者の内心にさえ常に存在するわけではない
からだ。言い換えれば、需要・供給曲線は現実に存在しないため、それら
曲線や関数なぞ市場で見出すことはできない。それらはせいぜい、経済学
で単なる経験的・解釈的な価値をもつだけである。経済の専門家であれだ
れであれ、そうした関数や曲線が実在すると考えるようになった人は、ほ
とんど認識することなく深刻な誤りに陥っている。なぜなら、各人は抽象
的に各価格での売買量を考慮しているわけではなく、また未来の状況のた
めに記憶しているわけでもないからだ。反対に、そうした情報は完全に主
観的・分散的であり、それぞれの主体が売買の決定をする特定の瞬間にだ
け、取引に関係する主体が認識する無数の影響や状況とともに起業家プロ
セスの結果として生まれる。

　したがって、この情報はその瞬間に新しく創り出されたものであり、そ
れ以前には存在しておらず、二度と再生されることもない。せいぜい、現
実の市場経済の起業家が、仮想的な未来の需給「曲線」とともに特定の価
格における量を推定しようとしているにすぎない。それでもこうしたアプ
ローチは、ともかくもそうした曲線や関数が存在する、または将来に存在
するだろうという認識を意味するため、価格理論の定式化に必要ではなく
適切でもない。もし起業家が正しい行動をとるなら利益を得て、間違った
行動をとるなら損失を被る。こうしたインセンティブこそが、起業家精神
によって適切な情報が生成・発見される傾向を促進する。まさにインセン
ティブなしには起業家精神の自由な実践は不可能であるため、協調的な意
思決定や合理的計算のための必要情報は生み出されない。価格を含めて、
すべての経済的・社会的な生活の表れは多数の人間行為の組み合わせから

298

1．その他の「市場社会主義」理論家たち

生じるものであり、現実には存在しない不可思議な「関数」や「曲線」の交点から生まれるものではない。それらは一群の「科学的」学者たちによって、経済学へと不正に導入された。彼らは工学や応用数学の出身であり、いまだに経済にそうした方法を適用することの大きな有害性を理解することができていない[3]。

こうしてランゲその他の社会主義者と同じように、ダービンは経済主体が客観的な形で、まさに理論的に生産手段の私的所有権と起業家精神の自由な実践がなくては生成されない情報にアクセスすることができると仮定した。こうした制度なしには情報は生成されず、各産業の経営者はダービンの「ルール」に従うことができず、当然に中央計画局も各産業がルールに従って正しく活動しているかを監視し、確証することができないだろう。

3）よって、マーシャルの時代から経済学の教科書に満ち溢れている価格決定の「関数理論」を放棄する必要がある。カール・メンガーはレオン・ワルラスに宛てた1884年の手紙で、初めてこうした理論への警鐘を鳴らした。彼の結論は、「数学的手法は誤りだ」というものだった。E・アントネリの「レオン・ワルラスとカール・メンガーの文通 Léon Walras et Carl Menger à travers leur correspondence」 *Économie Appliqué* 6 (Antonelli, 1953, p. 282)、またこのトピックについてのエミール・カウダーのコメント「オーストリア学派前期の知的・政治的起源 Intellectual and Political Roots of the Older Austrian School」(Kauder, 1990, pp. 10-11) を見よ。後にベーム＝バヴェルクは『資本と利子』第2巻233-235ページで、数理理論を警戒している。彼は、独立変数（価格）によって決定される単なる「量」としての需要と供給の機械的概念は、現実生活では具体的な人間の決定と行為の結果だと批判している。したがって価格の関数理論は「生成的・因果的」理論に、もっと正確に言うなら、価格の人間行為学（プラクシオロジー）的な理論に置き換えられなければならない。そこでは、価格は連続した起業家的人間行為から生じる。そうした理論は「関数」モデルの妥当な結論を維持・拡張し、そこから生じがちな深刻な誤謬や危険から守ってくれる。ハンス・マイヤーの論文「関数的価格理論の認識的価値 Der Erkenntniswert der Funktionellen Preistheorien」(Mayer, 1932, pp. 147-239) を見よ。またカーズナーによる関連するコメントは論文「オーストリア経済学派 Austrian School of Economics」(Kirzner, 1987, p. 148) を見よ。ミーゼスの同様な考えは特に『ヒューマン・アクション』327-333ページにある。さらに本書第5章脚注53の記述も見よ。「社会工学」に基づいて数学を使用した優雅な経済学分野のスペインにおけるかなり最近の例は、社会主義者ホセ・ボレル・フォンテレスの著作『分類の共和国 *La República de Taxonia*』(Borrell Fontelles, 1992) に見られる。

第 7 章　最終的考察

こうしてダービンは次の発言において、もっとも深刻な誤りを犯している。「限界生産性を見出す能力は、特定の社会制度が存在するかどうかには依存しない[4]」。

　さらに、もしダービンが限界生産性を計算するために必要な情報が、どういった社会組織があるかにかかわらず（資本主義、社会主義、あるいはこれらの組み合わせ）常に利用可能だと考えるなら、彼がなぜランゲが提案したワルラス的手続きを否定したのかがはっきりしない。それはダービンと同じ仮定、つまり必要情報が客観的・明白な形で利用可能だという仮定に基づいていたからである。さらにダービンは、異なる要素の限界生産性を計算する「技術的」困難さは資本主義システムと計画経済とで同じだと主張し、問題は「技術的」ではなく経済的であることを認めたり、自らの「理論的」意見を超えた「実践的」側面について議論したりしようとしなかった[5]。

　したがってランゲと同じように、ダービンは「理論」として均衡論の限界主義モデルだけを見たのであり（彼の場合ワルラスの一般均衡よりも、むしろマーシャルの部分均衡と限界生産性理論であったが）、そこでは限界生産性の計算に必要な情報は「所与」だと仮定されている。彼は、その理論があまりに制約的な前提に基づいており、実際的には無意味であることに気づかなかった。ダービンは、起業家精神による社会協調プロセスの理論を知らなかっただけではない。彼は、各種の社会制度が起業家精神の促進・抑制に果たす役割や、所有権の経済分析、起業家の競争がない場合の理論的問題、さらに知識の分散的・主観的性質についても分かっていなかった。ダービンの理論的ツールはミーゼスが提起した問題を理解するにも、その解を見出すにも不適切なものだったため、彼が社会主義経済計算を解くことに失敗したことは驚くに値しない。本書の結論は、ダービンの研究に対するホッフの鋭敏な批判的論文と同じように[6]、「ダービンは『現実問題に

4）ダービン「計画経済の経済計算　Economic Calculus in a Planned Economy」（Durbin, 1968, p. 145）。

5）「限界生産物を計算することは難しいかもしれない。しかし技術的な難しさは、資本主義と計画経済で同じである。会計的な難しさでない困難さはすべて理論的教条主義の影響を受けにくい」（Durbin, 1968, p. 143）。

対して教条的に』ならないように気をつけるなかで、問題の要点を見逃してしまった。つまり、社会主義者がその計算の元として信頼できるデータは、どうやって得られるのかという問題である[7]」。

ヘンリー・ダグラス・ディッキンソンの『社会主義の経済学』

ディッキンソンの1939年の書籍出版もまた、彼が最終的にミーゼスとハイエクの挑戦を理解し、それに満足に答えようとした兆しとなるものであった[8]。この本でディッキンソンは社会主義の価格形成についての1933年の論文での主張を放棄したが、それはまさにオーストリア学派が彼に対して圧力をかけた本質的な理由からだった（つまり、彼の提案した数学的解法を実践するために必要な情報は決して利用可能ではないこと）。このことは、ディッキンソンが、自分の新しい「直感[9]」の意味を完全に理解することができただろうことを示している。さらに、彼はひじょうに魅力的な性格

---

6) ダービンはまだ青年であった1948年にコーンウォールで悲劇的にも溺死したが、第二次世界大戦後に（主にいわゆるフェビアン協会を通して）J・E・ミード、ヒュー・ゲイツケル、また関与の少ない程度ではディッキンソンとラーナーとともにイギリス労働党の思想的基礎の構築に参加した。ダービンの娘であるエリザベス・ダービンは、彼の役割を『新しいイェルサレム：労働党と民主社会主義の経済学 *New Jerusalems: The Labour Party and the Economics of Democratic Socialism*』（E. Durbin, 1985）で分析した。こうした「イデオロギー」のほとんどは、民主社会主義の文脈での介入主義やケインズ型のマクロ経済計画を擁護することに終わった。エリザベス・ダービンは父親についての短い論文を *The New Palgrave: A Dictionary of Economics* 第1巻945ページに書いている。また彼女の著作『フェビアン協会、ケインズ氏、民主社会主義経済学 *The Fabians, Mr. Keynes and the Economics of Democratic Socialism*』（E. Durbin, 1984）も見よ。偶然にも、エリザベス・ダービンは（イズラエル・カーズナー、フリッツ・マハループ、ジェームズ・ベッカー、ジェラルド・オドリスコルとともに）社会主義経済計算論争についてのドン・ラヴォワの博士論文の審査委員であった。これはニューヨーク大学でのことであり、彼のすばらしい著作『競争と中央計画 *Rivalry and Central Planning*』の基礎となった。

7) トリグヴェ・J・B・ホッフ『社会主義社会の経済計算』224-229ページ、特に227ページの最初の箇所。

8) H・D・ディッキンソン『社会主義の経済学 *The Economics of Socialism*』（Dickinson, 1939）。

第7章　最終的考察

の持ち主だった。コラードが言うところでは、彼は「人から愛されており、純真で風変わりな人物で、鋭いジョークのセンスと最高の知的精神を持ち合わせていた[10]」。1940年の論文でハイエクは、ディッキンソンの著作の包括性だけでなく、長さ、構成、簡潔さ、明快さに加えて、それを読むこととその内容を議論することは本当の知的楽しみであると称賛している[11]。ともかくディッキンソンの学問的オープンさと誠実さは、1940年にトリグヴェ・J・B・ホッフのスウェーデン語原著が出版された際の、きわめて好意的な書評にはっきりと表れている[12]。ディッキンソンはランゲを参考図書でしか引用していないが、とはいえ残念ながら、彼の提案はかつてのランゲと完全に同じものであったことは指摘できよう。そのため、前章のランゲへの批判のほとんどはここでのディッキンソンにも当てはまる。

　ドン・ラヴォワがきわめて明敏に示したように[13]、ともあれディッキンソンの著作は基本的に従来の静的視点を維持しており、ミーゼスとハイエクの提起した経済計算問題を解くことはできなかった。これが特に顕著なのは、ディッキンソンによれば、不確実性と起業家的機能が社会主義において果たす役割についてだった。事実、ディッキンソンは、社会主義シス

---

9)　『社会主義の経済学』104ページ。ここでディッキンソンは1933年の数学的解法は実行不可能だと記している。それは方程式体系が解けないからではなく、「方程式体系に入力されるべきデータが常に変化するからである」ことがわかったと言う。
10)　ディッキンソンについてのコラードの論文を見よ（*The New Palgrave: A Dictionary of Economics* 第1巻、836ページ）。
11)　ハイエク「社会主義経済III」『個人主義と経済秩序』185ページ。
12)　このホッフのノルウェー語の著作『社会主義社会の経済計算　*Økonomisk Kalkulasjon i Socialistike Samfund*』（Hoff, 1938）への書評は *Economic Journal*, no. 50（June/September 1940）: 270-274ページにある。（この著作は M・A・マイケルが翻訳してロンドンで1949年に William Hodge から出版された。ディッキンソンは、「著者はこのトピックについてドイツ語と英語で書かれたほとんどすべての研究について、理論的に高いレベルでの批判的レビューを完成した」と結論づけている。）
13)　ドン・ラヴォワ『競争と中央計画』135-139ページ。たまたまだが、ディッキンソンの特徴である経済学の静的概念と、その結果、市場経済における不確実性の性質と役割を理解できなかったことは、例えばケネス・アローのような名高い経済学者にも共通している。アローは本章脚注55で見るように、不確実性は市場と価格システムの明らかな「失敗」であると見なしている。

テムの利点は、独立した多くの意思決定主体の相互作用の結果として資本主義システムに典型的に表れる不確実性を低減できることだと考えていた。こうした不確実性の「低減」は、一連の意図的・直接的な生産効率の押しつけという中央計画局の介入によってもたらされ、それらは必然的に市場に見られる高い不確実性を低下させる。ディッキンソンは、またもや社会主義システムに見られるオープンさについて言及している。彼によると、それは資本主義システムの特徴的な企業行動である過剰な「秘密主義」や「情報の透明性」の欠如とは正反対の事象なのである。

こうした断言にあたって、ディッキンソンが暗黙のうちに、中央計画庁が上からの協調を可能にする情報にアクセスでき、それによって起業家が通常犯す誤りや不確実性を低減することができると考えていたことは明らかだ。しかし、ディッキンソンはそれがどのように可能になるのか、特に、不確実性を減らすために計画局が必要とする情報は上からではなく「下から」、つまり経済主体そのものから創り出されることに照らしての理由について説明しなかった。また、これまで述べてきたように、そうした情報は主観的・実践的・分散的・明示不可能であり、中央計画組織に伝えることはできないし、起業家精神の自由な実践なしには創られさえしない。さらに、ディッキンソンが資本主義システムで法的に守られている「情報の透明性」とすべての「商業機密」の公開を提唱したとき、彼は暗黙裡に情報は客観的であり、経済主体のデータと「秘密」がいったん社会全体に明らかになれば不確実性のレベルは大きく低減すると仮定していた。

しかし、経済主体は必ずしも不確実性を低減させることなく、競争者や同僚をその計画についての情報の海にまさに溺れさせることができることを考慮すべきである。なぜなら、与えることができる情報は客観的に明示・伝達できるものだけだからだ。さらに、データは解釈しなければならないが、すべての解釈は主観的であり、無数の状況において経済主体とその競争者は同じデータを主観的にまったく同じようには解釈しない。よって、データはその情報を「発した」起業家にとって持っていた意味と、同じ主観的意味を運ぶことはできない。おそらくそうした制約が存在する状況は、起業家が伝達する情報だけでなく、主観的にどういう未来の出来事が生じるか、最善の行為がどんなものかを示すことにもある。もし経済主

第 7 章　最終的考察

体が情報を発した者の「直感」に従うと決意するなら、自分自身でデータを解釈し個人的に起業家精神を実践する機会をあきらめ、他人の起業家的リーダーシップに従うことに甘んじることになる。社会主義システムが不確実性を減らすのは、「事なかれ主義」を通して、つまり砂に頭を埋めて不確実性を直視することを拒否し、あるいは不確実性が「問題」ではないと考えることでしかない。それは（混乱した均衡理論家の不合理な精神構造を除くなら）人間本性につきものであり、起業家精神の実践を通じて人間が常に直面する社会的現実を無視することだ。

　ディッキンソンのモデルが、中央計画ではなくせないレベルの不確実性を取り扱おうとしたやり方からは、本質的に静的なものにとどまったことがわかる。ディッキンソンは不確実性に対する特別な賦課金（サーチャージ）を提案し、それはその他の「普通の」要素と同じように、「全生産費用に含まれる」のだった。ディッキンソンはこの不確実性賦課金の計算が複雑なものだと認めていたが、各商品の売上と価格の変化の頻度を計算することで可能になると信じていた。この提案で、ディッキンソンは、第 2 章で説明したリスクと不確実性の本質的な違いをまったく理解していないことを明らかにした[14]。そこで扱われる特定の出来事については、頻度分布が存在すると考えることができない。経済主体が未来に生じる出来事について創り出し検証する情報は、典型的に起業家的・明示不可能・創造的・他の選択肢に適したものであり、頻度分布を形成することを許すような集権的な収集はできない。

　社会主義システムで「起業家精神」が果たすべき役割へのディッキンソンのアプローチは、もし可能だとしても、さらに満足できないものにしかならなかっただろう。なぜならディッキンソンのモデルでは、起業家精神は根本的に曖昧なままの粗野な戯画でしかなかったからだ。論理的に考えれば、生産手段の私有財産制度が禁止され、中央計画局組織は強大な権力で投資を行い、個人的な計画を協調させるガイドラインを確立すると同時に、基金を配分して、労働市場に介入し、広告とプロパガンダを独占し、国際貿易を直接に完全にコントロールするからである。さらに、ディッキ

14）第 2 章の「創造性・驚き・不確実性」と題した項目と脚注11と12を見よ。

1．その他の「市場社会主義」理論家たち

ンソンはこの強制機関を「最高経済会議」と呼び、「遍在的で全知」であると見なしただけでなく、必要だとわかった場合には変化をもたらす能力において「全能」だと見なした[15]。しかし社会主義システムの企業の経営者が計画局の支配下にあるという事実は、彼らが自由な選択を行う可能性がないとディッキンソンが信じていたことを意味しない[16]。事実、ディッキンソンは、社会主義企業はその資本を保有し、会計口座を維持し、資本主義企業の経営とできるだけ同じように「管理」されねばならないと主張した。

　ディッキンソンは明らかに、経営者が企業業績に財務的な責任を負うこと、利益と損失の両方を分かち合うことが必要だと認識していた。彼が説明しなかったのは、生産手段の私的所有が禁止されているシステムで、どうやってこうした財務的責任が実現できるのかである。第2章で見たように、生産手段が私有されず、自らの行為からの利益を得ることができなければ、社会プロセスを協調させる起業家精神は生まれない。さらに、ディッキンソンは、利益の獲得は必ずしも起業家的成功の証明ではなくても、損失の発生は経営の失敗・誤りを示すと主張した[17]。論理的に、もしこのディッキンソンの「直感」が原則にまで高められるなら、経営者は必ず新

15）ディッキンソン『社会主義の経済学』103, 113, 191ページを見よ。ディッキンソンが計画局に使った「遍在的で全知」という形容について、ミーゼスは皮肉なコメントを残している。「集産経済の組織が『遍在的』であり、『全知』であるという希望によって自分を慰めるのは無駄なことだ。プラクシオロジー（人間行為学）は、遍在的・全知である神の行為についてではなく、人間的な精神のみを持ち合わせる人間行為について取り扱うのである。人間的な精神は経済計算なしに計画することはできない」。ミーゼス『ヒューマン・アクション』710ページ。14ページ前の696ページの記述では、「委員会の議長は抜きん出た能力の持ち主、賢明で良き意図に溢れた人物であることは認めても良いだろう。しかし彼らが全知で不可謬であると仮定するのは愚か以外の何物でもない」。
16）「社会主義産業の経営者は計画当局の定めた方向である程度選択をしなければならないため、それは彼らがまったく選択できないということにはならない」。ディッキンソン『社会主義の経済学』217ページ。
17）ディッキンソンにとっての本質的原則は、「利益を上げることは必ずしも成功の証ではないが、損失を被ることは失敗の証である」。ディッキンソン『社会主義の経済学』219ページ。

305

第7章　最終的考察

しい活動の開始、技術的・商業的イノベーションの導入、生産プロセスの変更を恐れる保守的な役人になるだろう。なぜなら、役人としての職業的キャリアにとって、損失は常に好ましくない失敗であると見なされる反面、利益は必ずしも成功とは見なされないからだ。

　ディッキンソンは経営者への動機づけと報酬の問題を解こうとして、役人が管理する会社の業績のカギとなる「ボーナス」システムと金銭的支払いを確立しようとした。もちろん、そうしたボーナスは起業家的利益と同じものではない。それは実際には嫌悪された資本主義システムの再導入であるだけでなく、ディッキンソンは利益を必ずしも効率性の証明であるとは見なさなかったからだ。こうした提案によって、ディッキンソンはまたしても静的モデルの罠にはまった。事実、前述したように[18]、「ボーナス」システムはボーナスを与える組織が、主観的・分散的・明示不可能な性質によって絶対に利用不可能な情報にアクセスできるという暗黙の前提に立っている。結果に応じてボーナスを与えるということは、結果が望ましいかどうかを知ることができるということを意味している。そしてもし計画組織が結果の是非を知ることができるなら、明らかにこの情報を創り出すための起業家精神は必要ない。しかし、もし情報の生成には起業家精神の自由な実践が許される必要があるなら、ボーナス・システムをつくることは無意味である。なぜなら、そうした情報が生まれるまでは、起業家精神の実践が成功するかどうかはわからないからだ。これがまさにカーズナーが見出し定式化した、インセンティブにシステムを確立する社会主義諸国での異なった試み（これまですべて失敗している）に反対する本質的な論拠なのだ[19]。

　起業家的成功は、起業家精神を実践している本人によって主観的にしか判断できない。行為者は全体的な視点から、金銭的な利益だけでなく、主観的な利益として価値を感じるすべての状況についての評価をする。さらに、この利益は恒常的に生まれ、その性質や量は変化し、常にどの方向をとるべきかの情報を提供して起業家の行為を導く。反対に、ボーナス・シ

---

18)　すべてのボーナスとインセンティブ・システムについての本書の批判的な議論については、第6章のランゲの古典モデルの批判7を見よ。

ステムはせいぜい経営レベルで有益であるにすぎず、それは起業家レベルではありえない。事後的に硬直的・客観的に与えられるボーナスは、起業家行為を導くことはない。なにより、ボーナスの付与には出来事の解釈という判断が伴い、それは起業家的になされれば意味がある。しかし、（恣意的にしかボーナスを与える情報をもっていない）中央計画局の命令から生じる場合、または事前にすべての状況について、多かれ少なかれ客観的な基準で定められている場合には無意味である。

　要するに、ディッキンソンが理解できなかったのは「インセンティブ」という言葉が二つの大きく異なった意味をもっていることである。一方で、厳格で、制限的、実践的に見当外れな「インセンティブ」という言葉の意味を考えることができる。それは、すでに利用可能な客観的情報を（事前に確立された「ルール」に従って）うまく活用するように経済主体を動機づけるためのメカニズム・デザインのことである。これは、本書がこの言葉を使っている意味ではない。それはもっと広い意味であり、より正確で、経済学にとってより適切なものだ。本書の見方では、インセンティブとは新しく想像・創造されるすべての目的を含んだものであり、人々がすでに持っている客観的情報を伝達するだけでなく、（もっと重要なことに）まだ存在しない主観的情報、目的達成に不可欠な情報の恒常的な生成・発見をもたらすものだ。社会主義システムでは、第一の意味での「インセンティブ」を生み出すための面倒な試みをなすことはできるが、各人はその起業家的活動からの利益を自由に享受することは制度的・強制的に許されていない。よって第二の、より広く、本当の意味のインセンティブを確立する

19）カーズナー自身の言葉によると、「社会主義の経営者へのインセンティブは起業家的発見の本質的役割を否定する」（『発見と資本主義プロセス』34-37ページ）。第6章脚注70も見よ。ドン・ラヴォワは、社会主義のボーナス、インセンティブ・システムへのオーストリア学派の批判的議論について次のようにまとめている。「これは、個別の損益口座を吟味する計画委員会が、純粋な利益を通常の独占利益から区別できる立場になければならないことを意味する。しかし、これは現在考慮している問題から逃げているだけだ。なぜなら計算論争での議論は、計画委員会が分権的な主体が創り出す知識を持っておらず、そうした知識は損益口座からのみ判断できると主張しているからである。経営者の報酬決定のためには、企業利益こそがもっとも優れた知識となる」。ラヴォワ『競争と中央計画』138-139ページを見よ。

307

第 7 章　最終的考察

ことはできない。

　加えてディッキンソンは、あたかも中央計画委員会のメンバーが、どの
プロジェクトに資金提供されるべきか、そしてどんな結果が実験の成功で
あるのかを判断するために必要な情報を質的・量的に十分に持っているか
のように、ボーナスとインセンティブ・システムは技術的な実験とイノベ
ーションに与えられるべきだとした。しかしラヴォワが述べているように、
「意図的な計画装置として特別のインセンティブを与えるという考えは、
純粋に分散的な発見手続きとしての実験という考えと矛盾している。もし
中央計画委員会が大胆な試みと無謀なギャンブルを区別するための知識を
持たないのなら、それらを奨励したり止めさせたりするインセンティブを
経営者に与えることはできないだろう[20]」。まさにこの問題は、科学的研
究と文化的・芸術的発展を補助金その他の国家的「インセンティブ」によ
って奨励しようと努力している西洋諸国が必然的に直面しているものだ。
そうしたケースのすべてにおいて、政府機関はそれらのインセンティブや
補助金を、公共選択学派が予測するように完全に恣意的な方法で与えてい
る。より優れた基準が存在しないため、官庁はコネクションや政治的影響
力などによってインセンティブを提供し、価値ある技術的イノベーション
や真の文化的・芸術的発展を促進することに惨めなまでに失敗している。

　その起業家精神へのアプローチにおいて、ディッキンソンは全情報が利
用可能であり、社会は静的であり、変化は起こらないことを明示的・暗黙
的に仮定した。こうした仮定は経済問題を、経営者が解決できる単なる技
術的問題へと変えてしまう。本書を通して、そうした前提を強く批判して
きたが、それはディッキンソンが社会主義計算問題に対峙することができ
なかったことを示している。ミーゼスが述べたように、「資本主義システ
ムは管理システムではない。それは起業家的システムなのだ[21]」。ディッ
キンソンは起業家的な機能と経営者の機能を混同し、そのために必然的に
真の経済問題に対して目をつぶった多くの人間の一人だったのである。

　最後に、ディッキンソンのシステムで人類の歴史で初めて真の「個人主
義」と「自由」を確立できると、彼が無邪気に信じたのは不思議なことで

20）ラヴォワ『競争と中央計画』139ページ。

ある。言い換えれば、それはある種の「リバタリアン社会主義」であり、知的に大きくアピールするものだ[22]。しかし、ディッキンソンのモデルでは、必然的に中央計画局は膨大な権力を持っている。さらに特徴的な恣意性、プロパガンダの操作、経済計算の実行不可能性なども持ち合わせているため、彼の社会主義システムは、どんなに少なくとも恐ろしいほど個人的自由が抑圧される権威主義的なものであり、真に民主主義的なシステムが機能する可能性などまったくない。事実、ディッキンソン自身が（正確に次のように）認めている。「社会主義社会では、常に人為的なものだった経済と政治の区別が消滅する。経済と政治のメカニズムは一つのものへと融合する[23]」。ハイエクが示したように[24]、このディッキンソンの断言が総括しているのは、ナチスとファシスト党がもっとも精力的に信奉した教義である。

　もし政治と経済が区別できないなら、人間生活におけるすべてについて唯一通用する価値尺度が、社会のすべてのメンバーに押しつけられることになる。それは論理的に、社会に広がった実力と強制によって達成されるしかないだろう。実際、「政治」とは常にシステマティックで制度的な強制・強要・命令のことであり（つまり、本書で社会主義を定義してきたように）、その一方で、「経済」とは自発的な契約、起業家精神の自由な実践、交換と協力の法的状況における全個人のもっとも多様な目的の平和的追求を意味している。起業家精神の力によって動かされる資本主義社会の人生の大いなる驚異は、そうした社会の各個人や経済主体が、自発的な訓練によって他人の願望と必要に応じて自らの行動を変化させることだ。それも、

---

21) ミーゼス『ヒューマン・アクション』708ページ。ミーゼスは709ページで加えて、「投機と投資で遊戯をすることはできない。投機家と投資家は自らの富、自らの運命を危険に晒している。…もし彼らの責任を軽減するなら、彼らの真の特徴を奪うことになる。そうなれば彼らはビジネスマンではなく、指導者がその役割である経済の究極的な方向づけを託した人物になってしまう。すると、――名目的な指導者ではなく――彼らが本当の指導者になり、名目的な指導者が解けなかった問題に直面しなければならなくなる。経済計算の問題である」と述べている。
22) ディッキンソン『社会主義の経済学』26ページ。
23) 同上235ページ。
24) ハイエク「社会主義計算III」（『個人主義と経済秩序』206-207ページ）。

第7章　最終的考察

各人がもっとも多様で変化に富み、予測不可能な目的を追求するという状況においてである。明らかにこれはディッキンソンが決して望まず、理解もできなかったことである。

アバ・プタッチャ・ラーナーの研究

ラーナーの論争に対する研究は、ミーゼスとハイエクの論文や著作への明示的な返答の形ではなく、1930年代にラーナーが出版した一連の論文である。そこで彼は論争に参加した他の社会主義経済学者、特にランゲ、ダービン、ディッキンソン、ドッブの提案へのコメントや批判を行った[25]。それに加えて、ラーナーは1944年の著作『統制の経済学』で、本書のトピックについて後に多くの意見を記している[26]。

一連の論文で、彼は静学の問題だけでなく、社会主義経済の「動学」問題にも取り組んだ。さらに『統制の経済学』で、完全な計画化は各工場で起こっていること、需給の日々の変動、生産部門すべての技術的知識の変化についての集権的な知識が必要であると明確に述べている[27]。ラーナーはまた、そうした知識を中央計画局が得ることはできないと考えられるため、残された選択肢は価格「メカニズム」に頼ることだと説明した。しかし、こうした意見にもかかわらず、ラーナーの研究はその他の市場社会主義者と同じように、彼の提案するシステムを実行するために必要な情報が必ず利用可能であると明示的・暗黙的に仮定しており、ミーゼスとハイエクの挑戦に応えることも、社会主義経済計算問題を解くこともできなかった。さらにラーナーは、均衡モデルを社会主義の「理論的」基礎とするこ

---

25) 社会主義経済計算論争にもっとも関係のあるラーナーの論文は、以下である。「経済理論と社会主義経済　Economic Theory and Socialist Economy」(Lerner, 1934)；「返答　A Rejoinder」(Lerner, 1935)；「社会主義経済についての覚書　A Note on Socialist Economics」(Lerner, 1936)；「社会主義経済の統計と動学　Statics and Dynamics in Socialist Economics」(Lerner, 1937)；「社会主義経済の理論と実践　Theory and Practice of Socialist Economics」(Lerner, 1938)。

26) アバ・P・ラーナー『統制の経済学：厚生経済学原理　The Economics of Control: Principles of Welfare Economics』(Lerner, 1944)。

27) ラーナー『統制の経済学』119ページ。

310

1．その他の「市場社会主義」理論家たち

とを擁護し、起業家精神が提起する真に興味深い問題を研究する必要性を無視・否定することについての極端主義者だった。ラーナーの特徴的な立場を明確に示す三つの例について考察しよう。

第一に、ラーナー以前の市場社会主義者全般、特にテイラー、ランゲ、ダービンによって定式化された費用ルールに対する彼の批判的分析について述べなければならない。事実、ラーナーはテイラーが使った、価格を平均費用と一致させるという原則を批判する。またランゲのルールについても、それは市場が向かう最終的な状態よりも市場「メカニズム」を真似ようとしていると批判する。そしてダービンのルールについては特に批判的で、ラーナーによれば、それは平均費用で価格づけをするという実際的な原則に戻ることを意味すると言う。なぜなら、それは経営者に「通常」レベルの利益を得ながらの、最大限度の生産量を要求するからだ[28]。

ラーナーによれば、社会主義システムの最終目的を直接に追求するための実践的ルールを見つけることはそれほど重要ではない。その実現のためには、高い価値を持つ商品生産を無視して低い価値の財・サービスの生産に資源を使わないことを確実にすればよい。このためには、経営者に常に限界費用と価格を等しくするように命令する（MC＝P）だけである。この原則はランゲの第二のルールと同じものだが、ラーナーはランゲが競争市場の機能を真似ようと取り憑かれていたと考えていたが、そうした考えは不必要であり、このルールだけに従えばよいのである。またラーナーによれば、ダービンが考えたように経営者は「通常」利益を得る必要もない。なぜなら、そうした利益は単に静的均衡のサインであり、社会主義システ

28）ティボール・シトフスキーの論文「ラーナーの経済学への貢献 Lerner's Contribution to Economics」（Scitovsky, 1984, pp. 1547-1571, 特に p. 1552）。シトフスキーは社会主義経済計算論争と、そこにラーナーが参加したことを要約している（1151ページ）。そこでは、シトフスキーが論争内容をまったく理解していなかっただけでなく、実際の出来事の展開と異なる説明をしている特定の二次資料だけを使ったという事実も明らかである。この段階においても、著名な経済学者がそうした論考を書き続けるということは本当に残念である。ラーナーについては、ホッフの著書『社会主義経済での経済計算 Economic Calculation in the Socialist Economy』のカレン・ヴォーンによる興味深い序文を見よ（22-26ページと同書第12章224-236ページ）。

311

第7章　最終的考察

ムが本当に必要としているのは、「動的」世界における生産要素の分配についてのガイドだからだ。よってラーナーの見解では、彼のいわゆる「動的分析」は、社会主義経済で日常的に生じるあらゆる状況に適用できるルールを見出す試みに限られていることが分かる。

　パラドックス的なことに、ラーナーの解法はダービン、ランゲ、ディッキンソンの提案と同じように静的であり、これまで述べてきた限界費用に基づく価格づけのルールへの詳細な批判は、ここでも繰り返すことができるだろう。ここでは、限界費用は所与でも第三者に明確に観察されるものでもないという意味で、「客観的」ではないと述べるだけで十分である。反対に、それは起業家的情報、つまり人間行為、起業家精神を自由に実践する個人の内心に徐々に生成される情報の典型例である。それは主観的・分散的・暗黙的・実践的・明示不可能な形で生まれるため、生産手段の私有制度が廃止されて起業家精神を自由に実践できない経営者が、そうした費用の情報を創り出し、見出すと想定することはできない。そうした情報が中央計画組織に伝わり、その組織が企業経営者の費用ルール（MC＝P）の遵守を監視できると仮定することはさらに不合理だ。

　第二に、興味深いことにラーナー自身は、彼のルール（MC＝P）で考慮されるべき価格は「現在」価格（最近であれ、すでに市場に実現した価格であれ）ではなく、経済主体が予測する未来価格であることを認識していた[29]。よってラーナーの基本ルールは、経営者が自分の予測に従って価格を限界費用と一致させるというものにならざるをえない。しかし、（生産手段の私有制度がないために）起業家精神を自由に実践できなければ、こうした予測はできないだけでなく、ルールが遵守されているかどうか（つまり、各経営者が「自らの予測に従って」正しく行動しているかどうか）を官僚査察官や中央計画局のメンバーが客観的に監視することもできない。かくて、ラーナーは基本的に正しい考えを直感したが、それが提案全体を破壊し、完全に無意味にしてしまうことは理解できなかった。

　第三に、ラーナーは、競争社会で活動する起業家よりも中央計画局のほうが未来の限界費用を正確に推定するかどうかは「社会学的」、「実際的」

29）ラーナー『社会主義経済学の静学と動学』253, 269, 270ページ。

1. その他の「市場社会主義」理論家たち

な問題であり、「経済理論」の領域に属するものではないという見方をとった[30]。さらにラーナーは、社会主義が経営者に与えるインセンティブと行動への現実的な影響を分析しようとしたダービンの試みを明確に批判した。ラーナーは冗談まじりに、ダービンがその企てにおいて社会主義経済計算の可能性とまったく無関係な問題を解こうとしていると揶揄した[31]。ミーゼスとハイエクが提起した問題に対して不適切な分析ツールと「理論的」結論をもって、誤った問題に答えようとしたのはラーナー自身であることは明らかである。実際のところ、ラーナーは、経済主体が特定のやり方で行動するよう命令されているという仮説的システムに逃げ込んだが、彼らが作りだせる情報と動機づけられているインセンティブに基づいて行動できるかを考えることはなかった。彼は自ら意図的に関連する理論的問題から遠ざかり、一般均衡と厚生経済学のいわゆる無菌の涅槃に逃げ込んだのである。

　ラーナーが均衡論と静学に取り憑かれていたことは、特にランゲへの批判に明らかである。ラーナーはランゲのことを、不必要に競争メカニズムを再現、真似ようとしていると見た。ラーナーの見解では、真に重要なことは、「社会主義の理想」を定義するために必要な条件を、その理想の実現方法にかかわらず「厚生経済学」の視点から明確化することだった。事実、彼の目標はもはや「完全」競争モデルを実現することでさえなく（そうした「競争」モデルは現実の起業家同士に存在する競争とはなんの関係もないものではあるが）、「厚生経済学」で記される涅槃、「パラダイス」をできるだけ明確に定義することであった。そしてこの「パラダイス」を強制によって実現するための適切な実践システムを見出すことは、社会学・心理学・政治学に任せられる[32]。こうしてラーナーは、試行錯誤その他の方法

---

30) ラーナー自身の言葉では、「こうした将来価格について、社会主義的トラストは生産手段の競争的所有者よりも正確に予測できるのか、不正確にしかできないのかという疑問は社会学的なものになり、純粋な経済理論を離れたものになる。『社会主義経済学の静学と動学』269ページを見よ。
31) 実際、ラーナーは不真面目にも、ダービンを「試験室で『私はフランス革命の社会的影響を知らないが、イギリス王は次のようである』と回答する生徒」になぞらえている（「返答　A Rejoinder」1935年、75ページ）。

313

第7章　最終的考察

で「均衡の完全競争」を真似ることよりも、経営者に限界費用と価格を一致させるよう命令することで、直接的に社会的最適点に達することが重要だと主張した。

　これまで分析した経済学者のなかで、おそらくラーナーは新古典派の一般均衡モデルと厚生経済学にもっとも魅了された人物である。彼は、厚生経済学の仮定・意義・形式論理に触れていない分析は、「理論」の枠外にあるとまで考えていた。このことによって、彼が常に、企業経営者は厚生経済学からの指示に従うべきことだけを薦めていたことが説明される。こうした目標をもって、彼は1944年の著作『統制の経済学』を、介入主義の実践的なマニュアルとして書いた。それは新古典派と厚生経済学のレシピであり、官僚や中央計画組織による社会工学の実践に直接に使われ、彼らが経済領域において市民に制度的強制を加えるという「困難な作業」を促進する助けとなるべきものであった[33]。

　こうした理由づけによって、ラーナーは自身がつくった罠に陥ったことを見逃した。実際、厚生経済学の驚くべき象牙の塔は、社会主義の持つ本当の経済問題からラーナーが孤立し続けることを許し、ミーゼスとハイエクが定式化した理論的批判への完全な「免疫」（少なくとも彼はそう信じていた）を提供した。しかし、象牙の塔からの眺めはすっきりとしない濁ったものであり、ラーナーは経済問題の核心を解くために必要な分析ツールを持っていなかっただけでなく、認識することすらできなかった。厚生経済学のパラダイムでの彼の孤立はあまりに深刻であり、彼は、現実世界と「完全競争」均衡モデルの乖離は、モデルの分析ツールの欠陥というより、むしろ資本主義システムの明らかな「欠点」・「失敗」である（社会主義は少なくとも潜在的にこれを強制的に修正できる）と考えた。言い換えれば、

32）1936年の論文「社会主義経済学の覚書」74ページで、ラーナーは述べている。「方法論的に私のランゲ博士への反論は、彼が競争的均衡状態をその目標と考えたが、現実にはそれは目標への手段にすぎないというものだ。彼は完全競争均衡を超えること、本当に求められているものに向かうことに失敗している。もし完全競争均衡の古典的静学状態が達成され、それによって現実の目標である社会的最適点が完全に維持されるとしても、そのことは、この均衡点を目指すことが望ましい社会的最適点達成へのもっとも近道であることを意味してはいない」。

314

1．その他の「市場社会主義」理論家たち

もし世界が理論上の涅槃が予測するように振る舞わないのなら、現実を壊して涅槃を構築すべきで、決して現実世界がどう動き、そこで何が起こっているかを理解・説明しようと理論を修正しようとすべきではない[34]。こうしてコワリクがランゲに投げかけた批判は完全にラーナーにも当てはまる[35]。コワリクが断言したのは、ランゲは社会主義経済計算の問題を解くために必要な分析ツールを持っていなかっただけでなく、真に重要な経済問題を理解・検討するツールも持っていなかったことである[36]。

33）介入・計画機関がその活動のためのすべての必要情報にアクセスできるという意味で、ラーナーの分析の静的な性質のまた別の兆候は、彼の「生産的投機家」理論の構築にある。彼らは「統制」経済において有益な機能を果たすとして残され、ラーナーが「対抗的投機　counterspeculation」と呼んだメカニズムによって中立化されなければならないとした「独占的、攻撃的」投機家とは区別される（『統制の経済学』69, 70ページ）。ラーナーが言及しそこなっているのは、彼がしようとした区別は、完全にそれら投機的活動の主観的理由に基づいたものであるため、二つのタイプの投機を客観的に区別する可能性はまったくないことだ。なぜなら、主観的な人間の動機を特定し、解釈することを許すような、客観的で明白な基準は存在しないからである。ロスバードが著書『人間・経済・国家』第2巻第10章 586-620ページで独占についての分析で示しているように、「競争」価格と「独占」価格の区別は、理論的に不合理なものである。なぜなら、独占価格は競争価格に基づいて定義されるが、仮説的に「完全競争」市場で実現するはずの均衡価格は現実には知ることはできないため、独占が存在するかどうかの客観的・理論的な基準は存在しない。さらに、カーズナーが明らかにしたように（『競争と起業家精神』第3章 88-134ページ）、状態・均衡モデルとして静学的に理解される「競争」対「独占」の問題は、見当違いで不合理である。なぜなら、理論的に重要なのは、起業家精神の競争的な力によって動かされ、政府の制約によって妨害されていない現実のプロセスが存在するかどうかであって、起業家的想像力がときに「独占」や「寡占」の形をとるかどうかではないからだ。

34）ドン・ラヴォワ『競争と中央計画』129ページ（脚注8）におけるアバ・ラーナーの論文「独占の概念と独占力の計測　The Concept of Monopoly and the Measurement of Monopoly Power」（Lerner, 1934, pp. 157-175）への言及を見よ。また私の論文「ワルラス的パラダイムの危機　La Crisis del Paradigma Walrasiano」（Huerta de Soto, 1990, p. 36）も見よ。

35）実際、コワリクはランゲの人生が最後に近づいたとき、彼から手紙をもらったと書いている（1964年8月14日）。ランゲはそこで、「最適配分と呼ばれるものは二次的な問題であり、もっとも重要なのは生産力の成長インセンティブである（資本蓄積と技術進歩）。これこそが「合理性」の本当の意味である」と述べる。コワリクの結論では、「彼はこの問題を解くための不可欠なツール、さらにそれを詳細に

315

第7章　最終的考察

提示するためのツールさえ持っていなかったらしい」。コワリクの「ランゲ゠ラーナー・メカニズム」についての論文を見よ（Kowalik, 1987, p. 131）。またコワリクは、ランゲの人生のどこかで、彼はラーナーの結論を共有したようだ、と記している。1938年の論文「社会主義への経済学者の賛同　The Economist's Case for Socialism」でランゲは、「社会主義の経済的利点を議論するのに本当に重要な点は、社会主義経済と資本主義経済の均衡状態を、社会厚生に関して比較することではない」と記している。「そうした比較を興味深く感じるのは経済学者だけであり、社会主義の議論における真の問題ではない。真の問題は、資本主義をさらに維持することが経済的進歩と整合するかどうかというものだ」。実際にはランゲは、資本主義システムは産業革命から大恐慌にいたるまで誇ってきた経済成長と技術的イノベーションのペースを維持できないと考えていた。彼の死後わずか一世代あまりで、本質的経済問題は180度向きを変えて、資本主義ではなく社会主義こそが経済的進歩と技術的イノベーション（また自由と民主主義）と不整合になろうとは到底信じられなかったに違いない。

36）ミルトン・フリードマンの場合は興味深い。彼は新古典派パラダイムの均衡経済学者に典型的な分析ツールを使った研究者だったが、それでも社会主義システムに反対し、資本主義を熱心に擁護したからである。その結果、フリードマンが社会主義を批判する理論的研究において、ミーゼスが提出した理論的挑戦（フリードマンはこれをほとんどまったく引用せず、たびたび軽蔑した）の核心を理解することはできず、社会主義経済計算の不可能性の理論的本質も説明できなかった。事実、フリードマンには起業家精神について、そして市場で働き、常に起業家精神によって駆動される動的プロセスの働きについて、高度な理論が欠けていた。彼の社会主義の「批判的分析」とは、単なる経験的な逸話と現実の社会主義世界で起こっていることの解釈、そして社会主義経済が提起する「インセンティブ」不在の問題についての曖昧な観察などの混合物である（ここでの「インセンティブ」とは、ディッキンソンの議論で本書が批判したような「厳密」な意味で理解されるものである）。フリードマンがこの分野で分析的に不適格なことは、彼の著作『市場か計画か *Market or Plan?*』（Friedman, 1984）に明示されている。この短いパンフレットで、フリードマンはランゲの研究を称賛さえしており、ランゲの著書『統制の経済学』は「自由市場の働きについて多くを教えてくれる称賛すべき著作である。実際、その現実の目的である社会主義国家をどう運営するかを超えた意義があると思う」（12ページ）と述べている。フリードマンは、もしランゲとラーナーの著作が社会主義システムの理論的基礎の構築にとって無意味であるなら、それはまさに資本主義システムの機能についての理解の深刻な欠如に起因していることを認識していない。換言すれば、ミーゼスとハイエクが社会主義の不可能性を取り巻く全理論を構築できたのは、まさに彼らが資本主義システムの働きについて深く理解していたからだ。こうしてフリードマンのラーナーの著書への称賛は、起業家精神による真の動的市場プロセスに対する彼の理解が不十分なものだったことを疑わせる。さらにフリードマンは価格システムを不必要に客観的なものだと考え、それは（明らかに

316

客観的な）情報と、この情報を適切に使うための「インセンティブ」を同時に伝える驚くべき「伝達者」だと考えた。彼は問題が異なった次元のものであることを理解していなかった。価格は情報を「生成」も「伝達」もせず、人間だけが起業家精神の文脈においてこうした機能を果たすことができることへの理解が不足していたのである。そして市場の驚異とは価格システムが情報を「効率的」に伝達することではなく（フリードマン9-10ページ）、市場とは人間の内的な起業家的な力に動かされて、各人が新しく設定する目的に対する新情報を恒常的に生成し、人々が相互作用するに従って協調的活動を生み出すプロセス、無意識のうちに我々全員が自分の行動を他人の目的、望み、状況に対して適応させることを学ぶプロセスであることを理解していなかった。言い換えれば、価格は情報を伝えるのではなく、起業家精神によって活用されるべき利益機会を創り出す。そして起業家精神こそが、新情報を生成・伝達し、全社会プロセスを協調させる。最後にフリードマンは、社会主義の基本的問題は経済主体が事前に定められた「ルール」を守るかどうかを監視することであると記している（14ページ）。これは、問題にはならない。すでに説明したように、基本的問題は起業家精神の自由な実践が妨害されることで合理的経済計算に必要な情報が生まれないこと、そして意思決定における協調プロセスが機能しないことだ。彼はわずか2箇所で、きわめて短くこうした本質的経済問題について触れているが、そこには二次的重要性しか認めず、詳細な分析もその意義の吟味もしていない。彼はある箇所で、中央計画庁が経営者を監督するための情報を得ることは難しいと述べているが（14ページ）、経営者のレベルでもそうした情報は生まれないことを認識していない。ラーナーの著作『統制の経済学』の書評で（Friedman, 1947, pp. 405-416）、フリードマンは最適点達成のための「制度的メカニズム」に関して、ラーナーは利益が活動ガイドとなること、そして起業家の資源調達能力を決めることを考慮していないと曖昧に批判している。しかし、これらにおいてもまた別の箇所においても、フリードマンはランゲとラーナーが提案した制度が理論的に不可能であることの理由を説明していない。このことは社会主義者が提案した制度改革に対して、彼が非経済学的な意味付け（政治的、倫理的、または個人的自由についての意義）へと逃げ込む傾向があったことを示しており、彼の理論的な社会主義批判がきわめて脆弱だったことを説いている。彼に対するこうした長々とした考察が必要だったのは、彼がしばしばミーゼスやハイエクと同一視され、同じ学派に属するメンバーであると考えられているからだ。その結果、この問題を深く研究しておらず、フリードマンの理論的パラダイムとミーゼス・ハイエクのものが根本的に異なっていることをよく理解していない西側・旧東側の経済学者の間に、大きな混乱がもたらされた。フリードマンへの批判は一般にその他のシカゴ経済学者にも当てはまる。彼らは実証主義に取り憑かれて（リカードとマーシャルにその起源を持つ）夢幻的・客観主義的な均衡に焦点を当て、市場には情報獲得の高い「取引費用」を超えた問題があることを想像しなかった。これが誤りであるのは、行為者が情報探索の期待的費用・利益を事前に見積もれると仮定しているからだ。つまり不合理にも、それは行為者が現時点で持っていない情報の将来価値を事前に

第 7 章　最終的考察

2 .「市場社会主義」　不可能な円積問題

　オスカー・ランゲとその学派の他の「市場社会主義者」についての本書の分析から見ると[37]、理論的・実際的には二つの選択肢しか存在しないと結論できる。一つは、人々が起業家精神実践の完全な自由を享受するもの（生産手段の私有制度が認容・擁護され、非対称的な人間行為への攻撃と契約の違反を避けるために必要な最低限度の刑事・民事法の伝統的ルールを超えた制約は存在しない）。もう一つは、多かれ少なかれ市場と社会の広範な領域に亘って起業家精神の制度的・普遍的な強制が行われ、特に生産手段の私有財産制度が禁止されるもの。後者の場合、生産手段などの影響を受ける分野の起業家精神の自由な実践は不可能であり、その容赦ない結果として、これまで詳細に説明してきた合理的経済計算はまったく達成できなくなる。そこでは、人間行為が完全に自由に実践できるシステムでのみ行われる社会協調と経済計算の両方が不可能になる。「市場社会主義者」が夢幻的な結果とともに試みたことは、（人間行為への制度的攻撃と生産手段の共有に特

知っているということを意味しており、結果的に起業家精神の理解を変容させて、経済におけるその理論的な意義を完全に無意味なものにしてしまう。シカゴ学派の誤りはフランク・H・ナイトにまで遡るが、彼は「社会主義は政治的問題であって、社会的・政治心理学によって議論されるべきであり、経済理論はそれに関して比較的わずかしか語ることがない」と述べている（「ルートヴィヒ・フォン・ミーゼスの『社会主義』の書評　Review of Ludwig von Mises' Socialism」（Knight, 1938, pp. 267-268）。ロスバードは鋭敏にも、こうした概念的誤りの根源は上記のような均衡理論への脅迫的こだわりだけでなく、真の資本理論が欠如していることにもあると説明している。なぜなら、J・B・クラーク以来、シカゴ学派は資本のことを、時間的な構造をもたず、起業家的な決定に関係しないままに自らを再生産する神秘的な資金であると見なしてきた。ロスバード「社会主義の終焉と計算論争再訪 The End of Socialism and The Calculation Debate Revisited」を見よ（Rothbard, 1991, pp. 60-62）。

37）ランゲとラーナーが研究を発表した直後の1948年に、ジェームズ・E・ミードがその著作『計画と価格メカニズム：リベラル社会主義の解法　Planning and the Price Mechanism: The Liberal-Socialist Solution』（Meade, 1948）を出版した。そこで彼はランゲとラーナーによく似た分析と提案を行っているため、本書では彼を本文で分析した学派のメンバーだと見なす。

徴づけられる）社会主義システムを確立する一方で、「市場」の存在が維持するという「理論的統合」を定式化することだった。イデオロギー的、ロマン主義的、倫理的、政治的な理由によって、彼らは社会主義を放棄することを頑迷に拒んだ。そしてミーゼスとハイエクの批判から大きな影響を受けたため、結局は失敗に終わることになる希望をもって、「二つの世界の最善」を達成し、彼らの理想をより魅力的で人気のあるものにすべくモデルに市場を再導入しようとした。

　しかし、社会主義者が理解したいと思わなかったのは、あらゆる分野、特に生産要素・手段の分野での単なる自由な人間行為の暴力的制限が、不可欠な社会制度である市場が協調的に機能し、経済計算に必要な実践的情報を生み出すことを阻害するに十分だということだ。要するに、「市場社会主義者」が認識できなかったのは、本質的人間性である、どんな状況・時・場所でも自由に行為する能力を罰することなく、制度的暴力を行使することはできないということだ。

　少なくとも、「市場社会主義者」は最近になるまでこのことを理解しなかった。（自分たちを「かつての無邪気な改革主義者」と呼び、長年にわたって「市場社会主義」を擁護していた）ブルスとラスキがテムキンに従って、ミーゼスの次の言葉を是認しているのである。「こうした新社会主義者の提言は、まったくのパラドックスだ。彼らは生産手段の私的な支配、市場での交換、市場価格と競争を廃止しようとする。しかし同時に彼らは、そうしたものがあたかも存在するかのように人々が振る舞える、社会主義ユートピアをつくりたいとも思っている。彼らは、子どもたちが戦争ごっこをするように、人々に市場ごっこをしてもらいたがる。彼らは、そうした子供の遊びが、現実とは違った真似事であることを理解できない。…市場と市場価格のある社会主義システムとは、三角な正方形という概念と同じように自己矛盾したものだ」。最近になって、ミーゼスの例にならってアンソニー・デ・ジャセイは生々しくも結論づけている。「市場社会主義」は「…温かい雪、不貞な処女、肉太の骨格、丸い正方形と同じような、明らかな言葉の矛盾である[38]」。

　すべての「市場社会主義」に伴って、なぜ学問的興味と努力の対象として「円を四角にする（円積問題）」に取り憑かれてしまうのかの理由につ

第 7 章　最終的考察

いては、次の三つの考察によって憶測することしかできない。第一に、感情的・ロマン主義的・倫理的・政治的な理由から、社会主義の理想の放棄を避けようとする強固・頑迷な政治思想的動機。第二に、新古典派の均衡モデルの使用。これは、資本主義の市場機能をきわめて制限的に、不十分に、混乱して記述し、必要な全情報を利用可能だと仮定し、その結果、社会主義システムが静学モデルと同じ理論的前提で機能すると考える。第三に、人間行為の理論的分析への早急な拒否、さらに批判。それは、生産手段の私有が欠如した状況で人間行為が現実にどう機能するかについて、インセンティブや動機づけを考慮することは経済「理論」の領域の「枠外」にあるという口実をつけるのである。

　社会主義学者はせいぜい、なんとか不器用にも市場での起業家利益を真似ようと「ボーナス」や「インセンティブ」の導入を提案する。しかし彼らは、社会主義の経営者が単なる一般的な命令や、または「共通の利益のために」、「協調的に活動せよ」などの指図を受けても、市場経済の起業家のように振る舞わない理由を理解できない（そして、経済学者がこうした誤りを犯すなら、専門家でない人々に何を期待できるのだろうか？）。彼らは、全般的な指令は、どれほど素晴らしい意図を持っていたとしても、特定の時と場所で起こる問題に直面して具体的な決定を行う際には役に立たないことをわかっていない。もし全員が、「共通善のために働け」、「社会プロセスを協調させよ」、さらには「隣人を愛せ」といった（「自明」で空虚な）強制命令に従うなら、結局は共通善に反する非協調的な行動をしてしまい、すべての隣人に深刻な害悪を与えてしまう。なぜなら、具体的な状況下での多様な利益機会を創造的に認識し、それらを潜在的な主観的費用に照らして評価・比較することは不可能だからだ。

　これとは対照的に、オーストリア学派の学者たちは根気強く異なった経済学パラダイムを創り出し、完成させてきた。この理論の鍵となる要素は、

38）ウォジミェシュ・ブルス、カジミェシュ・ラスキ『マルクスから市場へ：経済システムを求めての社会主義　*From Marx to the Market: Socialism in Search of an Economic System*』167-168ページ。引用はミーゼス『ヒューマン・アクション』706-707, 710ページから。アンソニー・デ・ジャセイの文章は『市場社会主義：この円積問題の精査　*Market Socialism: A Scrutiny. This Square Circle*』35ページ。

まさに人間行為・起業家精神の実践である。それは常に新しい目的と手段を見出し、合理的・分散的意思決定を許すための情報を生成し、全人類を協調させ、きわめて複雑な社会的ネットワークを生み出してきた。特に旧東側諸国の経済学者はだんだんとこのパラダイムを研究・評釈・普及させてきており、彼らはサムエルソンのような著名な西側の新古典派経済学者、さらにはフリードマンのようなシカゴ学派よりも、ミーゼスとハイエクの理論的研究のほうが重要であると見なし、より頻繁に引用している。こうしたことが起こっていることを考えれば、ますます多くの旧「市場社会主義者」が、かつての信条を放棄していることはなんら驚きではない[39]。「市場社会主義」は、社会主義経済計算問題の解決法として失敗した。それは理論的にも、また旧東欧社会主義システムで繰り返し試みられた実践的改革としてもである。結果的に、最近までそれを擁護していた学者たちは、すべての方面でそのモデルに従うことを放棄した[40]。

---

39) もっとも良く知られた「市場社会主義者」がいまでも社会主義者であることには驚かされるというアーサー・セルドンの見解には同意しなければならない。「よって私には、なぜノヴェが社会主義であり続けるのかがわからない。その他の市場社会主義者にも同じことが言える。(現在スイスで教えている) チェコスロヴァキアのオタ・シク、(現在オックスフォードの) ポーランド人経済学者ブルス、(ブダペストの) ハンガリー人コルナイ、(オックスフォードの) コワコフスキーなどである」。ブライアン・クローズィアーとアーサー・セルドンの「百年後：社会主義を葬るとき　After a Hundred Years: Time to Bury Socialism」『社会主義を説明する　Socialism Explained』（Crozier and Seldon, 1984）、61ページを見よ。しかし、セルドンが言及している著名な経済学者を擁護するなら、1984年から現在までに、あるいはノヴェを除く彼らのすべてが社会主義者ではなくなった。ノヴェもその他の経済学者と同じように、もはや市場を新古典派パラダイムの特徴としての「完全競争」の視点から見ることを止めて、だんだんと市場プロセスのオーストリア理論を受容すれば、その見解を決定的に変えるかもしれない。アレク・ノヴェのもっとも知られた著作は、おそらく『実現可能な社会主義の経済学　The Economics of Feasible Socialism』（Nove, 1983）だろう。この本が特に称賛に値するのは、社会主義システムの非効率性を分類したことだ。彼の主な問題は、その資本主義システム（彼の指摘では、所得不平等、インフレ、「民主主義」の欠如、「外部性」の分野での失敗など）の根拠薄弱な批判的分析にあり、そうした解釈の誤りは、資本主義システムを解釈するための彼の不適切な分析ツール（新古典派的な均衡の焦点化）が原因だ。よって、ノヴェが動的なオーストリア学派の起業家プロセスを理解すれば、コルナイやブルスのような他の高名な経済学者と同じ方向を指向するだろうと

第7章　最終的考察

思われる。ノヴェが提案したタイプの社会主義（彼が人間の一生で「実現」可能だと考えた種類）は、基本産業の国有化、「外部性」のある分野に焦点を当てた計画化、中小産業での協同組合の促進、可能な限りの「競争」の後押しなどで、新しいことは提案されていない。ノヴェのモデルでは、市場は存続を許されるが、全面的な統制の枠組みの中でしかない。ともかく彼の著作はきわめて時代遅れである。彼は1968年のハンガリーでの試みが理想的な社会主義への道であると考えているだけでなく、1989年から1991年にかけて起こった重要な出来事を予見できず、本書における「市場社会主義」への詳細な批判のどれに対しても答えていないからだ。最後に、ノヴェの「転向」については希望的な兆候がある。1988年の論文で、彼は著書『実現可能な社会主義の経済学』について検討・評釈している（「実現可能な社会主義：再訪　'Feasible Socialism' Revisited」『ロシアと経済学の研究　*Studies in Economics and Russia*』第16章、Nove, 1990）。彼は「市場社会主義」と新古典派パラダイムに対する「オーストリア学派」の批判の「どれだけか」の妥当性を認め、「よってカーズナー型の批判が的を射ていることを認めることに問題はない」（237ページ）と結論づけている。9ヶ月後の1988年の論文「ソヴィエトの改革と新古典派経済学　Soviet Reforms and Western Neoclassical Economics」『ロシアと経済学の研究』第17章では、「…当然にオーストリア学派のほうが新古典派パラダイムよりも、これに関係したものである」と留保なく認め、次のような暗号じみた結論を記している。「彼ら（オーストリア学派）の結論を受け入れる必要はないが、議論は真剣に受け止める必要がある（!）」（250ページ）。

40）ミーゼスとハイエクの考えがかつてのマルクス主義よりも広がっていることは、ジェフ・ムルジェンの論文「弱者の権力　The Power of the Weak」などに明らかだ。この論文は、おそらくイギリスでもっとも権威ある学術雑誌である *Marxism Today*（1988年）に掲載された。ここで彼は、伝統的に社会主義者がもっとも慣れ親しんできた制度（国家・組合・政党など）は硬直的・柔軟性のない集権的、ヒエラルキー的でまったく反人間的な管理システムであると断言している。よってハイエクの教えに従って、彼が「弱い権力システム」と呼ぶものへと指向する。なぜなら、それは「人間のエネルギー」をより無駄にせず、協力と競争を活用し、分権的で、複雑系のネットワークでつながり、情報を効率的に伝えるものだからだ。ムルジェンは、将来的にイギリス労働運動はそうした分権的な構造と市場へと向かい、社会主義者が伝統的に擁護してきた制度は放棄されるだろうと考える。さらに彼は（コンピュータの分散的な利用は情報の量と種類を拡大させ、集権化されたやり方で扱い切れなくなるため）、現在・未来のコンピュータによっても社会主義経済計算は可能にならないという本書の議論を直感して、次のように断言する。「ランゲが間違っていたのは、技術とは情報が創り出される文脈と衝突するものだからだ」。彼は付け加えて、集権的なコンピュータ・システムは情報を歪めるのとは対照的に、分権的なシステムには情報を正確に生成・伝達するインセンティブがあると言う。起業家が常にコンピュータ処理と監視技術を革新する反面、最善の場合でも中央計

3．モーリス・H・ドッブと個人的自由の完全抑圧

　本書では、理論的な興味を引くある主張を分析することを最後まで控え
てきた。それは主に当初からモーリス・ドッブによって主張されたものだ。
ドッブは社会主義経済計算の不可能性を多少なりとも明確に認めることか
ら出発するが、その不可能性と非効率性は見当外れであると結論する。言
い換えれば、ドッブは社会主義の理想そのものを、その結果にかかわらず、
倫理的、イデオロギー的、政治的理由から追求するためには、それは考慮
されるべきではないコストだと考える。こうしてこの立場の支持者は、社
会主義にできるだけ多くの資本主義メカニズムを導入しようとする「市場
社会主義者」を「偽善的」、「世間知らず」であるとラベル付ける。この見
解の擁護者は、ものごとの名前通りの読み方を好み、欺くことを良しとし
ない。社会主義は自律性と個人的自由の完全な抑圧を意味しており[41]、そ
うでなければ社会主義ではない。

画者は必然的にこうした分野で起業家よりも遅れてしまう。こうした社会主義の理
論的崩壊の兆候については、デイヴィッド・ミラー（『市場・国家・コミュニテ
ィ：市場社会主義の理論的基礎　*Market, State and Community: Theoretical Foun-*
dations of Market Socialism』（1989）のような学者が市場社会主義ユートピアの構
築に固執していることには失望させられる。ミラーによれば、労働者は「民主的」
に運営する協同組合から成る「競争的な」システムを強制的に構築する。こうした
彼の研究に独自性を見出すことは難しい。彼は経済学者ではなく、経済計算論争も
修めたことがないため、そうしたシステムが機能しない理由を完全に見逃している
（生産手段が私有されておらず、合理的に計算し、全体を協調するための必要な情
報が生成されないため、起業家精神が自由に実践できないこと）。とはいえ、ミラ
ーは誠実であり、そうしたシステムが少なくとも競争的資本主義と同じほどに効率
的である可能性については懐疑的である。よって彼の「市場社会主義」を支持する
決定的な論拠は、別の種類、職場での「正義」、「自由」、「民主主義」の実現である
（14ページ）。こうした観点からすれば、ミラーのような学者とは経済学ではなく、
政治哲学・倫理学の領域で論争すべきだろう。こうした最近の「市場社会主義」再
生の企てに対する批判については、アンソニー・デ・ジャセイの著作『市場社会主
義：この円積問題の精査』を見よ。また本書第6章の脚注4も見よ。またドイツ語
での興味深い著作には『市場社会主義理論　*Theorie des Konkurrenz-sozialismus*』
（Jasay, 1983）がある。

第7章　最終的考察

　こうした理論家が望むのは、純粋な社会主義の伝統に従って、すべての人々に特定の見方からのあるべき世界を強制的に押し付けることだ。さらに彼らは、市場経済に特徴的な要素を社会主義で不完全・部分的に真似れば、経済計算問題を緩和するどころか、もっと顕在化させ、困難にすることを理解している。実際、もし分権的な意思決定がある程度でも許されれば、分散的な知識を中央に集めることの不可能さが提起する問題は、もっと明白・強烈に表れ、社会の協調問題は悪化したような印象を（実際にそうでなかったとしても）与えるだろう。対照的に、すべての自由（消費者の選択の自由、労働者の職業選択の自由を含む）が抑圧され、経済主体のその他の自律的決定が強制的に阻害され、社会領域の統一的計画が上から押し付けられれば、経済計算問題は解けなくても、それはほとんど隠されて、社会「協調」と「調整」の程度ははるかに大きなものに見えるだろう[42]。

　ここで、単なる自給自足レベルで機能しており、単純な経済関係は完全に上からの力で、「体制」に反対する者は抹殺されることで押しつけられる「社会」というものを想像してみよう。さらに暴力的な独裁者は、命令遵守を監視するために強力なコンピュータさえ利用していると考えよう。

41）モーリス・ドッブ自身の言葉では、「計画化は個別の自律的決定に優先し、そうでなければまったく意味をなさない」。「社会主義経済の経済法則　Economic Law in the Socialist Economy」（Dobb, 1937, p. 279）を見よ。

42）ポール・M・スウィージーは、社会主義システムに分権を導入しようとすることは、そこで「…資本主義のもっとも悪い特徴を」再現し、「経済計画の建設的な可能性を利用できなくなる」だけだと主張している。スウィージーの『社会主義　Socialism』（Sweezy, 1949, p. 233）を見よ。こうしてスウィージーが念頭に置いていたのはシステムの完全計画化であり、それはいかに各産業の経営者に産業的・起業家的計画を遂行するかを含む具体的な司令を下すものであった。スウィージーにとってすべての計画化理論は政治的決定に基づいている（つまり、独裁者の基準による強制的な押しつけ）。彼は社会主義システムが提起する経済計算の（恣意的決定の）問題を理解できなかったが、実際には彼には関係がないことだった。なぜなら彼は、いったん計画の目的が確立されたあとは、それに対応する生産要素は「自動的に」計画者によって決定され、各産業と企業に強制的に押し付けられると考えていたからだ。スウィージーの立場へのエリザベス・L・タメドリーによるコメントは『社会主義と国際経済秩序　Socialism and International Economic Order』中の「スウィージーによる計画化理論　The Theory of Planning according to Sweezy」（Tamedly, 1969, pp. 143-145）を見よ。

3．モーリス・H・ドッブと個人的自由の完全抑圧

こうした状況では、経済計算ははるかに簡単だ。人々は独裁者が命令したことを実行する。彼は生産物の組み合わせを選定し、残りの全員は奴隷のようにそれに服し、上からの命令に従う。ミーゼスが明確に述べたように[43]、社会主義経済計算の実行可能性についてはもっとも「望ましい」こうした極端な状況でさえ、計算問題は解決しない。なぜなら、独裁者は意思決定のための合理的なガイドをもっていないからだ。換言すれば、彼が事前に示した目標が、生産要素や商品、異なった決定の組み合わせなどによって、もっと適切で都合の良いやり方で達成できたかどうかを知ることはできない。しかし、もし独裁者が気にしなければ、つまりこのタイプの社会主義が消費財・サービスを選ぶ消費者の自由をなくし、労働者の職業選択の自由をなくし、生産手段の私有制度をなくすだけでなく、（暗黙的・明示的に）経済的目的を失って効率性はシステムそのものの維持に対する妥協であるとみなすなら、経済計算の問題は「解決した」と考えることができるだろう。それは計算を可能にすることによってではなく、「計算」とはまさに無計算のことであり、全員に独裁者の気まぐれな望みを押しつけることだと定義するという、わざとらしい選択肢を採用することによってである。

　この学派の理論家たちは競争と社会主義計画化を根本的に両立不可能だと見たが、特にいわゆる「市場社会主義者たち」に対して批判的だった。よってドッブと「市場社会主義者」、特にラーナーの間で奇妙な論争が起こった[44]。興味深いことに、ドッブはこの点についてオーストリア学派に同意して、皮肉にも市場社会主義者の一般均衡モデルの使用と新古典派パラダイムにおける彼らの仮説を批判さえしている。その仮説とは、資本主義と社会主義には大きな「類似性」があり、それらには形式的な違いは存

43）ミーゼス『ヒューマン・アクション』695-701ページ。
44）論争についてのドッブの主要な論文は、「経済理論と社会主義経済の問題 Economic Theory and the Problems of a Socialist Economy」（Dobb, 1933, pp. 588-598）と「経済理論と社会主義経済：返答　Economic Theory and Socialist Economy: A Reply」（Dobb, 1935, pp. 144-151）である。これらの研究とその他の関連研究は書籍『経済理論と社会主義：論文集　*On Economic Theory and Socialism: Collected Papers*』（Dobb, 1955）にまとめられている。

第 7 章　最終的考察

在しないというものである。ドッブは、新古典派の均衡分析の視点から問題を見たのではない。彼にとっては、社会主義と資本主義の間の「制度」の徹底的相違が重要なのだ。特に社会主義においては、資本主義特有のすべての制度が強制的に廃止されるという事実である。ドッブは、「市場社会主義者」が提案する「解法」の根本的曖昧さについて強調しさえする[45]。彼らは、調停不可能なものを調停しようとし、自分たちの利益・現状・進行中の議論のタイプに応じて、自分たちのモデルが持つ市場に典型的な特徴、あるいは社会主義計画化の利点を強調する。こうして彼らの論争を通して、ドッブはラーナーを「見えざる敵」と呼んだ。ラーナーは提起された問題を回避するために、その大いなる能力を使ってできる限りの場面で、前述した単純で奇妙な弁証法的議論を利用したからである[46]。

　要するにドッブは、中央当局はすべての価格を固定し、全レベルで強制的に押しつけ、消費者主権と労働者の職業選択の自由は抑圧されるべきだと主張しているのだ。もしこの中央当局が権力維持の目標だけを追求することを考慮するなら、「経済計算」が可能かどうかという疑問は見当外れになるだろう。この意味で、ドッブの提案は多くの「市場社会主義者」よりも矛盾しておらず、より現実的で、「誠実」である。矛盾が少なく現実的であるというのは、それが形式的な均衡分析ではなく、本当の社会主義

───────────────

45）ドッブ自身の言葉では、「自然なことだが、問題を十分に形式的に定式化すれば、二つの経済システムの『類似性』は極大になり、対照的な「相違」は消失する。今日の経済理論の流行りでは、こうした形式性のカビの生えた現実的な内容をもたない方法で提言が行われるため、本質的な違いは消失してしまう。社会主義経済と資本主義経済の法則の異なった性質は…もちろん、代数的なルールにあるのではなく、現実世界に存在する相違に基づいた仮定にある」（「経済理論と社会主義経済：返答」144-145ページを見よ）。さらに興味深いのは、ドッブ自身が認めている自分の思想的変化である。当初、彼は社会主義経済計算の問題はディッキンソンが提案したものに似た方法で解決できると考えていたが、後に社会主義にもたらす結果について理解してすぐに、当初の立場を放棄した。実際、彼の1933年の論文では、ハイエク自身が書いたかも知れない言葉で、ディッキンソンのモデルが「静的」であることを批判している。ドッブは、常に変化する世界に静的均衡の前提を当てはめようするのは「不毛な抽象化技法」であり、経済学は「形式論的な技術…方程式体系、応用数学、各種の量の間の形式的関係」をはるかに超えたものだと明言している（「経済理論と社会主義経済の問題」589ページを見よ）。

326

3．モーリス・H・ドッブと個人的自由の完全抑圧

制度だからである。それは説明してきたような制度的・全面的な強制に基づいており、まさに革命的な開始時点から続く政治的にデザインされた制度だ。ドッブの提案が「市場社会主義者」よりも「誠実」だというのは、彼は社会主義の表面を隠そうとせず、単純明快に自由な人間行為の暴力的抑圧に制度基盤をおいているからである[47]。

　ホフは、ドッブの見解に対する批判的な分析において、次のような理解の助けになる例を挙げている[48]。おもちゃの剣を作るのにモリブデンを使い、小学校の顕微鏡に高性能レンズを使うことは、消費（あるいは独裁者自身）の願望の充足が重要な社会では資源配分として疑いなく悪いものだ。これらを他の用途に使えば、（消費者または独裁者を）はるかに満足させることができる。それでも、もし社会の目標が、例えば、子どもたちにできる限り良いものを与える、またはレンズ生産の労働者にどんな賃金でも支払うというものであるなら、そうした資源配分は「非効率的」または「非経済的」とは見なされないだろう。よって、もしそれぞれの場合において目的が恣意的に決められるなら、あるいはまったく目的が存在しないのであれば、非論理的・非効率的な選択もおかしなものではなくなる。さらに、「民主主義的」で真の社会主義に存在する相違は必然的に質的なも

────────────

46）具体的には、ドッブは自分が「見えざる敵と戦っているという感覚に困惑している」と述べている（彼の「返答」144ページを見よ）。社会主義での価格システムの確立についてのラーナーのコメントのいくつかは、彼のごまかし戦略を例示している。1934年の論文「経済理論と社会主義経済」55ページでは、「競争的価格システムは社会主義社会に適応させられねばならない。それが全体として適用されれば、我々は社会主義ではなく競争的社会をつくることになる」。しかし、すぐ後の「返答」（1935年、152ページ）で、ラーナーは次のような発言で自己矛盾をもたらしている。「そして価格システムという言葉で、私は本当に価格システムを意味している。査察官による単なる事後的な数値合わせではなく、生産の組織化に工場経営者が考慮すべき価格のことだ」（Lerner, 1925）。

47）何年も後にドッブはその立場をいくらか変更し、曖昧ではあるがどれだけかの分権化と意思決定の競争さえも導入した。しかし、ドッブはわずかばかりの分権化がどんなものであるかを明確にせず、理論的な視点からすると本当に興味深いのは、これまで説明してきた彼の1930年代の立場であり、本書ではそれを「ドッブの古典モデル」と呼ぼう。

48）ホフ『社会主義社会での経済計算』第14章。モリブデン鋼の剣の例は278-279ページ。

第 7 章　最終的考察

のではなく程度問題でしかないため、恣意的な行動はもっとも極端な社会
主義社会に限ったものではなく、西洋社会で行われている介入主義的なあ
らゆる手段において恒常的に発生している[49]。

　ハイエクは1935年に、論争の現状についての論文を書いている[50]。そこ
ではモーリス・ドッブの見解への詳細な分析を行い、ドッブが社会主義の
本当の意味を説明する際の勇気と誠実さを讃えている[51]。しかしハイエク
は、ドッブ・モデルでの経済計算のためには、消費者と労働者の選択の自
由が妨害される必要があるだけでなく、社会主義の独裁者が自分の行為に
対するなんの選好ももたないと仮定しなければならないことを強調してい
る。なぜなら、もし独裁者が目標を定めているとするなら、ドッブ・モデ
ルにおいてさえも、その独裁者にとって合理的計算は不可能だからだ。独

49）アマルティア・センはドッブの本当の思考態度を次のように解釈している。ド
　ッブは、結果としての平等は効率性よりもはるかに重要なものだと考えた（そのた
　め、効率性の問題を背景的なものとして扱った）。センはまた、ドッブは投資の強
　制計画化のほうが完全なミクロ経済的調整よりもずっと重要だと見なしたと述べて
　いる。「効率性」の問題は平等に従属するという主張は、富の創造において社会主
　義は資本主義にかなわないという事実を甘受するようになった最左翼の知識人の間
　では、今日の共通認識となっている。しかし、こうした立場をとる知識人は、次の
　ことを忘れている。1．効率性と倫理は同じコインの両面である。つまり非効率な
　ものが倫理的であることはありえず、道徳性よりも効率的なものはない。2．彼ら
　が提唱する平等主義のコストは貧困の蔓延だけでなく、人間行為のもっとも暴力的
　抑圧である。3．歴史的経験によれば、強制は不平等を減らすどころか、不平等を
　増やし、悪化させる。4．人間は新しい目的を見出し、自らの起業家的創造性の果
　実を獲得する自然、内的な権利をもっているため、強制的に平等を押しつけること
　はもっとも不正義・不道徳・非倫理的である。アマルティア・セン「モーリス・ハ
　ーバート・ドッブ」（Sen, 1987, pp. 910-912）。

50）「消費者主権の廃棄　Abrogation of the Sovereignty of Consumers」と「論争
　の現状　The Present State of the Debate」の第4節（*Collectivist Economic Plan-
　ning* 214-217ページ）。

51）「最近モーリス・ドッブ博士はその論理的結論に従って、もし社会主義を実現
　できるのなら、消費者の自由を捨てるという対価を支払う価値があると断言してい
　る。これは、疑いなくとても勇気ある一歩である。これまで、社会主義下での生活
　は詳細にいたるまで統制されたあばら家での暮らしのようなものだという示唆に対
　して、社会主義者たちは常に反対してきた。今ドッブ博士は、こうした見方が時代
　遅れだと考えている」（ハイエク「論争の現状」215ページ）。

3．モーリス・H・ドッブと個人的自由の完全抑圧

裁者が特定の目標を追求するとき、もっと重要な価値をもつ目標を見逃して
いるかどうかを判断するための客観的なガイドがないのである。この意
味でハイエクは、ミーゼスの意見に再び完全に同意する。経済計算問題の
ためには、独裁者が少なくとも目標を設定し、その相対的価値を自身の尺
度に位置づける必要がある[52]。こうした仮定からすると、経済計算は不可
能である。なぜなら独裁者が決定するに際して、彼自身が価値を置く目標
達成を無視しているかどうかを示す合理的なガイドがないからだ[53]。

---

52)「ここでは、管理者は究極的目標の価値を決定していると仮定する」（ミーゼス
『ヒューマン・アクション』696ページ）。

53) ハイエク自身の言葉によると、「独裁者は、社会のメンバーの多様なニーズに
対して、それらの利点から順序づけを行う。そして、人々が本当に欲しているもの
を見出す努力をせず、価値観の個人的尺度と正義の一般的了解を表す共通尺度を組
み合わせるという不可能な作業を避ける。しかし、もし彼がこうした規範をある程
度の合理性と一貫性をもって行いたいのであれば、そしてコミュニティの目的と考
えられるものを理解したいのであれば、すでに我々が議論してきたすべての問題を
解かなければならない」。ハイエク「論争の現状」216-217ページを見よ。こうして
偶然ではあるが、1935年という早い時期において、ハイエクは「アローの不可能性
定理」を先駆けて記していたようである。それは、個人的価値尺度と、全員が同意
する正義の一般的了解を表す共通尺度を組み合わせることが不可能だと記したこと
だ。しかしハイエクは、この不可能性の理由を（アローの定理のように）、必要情
報が所与であり、事前に決定された条件下という静的状況における純粋論理に求め
たわけではないことは確実だ。むしろ、その理由はもっと一般的で深いものである。
個人的選好は起業家的文脈でしか生成・伝達されない（そして、分散的・主観的・
明示不可能な情報が提起するこの本質的な問題は、オーストリア学派の社会主義経
済計算批判の核心である）。よって、次のような選択肢が残る。第一に、社会主義
独裁者はその他の事前に設定された目標に優先して、自らの恣意的な望みを常に社
会に押しつける（ちょうどドッブの恣意的・非秩序的な破壊的「古典モデル」のよ
うに）。第二に、独裁者は、自らの価値尺度と順序づけを確立するかもしれない
（独裁者にとっての合理的経済計算は不可能である）。第三に、独裁者は、市民が追
求する一般的目標を、みなが受け入れる価値尺度に従って見出そうとするかもしれ
ない（知識の分散的性質と、その主観的・起業家的な生成、また静的状況ではアロ
ーの不可能性定理が当てはまることから、これは理論的に不可能である）。第四に、
独裁者は生産手段の公有を確立しながらも、できるだけ人々の分権的な意思決定を
奨励するかもしれない（これは「市場社会主義」の解法であるが、これも不可能だ。
なぜなら、起業家が完全に自由ではなく、資本主義システムのように利益がインセ
ンティブとして機能しないため、合理的経済計算に必要な実践的情報が生み出され
ないからである）。

第 7 章　最終的考察

　独裁者が目標を設定して、重要度に応じてそれらを順序づけることでは経済計算が不可能になる。あるいは、だれかにとって重要な目的をまったく追求しないことで、人為的に経済計算問題の存在を無視することもできる。どちらにしても、ドッブ・モデルの資源配分が完全に恣意的であることは明らかだ。非効率の程度は甚大になり、ミーゼスの言葉によれば、「破壊主義」モデルにすぎないものになるだろう。つまり、文明の完璧な破壊・抹殺であり、人類をほとんど想像の及ばぬ隷属と恐怖の状態へと突き落とす[54]。

　厳密に経済的な視点からすれば[55]、ある特定の個人が、社会主義が達成される限りコストが問題ではないと固く信じることについて、その是非を語りえないことは本当である。事実、前述したように、ミーゼスは1920年の原論文の最後で、この場合には彼の社会主義経済計算への反対論は考慮されることはないだろうと明言している。それでも社会主義の理想の、草の根・政治的レベルでの信奉者がこうした真の意義を理解したなら、そのうちどれだけが支持し続けるかは疑問である[56]。

　同じように疑問なのは、特定の歴史的段階で強制力の行使によって維持される社会主義モデルがどれほど維持され続けるのか、また、政府のプロ

────────────────

54) ミーゼスは、「破壊主義」を社会主義の本質だと見ている。「社会主義は、より良くすばらしい世界の先駆者ではなく、数千年の文明的創作物の破壊者だ。社会主義は創り出さず、打ち壊す。破壊がその本質だからだ」（ミーゼス『社会主義』44ページ）。こうして、自由な起業家的相互作用へのシステマティック・制度的な強制は、必然的にそうした社会実験から長期的に生じるおぞましい結果に照らせば、人間性に対する真の犯罪である。実際、前世紀における自然災害ではない人類の悲劇のすべて（そして多くの自然的悲劇でも、その影響の程度は他の方法でもっと容易に軽減できただろう）は、社会主義ユートピアの実現という、ほとんどの場合は善意の願望から直接・間接的に発生した。明らかに、そうした理想追求の苛烈さについては大きな程度の違いがあった。しかし、例えばソヴィエト国家、ナチス国家社会主義、中国共産党、ポル・ポトの人民による虐殺と、その「民主的社会主義」、またはパラドックス的な「福祉国家」の特徴である破壊的結果（恒常的な軋轢、社会的暴力、道徳的堕落）を見てみよう。それらの違いは確かに大きなものだが、それは単なる程度問題であり、質的なものではない。なぜなら、「真の」社会主義の核心である知的誤謬と破壊主義は、「民主的」「介入主義的」社会主義の本質と基本的に同じものだからだ。私の論文「社会国家の失敗　El Fracaso del Estado 'Social'」（1991, pp. 102-103ページ）を見よ。

330

3．モーリス・H・ドッブと個人的自由の完全抑圧

パガンダに騙されることで何を失っているのかを人々が気づかないように、ある国や地域が世界の他の地域から孤立し続ける可能性はどれほどなのか、である。これらすべての疑問は、たいへんに興味深い。特に、個別の歴史的局面で、民主的・革命的な権力奪取が起こり、社会主義体制が権力を維

55）ドッブによれば、「計画化経済固有の利点は、分散的・自律的な市場での意思決定に伴う不確実性を除去できることだ。それ以外にはない」という。ドッブ「ブルツクスとハイエクの論評　Review of Brutzkus and Hayek」（Dobb, 1935, p. 535）を見よ。ドッブの発言は社会主義の独裁者モデルに完璧に当てはまる。彼は経済計算問題を、独裁者の恣意的な願望を単純、強制的に押しつけることで避けようとした。実際、第2章で見たように、人間行為の本質的特徴はその結果の創造的な性質にあるため、未来は常に不確実で、起業家の創造的な想像力に対して開かれている。したがって、未来の不確実性を取り除くことは、人々の自由な行動力を強制的に圧殺することだ。ドッブが中央計画化と関連づけた「利点」は、自由な人間行為を抑圧して不確実性を「消滅」させ、未来を凍結させる。これは患者を殺すことで、その病を「直す」という治療である。興味深いことに、不確実性へのドッブのアプローチは、新古典派の一般均衡経済学者に類似している。彼らは、不確実性が彼らの「モデル」に容易に適合しないことから、それを厄介な市場の「欠点」であると考えた。例えば、ケネス・J・アローはこう述べている――「価格システムには、強調すべきある種の失敗が存在する。それは不確実性の存在である」。『組織の限界 The Limits of Organization』（Arrow, 1974, p. 33）を見よ。

56）ランゲがその「社会主義の経済理論について」で、消費財・サービスの「自由」市場の廃止について言及していることを思い出してもらいたい。そうした状況でも、パラメータ価格が生産財や生産要素だけでなく消費財・サービスにも与えられれば、彼の試行錯誤のシステムは完全に機能する。その場合、割当のない消費財・サービスで過不足が起これば、計画当局は価格を変更しなければならない（明らかに、ランゲの提案の分析で説明した理由から、このシステムは経済計算を必要としない）。彼の論文では、消費者の自由を奪う理論的可能性を議論することは、彼がそれを擁護していることを意味していない（彼はそれを非民主的だと考えるため）と記している。しかし前述したように、晩年にかけての彼は次第にスターリン主義的な方法へと向かった。消費者の願望はほとんど完全に無視され、経済計算の問題は、虚構的なすべてのレベルでの計画の強制的押し付けに矮小化された。ドイツ語ではヘルベルト・ツァッセンハウスが1935年に論文「計画経済の経済理論について　Über die Ökonomische Theorie der Planwirtschaft」を発表した（英訳は On the Theory of Economic Planning）（Zassenhaus, 1956, pp. 88-107）。彼もまた、消費者選択の自由を基本的に廃止し、ある程度の分散的競争を維持する数学的な解法に基づくことで、社会主義経済計算システムを擁護した。ツァッセンハウスの論文は明確さの欠如、特に現実性の欠落に特徴づけられる。彼の見方では、社会はずっと静的であり続けるからだ。

331

第7章　最終的考察

持する可能性の推定に関しての意義は大きい。しかし、これらの疑問はミーゼスとハイエクの理論的挑戦の健全性をなんら奪うものではない。彼らは、社会主義は必然的に大衆のおびただしい貧困を生み出すことを完全に明らかにした。なぜなら、それは経済効率的な計算を許さないだけでなく、究極的に、少なくともこれまで人々を欺く目的で実現すると喧伝してきた輝かしい目的の達成が不可能な制度だからである。

4．どういう意味において社会主義は不可能なのか？

　第3章では、人間の自由な相互作用に対する制度的強制のシステムを通して社会行動を調整することは理論的に不可能であるため、社会主義は知的誤謬であることを示した。言い換えれば、本書の主題は、起業家精神の実践の自由なしには、合理的経済計算に必要な情報を創り出す（つまり、恣意的ではない意思決定に関連する情報は主観的に考慮される）ことも、経済主体がその行動を他人の欲求と状況に合わせて抑制する（社会協調）ことを学ぶこともできないことである。これは、まさにミーゼスが1920年の論文で開始したテーマと同じものだ。ミーゼスにとって、「合理的」とは必要・関連した情報に基づいて、追求する目的を期待的費用と手段とともに決定することである。彼は、企ての自由と生産手段の私有制度が存在する競争的環境においてのみ、こうした情報はだんだんと起業家的に生成・伝達されることを示した。よって、自由市場なしには情報は生まれず、（集権的であれ、分権的であれ）完全に恣意的な決定がなされる。

　まさにこうした意味において、ミーゼスの言葉を解釈しなければならない。「高次財の貨幣価格を自由に確立させるという考えを捨てれば、即座に合理的生産は完全に不可能になってしまう。生産手段の私有制度と貨幣の使用から一歩ずつ離れるごとに、合理的経済から遠ざかってしまう[57]」。ミーゼスはまた同じ理由から、「社会主義は合理的経済の放棄である[58]」と述べている。しかし、論敵たちによるミーゼスへの断片的・日和見主義的な解釈に反して彼が決して明言しなかったことは、一般的にユートピア

332

4．どういう意味において社会主義は不可能なのか？

を、そして特に社会主義システムを強制力の行使によって実現しようと試みることは不可能ではないということだ。その反対こそが真実である。ミーゼスによれば、社会主義では経済計算が不可能だという知識が大きな印象を与えるのは、社会主義では資本主義よりも高い効率性を持ち、経済発展と文明が達成可能だと誤解している人たちに対してだけであって、妬みや感情的・「倫理的」・「美的」理由から社会主義を擁護している人たちには影響を与えない。

　実際、1920年代にミーゼスは次のように書いている。「社会主義圏では合理的経済活動が不可能であるという事実の知識は、もちろん、社会主義への賛同の議論にも、あるいは反対の議論にも使われる。倫理的理由から、生産手段を共有する制度で人々への消費財の分配が減少するだろうと予想しながら社会主義に賛成する覚悟がある者、または社会主義への願望にある審美的理想に導かれている者は、我々が述べたことからその努力が影響されることはないだろう。…しかし社会主義に合理的経済システムを期待する者は、自身の見方を再検討することを余儀なくされるだろう[59]」。

57）ミーゼス「社会主義圏における経済計算　Economic Calculation in the Socialist Commonwealth」（*Collectivist Economic Planning* 104ページ）。
58）ミーゼス「社会主義圏における経済計算」110ページ。ミーゼスは『社会主義』において、その主張をわずかながら「極端に」表現していることを認めなければならない。1932年（1981年 Munich: Philosophia Verlag 再版）のドイツ語第2版には、「資本主義は、労働の分業に基づく唯一考えられる可能な形態である　Der Kapitalismus ist die einzig denkbare und mögliche Gestalt arbeitsteilenden gesellschaftlichen Wirtschaft」とあり、この表現は英語訳ではわずかに穏やかなものになっている。「資本主義は、経済組織からの需要に応えるために適切な社会経済として、唯一考えられる可能な形態である」（英語版194ページ）。英語表現はドイツ語よりもわずかに正確だが、ドイツ語はミーゼスが以前に書いた経済計算についての論文と完全に一致する。ミーゼスにとって、「社会経済」は「合理的経済」を意味するからである。ドイツ語版117ページには、英語で穏やかになった別の表現がある。ドイツ語は、「世界を社会主義化しようとする試みは文明を粉々にするだろうが、社会主義の確立にはつながらないだろう」。英訳版の118ページでは、「それは決して成功する社会主義を確立しないだろう」。ここでは「成功する」という形容詞が加えられている。ミーゼスの『社会主義』のドイツ語原本と英訳版にはこうしたわずかな違いはあるものの、ミーゼスの考えは1920年の論文に完全に反映されており、その後の著作においても大きな変更はない。

333

第7章　最終的考察

　ハイエクはミーゼスに完全に同意して、ある意味で、どれほど狂気・不合理な活動を企てることも「可能」であり、この見方からすれば、社会主義を実践しようと試みることもできる。しかし理論的な視点からは、「社会主義の不可能性」の問題とは、実際の社会主義のたどる道が、もともと企図されていた達成目標と整合するかどうかだと言う。特に、社会的・経済的発展が資本主義で達成されるものほどに協調的・調和的なものであるか、あるいはもし可能ならさらにそうであるのか、である。しかし、もしその目標が集権的・合理的経済計画を通して「市場の無秩序」を終わらせることなら、社会主義はこの目標を達成できないため、明らかに上記の表現によれば不可能である。

　別の言い方をするなら、社会主義は合理的経済計算と調整された社会主体の行動の両方を不可能にするため、そのシステムが協調と効率において資本主義システムを超えるという目標を達成することはできない。最後に、ハイエクは、経済効率達成の不可能と、経済計算の不可能性から必然的に一緒に生じる経済発展の全般的衰退は、社会主義を他の（宗教的・感情的・倫理的・政治的）理由から支持し続ける人々の願望を変えることはないかもしれないと認識していた。この場合、経済学はこの第二のグループの人々に対しても、助けになる知識とひじょうに価値あるサービスとを提供することになる。なぜなら、経済学は彼らの政治的・倫理的・イデオロギー的な選択の真のコストを明らかにして、各場面に応じて変更・強化するのを助けるからだ[60]。

　ともかく、ミーゼスとハイエクの分析が、無邪気・熱心に社会主義を支持していた経済学者・非経済学者の全員にとってまさに突発事件であったことは間違いない。彼らは社会主義がすべての社会問題の万能薬であり、資本主義では聞いたこともないような経済効率と発展につながるだろうと考えていた。また、ほとんどの人々にとって、社会主義が痛ましい貧困を生み出し、効率を著しく低下させるという事実は、社会主義の理想を放棄するための強力な、多くの場合に決定的な議論となった。しかし理想として、社会主義は重要な倫理的、「宗教的」な要素をもっていることを無視

59）ミーゼス「社会主義圏の経済計算」130ページ。

4．どういう意味において社会主義は不可能なのか？

してはならず、我々は社会主義に対して社会倫理の視点からアプローチする必要がある。

　この理由から、ますます多くの研究努力が、本書で記してきた経済効率の理論的問題とは別に、社会主義が倫理的に許容されるシステムなのかどうかの分析に向かっている。事実、少なくとも我々がこれまで分析してきた社会倫理の一分野からの視点（それは自然法である）では、社会主義の理想は人間の本性とは根本的に相容れないと信じる潜在的な理由がある（そしてこれは必然的だ。なぜなら社会主義は、人間のもっとも内的で本質的な特徴である自由な行動力に対する暴力と制度的強制に基づいているからだ）。この議論に基づけば、社会主義は理論的に不健全であるだけでなく、倫理的にも容認できない（非道徳的で不正義）。したがって長期的には人間の本性と矛盾するため、それを整合的に実行することは不可能であり、必然的に失敗する定めにある。こうした視点からは、科学と倫理学は同じコインの両面であり、世界には整合的な秩序が存在しており、異なる分野、科学・歴史進化学・倫理学などの領域で得られた結論は必然的に収束する傾向がある[61]。

　もし社会主義では合理的経済計算が不可能だと経済学が示し、社会倫理の理論的分析が、社会主義が人間本性と矛盾するゆえの不可能性であることを証明するなら、これまでの社会主義体験についての歴史解釈的な研究からはどういった結論が引き出されるだろうか？　その作業は、社会主義

60）ハイエクは、ミーゼスが実際には社会主義システムでは合理的経済計算は不可能だという意味で、ときに「社会主義は不可能である」という表現をすることを非難している。しかしこの批判は、本文で説明したミーゼスの明示的な表現に照らせば、完全には正当化されない。（ハイエクが非難する表現に類似した記述をミーゼスがしているのは『社会主義』においてだけであるが、その全般的な文脈を考えれば、その意味に疑問は存在しない。）「ミーゼスが時々社会主義は不可能だと言い放ったという事実に対して、当初の反論の多くはそうした言葉への言いがかりだった。もちろん、どんな行動計画もその計画に意味がある限りは、言葉の厳密な意味において可能、つまり試されてかまわない。問題は、それが期待した結果に結びつくかどうかである。つまり、行動計画がその意図した目的と整合的であるかだ」（ハイエク「問題の本質と歴史」36ページ）。興味深いことに現在では、旧東側諸国で革命的な変化が社会主義を放棄し、口語として「社会主義は不可能だ」という一般的な表現が広く使われている。

335

第 7 章　最終的考察

諸国で起こった歴史的出来事が、ミーゼスとハイエクの社会主義の理論的分析と適合するかを明確化することである。こうした分析によれば、起業家精神の自由な実践が許されない社会主義の導入から期待されるのは、その自由の抑圧の程度に従って、誤った資源と生産要素の配分が広がることだ。ある種の生産は過剰になり、人々がもっと望んでいる財・サービスの供給は害される。また、ある種のプロジェクトが過剰に重視されて開始されるが、その正当性は完全に技術的・科学技術的な性質だけであって、必要なコストは考慮されることはない。パラドックスではあるが、こうした「技術的」理由からプロジェクトが制御不能になる傾向は、もし起業家精神が自由に実践できたら発見・試行されたにちがいない、経済的にもっと有利な新技術・生産技術の全般的な導入を妨害する[62]。

　要するに、恣意的な低い利子率によって消費財・サービスの生産は害さ

---

61) この話題については特に、社会倫理の分野の研究におけるイズラエル・M・カーズナー（『発見・資本主義・分配的正義　*Discovery, Capitalism and Distributive Justice*』1989）とハンス＝ヘルマン・ホッペ（『資本主義と社会主義の理論　*A Theory of Capitalism and Socialism*』1989）の研究に触れなければならない（ロバート・ノージックによる、やや時代遅れではあるが今も有名な著作『アナーキー・国家・ユートピア』（Nozick, 1974）もおそらく付け加えるべきだろう）。両者ともに社会主義は理論的に不可能なだけでなく、倫理的にも許されないことを明らかにした。カーズナーの結論は、だれもが自らの起業家的創造性の果実を得るという自然権を持つという啓発的な理論に基づいたものである。ホッペの基礎づけは、別の人間との論争は常に「別の自分」という個人の受容と暗黙的認識を意味しており、彼の存在・思考・業績への所有権というハーバーマス的な公理に基づいている。この公理から、ホッペは論理的に所有権と資本主義の全理論を演繹する。社会的現実を研究するための三つの異なる相互補完的なレベル（理論的、歴史・進化的、倫理的）についての私の理論は、ハイエクのスペイン語版『全集　*Obras Completas*』の第 1 巻序文（Hayek, 1990, pp. 23-24）を見よ。社会主義が不道徳であることは、考慮するレベルの違いに応じていくつもの理解が可能である。換言すれば、社会主義の不道徳性には少なくとも三つの異なる意味がある。第一に理論的な視点からは、社会主義が不道徳なのは、社会が選んだ目的を実現するために必要な情報が生み出されるのを阻害するからだ。第二に進化的な視点からは、社会主義は伝統的な法・習慣（ラテン語の mos moris）の価値を無視する構成主義的ユートピアであることから、非道徳の極みである。第三に倫理的な視点からは、社会主義はもっとも本質的な人間性原理、つまり人間が自由で創造的に活動し、起業家的創造性の果実を獲得する能力への攻撃なのである。

4．どういう意味において社会主義は不可能なのか？

れ、もっとも資本集約的な産業に過剰な投資が行われる。一般的に、不合理と社会的不協調はすべてのレベルにおよぶため、他の条件が同じなら、同量の努力と社会的支援は、社会主義システムではずっと低い生活水準と少量にして劣悪な消費財・サービスとなる。言い換えれば、社会主義が資本主義に近づくためには、はるかに大きく、不必要で完全に不釣り合いな社会的・環境的、そして一般的にすべての生産要素に対するコストを伴う。

　　ここは社会主義による歴史経験を深く分析する場所ではないが、そうした出来事の歴史的解釈は、ミーゼスとハイエクが展開したように社会主義

62）ホッフが強調するように、起業家精神から遠ざかり社会主義へと向かう傾向によって、社会のすべてのレベルで、エンジニアに特徴的な技術的メンタリティが、陰に陽に、より目立つようになる。いったん起業家的利益と費用を考慮しなくなれば、「技術的」配慮に不釣り合いな重要性が置かれることはほとんど避けられない。こうした現象は各レベルの産業・業界にとどまらず、社会全体の一般的なレベルにまでおよぶ。実際、社会主義の政治家や役人は、自分たちが意のままに社会を調整できる抜きん出た「社会工学者」であると信じて、より高度な経済的・社会的発展のレベルの達成に必要な「変化」をもたらす。ホッフの結論では、「技術的に完璧なものは、そうした仮説によって、技術的観点からの目的に対して理想的なのだ。エンジニアや技術専門家に喜びを与え、一般人にさえ美的な楽しみを与えるが、技術的に完璧なものは経済的には不合理であり、もしその生産の労働と原材料を別の目的に使えばより多くの欲求を満たすことができるなら、それは非経済的な使用法である」。ホッフ『社会主義社会の経済計算』141ページ（脚注 8 の最後の文章）。パラドックスではあるが、生産セクターでコストを考慮せずに最新の技術的イノベーションを導入しようとすることは、結局は社会の技術的発展を遅らせてしまう。なぜなら、本当に有用な技術的イノベーションは（起業家的に発見・導入されるものであり）、都合の良い時間と場所で発見され適用されるものではないからだ。この点について D・T・アルメンターノは、社会主義計画者はどのプロジェクトがより経済的・効率的であるか知ることはできないため、その決定はどれほど技術的考慮によって正当化、「扮装」されても、場所的にも時間的にも非協調的なものになってしまうと主張する。彼は、石油火力発電所または原子力発電所の建設を選ばなければならない社会主義の経営者について、ミーゼスの有名な例を挙げる。彼の結論では、「特定の資源を使って、ある時点で発電所を建てるとき、それは経済的ではなく『恣意的』な決定である。なぜなら、自由な起業家的市場で自発的に生み出される価格と費用の情報が、そこでは利用不可能だからだ」。アルメンターノ「社会主義の資源配分問題　Resource Allocation Problems under Socialism」『*Theory of Economic Systems: Capitalism, Socialism, Corporation*』ウィリアム・P・スナヴェリー編（Almentano, 1969, pp. 133-134）を見よ。

第7章　最終的考察

の経済理論からの事前の結論を裏づけ、それらと完全に一致していること
は指摘できよう。社会主義政府が証明したのは、その経済的・社会的決定
を合理的に協調させることも、最低限度の調整と効率性を維持すること
も[63]、市民の消費財・サービスへの欲望を満足させることも、社会を経済
的・技術的・文化的に発展させることもできなかったことだ。事実、旧東
側諸国の社会主義システムの歪みと矛盾はあまりにも明らかになったため、
市民からの社会主義放棄と資本主義の再導入の要求を旧体制が無視するこ
とはできなくなり、それらは次々と崩壊していったのである。この意味で
旧東側諸国の社会主義の没落は、1920年代からオーストリア学派が展開し
てきた社会主義の理論的分析の、歴史的に類を見ない偉大なる大勝利であ
ったと見なさねばならない。これらの歴史的出来事はミーゼスの議論に大
きな功績をもたらし、ハイエクその他のオーストリア経済学者たちを満足
させた。

　しかし、オーストリア学派の理論的分析は、社会主義は知的誤謬に基づ
いているため機能しえないこと、そして社会主義は必然的に社会的な調整
の失敗と歪曲を生み出すことを事前に示していた。このことを考えると、
数億もの人々がこれほど長年にわたって、筆舌に尽くしがたい苦痛を耐え
なければならなかったことは最悪の悲劇だった。これらの歴史は、オース
トリア学派の理論的研究からは、当初から必然的に起こるだろうと予測さ
れていたことだった。この人類の苦しみに特に責任があるのは、オースリ
ア学派の社会主義分析の内容を怠惰に無視しただけでなく、ほとんど詐欺
的に隠蔽さえしていた少なからぬ科学者たちである。しかし彼らだけでな
く、不格好で時代遅れの、しかし今も支配的な経験主義・実証主義のせい
でもある。それは、理論とは無関係に、経験だけが社会システムが生き残
る可能性を明らかにできるという考えだ[64]。ミーゼス、ハイエクをはじめ
とするオーストリア学派のわずかな輝かしい例外を除いて、社会科学コミ
ュニティのほとんどの領域は人間性を裏切り、少なくとも社会主義の理想
から生じる危険を市民に知らせ警告するという本質的な科学的義務を果た

───────────────

63）論理的なことだが、本書では「効率性」はパレート的最適化ではなく、不確実
性が存在する創造的な環境での起業家的協調だと考えている。

4. どういう意味において社会主義は不可能なのか？

せなかった。したがって、科学的な説明責任を十分に、教育的に認めることが不可欠だ。市民の前で経済学者たちを、特定の時期や文脈における名誉・名声・人気にかかわらず、経済思想史の未来に照らして正しく評価しなければならない。

　本書における社会主義体験の歴史的解釈については、注意書きを付ける必要がある。なぜなら、本書の仮定では、多くの「実証主義」経済学者とは違って、経済学の分野の理論を確証・反証するためには経験的な証拠だけでは十分ではない。本書では注意深く、歴史的研究は理論的結論を「例示」し、それと「一致」すると述べたが、それらが理論的結論を「確証」し、「妥当性を示す」とは表現していない[65]。ここでは「実証主義的方法論」の論理的不適切性の分析を再論しないが[66]、社会的世界の経験は常に歴史的であり、きわめて複雑な出来事と関係していることは明らかだ。そこでは無数の「変数」が関係しているが、それらは直接には観察できず、単に事前の理論に照らして解釈できるだけである。また歴史的出来事の解釈は理論に依存し、変化して行く。つまり実証主義的ではない方法で、現実を正確に解釈するための事前理論を確立しておくことが不可欠となる。

　したがって、議論の余地のない歴史的証拠は存在せず、いわんや理論を証明・反証する証拠など見あたらない。さらに、この反対の見方が正しいとしても、一般的な理論的議論、特に社会主義に関する議論はきわめて価値ある結論を生み出した。それが適切に考慮されていれば、前述したように、何百年にもわたる努力の失敗だけでなく、あらゆる種類の無数の軋轢

64）例えば、この奇妙な「実証的科学主義」は強迫的なものとなって、アメリカの教育界や学会全体、シカゴ学派の研究に蔓延している。特に、そのもっとも有名なメンバーの一人であるジョージ・スティグラーは、論争の両陣営ともにその立場の「実証的」な結論を認識し損なっており、「実証的証拠」だけが資本主義の擁護者と社会主義者の既存の相違を解消できると考えている。スティグラーの見解に対してノーマン・バリーが提出した素晴らしい批判は、「経済学と社会主義の哲学　The Economics and Philosophy of Socialism」（Barry, 1984, pp. 573-592）を見よ。
65）フリッツ・マハループによる興味深い文献については、「テスト対例証　Testing versus Illustrating」、『知識：その創出・伝達・経済的意義　Knowledge: Its Creation, Distribution and Economic Significance』第3巻『情報と人的資本の経済学　The Economics of Information and Human Capital』（Machlup, 1984, pp. 231-232）を見よ。

339

第7章　最終的考察

と、言葉にできないほどの人類の苦しみを避けることができただろう。か
くて経済システムが実現可能かを「確証」するために歴史を待つのは、論
理的に考えても非現実的であるにすぎない。歴史は理論を確証も反証もで
きず、経験外から発達した正確な理論の教えを、経験する以前は無視する
という不合理を含むからである。さらにそれは、「実験結果」を分析する
という言い訳によって、ユートピアなどの馬鹿げた試行錯誤を招き、人類
に不釣り合いなコストを強いる[67]。

　こうしたコメントは、確かに必要である。私が本書の執筆を開始した頃
（1990 – 1991年）、東欧諸国の社会主義が崩壊し、そこで生じていた社会ト
レンドは、ミーゼスとハイエクの社会主義への見方から敷衍される「予
測」を全般的に完全に確証したが、これは常にそうであったわけではな

66）実証主義方法論の批判的分析の要約と、これにもっとも関連する文献は、私の
論文「経済科学の方法と危機　Método y Crisis en la Ciencia Económica」（Huerta
de Soto, 1982, pp. 33-48）であり、私の『政治経済学講義　Lecturas de Economía
Política』第 1 巻（Madrid: Unión Editorial, 1986）、11-33ページに再掲されている。
オーストリア学派の方法論的思考は、社会主義計算論争が進むにつれて洗練されて
いった。実証主義方法論への批判の完全な定式化は、この論争のもっとも価値ある
副産物であると考えられる。社会主義が知的誤謬である（集権的に実践的必要情報
を集めることは不可能）のと同じ理由で、経済学では直接的に経験的な出来事を観察
することはできず、経験的に理論を実証することもできず、要するに、特定の未来
の出来事の時間と場所について予測することはできないのである。なぜなら経済学
研究の対象とは、人類が、自身の行為について持っており、そして生み出す思考と
知識であり、これは常に変化し、きわめて複雑で、計測・観察できず、科学者が
（また中央計画庁にも）知ることはできないものだからだ。もし社会の出来事を計
測することができ、経験的に経済理論を確証できるなら、社会主義も可能である
（この反対も成り立つ）。社会主義が不可能な理由は、実証主義方法論が適用不可能
な理由と同じだ。社会の出来事の「精神的」な性質を考えれば、それらの「出来
事」は歴史的にのみ解釈可能であり、それには事前の理論が必要になる。これらの
魅惑的な点については、私の上記論文「方法と危機」で引用した33の文献、特にミ
ーゼスの『理論と歴史　Theory and History』（Mises, 1957）とハイエク「社会科学
における事実　The Facts of the Social Sciences」（『個人主義と経済秩序』57-76ペ
ージ）、『科学の反革命　The Counter-Revolution of Science』（Hayek, 1952/1979）
を見よ。オーストリア学派の方法論的パラダイムについての有用で公平な説明はブ
ルース・コールドウェル『実証主義を超えて：20世紀経済科学方法論』（Caldwell,
1982, 特に pp. 117-138）である。

340

い[68]。ある歴史的時期においては正反対のこと、つまり東欧諸国での出来事は、オーストリア学派が定式化した社会主義の不可能性を明らかに「反証」したと信じられていた。さらに時には、ソヴィエトで社会主義が現実に機能していることに照らせば、ハイエク[69]とロビンズ[70]でさえもミーゼスの極端な見解を捨てて、「第二次防衛線」にまで逃避したと書かれてい

67）ミーゼスは、ソヴィエトの経験からの教訓は社会主義についての理論的主張を確立するには十分ではないことを強調し、結論づける。「社会主義のように抽象的な理由づけをもつシステムに含まれる誤謬は、抽象的な理由によってしか打ち崩すことはできない」（『社会主義』535ページ）。

68）歴史的出来事についてのよく知られている解釈は、ときに、比較的「より簡単」である。例えばそうした例は、いわゆる「戦時共産主義」の明らかな失敗である。この失敗によってレーニンは1921年に「新経済政策（ネップ）」を採用せざるを得なくなった。最近の出来事である旧東側諸国の共産体制の崩壊もまた、明らかな解釈を示唆する。おそらく歴史的出来事の解釈は他の時期ではもっと複雑だろうが、そうした場合でも注意深く研究すれば、社会主義経済計算の不可能性は必ず確証される。この点については、例えば、デイヴィッド・ラムジー・スティールの論文「ボルシェヴィズムの失敗とその顛末　The Failure of Bolshevism and its Aftermath」の第1節「ロシアはミーゼスを反証したか？　Does Russia Refute Mises?」（Steele, 1981, pp. 105-106）を見よ。

69）ハイエクにとってこの解釈は、特に明らかな事実の「恥ずべき誤解」以外の何物でもない（第5章脚注25を見よ）。批判者がハイエクの「撤退」を正当化したコメントは、ほんの手短なものであるだけでなく、その目的は明らかに、彼が常に示していた伝統的な学会の礼節、少なくとも紙誌上では相手に完全な敗北を避けさせることを維持するためだからだ。我々はこの意味において『個人主義と経済秩序』187ページだけでなく、「論争の現状」238ページ、242ページの以下の見解を解釈しなければならない。「しかし、このことは、これらの提案がいかなる絶対的な意味においても不可能であるということを不適切なものにしているが、望ましい目的を達成するためのこれらの非常に深刻な障害が存在し、それらを克服する方法がないように思われることは、それにもまして真実であることに変わりはない」（238ページ）。「解決策がまだ見つかっていない可能性をすべて排除したいとは誰も思わないだろう。しかし、われわれの知識の現状では、そのような解決策が最終的に見つかるかどうか、深刻な疑念が残るに違いない」（p. 242）。よって、経済計算論争の最重要な時期から40年以上がすぎて、1982年の論文で、ハイエクが彼の論敵に対してその典型的な忍耐と礼儀を維持できなくなったことは驚きではない。彼らは、ハイエクがなしたと考えた「第二次防衛線」への「撤退」について甚だしい誤解を持ち続けていたからだ。ハイエク自身は、彼の礼儀正しい表現と紳士的な振る舞いが学問的な誠実さを欠いた論敵によって利用されており、礼儀正しいアカデミックな態

第 7 章　最終的考察

た。第二次防衛線とは、社会主義は「機能する」（つまり「不可能」ではない）が、実際には必然的に深刻な非効率性の問題を伴うというものである。ミーゼスもハイエクも「第二次防衛線」に撤退したことはなく、この解釈は完全に誤りである。反対に、彼らは常に、ソヴィエト連邦での出来事が完全にミーゼスの社会主義理論を確証していると信じていた。それは社会主義システムの失敗と不適切さがうまく隠蔽され、あまり明らかではなかった時期においてさえ、そうであった[71]。

度のために誤解されるリスクは二度と冒さないだろうことを明らかにしていた。「私はおそらくシュンペーターが、私の本の「欠点である礼儀正しさ」を批判したことを付け加えなければならない。なぜなら私は、「論敵に対して知的誤謬をこえた責を帰したことがほとんどなかった」からだ。私がこうしてお詫びしているのは、30年以上経って同じ空疎な批判の文章を見ると、私はもはやかつてと同じ忍耐と寛容をもち続けることができないことである」。『哲学・政治学・経済学・思想史の新研究　New Studies in Philosophy, Politics, Economics and the History of Ideas』第14章「計画化についての新しい混乱　The New Confusion about Planning」235ページ（Hayek, 1978）を見よ。

70）現実的な証拠に照らして、ロビンズがいかなる意味においても「第二次防衛線」まで撤退したと信じる正当な理由は存在しない。反対に、ロビンズは自身の主張が、ミーゼスが『社会主義』で展開した議論にきわめて近いことを認識していただけではない（この本の英訳に対してロビンズは大きな貢献をしている。もっとも重要な部分の最初の原稿を用意し、それを友人であるJ・カハネに渡して、最終原稿を任せた）。それだけではなく、ほとんど40年後にロビンズ卿として自叙伝を書いたときにも同じ意見を表明して、社会主義経済計算の不可能性について、1920年に定式化された時と同じようにミーゼスの議論が妥当であると認めている。ロビンズ自身の言葉によると、「なんらかの価格システムなしでは、複雑な集産社会には必要なガイドがなく、そうした社会の一般的枠組みでは、動的な文脈で意味をなし、インセンティブとなる価格システムを制度化しようとする試みは集産的な意図との軋轢を生む傾向がある——私にはこれらは今でも真実であり、全体主義社会が生まれてから、すべての歴史に裏づけられているように思われる」。ライオネル・ロビンズ『経済学者の自叙伝　Autobiography of an Economist』（Robbins, 1971, p. 107）を見よ。また『政治経済学、過去と現在　Political Economy, Past and Present』（Robbins, 1976, pp. 135-150）も見よ。

71）出来事を経験から解釈することに伴う困難が、これほど大きく変化することは、西側の介入主義と社会民主主義の効果についても、もっと劇的に起こった。こうした状況では、もし可能であるのなら、理論による助けはいわゆる「真の」社会主義の場合よりもさらに不可欠である。

5. 最終的結論

　社会主義経済計算論争について述べてきたすべてのことに照らせば、ミーゼスとハイエクが提起した挑戦に満足の行く答えを出せた社会主義者はだれもいなかったと結論できる。ほとんどの場合、彼らはこの知的挑戦の意味さえも理解することができなかった。彼らは新古典派・ワルラス的パラダイムに沿って議論し、本当の問題を理解することを大きく妨げる分析ツールを使った。それは生産手段の私有制度と起業家精神の自由な実践が存在しない社会で生じる問題である。また（今度はそうした状況から生じた）静学問題への移行によって真の問題が認識・検討できなくなり、それらの問題は「理論的に解決された」という誤った感覚を生み出した。結果的に、ミーゼスとハイエクの理論的挑戦には答えられず、社会主義経済学者がだんだんと認め始めたように今日でも満足には答えられていない。さらに、20世紀を通じて起こった社会的・経済的・政治的な出来事は、ミーゼスとハイエクの社会主義理論の研究を十分に確証してきた。とはいえ、西側のほとんどの経済学者は、論争は1940年代初めには決着がついたと考えている。それ以降、「比較制度」と「社会主義制度の改革」の理論、計量計画経済学においていくつかの研究方向が追求されてきた。しかし、こうした研究は、ミーゼスとハイエクが論争中に分析した理論的問題をほとんど完全に無視したため台無しになってきた。そうした無視は、すべての研究の失敗と無意味さの主たる原因になった。

　オーストリア学派の側では、もともと論争に加わった経済学者（主にミーゼスとハイエク）だけでなく、ますます多くの若手経済学者が、この論争に端を発するきわめて生産的な理論を発展させ続けた。その意味では、論争から経済学にとってひじょうに実りの多い多層的な結果が生まれた。そのため、社会主義経済計算論争の結果として当初から直感された、あるいは発達した研究によってすでに豊かになった経済学の多様な分野を分析することが特に重要になる。すでに本書の各所でこうした若い学者のほとんどを、その研究が関係する箇所で引用した。しかし、彼らの学究のもっと深く詳細な研究は、また別の機会に譲らねばならない。

343

第 7 章　最終的考察

　現在の状況は疑いなく、東側諸国の社会主義体制が崩壊して、最近の世界がそれを目撃したことから生じているが、それによって本書で提示した主要な議論に加えて、「伝統的」な論争の全般的な再考が促された。この再考プロセスに大いに重要な役割を果たしているのは、多くの西側の経済学者だけでなく、最近まで社会主義諸国で最高の経済学者だと目されていた学者たちだ。もしこうした経済思想史分野でのトレンドが続けば、これまで「社会主義経済計算論争」に関して広がってきた評価・結論は変更されなければならないという広範な合意が、速やかに得られることだろう。もしそうなら、経済科学におけるこの有害で不当な神話を破壊することにわずかなりとも貢献できたことは、私にとって大きな栄誉であり、満足である。

344

文　献

ALCHIAN, A. A., "Corporate Management and Property Rights." In *Economic Policy and the Regulation of Corporate Securities*, pp. 342 and following. Washington, D.C.: American Enterprise Institute, 1969.

————, and W. R. ALLEN, *University Economics: Elements of Inquiry.* 3rd ed. Belmont, California: Wadsworth Publishing, 1971.

ÁLVAREZ, V. A., "'El Camino hacia la Servidumbre' del Profesor Hayek." *Moneda y Crédito*, no. 13 (June 1945). Reprinted as chap. 2 of *Libertad Económica y Responsabilidad Social*, ten essays in an edition which commemorates the centenary of the birth of D. Valentín Andrés Álvarez, pp. 69–86. Madrid: Centro de Publicaciones del Ministerio de Trabajo y Seguridad Social, 1991.

ALLAIS, M., "Le problème de la planification dans une économie collectiviste." *Kyklos* 1, no. 3 (1947): 254–280; 2, no. 1 (1948): 48–71.

ANDERSON, T. L., and D. R. LEAL, *Free Market Environmentalism.* San Francisco: Pacific Research Institute for Public Policy, 1991.

ANTONELLI, E., "Léon Walras et Carl Menger à travers leur correspondance." *Économie Appliquée* 6 (April-Sept. 1953).

AQUINAS, St. T., *Suma Teológica [Summa Theologiae].* Vol. 4. Madrid: B.A.C., 1954.

ARANSON, P. H., "Bruno Leoni in Retrospect." *Harvard Journal of Law and Public Policy* (summer 1988).

ARMENTANO, D. T., "Resource Allocation Problems under Socialism." In *Theory of Economic Systems: Capitalism, Socialism, Corporatism*, ed. William P. Snavely, pp. 133 and following. Columbus, Ohio: Merrill, 1969.

ARNOLD, N. S., *Marx's Radical Critique of Capitalist Society: A Reconstruction and Critical Evaluation.* Oxford: Oxford University Press, 1990.

ARROW, K. J., "Limited Knowledge and Economic Analysis." *American Economic Review* 64 (March 1974): 1–10.

————, *The Limits of Organization.* New York: Norton, 1974.

————, and L. HURWICZ. *Studies in Resource Allocation Processes.* Cambridge: Cambridge University Press, 1977.

ARRUÑADA, B., "El Coste de la Información Contable." *España Económica* (May 1991): 8–11.

BAGEHOT, W., *Economic Studies.* London: Longmans Green, 1898.

BAILEY, S., *A Defense of Joint-Stock Banks and Country Issues.* London: James Ridgeway, 1840.

BALLESTEROS, A., *Alfonso X El Sabio.* Barcelona: Ediciones "El Albir," 1984.

BALLOD, K., *Der Zukunftsstaat. Wirtschaftstechnisches Ideal und volkswirtschaftliche Wirklichkeit.* 4th ed. Berlin: E. Laubsche, 1927. First edition published in Stuttgart in 1919.

BARONE, E., "Il Ministro della Produzione nello Stato Colletivista." *Giornale degli Economisti*, no. 37 (Sept. 1908). Translated into English by F. A. Hayek, as "The Ministry of Production in the Collectivist State." App. A of *Collectivist Economic Planning*, ed. F. A. Hayek, 245–290. Clifton: Augustus M. Kelley, 1975.

BARROW, J. D., and F. J. TIPLER, *The Anthropic Cosmological Principle.* Oxford: Oxford University Press, 1986.

BARRY, N. P., "The Economics and Philosophy of Socialism." *Il Politico*, year 49, no. 4

(1984): 573–592.

―――, *The Invisible Hand in Economics and Politics. A Study in the Two Conflicting Explanations of Society: End-States and Processes*. London: Institute of Economic Affairs, 1988.

BAUER, O., *Der Weg Zum Sozialismus*. Vienna: Ignaz Brad, 1919.

BENNETT, J., *The Economic Theory of Central Planning*. Oxford: Basil Blackwell, 1989.

BERGSON, A,. "Socialist Economics." In *A Survey of Contemporary Economics*, ed. Howard S. Ellis. Homewood, Illinois: Richard D. Irwin, 1948.

BERGSON, H., *Oeuvres*. Paris: Presses Universitaires de France, 1959.
　　※アンリ・ベルクソン『意識に直接与えられたものについての試論』合田正人・平井晴史訳、ちくま学芸文庫、2002年。

BERGUM, D. F., "Economic Planning and the Science of Economics." *American Economic Review* (June 1941).

BERNHOLZ, P., "Information, Motivation, and the Problem of Rational Economic Calculations in Socialism." In *Socialism: Institutional, Philosophical and Economic Issues*, ed. Svetozar Pejovich. Dordrecht, Holland: Kluwer Academic Publishers, 1987.

BLAUG, M., *Economics Through the Looking Glass*. London: Institute of Economic Affairs, 1988.

―――, "Comment on O'Brien's 'Lionel Robbins and the Austrian Connection.'" In *Carl Menger and His Legacy in Economics*, ed. Bruce J. Caldwell. Annual supplement to volume 22, *History of Political Economy*. Durham: Duke University Press, 1990.

―――, "Book Review." *Economic Journal* 103, no. 421 (November 1993): 1570 and following.

―――, and N. MARCHI, *Appraising Economic Theories*. Aldershot, England: Edward Elgar, 1991.

BLOCK, W., and I. HEXHAM, *Religion, Economics and Social Thoughts*. Vancouver: Fraser Institute, 1989.

BOETTKE, P. J., "Evolution and Economics: Austrians as Institutionalists." *Research in the History of Economic Thought and Methodology*, no. 6 (1988).

―――, *The Political Economy of Soviet Socialism: The Formative Years* 1918-1928. Dordrecht, Holland: Kluwer Academic Publishers, 1990.

BÖHM-BAWERK, E. VON, "The Exploitation Theory." Chap. 12 in *History and Critique of Interest Theories*. Vol. 1 of *Capital and Interest*, 241–321. South Holland, Illinois: Libertarian Press, 1959. This is an English translation of *Geschichte und Kritik der Kapitalzins-Theorien* (1884, 1900, 1914, and 1921). Vol. 1 of *Kapital und Kapitalzins*. There is a Spanish translation entitled *La Teoría de la Explotación*, to which J. Reig wrote a foreword. Madrid: Unión Editorial, 1976.

―――, *Capital and Interest*. Vol. 2, *The Positive Theory of Capital*. South Holland, Illinois: Libertarian Press, 1959.

―――, "Zum Abschluss des Marxchen Systems." In *Staatswissenschaftliche Arbeiten-Festgaben für Karl Knies zur Fünfundsiebzigsten Wiederkehr*, 85–205. Berlin: Haering, 1896. There is an English translation entitled "Unresolved Contradiction in the Marxian Economic System." Chap. 4 in *Shorter Classics of Eugen von*

Böhm-Bawerk. South Holland: Libertarian Press, 1962. There is also a Spanish translation entitled "Una Contradicción no resuelta en el Sistema Económico Marxista." *Libertas* (Buenos Aires), year 7, no. 12 (May 1990): 165–296.

————, "Macht oder Ökonomisches Gesetz?" *Zeitschrift für Volkswirtschaft, Sozialpolitik und Verwaltung* (Vienna) 23 (December 1914): 205–271. Translated into English in 1931 by J. R. Mez and published with the title "Control or Economic Law?" In *Shorter Classics of Eugen von Böhm-Bawerk*. Vol. 1. South Holland, Illinois: Libertarian Press, 1962.

BORRELL, J., *La República de Taxonia*. Madrid: Ediciones Pirámide, 1992.

BRADLEY, R., "Market Socialism: A Subjectivist Evaluation." *The Journal of Libertarian Studies* 5, no. 1 (winter 1981): 23–39.

BRUS, W., "Observaciones sobre los problemas de contabilidad marginal en la economía socialista." In *Problemas de Economía Política del Socialismo*, ed. Oskar Lange, 175–194. Mexico: Fondo de Cultura Económica, 1974. This book was translated into English as *Problems of Political Economy of Socialism*. New Delhi: People's Publishing House, 1962.

————, and K. LASKI., *From Marx to the Market: Socialism in Search of an Economic System*. Oxford: Clarendon Press, 1989.

BRUTZKUS, B., *Economic Planning in Soviet Russia*. London: Routledge, 1935. There is a reissue (Westport, Connecticut: Hyperion Press, 1982). English translation of *Die Lehren des Marxismus im Lichte der Russischen Revolution*. Berlin: H. Sack, 1928.

BUCHANAN, J. M., *Cost and Choice*. Chicago: Marckham Publishing, 1969.

————, "The Public Choice Perspective." Chap. 3 in *Liberty, Market and State*. Sussex: Harvester Press, 1986.

————, and G. F. THIRLBY, eds. *L.S.E. Essays on Cost*. New York: New York University Press, 1981.

BUKHARIN, N. I., and E. PREOBRAZHENSKY, *The ABC of Communism: A Popular Explanation of the Program of the Communist Party of Russia*. Ann Arbor: University of Michigan Press, 1966.

CAFFÉ, F., "Barone." In *The New Palgrave: A Dictionary of Economics*, 195–196. Vol. 1. London: Macmillan, 1987.

CALDWELL, B., *Beyond Positivism: Economic Methodology in the Twentieth Century*. London: Allen and Unwin, 1982. [『実証主義を超えて：20世紀経済科学方法論』堀田一善、渡部直樹訳、中央経済社、1989年]

————, ed., *Carl Menger and His Legacy in Economics*. Annual supplement to volume 22, *History of Political Economy*. Durham and London: Duke University Press, 1990.

CAMPOS, J. G., and A. BARELLA, *Diccionario de Refranes*. Appendix 30 to the *Boletín de la Real Academia Española*. Madrid, 1975.

CASSEL, G., *Teoristiche Sozialökonomie*. 5th ed. Leipzig, 1932. (First edition, 1918.) Translated into Spanish by Miguel Paredes as *Economía Social Teórica*. Madrid: Aguilar, 1960. Translated into English by S. L. Barron as *The Theory of Social Economy*. New York: Augustus M. Kelley, 1967.

CAVE, M., *Computers and Economic Planning: The Soviet Experience*. Cambridge: Cam-

文　献

bridge University Press, 1980.

CELA, C. J., "El Dragón de Leviatán." (Lecture delivered before UNESCO, July 1990.) In "Los Intelectuales y el Poder," *ABC* (Madrid), 10 July 1990, pp. 4, 5.

CERVANTES, M., *Don Quixote*. Trans. John Ormsby. London, 1885. http://www.csdl.tamu.edu/cervantes/english/ctxt/DQ_Ormsby/part1_DQ_Ormsby.html. (3 December 2003).

CICERO, M. T., *De Re Publica*. Cambridge, Massachusetts: The Loeb Classical Library, 1961. Spanish translation by Antonio Fontán, *Sobre la República*. Madrid: Gredos, 1974.

COASE, R. H., "The Nature of the Firm." In *The Firm, the Market and the Law*, 33–55. Chicago: University of Chicago Press, 1988. Reprinted from *Economica*, no. 4 (November 1997).

COLLARD, D., "Henry Douglas Dickinson." In *The New Palgrave: A Dictionary of Economics*, 836. Vol. 1. London: Macmillan, 1987.

CROZIER, B., and A. SELDON, *Socialism Explained*. London: The Sherwood Press, 1984.

CHALOUPEK, G. K., "The Austrian Debate on Economic Calculation in a Socialist Economy." *History of Political Economy* 22, no. 4 (winter 1990): 659–675.

CHAREMZA, W., and M. GRONICKI, *Plans and Disequilibria in Centrally Planned Economies*. Amsterdam: North Holland, 1988.

DEMBINSKI, P. H., *The Logic of the Planned Economy: The Seeds of the Collapse*. Oxford: Clarendon Press, 1991.

DI LORENZO, T. J., "Competition and Political Entrepreneurship; Austrian Insights into Public Choice Theory." In *The Review of Austrian Economics*, ed. Murray N. Rothbard and Walter Block, 59–71. Vol. 2. Lexington: Lexington Books, 1988.

DICKINSON, H. D., "Price Formation in a Socialist Economy." *Economic Journal*, no. 43 (1933): 237–250.

―――, *Economics of Socialism*. Oxford: Oxford University Press, 1939.

DOBB, M. H., "Economic Theory and the Problems of a Socialist Economy." *Economic Journal*, no. 43 (1933): 588–598.

―――, "Economic Theory and Socialist Economy: A Reply." *Review of Economic Studies*, no. 2 (1935): 144–151.

―――, "Review of Brutzkus and Hayek." *Economic Journal*, no. 45 (1935).

―――, "Economic Law in the Socialist Economy." In *Political Economy and Capitalism: Some Essays in Economic Tradition*. London: Routledge and Kegan Paul, 1937. Translated into Spanish by Emigdio Martínez Adame as "La Ley Económica en una Economía Socialista." In *Economía Política y Capitalismo*. Mexico: Fondo de Cultura Económica, 1974.

―――, *On Economic Theory and Socialism: Collected Papers*. London: Routledge and Kegan Paul, 1955.

DOLAN, E. G., ed. *The Foundations of Modern Austrian Economics*. Kansas City: Sheed and Ward, 1976.

DURBIN, E., *The Fabians, Mr. Keynes and the Economics of Democratic Socialism*. New York: Routledge and Kegan Paul, 1984.

―――, *New Jerusalems: The Labour Party and the Economics of Democratic Socialism*. London: Routledge and Kegan Paul, 1985.

349

DURBIN, E. F. M., *Purchasing Power and Trade Depression*. London: Chapman and Hall, 1933.

————, "Economic Calculus in a Planned Economy." *Economic Journal* (December 1936). Reprinted in *Problems of Economic Planning*, 140–155. London: Routledge and Kegan Paul, 1968.

————, "A Note on Mr. Lerner's 'Dynamical' Propositions." *Economic Journal*, no. 47 (Sept. 1937): 577–581.

EATWELL, J., M., MILGATE, and P. NEWMAN, *The New Palgrave: A Dictionary of Economics*. 4 vols. London: Macmillan Press, 1987.

ELLIOT, J. H., *El Conde-Duque de Olivares*. Barcelona: Crítica, 1990. *The Count-Duke of Olivares, The Statesman in an Age of Decline*. New Haven, CT: Yale University Press, 1986.

ELLMAN, M., "Changing Views on Central Economic Planning 1958/1983." *The ACES Bulletin*, no. 25 (1983): 11–29.

————, "Economic Calculation in Socialist Economies." In *The New Palgrave: A Dictionary of Economics*, 31. Vol. 2. London: Macmillan, 1987.

————, *Socialist Planning*. 2nd ed. Cambridge University Press, 1989. Translated into Spanish by Carlos Cruz Arjona as *La Planificación Socialista*. Mexico: Fondo de Cultura Económica, 1983.

ENDRES, A. M., "Menger, Wieser, Böhm-Bawerk and the Analysis of Economic Behaviour." *History of Political Economy* 23, no. 2 (summer 1991): 279–299.

ENGELS, F., *Anti-Dühring: Herr Eugen Dühring's Revolution in Science*. Trans. Emile Burns. Moscow: Progress Publishers, 1947. http://www.marxists.org/archive/marx/works/1877/anti-duhring/ch26.htm. (28 September 2004). [Burns translated the above from the 1894 edition of the book, published in Stuttgart by Verlag von J.H.W. Dietz.]

EXTAIN, A., ed. *Comparison of Economic Systems: Theoretical and Methodological Approaches*. Berkeley: University of California Press, 1971.

FELIPE, L., *Obras Completas*. Buenos Aires: Losada, 1963.

FERGUSON, A., *An Essay on the History of Civil Society*. London: T. Caddel in the Strand and Edinburgh: A. Kincaid, W. Creech, and J. Beel, 1767. The third English edition of 1773 has been translated into Spanish, revised by Juan Rincón Jurado, and published in Madrid: Instituto de Estudios Políticos, 1974.

FEUCHT, M., *Theorie des Konkurrenzsozialismus*. Stuttgart: G. Fischer, 1983.

FRIEDMAN, D., *The Machinery of Freedom*. 2nd ed. Illinois: Open Court, 1989.

FRIEDMAN, M., "Lerner on the Economics of Control." *Journal of Political Economy* (October 1947): 405–416. Spanish translation by Raimundo Ortega Fernández, "Lerner y la Economía de Control." Chap. 11 in *Ensayos sobre Economía Positiva*. Madrid: Gredos, 1967.

————, *Market or Plan?* London: Centre for Research into Communist Economies, 1984.

FURUBOTN, E., and S. PEJOVICH, "Property Rights, Economic Decentralization and the Evolution of the Yugoslav Firm." *Journal of Law and Economics*, no. 16 (1973): 275–302.

GARELLO, J., "Cultural Protectionism." *Mont Pèlerin Regional Meeting* (Paris, 1984).

GARCÍA VILLAREJO, A., and J. SALINAS SÁNCHEZ, *Manual de Hacienda Pública, Gen-*

文　献

eral y de España. Madrid: Tecnos, 1985.

GARDNER, R., "L. V. Kantorovich: The Price Implications of Optimal Planning." *Journal of Political Literature* 28 (June 1990): 638–648.

GILLESPIE, S., "Are Economic Statistics Overproduced?" *Public Choice* 67, no. 3 (December 1990): 227–242.

GÖDEL, K., "Über formal unentscheidbare Sätze der 'Principia Mathematica' und verwandter Systeme I." *Monatshefte für Mathematik und Physik*, no. 38, pp. 173–198. Appears in English in the *Collected Works* of Kurt Gödel. Oxford: Oxford University Press, 1986. (Spanish translation by Jesús Mosterín. Alianza Universidad, no. 286. Madrid, 1989.)

GOSSEN, H. H., *Entwicklung der Gesetze des Menschlichen Verkehrs und der daraus fliessenden Regeln für menschliches Handeln*. Braunschweig: Friedrich Vieweg & Sohn, 1854. English translation by Rudolph C. Blitz, *The Laws of Human Relations and the Rules of Human Action Derived Therefrom*. Cambridge, Massachusetts: MIT Press, 1983.

GOULD, J. P., and C. E. FERGUSON, *Microeconomic Theory*. 5th ed. Illinois: Richard D. Irwin, 1980. Spanish translation by Eduardo L. Suárez, *Teoría Microeconómica*. Mexico: Fondo de Cultura Económica, 1983.

(LE) GRAND, J., and S. ESTRIN, eds. *Market Socialism*. Oxford: Clarendon Press, 1989.

GRANICK, D., "Central Physical Planning Incentives and Job Rights." In *Comparative Economic Systems: Present Views*, ed. A. Zimbalist. Boston: Kluwer-Nijhoff, 1984.

GRAY, J., *Liberalisms: Essays in Political Philosophy*. London: Routledge, 1989.

HAHN, F., "On Market Economics." In *Thatcherism*, ed. Robert Skidelsky. London: Chatto & Windus, 1988.

HALM, G., "Further Considerations on the Possibility of Adequate Calculation in a Socialist Community." Trans. H. E. Batson. In *Collectivist Economic Planning*, ed. F. A. Hayek. 1935, pp. 131–200.

HARDIN, G., "An Operational Analysis of Responsibility." In *Managing the Commons*, ed. Garret Hardin and John Baden. San Francisco: W. H. Freeman, 1977.

HARDT, J. P., and others, eds. *Mathematics and Computers in Soviet Economic Planning*. New Haven, Connecticut: Yale University Press, 1967.

HAYEK, F. A., "Nature and History of the Problem." In *Collectivist Economic Planning*. London: Routledge, 1935.

————, "The Present State of the Debate" (1935). In *Collectivist Economic Planning*, 201–243. Clifton: Augustus M. Kelley, 1975. Reprinted as "Socialist Calculation II: The State of the Debate (1935)." In *Individualism and Economic Order*. Chicago: Gateway Edition, 1972.

————, ed. *Collectivist Economic Planning*. London: Routledge & Sons, 1935. Reprinted by Augustus M. Kelley, Clifton, 1975.

————, "Economics and Knowledge." *Economica* 4 (1937): 33–54. Reprinted in *Individualism and Economic Order*. Gateway Edition. Chicago, Henry Regnery, 1972.

————, "Socialist Calculation III: The Competitive 'Solution.'" *Economica* 3, no. 26 (May 1940). Reprinted in *Individualism and Economic Order*, 181–208. Gateway Edition. Chicago: Henry Regnery, 1972.

————, "The Use of Knowledge in Society." *American Economic Review* 35, no. 4 (Sep-

351

tember 1945): 519–530. Also in *Individualism and Economic Order*. Gateway Edition. Chicago: Henry Regnery, 1972.

———, *The Counter-Revolution of Science*. Glencoe, New York: Free Press, 1952. There is an excellent reprint by Liberty Press, Indianapolis, 1979.

———, *The Constitution of Liberty*. Chicago: University of Chicago Press, 1959. Translated into Spanish by José Vicente Torrente as *Los Fundamentos de la Libertad*. Madrid: Unión Editorial. Seven editions were published between 1975 and 2001.

———, "The Results of Human Action but Not of Human Design." In *Studies in Philosophy, Politics and Economics*. New York: Simon and Schuster, 1969.

———, *The Road to Serfdom*. Chicago: University of Chicago Press, 1972. (First edition, 1944.) Translated into Spanish by José Vergara as *Camino de Servidumbre*. Libros de Bolsillo, no. 676. Madrid: Alianza Editorial, 1978.

———, *Law, Legislation and Liberty*. Vol. 1, *Rules and Order*. Vol. 2, *The Mirage of Social Justice*. Vol. 3, *The Political Order of a Free People*. Chicago: University of Chicago Press, 1973, 1976, and 1979. Spanish translation by Luis Reig Albiol, *Derecho, Legislación, y Libertad*. 3 vols. Madrid: Unión Editorial, 1976, 1985.

———, "Competition as a Discovery Procedure." In *New Studies in Philosophy, Politics, Economics and the History of Ideas*. London: Routledge and Kegan Paul, 1978.

———, *The Sensory Order*. Midway Reprint. Chicago: University of Chicago Press, 1976. (First edition, 1952.)

———, "Dr. Bernard Mandeville." In *New Studies in Philosophy, Politics, Economics and the History of Ideas*. London: Routledge and Kegan Paul, 1978.

———, "The New Confusion about Planning." In *New Studies in Philosophy, Politics, Economics and the History of Ideas*. London: Routledge and Kegan Paul, 1978.

———, "Two Pages of Fiction: The Impossibility of Socialist Calculation." *Economic Affairs* (April 1982). Reprinted in *The Essence of Hayek*, ed. Chiaki Nishiyama and Kurt R. Leube, 53–61. Stanford: Hoover Institution Press, 1984.

———, "The Moral Imperative of the Market." In *The Unfinished Agenda: Essays on the Political Economy of Government Policy in Honour of Arthur Seldon*. London: Institute of Economic Affairs, 1986.

———, *The Fatal Conceit: The Errors of Socialism*. Chicago: University of Chicago Press, 1988. Spanish translation by Luis Reig Albiol, *La Fatal Arrogancia. Los Errores del Socialismo*. With a preface by Jesús Huerta de Soto. Madrid: Unión Editorial, 1990. (Reprinted in *Obras Completas de F. A. Hayek*. Vol. 1. Madrid: Unión Editorial, 1997.)

———, *The Trend of Economic Thinking: Essays on Political Economists and Economic History*. Vol. 3 of *The Collected Works of F. A. Hayek*. London: Routledge, 1991.

———, *Socialismo y guerra*. Vol. 10 of *Obras Completas de F. A. Hayek*. Madrid: Unión Editorial, 1998.

HEERTJE, A., "Nicolaas Gerard Pierson." *The New Palgrave: A Dictionary of Economics*, 87. Vol. 3. London: Macmillan, 1987.

HEILBRONER, R., "The Triumph of Capitalism." *The New Yorker* (January 23, 1989).

———, "Analysis and Vision in the History of Modern Economic Thought." *Journal of Economic Literature* 28 (September 1990): 1097–1114.

HEIMANN, E., *Mehrwert und Gemeinwirtschaft. Kritische und Positive Beiträge zur The-*

orie des Sozialismus. Berlin: Robert Engelmann, 1922.

HILFERDING, R., "Böhm-Bawerks Marx-Kritik." In *Marx-Studien.* Vol. 1. Vienna: I. Brand, 1904.

HOFF, T. J. B., *Okonomisk Kalkulanjon i Socialistiske Samfund.* Oslo: H. Ashekovg, 1938. Translated into English by M. A. Michael as *Economic Calculation in the Socialist Society.* London: William Hodge, 1949, and Indianapolis: Liberty Press, 1981.

————, *Economic Calculation in the Socialist Society.* Indianapolis: Liberty Press, 1981.

HOPPE, H. H., *A Theory of Socialism and Capitalism.* Amsterdam and London: Kluwer Academic Publishers, 1989.

HOSELITZ, B. F., "The Early History of Entrepreneurial Theory." *Explorations in Entrepreneurial History* 3, no. 4 (April 1956).

HUBERMAN, B. A., ed. *The Ecology of Computation.* Amsterdam: North Holland, 1988.

HUERTA DE SOTO, J., "La Teoría Austriaca del Ciclo Económico." *Moneda y Crédito,* no. 152 (March 1980). Reprinted in *Lecturas de Economía Política,* ed. J. Huerta de Soto, 241–256. Vol. 1. Madrid: Unión Editorial, 1986.

————, "Derechos de Propiedad y Gestión Privada de los Recursos de la Naturaliza." *Cuadernos del Pensamiento Liberal* (Madrid: Unión Editorial), no. 2 (March 1986): 13–30. Reprinted in *Lecturas de Economía Política,* ed. J. Huerta de Soto, 25–45. Vol. 3. Madrid: Unión Editorial, 1987.

————, ed. *Lecturas de Economía Política.* 3 vols. Madrid: Unión Editorial, 1986–1987.

————, "Conjectural History and Beyond." In "'The Fatal Conceit' by F. A. Hayek, A Special Symposium." *Humane Studies Review* 6, no. 2 (winter 1988–1989): 10. Published in Spanish as "Historia, Ciencia Económica y Ética Social." *Cuadernos del Pensamiento Liberal* (Madrid: Unión Editorial), no. 12 (April 1991): 78–80.

————, "Prólogo" to *Hayek: Su contribución al pensamiento político y económico de nuestro tiempo,* by Eamonn Butler, 9–15. Madrid: Unión Editorial, 1990.

————, "La Crisis del Paradigma Walrasiano." *El País* (Madrid), 17 December 1990, p. 36.

————, "Prólogo" to *La Fatal Arrogancia: Los Errores del Socialismo.* Vol. 1 of *Obras Completas de F. A. Hayek,* 13–27. Madrid: Unión Editorial, 1990.

————, "El Fracaso del Estado 'Social.'" *ABC* (Madrid), 8 April 1991, pp. 102–103.

————, "F. A. Hayek: Los Fundamentos de la Economía Liberal." *Revista de Economía* (Madrid: Consejo General de Colegios de Economistas de España), no. 12 (1992): 121–125.

————, "The Economic Analysis of Socialism." Chap. 14 in *New Perspectives on Austrian Economics,* ed. Gerrit Meijer. London and New York: Routledge, 1995.

HUME, D., *A Treatise of Human Nature.* Oxford: Oxford University Press, 1981. 〔『人間性論 第3巻：道徳について』伊勢俊彦、石川徹・中釜浩一訳、法政大学出版局、2012年〕

HURWICZ, L., "Centralization and Decentralization in Economic Processes." In *Comparison of Economic Systems: Theoretical and Methodological Approaches,* ed. Alexander Extein. Berkeley: University of California Press, 1971.

————, "The Design of Mechanisms for Resource Allocation." *American Economic Review* 2, no. 63 (May 1973).

————, "Economic Planning and the Knowledge Problem: A Comment." *Cato Journal* 4, no. 2 (autumn 1984).

INGRAO, B., and G. ISRAEL, *La Mano Invisible.* Roma-Bari: Laterza & Figli, 1987. Translated into English by Ian McGilvray as *The Invisible Hand: Economic Equilibrium in the History of Science*. Cambridge, Massachusetts: MIT Press, 1990.

JAFFÉ, W., *Correspondence of Léon Walras and Related Papers*. Amsterdam: North Holland, 1965.

JASAY, A. DE, *Market Socialism: A Scrutiny. This Square Circle*. Occasional Paper 84. London: Institute of Economic Affairs, 1990.

JOHN PAUL, II., *Laborem Exercens*. 1981. http://www.vatican.va/holy_father/john_paul_ii/encyclicals/documents/hf_jp-ii_enc_14091981_laborem-exercens_en.html. (10 December 2003).

――――, *Centesimus Annus*. 1991. http://www.newadvent.org/docs/jp02ca.htm. (6 May 2004).

KASER, M. C., "Strumilin." *The New Palgrave: A Dictionary of Economics*, 534. Vol. 4. London: Macmillan, 1987.

KAUDER, E., "Intellectual and Political Roots of the Older Austrian School." *Zeitschrift für Nationalökonomie*, no. 17, pp. 441–425. Reprinted in *Austrian Economics*, ed. Stephen Littlechild. Vermont: Edward Elgar, 1990.

KAUTSKY, K., *The Social Revolution and On the Morrow of the Social Revolution*. London: Twentieth Century Press, 1907.

――――, *Die Proletarische Revolution und ihr Programm*. Dietz Nachfolger, 1922.

KEYNES, J. M., *Two Memoirs*. London: Rupert Hart-Davies, 1949.

※ケインズ『貨幣改革論 若き日の信条』宮崎義一、中内恒夫訳、中公クラシックス、2005年。

KEIZER, W., "Two Forgotten Articles by Ludwig von Mises On the Rationality of Socialist Economic Calculation." *The Review of Austrian Economics* (Massachusetts: Lexington Books) 1, no. 1 (1987): 109–122.

――――, "Recent Reinterpretations of the Socialist Calculation Debate." In *Austrian Economics: Roots and Ramifications Reconsidered*, ed. J. J. Krabbe, A. Wentjes, and H. Visser. Bradford: MCB University Press, 1989.

――――, "The Property Rights Basis of von Mises' Critique of Socialism." Manuscript awaiting publication. Presented at the First European Conference on Austrian Economics, Maastricht, 9–10 April 1992.

KIRZNER, I. M., *Competition and Entrepreneurship*. Chicago: University of Chicago Press, 1973. There is a Spanish translation entitled *Competencia y Empresarialidad*. 2nd ed. Madrid: Unión Editorial, 1998. [『競争と企業家精神――ベンチャーの経済理論』田島義博監訳、千倉書房、1985]

――――, *Perception, Opportunity and Profit*. Chicago: University of Chicago Press, 1979.

――――, "Prices, the Communication of Knowledge and the Discovery Process." In *The Political Economy of Freedom: Essays in Honor of F. A. Hayek*. Munich: Philosophia Verlag, 1984.

――――, *Discovery and the Capitalist Process*. Chicago: University of Chicago Press, 1985.

――――, "Austrian School of Economics." In *The New Palgrave: A Dictionary of Economics*, 145–151. Vol. 1. London: Macmillan, 1987.

――――, "The Economic Calculation Debate: Lessons for the Austrians." In *The Review of Austrian Economics*, 1–18. Vol. 2. Massachusetts: Lexington Books, 1988.

――――, *Discovery, Capitalism and Distributive Justice*. Oxford: Basil Blackwell, 1989.

――――, *The Meaning of Market Process: Essays in the Development of Modern Austrian*

Economics. London: Routledge, 1991.

※イスラエル・カーズナー『ルートヴィヒ・フォン・ミーゼス：生涯とその思想』尾近裕幸訳、春秋社、2013年。

KNAACK, R., "Comparative Economics: Lessons from Socialist Planning." In *Comparative Economic Systems: Present Views*, ed. A. Zimbalist. Boston: Kluwer-Nijhoff, 1984.

KORNAI, J., Antiequilibrium: On Economic Systems Theory and the Task of Research. Amsterdam: North Holland, 1971.

―――, *Economics of Shortage*. Amsterdam: North Holland, 1980.

―――, *Growth, Efficiency, Shortages*. Berkeley: University of California Press, 1982.

―――, "The Hungarian Reform Process." *Journal of Economic Literature* 24, no. 4 (December 1986).

―――, *Vision and Reality: Market and State*. New York: Harvester Wheatsheaf, 1990.

KOTARBINSKI, T., *Praxiology: An Introduction to the Sciences of Efficient Action*. Warsaw: Polish Scientific Publishers, 1965.

KOWALIK, T., "Oskar Lange's Lectures on the Economic Operation of a Socialist Society." *Contributions to Political Economy*, no. 6 (1986): 1–24.

―――, "Lange-Lerner Mechanism." In *The New Palgrave: A Dictionary of Economics*, 129–131. Vol. 3. London: Macmillan, 1987.

―――, "Oskar Ryszard Lange." In *The New Palgrave: A Dictionary of Economics*, 123–129. Vol. 3. London: Macmillan, 1987.

KRIPKE, S., *Wittgenstein. On Rules and Private Language*. Harvard: Harvard University Press, 1982.［『ウィトゲンシュタインのパラドックス――規則・私的言語・他人の心』黒崎宏訳、産業図書／ちくま学芸文庫、1983年／2022年］

KUKATHAS, CH., *Hayek and Modern Liberalism*. Oxford: Clarendon Press, 1989.

LACHMANN, L. M., "Methodological Individualism and the Market Economy." In *Capital, Expectations and the Market Process: Essays on the Theory of the Market Economy*. Kansas City: Sheed, Andrews & McMeel, 1977.

LANDAUER, C., *Planwirtschaft und Verkehrswirtschaft*. Munich: Duncker & Humblot, 1931. (Spanish translation, Mexico: FCE, 1948.)

LANGE, O., and M. BREIT, "Droga do socjalistycznej gospodarki planowej" (The road to a socialist planned economy). Chap. in *Gospodarka-polityka-taktyka-organizacja socjalizmu* (Political economy and strategy of the organization of socialism). Warsaw, 1934. Reprinted in *Dziela* (Works). Vol. 1. Warsaw: Polski Wydawnictwo Ekonomiczne, 1973.

―――, "On the Economic Theory of Socialism: Part I." *Review of Economic Studies* 4, no. 1 (October 1936): 53–71.

―――, "On the Economic Theory of Socialism: Part II." *Review of Economic Studies* 4, no. 2 (February 1937): 123–142.

―――, "On the Economic Theory of Socialism." In *On the Economic Theory of Socialism*, edited with an introduction by Benjamin M. Lippincott. Minneapolis: University of Minnesota Press, 1938. Second edition, New York: McGraw Hill, 1964, pp. 55–143. Spanish translation by Antonio Bosch Doménech and Alfredo Pastor Bodmer, *Sobre la Teoría Económica del Socialismo*. Barcelona: Ariel, 1971.

―――, "The Economic Operation of a Socialist Society: I & II." Lectures delivered May 8 and 15, 1942, and edited and published by Tadeusz Kowalik in *Contributions to Political Economy*, no. 6 (1987): 1-24.

————, "Gospodarcze podstawy demokracji w Polsce" (Economic foundations of democracy in Poland). In *Ku gospodarcze planowej* (Toward a centrally-planned economy). London, 1943.

————, "The Practice of Economic Planning and the Optimum Allocation of Resources." *Econometrica* (July 1949): 166 and following.

————, *Zagadnienia ekonomii politycznej w swietle pracy J. Stalina "Ekonomiczne problemy socjalizmu w ZSRR"* (Economic policy problems in light of J. Stalin's work, "Economic Problems of Socialism in the USSR"). Warsaw, 1953.

————, *Political Economy*. Vol. 1, *General Problems*. London: Pergamon Press, 1963. Spanish translation by Silverio Ruiz Daimiel, *Economía Política, Problemas generales*. Mexico: Fondo de Cultura Económica, 1966.

————, "The Computer and the Market" (1967). In *Socialist Economics*, ed. Alec Nove and D. M. Nuti. Middlesex: Penguin Books, 1972. Originally published in *Socialism, Capitalism and Economic Growth: Essays Presented to M. Dobb*, ed. C. H. Feinstein. Cambridge University Press, 1967.

————, *Ensayos sobre Planificación Económica*. Barcelona: Ariel Quincenal, 1970.

————, ed. *Problems of Political Economy of Socialism*. New Delhi: People's Publishing House, 1962.

————, *Ekonomia Polityezna*. Vol. 2. Warsaw: Panstwowe Wydawnictwo Naukowe, 1968. Spanish translation by Elzbieta G. de Kerlow, *Economía Política*. Vol. 2, *Teoria de la Reproducción*. Mexico: Fondo de Cultura Económica, 1980.

LANGLOIS, R. N., ed. *Economics as a Process: Essays in the New Institutional Economics*. New York: Cambridge University Press, 1986.

LASKI, K., "Condiciones para el Equilibrio General entre Producción y Consumo." In *Problemas de Economía Política del Socialismo*, ed. Oskar Lange. Mexico: F. C. E., 1974. In English, *Problems of Political Economy of Socialism*. New Delhi: People's Publishing House, 1962.

LAVOIE, D., "A Critique of the Standard Account of the Socialist Calculation Debate." *The Journal of Libertarian Studies: An Interdisciplinary Review* 5, no. 1 (winter 1981): 41-87.

————, *The Market as a Procedure for Discovery and Conveyance of Inarticulate Knowledge*. Working Paper, Department of Economics, George Mason University, November 1982. See also *Comparative Economic Studies* 28, no. 1 (1986): 1-19.

————, "Leontief and the Critique of Aggregative Planning." In *National Economic Planning: What is Left?* Cambridge, Massachusetts: Ballinger Publishing Company, 1985.

————, *Rivalry and Central Planning*. Cambridge: Cambridge University Press, 1985.

————, *National Economic Planning: What is Left?* Cambridge, Massachusetts: Ballinger, 1985.

————, H. BAETJER, and W. TULLOH, "High-Tech Hayekians: Some Possible Research Topics in the Economics of Computation." *Market Process* (George Mason University) 8 (spring 1990): 120-146.

LEICHTER, O., Die Sprengung des Kapitalismus: Die Wirtschaftpolitik der Sozialisierung.

文　献

Vienna: Verlag der Wiener Volksbuchhandlung, 1923.

LENIN, V. I., Die nächsten Aufgaben der Sowjetmacht. Berlin, 1918.

LEONI, B., *Freedom and the Law*. Enlarged 3rd edition. Indianapolis: Liberty Press, 1991. (First edition 1961, second edition 1972). Spanish translation, *La Libertad y la Ley*. Madrid: Unión Editorial, 1974.

LÉPAGE, H., "Peut-on planifier une économie de marché?" In *Demain Le Libéralisme*. Paris: Librairie Générale Française, 1980.

————, *Planification et Économie de Marché*. Paris: Institut Économique, 1983.

LERNER, A. P., "Economic Theory and Socialist Economy." *Review of Economic Studies*, no. 2 (October 1934).

————, "A Rejoinder." *Review of Economic Studies*, no. 2 (February 1935).

————, "A Note on Socialist Economics." *Review of Economic Studies*, no. 4 (October 1936).

————, "Statics and Dynamics in Socialist Economics." *Economic Journal*, no. 47 (June 1937).

————, "Theory and Practice of Socialist Economies." *Review of Economic Studies*, no. 6 (October 1938).

————, *The Economics of Control*. New York: Macmillan, 1944. Spanish translation by Edmundo Flores, *Teoría Económica del Control: Principios de Economía del Bienestar*. Mexico: Fondo de Cultura Económica, 1951.

LEVY, D. M., "The Bias in Centrally Planned Prices." *Public Choice* 67, no. 3 (December 1990): 213–226.

LINDAHL, E., *Studies in the Theory of Money and Capital*. New York: Augustus M. Kelley, 1970.

LINDBECK, A., *The Political Economy of the New Left*. New York: Harper and Row, 1971. In Spanish, *La Economía Política de la Nueva Izquierda*. Madrid: Alianza Editorial, 1971.

LIPPINCOTT, B. M., ed. *On the Economic Theory of Socialism*. Minneapolis: University of Minnesota Press, 1938. Second edition, New York: McGraw Hill, 1964. Spanish translation by Antonio Bosch Doménech and Alfredo Pastor Bodmer, *Sobre la Teoría Económica del Socialismo*. Barcelona: Ariel, 1971.

LITTLECHILD, S., *Austrian Economics*. 3 vols. London and Vermont: Edward Elgar, 1990.

LORENZ, K., *Aspects of Form*. London: L. L. Whyte, 1951.

LUGO, J. DE, Disputationes de Iustitia et Iure. Lyon, 1643.

LUTZ, V., Central Planning for the Market Economy. London: Longmans, 1969.

MAARSEVEEN, J. G., *Nicolaas G. Pierson*. Rotterdam: Erasmus University, 1981.

MACHADO, A., *Poesías Completas*. Oreste Macri Critical Edition. Madrid: Espasa Calpe, 1989.

MACHLUP, F., "Closing Remarks." In *The Economics of Ludwig von Mises: Toward a Critical Reappraisal*, ed. Laurence S. Moss. Kansas City: Sheed and Ward, 1976.

————, Knowledge: Its Creation, Distribution and Economic Significance. Vol. 3, The Economics of Information and Human Capital. Princeton, New Jersey: Princeton University Press, 1984.

MACKAY, TH., ed. A Plea for Liberty: An Argument against Socialism and Socialistic Legislation, Consisting of an Introduction by Herbert Spencer and Essays by Various

357

Writers. Indianapolis: Liberty Classics, 1981.

MALINVAUD, E., "Decentralized Procedures for Planning." In *Activity Analysis in the Theory of Growth and Planning.* London: Macmillan, 1967.

————, "A Planning Approach to the Public Good Problem." *The Swedish Journal of Economics* 73 (March 1971): 96–112.

MALLOCK, W. H., *A Critical Examination of Socialism* (1908). Reprinted in 1990 by Transaction Publishers, New Brunswick.

MARAÑÓN, G., *Cajal: Su Tiempo y el Nuestro.* In *Obras Completas.* Vol. 7. Madrid: Espasa Calpe, 1971.

————, *El Greco y Toledo.* In *Obras Completas.* Vol. 7. Madrid: Espasa Calpe, 1971.

MARCHI, N. DE, and M. BLAUG, Appraising Economic Theories: Studies in the Methodology of Research Programs. Aldershot, England: Edward Elgar, 1991.

MARCOS DE LA FUENTE, J., *El empresario y su función social.* 3rd ed. Madrid: Fundación Cánovas del Castillo, 1983.

MARTÍNEZ-ALIER, J., *Ecological Economics: Energy, Environment and Society.* 2nd ed. Oxford: Basil Blackwell, 1990.

MARX, K., *Capital: A Critique of Political Economy.* Vol. 1, *The Process of Capitalist Production.* New York: International Publishers, 1967. (First edition 1867).

————, Grundrisse: Foundations of the Critique of Political Economy. New York: Random House, 1973.

————, "The Civil War in France: Address of the General Council." In *The First International and After: Political Writings*, ed. D. Fernbach, 187–268. Vol. 3. New York: Random House, 1974.

————, "Critique of the Gotha Programme" (1891). In *The First International and After: Political Writings*, 339–359. Vol. 3. New York: Random House, 1974. Also published in vol. 3 of *Marx-Engels Selected Works.* Moscow: Progress Publishers, 1970.

MATTE LARRAIN, E., ed. *Cristianismo, Sociedad Libre y Opción por los Pobres.* Chile: Centro de Estudios Públicos, 1988.

MAYER, H., "Der Erkenntniswert der Funktionellen Preistheorien." In *Die Wirtschaftstheorie der Gegenwart*, 147–239b. Vol. 2. Vienna: Verlag von Julius Springer, 1932.

MEADE, J. E., *Planning and the Price Mechanism: The Liberal Socialist Solution.* London: George Allen and Unwin, 1948.

————, *The Controlled Economy.* London: George Allen and Unwin, 1971.

————, *The Theory of Indicative Planning.* Manchester: Manchester University Press, 1990.

MENGER, C., *Untersuchungen über die Methode der Socialwissenschaften und der Politischen Ökonomie insbesondere.* Leipzig: Duncker & Humblot, 1883.

————, *Investigations into the Method of the Social Sciences with Special Reference to Economics.* New York: New York University Press, 1985. Foreword by Lawrence H. White and translation by Francis J. Nock.

MIGUÉ, J. L., and G. BÉLANGER, "Toward a General Theory of Managerial Discretion." *Public Choice*, no. 17 (1974): 27–43.

MILL, S., *Principles of Political Economy.* Fairfield: Augustus M. Kelley, 1976.

MILLER, D., Market, State and Community: Theoretical Foundations of Market Socialism.

Oxford: Clarendon Press, 1989.

MILLER, M. S., and K. E. DREXEL, "Market and Computation: Agoric Open Systems." In *The Ecology of Computation*, ed. B. A. Huberman. Amsterdam: North Holland, 1988.

MISES, L. VON., *Theorie des Geldes und der Umlaufsmittel*. Munich and Leipzig: Duncker & Humblot, 1912 and 1924. Translated into English by H. E. Batson, with an introduction by Murray N. Rothbard, *The Theory of Money and Credit*. Liberty Classics. Indianapolis: Liberty Press, 1980. There are three Spanish translations. The first is by Antonio Riaño, *Teoría del Dinero y del Crédito*. Madrid: Aguilar, 1936. The second, José María Clarmunda Bes, *Teoría del Dinero y del Crédito*. Barcelona: Ediciones Zeus, 1961. The third, Juan Marcos de la Fuente. Madrid: Unión Editorial, 1997.

————, "Die Wirtschaftsrechnung im sozialistischen Gemeinwesen." In *Archiv für Sozialwissenschaft und Sozialpolitik*, no. 47 (1920): 86–121. Translated into English by S. Adler as "Economic Calculation in the Socialist Commonwealth." In *Collectivist Economic Planning*, ed. F. A. Hayek. Clifton: Augustus M. Kelley, 1975.

————, *Socialism: An Economic and Sociological Analysis*. 3rd ed. Indianapolis: Liberty Press, 1981. English translation by J. Kahane of *Die Gemeinwirtschaft: Untersuchungen über den Sozialismus*. Jena: Gustav Fischer, 1922. Spanish translation by Luis Montes de Oca, *Socialismo: Análisis económico y sociológico*. 3rd ed. New York: Western Books Foundation, 1989. [『社会主義：経済学・社会学的分析』岩倉竜也訳、きぬこ書店、2015年]

————, "Neue Beiträge zum Problem der sozialistischen Wirtschaftsrechnung." In *Archiv für Sozialwissenschaft und Sozialpolitik*, no. 51 (1924): 488–500.

————, "Neue Schriften zum Problem der sozialistischen Wirtschaftsrechnung." In *Archiv für Sozialwissenschaft und Sozialpolitik*, no. 60 (1928): 187–190.

————, *Kritik des Interventionismus*. Jena: Gustav Fischer Verlag, 1929 and 1976. English translation, *A Critique of Interventionism*. New York: Arlington House Publishers, 1977. (Spanish translation, Madrid: Unión Editorial, 2001).

————, "Les équations de l'économie mathématique et le problème de calcul économique en régime socialiste." *Revue de Économie Politique* (1938): 1055–1062. Reprinted in the same journal, vol. 6, no. 97 (November-December 1987).

————, *Nationalökonomie: Theorie des Handelns und Wirtschaftens*. 2nd ed. The International Carl Menger Library. Munich: Philosophia Verlag, 1980. (First edition, Geneva: Editions Union, 1940).

————, *Theory and History*. Yale: Yale University Press, 1957. Spanish translation by Rigoberto Juárez Paz, *Teoría e Historia*. Madrid: Unión Editorial, 1975.

————, *Human Action: A Treatise on Economics*. 3rd revised ed. Chicago: Henry Regnery Company, 1966. Spanish translation by Joaquín Reig Albiol, *La Acción Humana: Tratado de Economía*. 6th ed. Madrid: Unión Editorial, 2001. [『ヒューマン・アクション』村田稔雄訳、春秋社、1991年]

————, *Bureaucracy*. New Rochelle, New York: Arlington House, 1969. Spanish translation, Dalmacio Negro Pavón, *Burocracia*. Madrid: Unión Editorial, 1974.

————, *Liberalism*. San Francisco: Cobden Press, 1985. Spanish translation by Joaquín Reig Albiol, *Liberalismo*. Madrid: Unión Editorial, 1977 and 1982.

————, *Notes and Recollections.* South Holland, Illinois: Libertarian Press, 1978.

————, *Economic Calculation in the Socialist Commonwealth.* 1990 reprint, with an introduction by Yuri N. Maltsev and Jacek Kochanowicz, and a postscript entitled "Why a Socialist Economy is Impossible," by Joseph T. Salerno. Alabama: Ludwig von Mises Institute, Auburn University.

MITCHEL, W., *The Anatomy of Government Failures.* Los Angeles: International Institute of Economic Research, 1979.

MONTESQUIEU., Oeuvres Complètes. Avec des notes de Dupin, Crevier, Voltaire, Mably, Servan, La Harpe, etc. Paris: Chez Firmin Didot Frères, Libraires, 1843.

MORENO, F., "El Trabajo según Juan Pablo II." In *Cristianismo, Sociedad Libre y Opción por los Pobres,* ed. Eliodoro Matte Larrain. Santiago de Chile: Centro de Estudios Públicos, 1988.

MOSS, L. S., ed. The Economics of Ludwig von Mises: A Critical Reappraisal. Kansas City: Sheed and Ward, 1976.

MULGEN, G., "The Power of the Weak." *Marxism Today* (December 1988).

MUSGRAVE, R. A., "National Economic Planning: The U. S. Case." *American Economic Review,* no. 67, part one (February 1977): 50–54.

NAISHUL, V. A., *The Supreme and Last Stage of Socialism.* London: Centre for Research into Communist Economies, 1991.

NELSON, R. R., "Assessing Private Enterprise: An Exegesis of Tangled Doctrine." *Bell Journal of Economics* 1, no. 12 (spring 1981).

NEGISHI, T., "Tâtonnement and Recontracting." In *The New Palgrave: A Dictionary of Economics,* 589–595. Vol. 4. London: Macmillan, 1987.

NEUBERGER, E., "Libermanism, Computopia and Visible Hand: The Question of Informational Efficiency." *American Economic Review.* Papers and Proceedings (May 1966).

NEURATH, O., *Durch die Kriegswirtschaft zur Naturalwirtschaft.* Munich: G. D. W. Callwey, 1919. English translation, "Through War Economy to Economy in Kind." In *Empiricism and Sociology.* Dordrecht, Holland: D. Reidel, 1973.

————, Wirtschaftsplan und Naturalrechnung von der sozialistischen Lebensordnung und vom kommenden Menschen. Berlin: E. Laubsche, 1925.

NISHIYAMA, CH., and K. R. LEUBE, eds. *The Essence of Hayek.* California: Hoover Institution Press, Stanford University, 1984.

NISKANEN, W., *Bureaucracy and Representative Government.* Chicago: Adine-Atherton Press, 1971.

NOVAK, M., The Catholic Ethic and the Spirit of Capitalism. New York: Free Press, 1993.

NOVE, A., "Planned Economy." In *The New Palgrave: A Dictionary of Economics,* 879–885. Vol. 3. London: Macmillan, 1987.

————, "Socialism." In *The New Palgrave: A Dictionary of Economics,* 398–407. Vol. 4. London: Macmillan Press, 1987.

————, *The Economics of Feasible Socialism.* London: Allen and Unwin, 1983.

————, *Studies in Economics and Russia.* London: Macmillan, 1990.

NOZICK, R., *Anarchy, State and Utopia.* New York: Basic Books, 1974. Spanish translation by Rolando Tamayo. Mexico: Fondo de Cultura Económica, 1988.

————, *The Examined Life.* New York: Simon and Schuster, 1989. [『生の中の螺旋──自己と

人生のダイアローグ』井上章子訳、青土社、1993年]

NUTTER, G. W., "Central Economic Planning: The Visible Hand." Chap 15 in *Political Economy and Freedom: A Collection of Essays*. Indianapolis: Liberty Press, 1983.

———, "Markets Without Property: A Grand Illusion." In *Political Economy and Freedom: A Collection of Essays*. Indianapolis: Liberty Press, 1983.

OAKESHOTT, M., *Rationalism in Politics*. London: Methuen, 1962. [『政治における合理主義』嶋津格 他訳、勁草書房、1988／1993年]

———, *On Human Conduct*. Oxford: Oxford University Press, 1975. Clarendon Paperbacks Reprint, Oxford: Clarendon Press, 1991.

———, *Rationalism in Politics and Other Essays*. With a foreword by Timothy Fuller. Indianapolis: Liberty Press, 1991. [『市民状態とは何か』野田裕久訳、木鐸社、1993年]

O'DRISCOLL, G. P., and M. J. RIZZO, *The Economics of Time and Ignorance*. Oxford: Basil Blackwell, 1985.

———, "A Tribute to F. A. Hayek." *The Cato Journal* 9, no. 2 (autumn 1989): 345–352.

ORTEGA Y GASSET, J., *Mirabeau o el Político*. Vol. 3 of *Obras Completas*. Madrid: Revista de Occidente, 1947.

PARETO, V., *Manuel d'Economie Politique*. Geneva: Librairie Droz, 1966. English translation by Ann S. Schwier, *Manual of Political Economy*. New York: Augustus M. Kelley, 1971. Spanish translation by Guillermo Cabanellas. Published in Buenos Aires, 1946.

PEJOVICH, S., "The Case of Self-Management in Yugoslavia." In *Socialism: Institutional, Philosophical and Economic Issues*, 239–249. Dordrecht: Kluwer Academic Publishers, 1987.

PENROSE, R., *The Emperor's New Mind: Concerning Computers, Minds and the Laws of Physics*. Oxford: Oxford University Press, 1989. Spanish translation by Javier García Sanz, *La Nueva Mente del Emperador*. Spain: Mondadori, 1991.

PIERSON, N. G., "The Problem of Value in the Socialist Community." In *Collectivist Economic Planning*, English translation by G. Gardiner of the article "Het waardeproblem in een socialistische Maatschappij." In *De Economist*. Vol. 1. 1902.

———, *Principles of Economics*, trans. A. Wotzel. Vol. 2. London: Macmillan, 1912.

POHLE, L., and G. HALM., *Kapitalismus und Sozialismus*. 4th ed. Berlin, 1931.

POLANYI, K., "Sozialistische Rechnungslegung." *Archiv für Sozialwissenschaft und sozialpolitik*, no. 49 (1922): 377–420.

———, "Die funktionelle Theorie der Gesellschaft und das Problem der sozialistischen Rechnungslegung. (Eine Erwiderung an Prof. Mises und Dr. Felix Weil)." *Archiv für Sozialwissenschaft und Sozialpolitik*, no. 52 (1924): 218–228.

POLANYI, M., *The Logic of Liberty*. Chicago: The University of Chicago Press, 1951. [『自由の論理』長尾史郎訳、ハーベスト社、1986年]

———, *Personal Knowledge*. Chicago: The University of Chicago Press, 1958. [『個人的知識・脱批判的哲学をめざして』長尾史郎訳、ハーベスト社、1985年]

———, *The Study of Man*. Chicago: The University of Chicago Press, 1959. [『人間の研究』沢田允茂訳、晃洋書房、1986年]

———, *Knowing and Being*. Chicago: The University of Chicago Press, 1969. [『知と存在』佐野安仁他訳、晃洋書房、1985年]

———, "The Republic of Science: Its Political and Economic Theory." In *Knowing and*

Being, ed. Marjorie Grene. Chicago: University of Chicago Press, 1969.

————, "Ciencia, Fe y Sociedad." *Estudios Públicos* (journal of the Centro de Estudios Públicos de Santiago de Chile) 29 (summer 1988): 271–330.

PRIBRAM, K., *A History of Economic Reasoning*. Baltimore: The Johns Hopkins University Press, 1983.

PRYBILA, J. S., *Market and Plan under Socialism*. Stanford, California: Hoover Institution Press, 1987.

RAGA, J. T., "Proceso Económico y Acción Empresarial." In *Homenaje a Lucas Beltrán*, 597–619. Madrid: Moneda y Crédito, 1982.

REAL ACADEMIA ESPAÑOLA, *Diccionario de la Lengua Española*. 20th ed. Madrid: Espasa Calpe, 1984.

REVEL, F., *El estado megalómano*. Madrid: Planeta, 1981.

ROBERTS, P. C., *Alienation and the Soviet Economy*. New York: Homes & Meier, 1990. (First edition 1971).

ROBERTSON, E. S., "The Impracticability of Socialism." In *A Plea for Liberty*, ed. Thomas MacKay, 35–79. Indianapolis: Liberty Classics, 1981.

ROBBINS, L., *The Great Depression*. New York: Macmillan, 1934.

————, *Politics and Economics*. London: Macmillan, 1963.

————, *Autobiography of an Economist*. London: Macmillan, 1971.〔『一経済学者の自伝』田中秀夫監訳、ミネルヴァ書房、2009年〕

————, An Essay on the Nature and Significance of Economic Science. London: Macmillan, 1972.

————, *Political Economy, Past and Present*. New York: Columbia University Press, 1976.

RODRÍGUEZ BRAUN, C., "Entrevista a F. A. Hayek." *Revista de Occidente*, no. 58 (March 1986): 124–135.

ROPER, W. C., *The Problem of Pricing in a Socialist State*. Cambridge, Massachusetts: Harvard University Press, 1931.

ROSENBERG, W. G., "Observations on the Soviet Incentive System." *ACES Bulletin* 19, nos. 3, 4 (1977): 27–43.

ROTHBARD, M. N., *Ludwig von Mises: Scholar, Creator and Hero*. Alabama: The Ludwig von Mises Institute, Auburn University, 1988.〔『ミーゼスの本質』岩倉竜也訳、きぬこ書房、2013年〕

————, *Man, Economy and State: A Treatise on Economic Principles*. Vol. 2. Los Angeles: Nash Publishing, 1970.

————, *Power and Market: Government and the Economy*. 2nd ed. Menlo Park, California: Institute for Humane Studies, 1970.〔『力と市場：政府と経済』岩倉竜也訳、デザイン・エッグ社、2016年〕

————, "Lange, Mises and Praxeology: The Retreat from Marxism." In *Toward Liberty: Essays in Honor of L. von Mises on His* 90th *Birthday*, 307–321. California: Institute for Humane Studies, 1971.

————, *For a New Liberty*. New York: Macmillan Publishing, 1973.〔『新しい自由のために』岩倉竜也訳、デザイン・エッグ社、2016年〕

————, "New Light on the Prehistory of the Austrian School." In *The Foundations of Modern Austrian Economics*, 52–74. Kansas City: Sheed & Ward, 1976.

————, *Individualism and the Philosophy of Social Sciences*. San Francisco: Cato Institute, 1980.

―――, "Lo Ilusorio del Precio de Monopolio." In *Lecturas de Economía Política*. Vol. 1. Compiled by Jesús Huerta de Soto. Madrid: Unión Editorial, 1986. Spanish translation by Carmen Liaño Reig of *Man, Economy and State*. Vol. 2, chap. 10. Los Angeles: Nash Publishing, 1970.

―――, "The End of Socialism and the Calculation Debate Revisited." *The Review of Austrian Economics* 5, no. 2 (1991): 51–76.

ROTHSCHILD, M., *"Bionomics": The Inevitability of Capitalism*. New York: Henry Holt, 1990.

RUDOLF, Archduke (Crown Prince of Austria), Handwritten notes on *Politische Oekonomie*. Heft, January-August, 1876. Österreichisches Staatsarchiv.

RYLE, G., "Knowing How and Knowing That." In *The Concept of Mind*. London: Hutchinson's University Library, 1949.

SALAS, J. DE, *Comentarii in Secundam Secundae divi Thomae de Contractibus*. Lyon, 1617.

SALERNO, J. T., "Ludwig von Mises as Social Rationalist." *The Review of Austrian Economics*, no. 4 (1990): 36–48.

―――, "Why a Socialist Economy is Impossible." Postscript to Mises, *Economic Calculation in the Socialist Economy*. Alabama: Ludwig von Mises Institute, Auburn University, 1990.

SAMUELSON, P. A., *Economics*. 13th ed. New York: McGraw Hill, 1989. ［『サムエルソン　経済学』都留重人訳、岩波書店、1985年］

SAY, J. B., *Traité d'Économie Politique* (1804). Reprint, Geneva: Slatkine, 1982. Translated into English in 1880 by C. R. Princep, *A Treatise on Political Economy*. New York: Augustus M. Kelley, 1971.

SCARAMOZZINO, P., *Omaggio a Bruno Leoni*. Milan: A. Giuffrè, 1969.

SCITOVSKY, T., "Lerner's Contribution to Economics." *Journal of Economic Literature* 22, no. 4 (December 1984).

SCHÄFFLE, A., *Die Quintessenz des Sozialismus*. 13th ed. Gotha: F. A. Berthes, 1891.

SCHIFF, W., *Die Planwirtschaft und ihre Ökonomischen Hauptprobleme*. Berlin, 1932.

SCHUMPETER, J. A., *Capitalism, Socialism and Democracy*. London: George Allen and Unwin, 1950. Spanish translation by José Díaz García, *Capitalismo, Socialismo y Democracia*. Madrid: Aguilar, 1971. ［『資本主義、社会主義、民主主義』大野一訳、日経BPクラシックス、2016年］

SCHWARTZ, P., *Empresa y Libertad*. Madrid: Unión Editorial, 1981.

SECO, M., *Diccionario de Dudas y Dificultades de la Lengua Española*. 9th ed. Madrid: Espasa Calpe, 1990.

SEIDL, CH., "Allokationsmechanismus, asymmetrische Information und Wirtschaftssystem." *Jahrbücher für Nationalökonomie und Statistik* 197, no. 3 (1982): 193–220.

SELDON, A., "Recollections: Before and after 'The Road to Serfdom.' Reflections on Hayek in 1935, 1944, 1960, 1982." In *Hayek's "Serfdom" Revisited: Essays by Economists, Philosophers and Political Scientists on "The Road to Serfdom" after* 40 *Years*. Hobart Paperback no. 18. London: Institute of Economic Affairs, 1984.

―――, *Capitalism*. Oxford: Basil Blackwell, 1990.

SEN, A., "Maurice Herbert Dobb." In *The New Palgrave: A Dictionary of Economics*, 910–

912. Vol. 1. London: Macmillan, 1987.

SEUROT, F., *Les Économies Socialistes*. Presses Universitaires de France, 1983.

SHACKLE, G. L., *Epistemics and Economics*. Cambridge: Cambridge University Press, 1972. Spanish translation by Francisco González Aramburo, *Epistémica y Economía*. Madrid: Fondo de Cultura Económica, 1976.

SHAKESPEARE, W., *As You Like It*. In *The Riverside Shakespeare*. Boston: Houghton Mifflin Company, 1974.

SHEANAN, J., "Planning in France." *Challenge* (March-April 1975).

SKIDELSKY, R., *John Maynard Keynes*. Vol. 1, *Hopes Betrayed*. London: Macmillan, 1983. [『裏切られた期待 1883−1920年（ジョン・メイナード・ケインズ）』古尾隆・宮崎義一訳、東洋経済新報社、1987年]

SKOUSEN, M., "Conversation with Robert Heilbroner." *Liberty* 4, no. 6 (July 1991): 45–50, 63, and in *Forbes* (27 May 1991).

SMITH, A., *An Inquiry into the Nature and Causes of the Wealth of Nations*, ed. R. K. Campbell and A. S. Skinner. Textual editor W. B. Todd. In *The Glasgow Edition of the Works and Correspondence of Adam Smith*. Indianapolis: Liberty Press, 1981.

SNAVELY, W. P., *Theory of Economic Systems: Capitalism, Socialism, Corporation*. Columbus, Ohio: Merrill, 1969.

SNOWBERGER, V., "Comment on the 'New Soviet Incentive Model.'" *Bell Journal of Economics* 8, no. 2 (autumn 1977).

SORMAN, G., *Esperando a los bárbaros*. Barcelona: Seix Barral, 1993.

SOTO, H. DE, *El Otro Sendero: La Revolución Informal*. Mexico: Diana, 1987.

SOWELL, T., *Knowledge and Decisions*. New York: Basic Books, 1980.

STANKIEWICZ, T., "Investment under Socialism." *Communist Economies* 1, no. 2 (1989): 123–139.

STEELE, D. R., "The Failure of Bolshevism and its Aftermath." *The Journal of Libertarian Studies: An Interdisciplinary Review* 5, no. 1 (winter 1981): 99–111.

————, "Posing the Problem: The Impossibility of Economic Calculation under Socialism." *The Journal of Libertarian Studies: An Interdisciplinary Review* 5, no. 1 (winter 1981):7–22.

STIGLER, G., *The Citizen and the State*. Chicago: Chicago University Press, 1975.

STREISSLER, E. W., "The Influence of German Economics on the Work of Menger and Marshall." In *Carl Menger and His Legacy in Economics*, ed. Bruce J. Caldwell, 31–68. Annual supplement to volume 22, *History of Political Economy*. Durham: Duke University Press, 1990.

————, "Carl Menger on Economic Policy: the Lectures to Crown Prince Rudolf." In *Carl Menger and His Legacy in Economics*, ed. Bruce J. Caldwell, 107–130. Annual supplement to volume 22, *History of Political Economy*. Durham: Duke University Press, 1990.

STRUMILIN, S., *Ekonomitscheskaja Shishni*. Nos. 237, 284, and 290. October 23, December 17, and December 24, 1920.

STUART, V., "Winstbejag versus behoeftenbevrediging." *Overdruk Economist* 76, no. 1. Pp. 18 and following.

SULZER, G., *Die Zukunft des Sozialismus*. Dresden, 1899.

文 献

SWEEZY, P. M., *Socialism.* New York: McGraw Hill, 1949.

TAMEDLY, E. L., *Socialism and International Economic Order.* Caldwell, Idaho: The Caxton Printers, 1969.

TAYLOR, F. M., "The Guidance of Production in a Socialist State." *American Economic Review* 19, no. 1 (March 1929). Reprinted in *On the Economic Theory of Socialism*, ed. Benjamin E. Lippincott. New York: McGraw Hill, 1964. Spanish translation by Antonio Bosch Doménech and Alfredo Pastor Bodmer, "La Orientación de la Producción en un Estado Socialista." 4th ed. Barcelona: Ariel, December 1973.

TAYLOR, R., *Action and Purpose.* New Jersey: Humanities Press, 1980.

TEMKIN, G., "On Economic Reforms in Socialist Countries: The Debate on Economic Calculation under Socialism Revisited." *Communist Economies* 1, no. 1 (1989): 31–59.

TIPLER, F. J., "A Liberal Utopia." In "A Special Symposium on 'The Fatal Conceit' by F. A. Hayek." *Humane Studies Review* 6, no. 2 (winter 1988–89): 4–5.

TISCH, K., *Wirtschaftsrechnung und Verteilung im zentralistich organisierten sozialistischen Gemeinwesen.* Wuppertal-Elberfeld: University of Bonn, 1932.

THIRLBY, G. F., "The Ruler." *South African Journal of Economics* (December 1946). Reprinted in *L. S. E. Essays on Cost*, ed. J. Buchanan and G. F. Thirlby. New York: New York University Press, 1981.

THOMSEN, E. F., *Prices and Knowledge: A Market Process Perspective.* London: Routledge, 1992.

TRIGO PORTELA, J., and C. VÁZQUEZ ARANGO, *La Economía Irregular.* "Textos i Documents" Collection, 2. Barcelona: Generalitat de Catalunya, Servei Central de Publicacions, 1983.

TRIGO PORTELA, J., *Barreras a la Creación de Empresas y Economía Irregular.* Madrid: Instituto de Estudios Económicos, 1988.

TSCHAYANOFF, A., "Zur Frage einer Theorie der Nichtkapitalistischen wirtschaftssysteme." *Archiv für Sozialwissenschaft und Sozialpolitik*, no. 57 (1923): 577–613.

TURGOT, A. R. J., "Éloge de Gournay." In *Ouvres*, 262–291. Vol. 1. Paris: Guillaumin, 1844.

TULLOCK, G., *The Politics of Bureaucracy.* Washington D. C.: Public Affairs Press, 1965.

VAUGHN, K. I., "Economic Calculation under Socialism: The Austrian Contribution." *Economic Enquiry* 18 (October 1980). Reprinted in vol. 3 of *Austrian Economics*, ed. Stephen Littlechild, 332–351. London: Edward Elgar, 1990.

―――, "Critical Discussion of the Four Papers." In *The Economics of Ludwig von Mises: A Critical Reappraisal*, pp. 107 and following. Kansas City: Sheed and Ward, 1976.

―――, "Introduction" to *Economic Calculation in the Socialist Society*, by Trygve J. B. Hoff. Indianapolis: Liberty Press, 1981.

VECCHIO, G. DEL, "L'Opera Scientifica di Enrico Barone." *Giornale degli Economisti* (November 1925).

VILLAPALOS, G., "Serendipidad." *ABC* (Madrid), 3 January 1992, p. 3.

WARD, B., "Linear Programming and Soviet Planning." In *Mathematics and Computers in Soviet Economic Planning*, ed. John P. Hardt, et. al. New Haven, Connecticut: Yale University Press, 1967.

―――, *The Socialist Economy: A Study of Organizational Alternatives.* New York: Random House, 1967.

365

WEBER, A., *Allgemeine volkswirtschaftslehre.* 4th ed. Munich and Leipzig, 1932.

WEBER, M., *Economy and Society.* Berkeley: University of California Press, 1978. English translation, by several authors, of the work *Wirtschaft und Gesellschaft: Grundriss der verstehenden Soziologie.* Tübingen, 1921.

————, "Wirtschaft und Gesellschaft." In *Grundriss der Sozialökonomie.* Vol. 3. Tübingen, 1922.

————, *The Theory of Social and Economic Organization.* New York: The Press of Glencourt, 1964.

WEIL, F., "Gildensozialistische Rechnungslegung. Kritische Bemerkungen zu Karl Polanyi: 'Sozialistische Rechnungslegung' in diesem Archiv 49/2, s. 377 ff." *Archiv für Sozialwissenschaft und Sozialpolitik*, no. 52 (1924): 196–217.

WEITZMAN, M. L., "The New Soviet Incentive Model." *Bell Journal of Economics* 8, no. 2 (autumn 1977).

WICKSTEED, P. H., *The Common Sense in Political Economy.* 2nd ed. London: Routledge, 1933. There is also a reprint from Augustus M. Kelley, New York, 1967.

WINIECKI, J., *Economic Prospects: East and West. A View from the East.* London: Centre for Research into Communist Economies, 1987.

————, *The Distorted World of Soviet-Type Economies.* London: Routledge, 1988 and 1991. [『ソ連型経済はなぜ破綻したか──東欧に見るその「歪んだ世界」』福田亘他訳、多賀出版、1991年]

WIESER, F. VON, *Der natürliche Wert.* Vienna: A. Hölder, 1889. English translation by C. A. Malloch, *Natural Value.* New York: Augustus M. Kelley, 1971.

————, *Social Economics.* New York: Augustus M. Kelley, 1967. English translation by A. Ford Hinnichs of *Theorie der gessellschaftlichen Wirtschaft.* Tübingen: J. C. B. Mohr, 1914.

WILCZYNSKI, J., *The Economics of Socialism: Principles Governing the Operation of the Centrally Planned Economies in the USSR and Eastern Europe under the New System.* London: George Allen and Unwin, 1978.

WILLIAMSON, O. E., and S. G. WINTER, *The Nature of the Firm: Origins, Evolution and Development.* Oxford: Oxford University Press, 1991.

WISEMAN, J., "Uncertainty, Costs, and Collectivist Economic Planning." *Economica* (May 1953): 234–235. Reprinted in *L. S. E. Essays on Cost*, ed. J. Buchanan and G. F. Thirlby. New York: New York University Press, 1981.

————, "The Theory of Public Utility Price: An Empty Box." In *Oxford Economic Papers.* Oxford: Oxford University Press, 1957. Reprinted in *L. S. E. Essays on Cost*, ed. J. Buchanan and G. F. Thirlby. New York: New York University Press, 1981.

WOOD, J. C., and R. N. WOODS, eds. *Friedrich A. Hayek: Critical Assessments.* London: Routledge, 1991.

ZASSENHAUS, H., "Über die ökonomische Theorie der Planwirtschaft." *Zeitschrift für Nationalökonomie* 5 (September 1934). Translated into English as "On the Economic Theory of Planning." *International Economic Papers* 6 (1956): 88–107.

索　引

人名・事項

＊本索引は原書の索引に基づくが、若干の取捨選択と
　増補修正をほどこした。

→　他項目を参照。
⇒　多項目も参照。

人　名

アクィナス、トマス（AQUINAS, ST. T.）　27,
34, 40, 49, 78

アーノルド、N・スコット（ARNOLD, N. S.）
146

アランソン、ピーター・H（ARANSON, P. H.）
129

アルガンドーニャ、アントニオ（ARGANDONA,
A.）　v

アルチャン、アルメン・A（ALCHIAN, A. A.）
50, 122

アルニャーダ、ベニート（ARRUNADA, B.）
183

アルバレス、バレンティン・アンドレス（ALVA-
REZ, V. A.）　97

アルメンターノ、D・T（ARMENTANO, D. T.）
337

アレ、モーリス（ALLAIS, M.）　204

アレン、ウィリアム・R（ALLEN, W. R.）　122

アロー、ケネス・J（ARROW, K. J.）　202, 204,
209, 210, 257, 302, 329, 331

アントネリ・E（ANTONELLI, E.）　299

イェーガー、リーランド（YEAGER, L.）　vii

イズラエル、ジョルジュ（ISRAEL, G.）　290

イートウェル、J（EATWELL, J.）　350

イリャーナ・ロドリゲス、エウゲニオ（ILLANA
RODRIGUEZ, E.）　iv

イングラオ、ブルーナ（INGRAO, B.）　290

ヴァイル、フェリックス（WEIL, F.）　229, 232

ヴィーザー、フリードリヒ・フォン（WIESER,
F. von）　133, 172-76, 179

ウィックスティード、フィリップ・H（WICK-
STEED, P. H.）　173, 243-45

ヴィニェツキ、ヤン（WINIECKI, J.）　91

ウィリアムソン、O・E（WILLIAMSON, O. E.）
160

ウィルクジンスキ、J（WILCZYNSKI, J.）　201,
204

ウィンター、S・G（WINTER, S. G.）　160

ヴェーバー、アドルフ（WEBER, A.）　167

ヴェーバー、マックス（WEBER, M.）　133, 134,
136, 167

ウエルタ・デ・ソト、ヘスース（HUERTA DE
SOTO, J.）　94-97, 111, 205, 281, 290, 315,
340

ウエルタ・バジェステル、ヘスース（HUERTA
BALLESTER, J.）　iii

ウォード、ベンジャミンN（WARD, B.N.）　202,
210, 212

ヴォーン、カレン・I（VAUGHN, K. I.）　244,
245, 311

ウッズ、R・N（WOODS, R. N.）　138

ウッド、J・C（WOOD, J. C.）　138

エクスタイン、A（EXTAIN, A.）　203

エストリン、サウル（ESTRIN, S.）　225

エリオット、J・H（ELLIOT, J. H.）　115

エルマン、マイケル（ELLMAN, M.）　203, 212,
213

エンゲルス、フリードリヒ（ENGELS, F.）　150,
151, 161

エンドレス、A・M（ENDRES, A. M.）　157

オークショット、マイケル（OAKESHOTT, M.）
34

オドリスコル、ジェラルド・P（O'DRISCOLL,
G. P.）　iv, 27, 180, 181, 301

オルテガ・イ・ガセット、ホセ（ORTEGA Y
GASSET, J.）　87

カイザー、ウィリアム（KEIZER, W.）　141, 165

カウダー、エミール（KAUDER, E.）　299

カウツキー、カール（KAUTSKY, K.）　135, 163,
166

カーザー、M・C（KASER, M. C.）　166

カーズナー、イズラエル・M（KIRZNER, I. M.）
iv-vi, 16, 24, 30, 32, 35, 42, 46, 50, 55, 60,
61, 89, 95, 117, 119, 122, 206, 237, 250, 251,
255, 279, 299, 301, 306, 307, 315, 322, 336

カッセル、グスタフ（CASSEL, G ）　177, 178,
185

カトー（CATO）　128

ガードナー、ロイ（GARDNER, R.）　202

カノサ・ペナバ、ホセ・ラモン（CANOSA PENABA, J. R.）　iii

カフェ、F（CAFFE, F.）　132

カブリロ・ロドリゲス、F（CABRILLO, F.）　v

ガルシア・ビジャレホ、アビリノ（GARCIA VILLAREJO, A.）　26

ガレロ、ジャック（GARELLO, J.）　100

カロウペク、ギュンター・K（CHALOUPEK, G. K.）　167

ガンダラ・トゥルエバ、エステバン（GANDARA TRUEBA, E.）　iv

カントロヴィッチ、レオニッド・V（KANTOR-OVICH, L. V.）　202

カンポス、フアナ・G（CAMPOS, J. G.）　107

キケロ、マルクス・T（CICERO, M. T.）　128, 129

ギレスピー、スティーヴン（GILLESPIE, S.）　93, 183

キング、チャールズ（KING, C.）　v

クカサス、チャドラン（KUKATHAS, C.）　144

グラインダー、ウォルター（GRINDER, W.）　iii

グールド、J・P（GOULD, J. P.）　267

グレイ、ジョン（GRAY, J.）　257, 351

クローズィアー、ブライアン（CROZIER, B.）　321

ケイヴ、マーティン（CAVE, M）　203

ゲイツケル、ヒュー（GAITSKELL, H.）　301

ケインズ、ジョン・メイナード（KEYNES, J. M.）　105, 106, 116, 301

ゲーデル、クルト（GÖDEL, K.）　39

コース、ロナルド・H（COASE, R. H.）　50, 160

コタルビンスキ、タデウシュ（KOTARBINSKI, T.）　25

ゴッセン、ヘルマン・ハインリヒ（GOSSEN, H. H.）　128, 130

コラード、デイヴィッド（COLLARD, D.）　182, 302

コールドウェル、ブルース（CALDWELL, B.）

130, 174, 340

コルナイ、ヤーノシュ（KORNAI, J.）　91, 196, 251, 257, 276, 277, 291, 321

コワリク、タデウシュ（KOWALIK, T.）　123, 240, 283–87, 315, 316

ゴンザレス・ペレス、サラ（GONZALEZ PEREZ, S.）　iv

ゴンザレス・マルケス、フェリペ（GONZALEZ, F.）　88

ザイドル、クリスティアン（SEIDL, C）　202

サムエルソン、ポール・A（SAMUELSON, P. A.）　187, 188, 290, 321

サラス、フアン・デ（SALAS, J. DE）　78

サリナス・サンチェス、ハビエル（SALINAS SANCHEZ, J.）　26

サールビィ、G・F（THIRLBY, G. F.）　29, 268

サレルノ、ジョセフ・T（SALERNO, J. T.）　vii, 51, 138, 141, 143, 144

シェイクスピア、ウィリアム（SHAKESPEARE, W.）　103

ジェヴォンズ、ウィリアム・スタンレー（JE-VONS, W. S.）　130

シェフレ、アルベルト（SCHAFFLE, A）　128, 130

シトフスキー、ティボール（SCITOVSKY, T.）　311

シーナン、J（SHEANAN, J.）　364

シフ、ウォルター（SCHIFF, W.）　165

ジャセイ、アンソニー・デ（JASAY, A. DE）　225, 319, 320, 323

シャックル、G・L（SHACKLE, G. L.）　29

ジャッフェ、W（JAFFE, W.）　130

シュワルツ、ペドロ（SCHWARTZ, P.）　v, 24

シュンペーター、ヨーゼフ（SCHUMPETER, J. A.）　132, 176, 178, 185, 210, 238, 241, 257, 342

スウィージー、アラン（SWEEZY, A.）　241

スウィージー、ポール・M（SWEEZY, P. M.）　241, 324

スカウソン、マーク（SKOUSEN, M.）　224

スキデルスキー、ロバート（SKIDELSKY, R.）　106

スターリン、ヨシフ（STALIN, J.） 123, 238, 265, 286, 287, 289, 290, 332

スタンキーウィッツ、トマス（STANKIEWICZ, T.） 282

スティグラー、ジョージ（STIGLER, G.） 339

スティール、デイヴィッド・ラムジー（STEELE, D. R.） vii, 137, 341

ステュアート、フェルリン（STUART, V.） 167

ストルミリン、スタニスラフ（STRUMILIN, S.） 166

ストレイスラー、エリック・W（STREISSLER, E. W.） 130, 140

スナヴェリー、ウィリアム・P（SNAVELY, W. P.） 337

スノーバーガー、ヴィンソン（SNOWBERGER, V.） 278

スミス、アダム（SMITH, A.） 36, 58, 127

ズルツァー、G（SULZER, G.） 135

スロー、フランソワ（Seurot F.） 162

セイ、ジャン＝バティスタ（SAY, J. B.） 24

セコ、マヌエル（SECO, M.） 113

セラ、カミロ・ホセ（CELA, C. J.） 98

セルドン、アーサー（SELDON, A.） 144, 206, 244, 321

セルバンテス、（CERVANTES, M.） 25, 107

セン、アマルティア（SEN, A.） 328

ソーウェル、トーマス（SOWELL, T.） 35

ソト、エルナンド・デ（SOTO, H. DE） 98

ソルマン、グイ（SORMAN, G.） 100

ダービン、エヴァン・フランク・モットラム（DURBIN, E. F. M.） 10, 221, 224, 226, 229, 295–301, 310–13

ダービン、エリザベス（DURBIN, E.） 301

タメドリー、エリザベス・L（TAMEDLY, E. L.） 324

タロー、ウィリアム（TULLOH, W.） 86, 215

タロック、ゴードン（TULLOCK, G.） 96

チャヤーノフ、アレクサンドル（TSCHAYANOFF, A.） 162

チャレムザ、W（CHAREMZA, W.） 349

ツァッセンハウス、ヘルベルト（ZASSEN-HAUS, H.） 185, 331

ティシュ、クレーレ（TISCH, K.） 178, 185

ディッキンソン、ヘンリー・ダグラス（DICKIN-SON, H. D.） 12, 13, 53, 181, 182, 184, 186, 191–93, 221, 224, 226, 229, 265, 279, 295, 301–10, 312, 316, 326

ティプラー、フランク・J（TIPLER, F. J.） 57

テイラー、フレッド・M（TAYLOR, F. M.） 12, 180, 181, 186, 191–93, 240, 260, 311

テイラー、リチャード（TAYLOR, R.） 25

ディ・ロレンゾ、トーマス・J（DI LORENZO, T. J.） 96

デ・ミゲル、カルロス（DE MIGUEL, C.） iv

テムキン、ガブリエル（TEMKIN, G.） 258, 283, 319

デムビンスキー、パウェル・H（DEMBINSKI, P. H.） 269

テュルゴー、アンヌ・ロベール・ジャック（TUR-GOT, A. R. J.） 128, 129

ドッブ、モーリス・H（DOBB, M. H.） 13, 181, 286, 288, 295, 310, 323–31

トムセン、エステバン・T（TOMSEN, E. T.） 191

ドラン、E・G（DOLAN, E. G.） 349

トリゴ・ポルテラ、ホアキン（TRIGO PORTE-LA, J.） v, 98

ドレクスラー、K・エリック（DREXLER, K. E） 86

ナイシュル、V・A（NAISHUL, V. A.） 99

ニシヤマ、チアキ（西山千明） 183, 190, 360

ニスカネン、ウィリアム（NISKANEN, W） 96

ニューマン、P（NEWMAN, P） 350

ヌッター、G・W（NUTTER, G. W.） 361

ネギシ、タカシ（根岸隆） 259, 360

ネルソン、リチャード・R（NELSON, R. R.） 217

ノイベルガー、エゴン（NEUBERGER, E.） 201

ノイラート、オットー（NEURATH, O.） 135–37, 162, 163, 165

ノヴァーク、マイケル（NOVAK, M.） 43, 360

ノヴェ、アレク（NOVE, A.） 122, 188, 288, 321, 322

ノージック、ロバート（Nozick, R.） 41, 70, 336

ノードハウス、ウィリアム（NORDHAUS, W. D.） 188

ハイエク、フリードリヒ・A（HAYEK, F. A.） iii, vii, viii, 7, 10, 11, 17, 24, 27, 31, 33–35, 39, 45, 47–49, 51, 57, 60, 62, 69, 70, 74, 76, 78, 80, 83, 85–87, 93, 97, 103, 106–08, 110, 111, 113–16, 127, 130, 132, 137, 138, 144–46, 153, 159, 171, 175, 176, 181–83, 185–92, 195, 199, 203, 204, 206, 208, 210, 215, 217, 221–23, 225–27, 229, 231–39, 244, 246, 249, 251–53, 257, 258, 263, 264, 269, 270, 273, 277, 278, 281–91@, 295, 296, 301, 302, 309, 310, 313, 314, 316, 319, 321, 322, 326, 328–31, 334–36, 338–43

ハイマン、エドゥアルト（HEIMANN, E.） 224, 226–29, 232, 238–40, 269, 297

ハイルブローナー、ロバート（HEILBRONER, R.） 224, 252, 253

バウアー、オットー（BAUER, O.） 136, 149

ハーウィッツ、レオニッド（HURWICZ, L.） 201–03, 205–07, 209, 210, 257

バーガム、D・F（BERGUM, D. F.） 215

パクエ、カール・H（PAQUE, K. H.） v

バーグソン、エイブラム（BERGSON, A.） 271

バジョット、ウォルター（BAGEHOT, W.） 129, 130

バスケス・アランゴ、カルメン（VAZQUEZ ARANGO, C.） 98

パストル・プリエト、S（PASTOR, S.） v

ハーディン、ギャレット（HARDIN, G.） 92

ハート、ジョン・P（HARDT, J. P.） 202

バリー、ノーマン・P（BARRY, N. P.） v, 117, 244, 289, 339

ハルム、ジョージ（HALM, G.） 167, 178, 185, 227, 232

バレステロス、アントニオ（BALLESTEROS, A.） 115

バレッラ、アナ（BARELLA, A.） 107

パレデス・アロンソ、ハビエル（PAREDES, J.） vi

パレート、ヴィルフレド（PARETO, V.） 18, 129–32, 177, 178, 182, 183, 185, 187, 190, 215, 257, 288, 338

バロウ、ジョン・D（BARROW, J. D.） 57

バロッド、カール（BALLOD, K.） 162, 346

バローネ、エンリコ（BARONE, E.） 131–33, 175–79, 183, 185, 188, 189, 257, 288

ハーン、フランク（HAHN, F.） 206

ピアソン、ニコラス・ジェラルド（PIERSON, N. G.） 133, 135, 184

ヒューバーマン、B・A（HÜBERMAN, B. A.） 353

ヒューム、デイヴィッド（HUME, D.） 47, 127

ビラパロス、グスタボ（VILLAPALOS, G.） iv

ヒュルスマン、ジョルグ・グイド（HÜLSMAN, J. G.） vii

ヒルファーディング、ルドルフ（HILFERDING, R.） 136, 149

ファーガソン、アダム（FERGUSON, A.） 48

ファーガソン、C・E（FERGUSON, C. E.） 267

フェドレンコ、N（FEDORENKO, N.） 188

フェリペ、レオン（FELIPE, L.） 54

フェレーロ・アンドレス、ミゲル・アンゲル（FERRERO ANDRES, M. A.） iv

フォイヒト、M（FEUCHT, M.） 350

ブキャナン、ジェームズ・M（BUCHANAN, J. M.） 29, 266, 267, 275, 276

ブハーリン、ニコライ・I（BUKHARIN, N. I.） 162, 163

ブラッドレー、ロバート（BRADLEY, R.） 197, 265

フリードマン、デイヴィッド（FRIEDMAN, D.） 70

フリードマン、ミルトン（FRIEDMAN, M.） 316, 317, 321

プリビラ、ヤン・S（PRYBYLA, J. S.） 203

プリブラム、カール（PRIBRAM, K.） 204, 286

ブルス、ウォジミェシュ（BRUS, W.） 204, 205, 257, 290, 291, 319–21

ブルツクス、ボリス（BRUTZKUS, B.） 134,

371

135, 163, 165, 166
フルボトン、M（FURUBOTN, E.） 118
ブレイト、マレク（BREIT, M.） 239, 240
プレオブラジェンスキー、E（PREOBRAZHEN-SKY, E.） 162
ブローグ、マーク（BLAUG, M.） viii, 173, 174, 217, 250
ブロック、ウォルター（BLOCK, W.） 118

ベイズ、トーマス（BAYES, T.） 28
ベイリー、サミュエル（BAILEY, S.） 54
ヘクサム、アーヴィング（HEXHAM, I.） 118
ベジャー、ハワード（BAETJER, H.） 86, 215
ペジョヴィッチ、スヴェトザル（PEJOVICH, S.） 118, 202
ベッカー、ゲーリー（BECKER, G.） 6
ベッカー、ジェームズ（BECKER, J.） 301
ベッキ、ピーター・J（BOETTKE, P. J） 135, 250
ベッキオ、G・デル（VECCHIO, G. del） 132
ベナール、ジャン（BENARD, J） 191
ベネット、ジョン（BENNET, J.） 202, 215
ベーム＝バヴェルク、オイゲン・フォン（BÖHM-BAWERK, E. von） 89, 136, 143, 145, 148, 149, 161, 174, 176, 299
ベランジェ、G（BELANGER, G.） 96
ベルクソン、アンリ（BERGSON, H.） 27, 39, 76, 82
ヘルチェ、アーノルド（HEERTJE, A.） 133
ベルトラン、フローレス・ルーカス（BELTRAN, F.） v
ベルンホルツ、ペーター（BERNHOLZ, P.） 202, 213
ペレス・デ・アヤラ、ホセ・ルイス（PEREZ DE AYALA, J. L.） v
ペンローズ、ロジャー（PENROSE, R.） 39, 83

ホゼリッツ、B・F（HOSELITZ, B. F.） 24
ホッフ、トリグヴェ・J・B（HOFF, T. J. B.） 138, 152, 162, 163, 185, 196, 223, 229, 245, 300–02, 311, 327, 337
ホッペ、ハンス＝ヘルマン（HOPPE, H. H.） vii, 95, 109, 112, 119, 336
ポランニー、カール（POLANYI, K.） 39, 224, 228, 229, 232, 238–40, 269, 297

ポランニー、マイケル（POLANYI, M.） 34, 38, 39, 82, 88, 129, 209, 228
ポーレ、L（POHLE, L.） 167
ボレル・フォンテレス、ホセ（BORRELL, J.） 299

マイヤー、ハンス（MAYER, H） 299
マーシャル、アルフレッド（MARSHALL, A.） 130, 173, 266, 299, 300, 317
マスグレイブ、リチャード（MUSGRAVE, R. A.） 203, 204
マーセヴェーン、ファン・G（MAARSEVEEN, J. G.） 133
マチャード、アントニオ（MACHADO, A.） 167
マッケイ、T（MACKAY, T.） 130
マハループ、フリッツ（MACHLUP, F.） 159, 210, 222, 223, 301, 339
マラニョン、グレゴリオ（MARANON, G.） 29, 39, 55, 113
マランボー、エドモン（MALINVAUD, E.） 212
マルキ、N・デ（MARCHI, N. DE） viii, 358
マルクス、カール（MARX, K.） 11, 119, 135, 136, 138, 145–53, 156, 159, 161, 163, 165, 174, 178, 205, 222, 223, 238, 257, 269, 287, 289–91, 320, 322
マルコス・デ・ラ・フエンテ、フアン（MARCOS DE LA FUENTE, J.） 24
マルシャク、ヤコブ（MARSCHAK, J.） 165
マルセフ、ユーリー・N（MALTSEV, Y. N.） 138
マルティネス＝アリエル、フアン（MARTI-NEZ-ALIER, J.） 136, 162
マロック、ウィリアム・ヒュレル（MALLOCK, W. H.） 137
マンデヴィル、バーナード・デ（MANDEVILLE, B.） 48, 127

ミゲ・J・L（MIGUE, J. L.） 96
ミーゼス、ルートヴィヒ・フォン（MISES, L. von） iii, iv, vii, viii, 6, 7, 10–13, 24–26, 28, 30–32, 34, 46, 50, 58, 60, 61, 72, 78, 80, 89, 96, 112, 117–19, 122, 127, 129, 132–46, 149, 151–67, 171–73, 175–81, 185, 186, 188–91, 195, 197, 198, 203, 204, 206, 215–17, 221–24, 226–32, 234, 235, 237–46, 248–52, 254,

255, 257, 258, 261, 263, 267, 269, 276, 281, 283, 284, 287, 289–91, 295, 296, 299–302, 305, 308–10, 313, 314, 316–22, 324, 325, 329–43

ミッチェル・ウィリアム（MITCHEL, W.）96

ミード、ジェームズ・E（MEADE, J. E.）301, 318

ミラー、デイヴィッド（MILLER, D.）323

ミラー、マーク・S（MILLER, M. S.）86

ミル、ジョン・ステュアート（MILL, J. S.）24

ミルゲイト、M（MILGATE, M.）350

ム ッソリーニ、ベニート（MUSSOLINI, B.）85

ムルジェン、ジェフ（MULGEN, G.）322

メ ンガー、カール（MENGER, C.）48, 127, 128, 130, 140, 143, 157, 173, 250, 299

モ ス、ローレンス・S（MOSS, L. S.）159

モレノ、フェルナンド（MORENO, F.）42

モンテスキュー（MONTESQUIEU）48, 128, 129

ヨ ハネ・パウロ 2 世（JOHN PAUL II）30, 40, 42, 43, 70, 72, 78, 103

ラ イヒター、オットー（LEICHTER, O.）137, 165

ライル、ギルバート（RYLE, G）38

ラヴォワ、ドン（LAVOIE, D.）iv, 6, 15, 40, 122, 146, 189, 202, 206, 208, 209, 212, 215, 237, 246, 249, 271, 301, 302, 307, 308, 315

ラガ、ホセ・T（RAGA, J. T）v, 24

ラスキ、カジミェシュ（LASKI, K.）204, 205, 257, 290, 291, 319, 320

ラックマン、ルートヴィヒ・M（LACHMANN, L. M.）275

ラーナー、アバ・プタッチャ（LERNER, A. P.）13, 181, 206, 221, 224, 226, 229, 267, 273, 276, 295, 301, 310–18, 325–27

ラングロワ、リチャード・N（LANGLOIS, R. N.）250

ランゲ、オスカー（LANGE, O.）12, 13, 123, 137–39, 153, 192, 199, 200, 204, 206, 210,

221, 224–26, 229, 237–91, 295–97, 299, 300, 302, 306, 310–18, 322, 332

ランダウアー、カール（LANDAUER, C.）162, 163

リ カード、デイヴィッド（RICARDO, D.）58, 146, 266, 317

リッジオ、レオナルド（LIGGIO, L.）iii

リッツォ、マリオ・J（RIZZO, M. J.）27

リッピンコット、ベンジャミン・M（LIPPIN-COTT, B. M.）240, 241, 244, 258

リトルチャイルド、S（LITTLECHILD, S.）357

リンダール、エリック（LINDAHL, E.）178

リンドベック、アッサー（LINDBECK, A.）214

ル ・グラン、ジュリアン（LE GRAND, J.）225, 351

ルーゴ、フアン・デ（LUGO, J. DE）78

ルッツ、V（LUTZ, V.）357

ルドルフ大公（オーストリア王子）140

ルパージュ、アンリ（LEPAGE, H.）viii

レ イグ・アルビオル、ホアキン（REIG ALBIOL, J.）iii

レイグ・アルビオル、ルイス（REIG ALBIOL, L.）iii, v, 83

レヴィ、デイヴィ・M（LEVY, D. M.）276, 357

レヴェル、ジャン＝フランソワ（REVEL, F.）98

レオーニ、ブルーノ（Leoni, B.）129

レオンチェフ、ワシリー（Leontief, W.）15, 241

レーニン、ウラジーミル・I（LENIN, V. I.）93, 162, 166, 341

ロ イベ、クルト・R（LEUBE, K. R.）183, 360

ロスチャイルド、M（ROTHSCHILD, M.）92

ロスバード、マレー・N（ROTHBARD, M. N.）iii, 31, 51, 69, 70, 78, 82, 89, 136, 137, 142, 144, 158, 238, 289, 290, 315, 318

ローゼンバーグ、ウィリアム・C（ROSENBERG, W. G.）278

ロドリゲス・ブラウン、カルロス（RODRIGUEZ BRAUN, C.）v, 86

ローパー、ウィレット・クロスビー（ROPER, W. C.）　192, 193, 225, 229, 230

ロバーツ、ポール・クレイグ（ROBERTS, P. C.）　269

ロバートソン、エドワード・スタンレー（ROBERTSON, E. S.）　130

ロビンズ、ライオネル（ROBBINS, L.）　58-61, 171, 173, 186, 189, 190, 236, 237, 288, 341, 342

ローレンツ、コンラート（LORENZ, K.）　39

ワイズマン、ジャック（WISEMAN, J.）　266, 268

ワイツマン、マーティン・L（WEITZMAN, M. L.）　278

ワルラス、レオン（WALRAS, L.）　55, 130, 173, 174, 181, 182, 185, 189, 190, 192, 204, 205, 211, 212, 246, 248-51, 257-62, 267, 290, 291, 296, 299, 300, 315, 342

事　項

イソノミー　111
イタチ言葉　103
インセンティブ
　定義　53
　二つの意味　307, 308

「**X** 非効率」と起業家の誤謬　160

オーストリア学派
　〜の方法論的パラダイム　320–22, 341
　〜への評価　321, 322
　マーク・ブローグの転向　173, 174
　ミーゼスによる評価　143
　若手経済学者の輩出　343
驚き（定義）　28, 29

会計とビジネス改革
　〜の根本的失策　183
　社会主義企業の基盤として　183, 305
介入主義　17, 121
　社会主義のタイプとして　120–22
価格
　関数理論の批判　298, 299
　動的理論　16
価格決定の関数理論　16
　〜への批判（と発想の転換）　272, 273, 298, 299
科学主義　113–17
　定義　113
　シカゴ学派の実証主義的な〜　339
科学的知識
　暗黙知として　34, 38–40
確率
　個別の出来事の〜　28
　集合の〜　28
価値
　〜の問い直し（エンゲルス）　150
　定義　25
　社会主義の経済カテゴリー　172–74
貨幣→通貨
官僚制
　過剰な拡張　97

官僚機構の典型的な行動に対する無知（ランゲ・モデル）　275–80
社会主義の有害な制度として（ミーゼスの理論）　276

起業家精神
　〜と競争　55, 56
　〜と社会主義概念　62, 63
　〜に関する神学的余話　40
　〜の機敏さ　32
　〜の創造性　40–44
　〜の遍在性　50–52
　〜の本質的原理　52–55
　定義　23–25
　語源　24
起業家的誤り　42, 46
　カーズナーの概念　46
起業家的損失　30, 31
起業家的知識
　〜の暗黙的・明示不可能な性質　37–40
　〜の生成と伝達　43, 44
　〜の排他的・分散的性質　35–37
　特徴　32–61
　実践的知識と科学的知識の関係　34
　主観的・実践的性質　33, 34
起業家的利益
　〜とヨハネ・パウロ 2 世　30
　定義　28–30
　「純粋」な〜　40–42
企業合併
　〜と経済計算　157–61
技術
　〜と経済（相違）　156, 157
　〜と社会工学　337
技術革命　158
希少性（欠乏）
　社会主義システムの慢性的・周期的な特徴　195, 196
　社会主義の典型的結果としての欠乏状態　90
　人間行為の前提条件　26
期待　27, 28

375

義務的会計情報　183
強制
　〜の効果　71-73
　定義　67, 69
　種類　67-69
　システマティックな〜　67-69, 71
競争
　〜と起業家精神　55-57
　〜と協調　56
　概念　55
　語源的定義　55
　「親善的競争」（ハイマンの概念）　226
　「平和的競争」　228
「競争的」解法（経済計算問題への）　226, 256,
　295⇒市場社会主義
　〜の矛盾　318-22
　ハイマンとポランニーの先例　226-29
　ミーゼス、ハイエク、ロビンズによる批判
　　229-37
　ミーゼス研究の健全性の暗黙的容認　221-23
協調と調整　44, 45
　競争　55, 56
　社会プロセスの核心　45
協調の失敗と社会的無秩序
　社会主義の必然的結末としての　86-91
金融会計　39

く じ引き民主制（demarchy　ハイエク）　110
「企て（enterprise）」
　会社・事業体の単位として　50
　「行為」の同義語として　23-25

計画
　〜のパラドックス　27, 80, 89
　概念と種類　27
計画化
　指示的な〜　14, 27
　中央による〜　27
経済科学の方法
　実証主義批判　338-40
経済学
　〜と技術の違い　156, 157
　〜の客観的性質　30, 50
　〜の冗長な定義　26
　〜の目的　61

精神的現実（知識・情報）との関連　141, 157
経済均衡　130-32
　〜理論の見当違いな性質　142, 143
経済計算
　〜の不可能性
　　経済計算の現実的な十分性　155, 156
　　計算的・代数的・認識論的議論　144
　　計算の本質的不可能性　153, 163
　　社会主義での経済計算の不可能性　79-90
　　労働時間による計算　164-66
　　効用単位による計算　166, 167
　一般的定義　37
　厳密な定義　50
　語源的定義　46
　通貨と経済計算　50
　内的（序数的）価値づけと外的（基数的）価格
　　の「架け橋」としての〜　136
　ミーゼスの定義　51
経済問題
　〜の性質　60
　定義（経済的・技術的・科学技術的問題の相違）
　　156, 157
計算的・代数的議論
　〜の二次的重要性（ハイエク）187
　不必要で理論的に見当違いな性質（ミーゼス）
　　190, 191
形式的類似性
　価値のカテゴリーの存在　173, 174
　カッセルとリンダールの議論　177, 178
　資本主義と社会主義の〜　171-78
　バローネの議論　175-77
　利子のカテゴリーの存在　174
計量計画経済学（planometrics）
　〜に関わることのフラストレーションと失望
　　202
　定義　201
　批判　207-16
　目的　201-06
ケインズ
　原則の欠如と「不道徳性」　105
ゲーデルの定理　39
限界効用
　〜と時間選好　31
限界費用ルール
　ラーナーのルールとその批判　310-17

ランゲのルールとその批判　265-71

交換
　～手段　49⇒通貨
　内的（序数的）価値づけと外的（基数的）領域
　　の「橋渡し」として　136
公共財
　～理論の静的性質への批判　18
公共選択学派　18, 96, 275, 276
公正価格　78
厚生経済学理論　18
　～の誤り　215, 216
構成主義的合理主義　114, 127
　～と社会工学→「科学主義」
効用
　定義　25
　限界～（法則）　31
効率性と倫理　328
コスト→費用
コスモス（古代ギリシャ語）
　自然的・自生的秩序としての　127
コンピュータ（科学）
　～の発達と社会主義の不可能性　81-85
　ランゲ理論への批判　288, 289
コンピュートピア　201⇒計量計画経済学

最大化問題　156, 157
裁定取引（アービトラージ）　46, 47
搾取（理論）→剰余価値

シカゴ学派
　～批判　318, 321
　実証的科学主義の蔓延　339
時間
　主観的概念　26, 27
時間選好（法則）　31
時間的現在
　ミーゼスの定義　46
資源配分メカニズム理論→計量計画経済学
試行錯誤方式
　～への批判　193-200
　ランゲの錯誤　271-75
市場
　概念　61
　～とコモン・ローの並行性　129

　～プロセスと計算装置（ランゲの見解）　288
市場価格
　パラメータ価格と異なる概念　153, 241, 242,
　　254-56
市場社会主義
　～の立場　225
　～の本質的矛盾　318-22
　モーリス・ドッブの主張　323-27
失業（隠された）
　社会主義の典型的結果としての～　90, 91
実証主義
　～批判　338-40
資本財
　定義　262, 263
資本主義
　起業家的システムとして　308
資本主義者
　起業家精神の実践として　51
資本主義制度
　起業家的システムの本質として　308, 309
資本と利子
　主観的理論　17
　資本効率理論の批判　17
社会
　～と市場　61
　～の定義　61, 62
社会工学　113-17
社会構造（の分析）
　多心的・ヒエラルキー的な～（ポランニー）
　　269
社会主義
　定義　8, 61, 62
　～が生み出す道徳的頽廃　105, 106
　～システムの命令機関の無知　79
　～とコンピュータ　81-85
　～における統制・強制組織　79, 80
　～の概括的・主意的性質　92
　～の解体と予防の理論　20
　～の理論的帰結　85-108
　～の誇大妄想的性質　97
　～のタイプ（類型）　108-18
　～の道徳的異常　101-06
　～の牧歌的概念　121, 122
　～の歴史的失敗　5-7
　管理機関の立場からの理論的不可能性　77-

80

　キリスト教ないし団結に基づく〜　117, 118

　ギルド（カール・ポランニーによる提案）　228, 229

　経済的・技術的・文化的発展の遅滞　99, 100

　自主管理組織としての〜　14

　社会的立場からの理論的不可能性　74-77

　　静学的議論　74, 75

　　動学的議論　75-77

　「大衆のアヘン」としての〜　106, 107

　伝統的概念への批判　118-23

　知的誤謬としての〜　71-73

　統治組織から見た〜　77-80

　法と正義の伝統的概念の堕落　101-06

　保守（右翼）として　111-13

　倫理的に許されぬものとして　19

社会主義経済計算論争

　背景と前史　127-36

　要約　10, 11

　経済学の発展にまつわる論争の顛末　15-19

社会的正義

　概念の批判　102-04, 107

社会的「ビッグ・バン」　57, 60

社会的無秩序　86-91

社会民主主義　109-11

社会倫理

　オーストリア学派のアプローチ　338

社内起業家　159

主意主義

　社会主義の典型的特徴　92

主観主義

　定義　7

手段

　定義　25

需要・供給関数

　〜の不存在　272, 298, 299

　価格「関数理論」の批判　299

消費者

　起業家としての〜　51

消費者市場

　ランゲ・モデルでの不存在　265

情報→起業家的知識

　〜の透明性（社会主義での固執）　182-84, 303

剰余価値（理論）

　〜への批判　148-51

人口

　〜増加と経済発展　57-60

　社会主義での人口増加の維持不可能性　134

人工知能（AI）　83

数学

　経済学における数学適応への批判　172, 173, 215, 216, 299

「数学的」解法（経済計算問題への）　178-91

　フレッド・テイラーの研究　180, 181

　ディッキンソンの研究　181-84

　クレーレ・ティシュの研究　185

　論争への悪影響　186-91

数学的均衡分析

　〜がもたらす誤りと混乱　204, 216

数理経済学

　〜の誤り　215, 216, 299

スターリン型経済（ランゲへの称賛と正当化）　286-89

生産関数　252, 253

制度

　〜的攻撃（強制）　8, 42

　〜の創出（メンガー理論）　48

　定義　48, 49

責任

　経済活動の中での概念　80, 92

　社会主義システムでの無責任　91-93

セレンディピティ

　定義と語源　29

創造性　27

　〜と起業家精神（神学的余話）　42

　〜の性質　40, 41

　創造性 vs 最大化　59-61

　トマス・アクィナスの定義　40

対抗的投機

　ラーナーの概念　315

タトヌマン（模索過程）　245, 259

ダービンによるルール（経済計算）　296, 297

堕落と腐敗

　社会主義の典型的結末　93-97

団結　45

　正しい概念と間違った概念　103, 105

索　引

「地下」経済　97, 98
知識の分業　56-59. 158. 159. 161
　　～と人口増加　57-59
秩序
　　概念　87
　　自生的～　104, 127, 128, 147
　　ヒエラルキー的～　105
知的分業　139

通貨（貨幣）
　　～発生の理論（メンガー）　50
　　定義　49, 50
　　均衡モデル、社会主義での概念　152

投機　46, 47
「統計的」
　　社会主義における激増と過剰な使用　93
取引費用
　　～理論の批判　160, 317

人間行為
　　定義　25
　　～と希少性　26
　　究極的な所与性（ミーゼス）　31
　　限界効用と時間選好　31
人間行為学　30, 60

ハイエク
　　計量計画経済学研究への批判　210
　　代数的・計算的議論に与えた二次的重要性　186-91
　　「秩序」の概念　87
　　分散的知識と集権的知識　34
　　保守主義批判　111-13
　　民主主義の無制約な権力への批判　110, 111
破壊主義
　　社会主義の必然的結果　330
パラメータ価格
　　定義　242

費用（コスト）
　　主観的概念　28-30
ヒューマン・アクション→人間行為

不確実性

　　～に対する誤解（アロー）　302, 331
　　～の永続的性質　27, 28
不道徳性（原則の不存在として）　97
　　社会主義における不道徳の三つの意味　336
部分均衡（マーシャル）　173, 300
不法な経済→「地下」経済
プラクシオロジー→人間行為学
プロパガンダ
　　社会主義での過剰な使用　96

平均費用ルール
　　ランゲとダービンへのラーナーの批判　311, 312
「遍在的で全知」（ディッキンソン）な経営主体　305

法　47, 48, 74
　　～トマス・アクィナスの法概念　49
　　「交際の法則」　58
　　実体的な～　101
法の経済分析
　　静学モデルへの批判　18, 19
ボーナスとインセンティブ・システム　234, 235, 278-80, 306-08
保守主義・右翼社会主義
　　～への批判（ハイエク）　111, 113

マルクス
　　～による社会主義　145-51
　　～の分析へのミーゼスの論駁　151-54, 161
　　～の本質的誤謬　147, 148
　　制度の役割と動学的資本主義批判　147
　　規範的均衡とプロレタリアート　146
マルクス主義
　　均衡の規範的正当化としての～　146
　　ユートピア社会主義としての～　148

ミーゼス
　　～による市場価格（の概念）　153
　　～の本質的研究　137-45
　　経済計算の不可能性に関する議論　195
　　試行錯誤方式への反論　197-200
　　社会主義経済計算論争の背景　127-36

無政府資本主義　70

379

無責任（社会主義の典型的結末）
　～のありさま　91-93
　　環境破壊　93

ラーナー
　～の費用ルール　311-12
　ランゲ＝ブレイト・モデル　238-40
　ランゲの古典モデル
　　～の批判　262-82
　　～の記述　259, 260
　　～の二つの解釈　261
　ランゲのルール　260
　　～の恣意性　265-71
　ランゲ＝ラーナーの法則　267

利子率
　ランゲ・モデルでの恣意的固定化　274, 275
立法
　～と社会主義の並行性　129
「理論的」と「実践的」
　～の偽りの二分法　142
倫理
　～と効率性　328
　～と社会主義　19, 20

労働組合
　～による制度的暴力の行使　70
労働市場
　～の不在（ランゲ・モデル）　264, 265
労働者
　起業家としての　51

ワルラス・モデル
　静学的アプローチ批判　204, 205

訳者あとがき

　本書はマドリッドにあるフアン・カルロス王大学の経済学教授であり、著名なオーストリア経済学者であるウエルタ・デ・ソトの代表作を翻訳したものである。彼にはまた別の代表的著作があり、それは『通貨・銀行信用・経済循環』として2015年に春秋社から翻訳出版されている。本書と合わせて、オーストリア学派の自由主義経済思想を理解するための必読書と言っても過言ではないだろう。

＊

　ロシア革命以前、社会主義経済は資本主義よりも生産的な社会を実現するだろうと漠然と考えられていた。しかし、さて現実には、そこでの計画経済とはどのように実践されるものなのだろうか？　ロシア革命による社会主義計画経済の出現を受けて、1920年、ミーゼスは「社会主義では経済計算は不可能であるため、円滑な経済活動を期待することはできない」というテーゼを提起した。当然に社会主義者たちからは、社会主義の崩壊に至るまで、各種の反論がなされた。本書はこうしたミーゼス・ハイエクと、社会主義理論家たちとの論争を理論的に検討したものである。
　本書の結論を大まかにまとめるなら――

1. 経済において、何が生産に値するのかの決定基準としては、その生産が利益を生み出すか、それとも損失を生み出すかという「経済計算」、つまり企業会計が必要である。しかし社会主義計画経済においては、商品取引の自由市場は消滅するため、商品の生産利益を計算することはできない。よって社会主義では人々が望む商品の生産や改善は行われず、政府に恣意的に選ばれた商品が低品質で生産される。
2. 商品生産には、各種の特殊な生産知識が必要だが、そうした知識は多くの労働者の内心に分散的・非明示的な形で存在する。計画当局がそう

した知識を集め、利用することは不可能なため、計画経済の生産活動は資本主義よりもはるかに非効率になる。

3．計画経済では、イノベーションや新商品のアイデアを市場で試すことができない。これまでに存在しなかったイノベーションや商品生産の可否は、中央の官僚機構の恣意的な決定に委ねられる。現実には、イノベーションが導入されたり、新商品が開発されることはない。

20世紀の社会主義国家の現実を見るなら、こうした社会主義の経済的非効率と非人間性はまさに一目瞭然であった。ところが残念なことに、経済学や政治学では真正面からこうした事実を直視し、社会主義の貧困と悲劇を理論的に説明しようとする学者はほとんどいなかった。今日、社会主義国家の崩壊から30年以上が経ち、旧ソヴィエトなど社会主義諸国・計画経済の貧困と悲惨は忘却されてしまった。こうした理由から、今では社会主義の崩壊以前と同じように、多くの人々は再び、「社会主義」という言葉に対して抑圧と貧困を超えた「社会的な調和と繁栄」といった意味を感じるようになっている。

だが、これは人間が陥りがちな単なる幻想であり、知的誤謬である。

＊

本書は、「社会主義とは、自由な起業家精神を妨げる強制的力の行使である」という、社会主義の再定義を行う。一般的に「社会主義」といえば、生産手段の国有化、計画経済、あるいは一党独裁などを思い浮かべるだろう。たしかにこれらは「政府による強制」のもっとも極端な形態であるが、もっと普通に「経済政策」と呼ばれるような各種の経済規制、産業補助金、関税なども、市民の自由な経済活動を政府の強制力によって妨害している。つまり、それらもまた本書の定義する「社会主義」の一形態、その表れなのである。

訳者の理解では、「社会主義」という言葉は、そうであるかないかの二分法的な形容詞として使われるべきではなく、（ちょうど「白から黒にいたる灰色の程度」のように）０から１までの連続的な値を取りえる形容詞と

訳者あとがき

して使われるべきである。現在の日本は、潜在的な国民負担率（大まかにGDP の何割が国家によって集められて使われているか）が60％を超えるだけでなく、さらにコメや小麦、牛肉など農産物の自由貿易の禁止、ライドシェアの禁止やドローンの免許制度と原則的禁止など、無数の経済規制がある。生産手段の私有財産制度はあっても、日本は疑いなく70から80％程度の社会主義国家なのだ。このことを我々日本人は、はっきりと認識しなければならない。

＊

　ここで、ややテクニカルなことに触れねばならない。
　本書では、社会主義理論家たちの構築した理論が、新古典派が使う静学的なワルラス的な一般均衡理論と数学的に相同であったこと（「形式的類似性」）、それによってミーゼスが始めた「社会主義における経済計算の不可能性」をめぐる議論が歪曲されてしまったことが詳細に記されている。残念ながら、ここでの議論を理解するには、そもそも「ワルラス的一般均衡理論」の数学を深く理解している必要がある。この点に関しては、どうしても直接的に数学的記述に言及しないことは理解不可能なので、できるなら標準的なミクロ経済学の教科書（マンキューやスティーグリッツなどによる教科書）を参照してもらいたい。訳者としては、主流派の標準的ミクロ経済学におけるワルラス的な一般均衡理論は、ごく短期的な経済状態をスナップショット的に静的に記述することをねらったものであり、オーストリア学派が目標とする「起業家によるイノベーションによって時間的に変化し続ける動的な経済」の記述とは、まったく違った経済の側面についての、異なったモデル化であることを強調しておきたい。

＊

　最後になるが、ミーゼス・ハイエクの代表作の翻訳出版を手掛けてきた伝統ある春秋社から、ウエルタ・デ・ソト教授の一連の代表作を出版できたことは、訳者にとっての大きな名誉である。これによって21世紀の日本

383

の自由主義思想、経済科学の発展に貢献できているなら、望外の幸せである。担当の高梨公明氏とは、二人三脚でこれらの翻訳を始めてから、早いものですでに10年にもなる。長い間、本当にありがとうございました。

　　2024年10月

　　　　　　　　　　　　　　　　　　　　　　　　　　　蔵　研也

著　者

ヘスース・ウエルタ・デ・ソト（Jesús Huerta de Soto）

1956年　マドリッド生まれ
1978年　経済学士　コンプルテンス大学（スペイン）
1984年　法学士　コンプルテンス大学（スペイン）
1985年　MBA（保険数理学）　スタンフォード大学（アメリカ）
1992年　経済学博士　コンプルテンス大学（スペイン）
1979−2007年　コンプルテンス大学経済学部教授
2000−2004年　モンペルラン・ソサイエティ副会長兼執行委員長
2007年−現在　レイ・フアン・カルロス王大学応用経済学部教授,
　ミーゼス・インスティテュート上級研究員, *Quarterly Journal of
　Austrian Economics, New Perspectives on Political Economy*　編集委員

[主著]
The Austrian School: Market Order and entrepreneurial Creativity（邦訳、春秋社）
The Theory of Dynamic Efficiency
Socialism, Economic Calculation and Entrepreneurship（本書）
Money, Bank Credit, and Economic Cycles（邦訳、春秋社）

[受賞歴]
フアン・カルロス王国際経済学賞受賞
アダム・スミス賞受賞
フランツ・クーヘル経済学教育賞受賞

訳　者

蔵　研也（Kenya Kura）

1966年　富山県氷見市生まれ
1988年　東京大学法学部卒業
1995年　カリフォルニア大学サンディエゴ校経済学博士号取得（Ph.D. in Economics）
1997〜2022年　岐阜聖徳学園大学経済情報学部　准教授
2022年〜　自由主義研究所研究員

[主著]
『リバタリアン宣言』2007年　朝日新書
『18歳から考える　経済と社会の見方』2016年　春秋社
『ハイエクといっしょに現代社会について考えよう』2022年　春秋社

[訳書]
ウエルタ・デ・ソト『通貨・銀行信用・経済循環』2015年　春秋社
ウエルタ・デ・ソト『オーストリア学派：市場の秩序と起業家の創造精神』2017年
　春秋社

Socialism, Economic Calculation and Entrepreneurship
by Jesús Huerta de Soto
© Jesús Huerta de Soto, 2010

社会主義・経済計算・起業家精神

発　行　2024年11月20日　　初版第1刷

著　者　ヘスース・ウエルタ・デ・ソト
訳　者　蔵　研也
発行者　小林公二
発行所　株式会社　春秋社
　　　　〒101-0021　東京都千代田区外神田2-18-6
　　　　電話　(03) 3255-9611(営業)・9614(編集)
　　　　振替　00180-6-24861
　　　　https://www.shunjusha.co.jp/
印刷所　株式会社　太平印刷社
製本所　ナショナル製本協同組合
装　丁　本田　進

© 2024, Kenya Kura, printed in Japan, Shunjusha　　　　定価はカバーに表示
ISBN 978-4-393-61119-7

春秋社　経済の本棚　————————————　価格は税込（10%）

通貨・銀行信用・経済循環

ヘスース・ウエルタ・デ・ソト
蔵　研也訳
A5判　744頁　7150円

世界の経済はどこに行こうとしているのか。混迷が続く経済危機の根底にあるもの、その正体を探るダイナミックな視点。ミーゼス以来のオーストリア学派理論の集大成的労作。

オーストリア学派
市場の秩序と起業家の創造精神

ヘスース・ウエルタ・デ・ソト
蔵　研也訳
四六判　264頁　2750円

起業家の創造精神はどうあるべきか。歴史と伝統を誇るオーストリア学派経済理論の本質的特徴と現代的意義を、新古典派経済学との対比からわかりやすく説いた基本的入門書。

18歳から考える　経済と社会の見方

蔵　研也
四六判　290頁　1980円

いま私たちの暮らしはどんな局面にあるのか。古今東西の経済史を俯瞰しつつ、現在進行形の社会現象、特に日本の経済社会のおかれている特殊な状況をアクチュアルに解析する。

ハイエクといっしょに現代社会について考えよう

蔵　研也
四六判　264頁　2420円

混迷を極める現在、再び社会哲学者・自由主義者ハイエク思想の読み直しが求められている。その斬新な経済理論、自由の社会哲学と市場メカニズムへの洞察に学ぶ格好の入門書。

市場と会計
人間行為の視点から

吉田　寛
A5判　224頁　2860円

支配者の欲得を抑止する処方箋としての「会計」を見直す。会計の役割とは働き手の適材適所を見出すところにある。古今東西の文献を駆使して説く経済活動の歴史的変遷と現在。